章开沅论著选

章开沅/著

华中师范大学近代史研究所/编

華中師範大學
CENTRAL CHINA NORMAL UNIVERSITY
1903 - 2023

华中师范大学120周年校庆丛书

华大经典文库

HUADA JINGDIAN WENKU

華中師範大學出版社
HUAZHONG SHIFAN DAXUE CHUBANSHE

新出图证（鄂）字 10 号

图书在版编目（CIP）数据

章开沅论著选/章开沅著；华中师范大学近代史研究所编. —武汉：华中师范大学出版社，2023.8

（华大经典文库）

ISBN 978-7-5769-0216-7

Ⅰ.①章…　Ⅱ.①章…　②华…　Ⅲ.①史学—文集　Ⅳ.①K0-53

中国国家版本馆 CIP 数据核字（2023）第 158265 号

编 辑 室：综合编辑室
电　　话：027-67867370
责任编辑：廖国春
责任校对：肖　霞
封面设计：甘　英　胡　灿
出版发行：华中师范大学出版社有限责任公司
社　　址：湖北省武汉市洪山区珞喻路 152 号
销售电话：027-67861549
邮　　编：430079
网　　址：http://press.ccnu.edu.cn
印　　刷：湖北新华印务有限公司
督　　印：刘　敏
开　　本：710mm×1000mm　1/16
印　　张：28.25
字　　数：377 千字
版　　次：2023 年 8 月第 1 版
印　　次：2023 年 8 月第 1 次印刷
定　　价：112.00 元

目录

CONTENTS

目录
CONTENTS

走自己的路——中国史学的前途

（2004年11月23日晚在暨南大学“星期一史学沙龙”的演讲）

我们这一代人历尽坎坷、饱经忧患，浪费的时间颇多。我们是在战乱时代读的中学、大学，没有受到系统、完满的学术训练。就我个人而言，还没有完成自己的学业，读到大学三年级时就到解放区参加革命工作了。1949年以后，本来以为可以平平静静地安心治学，但是一个政治运动接着一个政治运动，再加上十年动乱等等，浪费的时间太多。“文革”之后，我又满怀热忱地想好好做一点学术研究，可是突然，也许是一种历史误会，让我当大学校长。所以，想起来很惭愧。活得一把年纪，从事历史教学、研究这么多年，但是真正有效地投入学术工作的时间并非太长，所以我很羡慕在座的诸位如此年轻，来日方长。可惜啊，“我的青春小鸟一样不回来”。人生是有限的，没有能够在史学领域做更多更好的工作，所以充满了遗憾。

刚才这位年轻同学前来献花，我非常感动。因为我经常讲，史学是一种寂寞的事业，没有鲜花，没有掌声。可是来到贵校，却有这么漂亮的鲜花送来。也许是谁听我说过上面的话，想推翻我的论断啊！抑或许是想给我一点安慰吧！

我曾经在武汉海军工程大学做过一次演讲，该校为部队院校，又是工科大学。当时我强调史学家要甘于寂寞，不要追求表面的虚荣。但是没有想到，最后大家提问题时，一名女研究生递来张纸条，上面写道，她不想提问，而是献上一首小诗："真正的史学家也有鲜花，你的鲜花就是我们脸上灿烂的笑容；真正的史学家也有掌声，这掌声就是我们内心由衷的一阵又一阵的热烈喝彩。"这首小诗可以伴我终生，对史学家真是莫大的鼓励。所以，尽管我的一生是充满遗憾的一生，但也是充满幸福感的一生。有这么多好的同事、好的学生，包括现在的年轻人还能够接纳我，还能够如此热情地对待我。尽管自己年事已高，还愿继续努力，做一点对史学发展有意义的事情。

今天报告的题目，可能是我不自量力，"走自己的路——中国史学的前途"。我本来想用"中国史学的命运"，可是后来觉得"命运"一词太过沉重，所以还是平淡一点吧！就讲"前途"。今天，贵校前副校长饶芃子教授闻知我要讲此题目，戏言我是自找苦吃。我也调侃说自己一辈子就这样，自作多情，自找苦吃，自找麻烦。

其实，这个题目我思考了很久。从 1990 年起，我在美国前后待了三年多，当时就一直在思考此问题。1992 年刘广京教授退休，学校为他举办的第一次学术讲座邀请我去演讲，题目就是"中国史学寻找自己"。回国以后，我也不断地撰写此方面的文章。为什么探讨这个问题呢？因为我感觉中国史学好像正在自我迷失，而且造成此后果的症结很多，需要大家冷静思考。我们既不要总是处于一种亢奋状态，亦不能陷于一种消极、埋怨、充满失落感的情绪之中，而是需要比较冷静地、理性地思考史学到底怎么了，史学还有没有自己的前途，怎样才能争取更好的前途。我愿意在此与在座的老师、同学们一起探讨这个问题。

我准备讲三个问题：一是"史学的处境"；二是"史学的自省"；三是"史学的前景"。

一、史学的处境

当前的史学究竟处于何种处境，可谓众说纷纭。有人说面临危机，有人说处于边缘，也有人说正值大好时光。有所谓盛世修史，目前国家拿十亿左右来修纂清史。但是，史学正在不断萎缩，史学存在很多问题，史学受到社会冷落，应该是不争的事实，所以由此引起诸多忧虑。（我不知道在座的有多少是历史系的同学，如果是历史系的同学请举手。很好，很多呀！）其实，像我们这一代人，对此问题已无太多激动。重视也好，不重视也罢，反正我们对史学已经是忠贞不渝，一辈子就是从事此业了。

史学的处境经常不那么好，特别是从新中国成立以来，史学倒霉的时候很多。过去我们有一个未必正确的说法，那就是每一次教育革命达到高潮大多以历史系的取消、合并为标志。不知道在座的有人遇到这种情况没有，我们可是遇到太多了。不过也不必担心，历史系总是像凤凰涅槃一样，每次取消之后又恢复了，又扬眉吐气了。但是历史系不能太扬眉吐气，如果太扬眉吐气，那也是不正常的。历史系最扬眉吐气是什么时候呢？就是"文革"中间有一个阶段"批林批孔"，那时历史系的每一个学生都变成历史学家了，连街道办事处、居委会的老太太都租车把他们接去做"批林批孔"报告。不知在座的老师有没有人享受过这种"荣耀"？享受到了，也很难堪，那是糟蹋历史，比"合并""取消"还可怕。所以，历史学在中国的发展有一个很怪的现象，冷也冷不得，热也热不得，就让它平平静静地过下去可能更好一点。所以，我们对于现状，既不是不高兴，也不是很高兴，因为经历多了。

国家成立清史编纂委员会，这不得了呀！是国务院亲自领导的，我们也沾了光，成为编纂委员会的委员。但这样究竟好不好呢？是不是还有更多的事情可以做呢？难道现在就真是太平盛世吗？只有盛世才能修史吗？这本身就有很多问题。现在哪有什么太平盛世？整个人类正处于危机之中，整个文明正处于危机之中。重科技轻人文，重物质轻精神，道德的沦落，战争的灾害，环境的破坏引起环境的报复，等等，问题一大堆。一个"非典"就让我们措手不及，一个小布什就使整个世界不得安宁，而且他偏偏还要连任。

现在是全球化的时代，任何一个国家都不是世外桃源，任何一件大事都牵涉国际。中国目前的现代化与国际市场联系得更紧密，我们很大一部分需要依赖的是国际市场，我们也耗费世界的能源，我们不能光去讥笑或是讽刺美国，批评或是责难那些发达国家。除此之外，还有很多很多的问题。我不主张张扬什么太平盛世，但是只要支持史学的发展，当然还是令人高兴的，支持总比不支持好一点。清史的编写将带动很多学科，相应的学科、相应的领域、史学的分支，都有可能得到相当的发展，这是好事情。

但整个史学好像仍然被社会冷落。我到浙江去，那是我的故乡，就听到很不好的消息，浙江大学给历史系的编制是 25 人。那么大一个浙江大学，历史系的编制居然如此有限。我在大会上就提出意见了，怎么能这样？浙江是出过章学诚等许多大史学家的地方，当代的范文澜等很多名家也是浙江人，怎么能对史学采取这样的态度？难道引进一个金庸就能繁荣浙江史学吗？

前些年，江泽民同志曾讲过很多史学重要的话，但实际上在社会生活里面又存在着诸多的问题。我讲这些话不是让在座的历史系同学感到灰心。不要灰心，没有什么可以灰心的，历史学就是这样发展的，历史学就是在各种各样不同处境里面奋斗前进的。历史有它固有的价值，这种价值是无可磨灭的。讲到最后，历史就是民族的灵魂，这种话过去我们的前人早讲过。亡国，这个国家还可以复活；如果忘史，这个民族就是真正的死亡。所以根据我的体会，史学不仅是一种知识的传授，也不仅是讲抽象的什么规律，而是一个非常丰富的智慧宝藏。有些人不太相信这句话，可我相信。

在 20 世纪最后几年，从中央到地方，特别是一些政界、商界人士狂炒新世纪、狂炒千禧年的时候，真正能够冷静地对待新千年到来、新世纪到来的，是哪些人？不是经济学家，经济学家预言 21 世纪是中国的世纪，一片光明；也不是政治学家，政治学家预言中美两国领袖携手引导世界潮流。简直是一种世纪的狂欢，世纪的迷思。当时能够比较清醒地看到新的世纪机遇与挑战并存，看到新的更大的危机到来的，是两种人——少数哲学家和少数史学家。我不是在这里自我表扬，我们在海外、在香港、在国内的很多会议上、报刊上早已提出，新世纪的到来不一定都是好事。世纪它本身没有任何性格，并不预示什么，不代表是凶或者是吉；世纪只是一个时间的单位，是一个中性名词。

19 世纪结束 20 世纪到来之时，就是这么一种情况。中国并没有因为 20 世纪的到来就一片光明。20 世纪的到来，就是义和团，就是八国联军，就是《辛丑条约》，而经过整整 100 年，从世界到中国，都积累了很多深层的文明危机。所以，当 21 世纪正式到来的时候，一件件意想不到的怪事都来了。什么中美携手引导世界潮流，科索沃战争，美国飞机就轰炸了中国驻南斯拉夫大使馆。然后，一个一个问题接踵而至，海湾战争、伊拉克战争来了，自然的报复也来了，各种各样稀奇古怪的疾病都来了。首先是“非典”，接着是“禽流感”，明年又会来一个什么病大家还不清楚。你们广东首先是疾病的发源地，当然这句话讲得不准确，但首先受害的是广东。我们也紧张，全国都紧张。我们不是凶险的预言家，但是历史痛苦的经验教训太多，这就包括一种长期以来积累的、历史自身所蕴藏的智慧，这种智慧在任何时候观察事物都是有用的。我经常讲历史学家不是喜鹊而是乌鸦。乌鸦可能叫得不好听，但它确实是益鸟，现在虽然给它平反了，但习惯上人们仍然不大喜欢它。乌鸦就像鲁迅作品中所讲的那种人，别人家生孩子他跑去恭喜，恭喜完还要说人家的孩子将来是要死的，这样讲主人当然就不高兴。反正这种事情很多，但我坚信历史是有用的。我们历史学家不仅是跟古人对话，也跟今人对话，还要跟未来对话。史学是连接过去、现在与未来的桥梁，我们就是这桥梁的建设者。

史学不在乎别人重视或者轻视甚至蔑视，最重要的是应该自强。从事史学者，包括现在学历史的学生，应该了解史学固有的价值。它确实有价值。我这几年总在强调“参与的史学和史学的参与”，最重要的问题就是我要体现史学的价值。我之所以还要继续活下去，也就是要证明史学是有用的。

我要不断地讲话，不断地解说，不断地研究，不断地培养学生。我现在没有把我的工作限制在书斋之内，而是把我的活动领域推广到整个社会。就是说史学家不仅要研究历史，还要创造历史，还要干预历史，还要跟其他有识之士一起促进历史往正确的方向发展。那才是真正的史学家！

所以，我不过多地讲现在史学的处境怎么样，我不认为史学当前是一片黑暗。现在奋发有为的史学工作者越来越多了，当然问题也很多，这是不可避免的。

二、史学的自省

第二个问题是史学的自省。我们不能光埋怨社会冷漠史学，反过来讲我们自己是不是关心社会？这是一个至关重要的问题。2004 年暑假“中联办”委托我们举办一个香港中国历史教师高级研讨班，我就讲了这个问题。史学应该自省，要自强。我们史学同行往往认为自己是弱势群体，客观上可能是这样的，但却不能存在弱势的心态，或用弱势的姿态去乞求别人重视。我们应该用一种强势的心态去体现自己的价值，体现自己的力量，体现自己的功用，这样才能赢得社会的尊重。

过去，我们的前辈黎澍说过一句话：什么重视不重视？就像打乒乓球一样，史学界多出几个容国团，多出几个庄则栋，多出几个李富荣，保证中央重视。这话也不错，我现在体会更深，史学就应该有这样的自信。我们并不比经济学家差。经济学家非常重要，有很多重大的建树。但恕我直言，经济学家也有某些误导，并非每个经济学家的主张都是对的。已经有一种说法，经济学家也有误国的。这个问题太复杂，如果有经济学家愿意讨论的话，我们另外找场合讨论。

我可并不是说历史学家有多么高明。历史学尽管不具备操纵其他学科命运与发展的话语权，但它所关注的是整个人类，是整个社会，长于作宏观的、总体的把握。这是历史学家最大的优势。历史学家研究的不仅仅局限于一个短暂的时段，而往往是一个很长的时代。真正好的历史学家的研究对象可能是全国、大区域乃至全球，至少是以全球为背景。这就是历史学家具有某种优势之所在。当然，并不是每一个史学从业者都能达到如此境界，但我们要朝这个方向努力，要有全球的眼光，要有全人类的眼光。这很重要。

可是，我们史学界现在有一种自我迷失，即把史学最固有的品格忘记了。至少两种品格是任何一种学科，包括历史学乃至经济学在内都应该具备的——从学科来讲应该有独立学科品格；从个人来讲应该有独立个体人格。一个好的经济学家，如吴敬琏，他既保持了个人独立的人格，也保持了学科独立的品格。据我观察，吴敬琏在有些重大问题上陷于孤立，不过他坚持的往往是正确的。他甚至遭到围攻，在经济学家中受围攻，这是光荣的孤立。

另外一点我们要反省的是，就学科本身而言，现在是不是有点过分迷信西方史学？我们提倡跟国际接轨，提倡学术交流，提倡向外国学习，包括西方也包括东方，包括韩国也包括日本，包括其他国家也包括中国的台港澳地区，从他们的史学里面汲取一些好的东西。但现在我感觉好像学过头了一点。别的我不敢讲，至少以中国近现代史而言，有不少人老是跟着别人转，首先是跟着美国转。费正清提出来“刺激—反应”理论，特别强调外来的刺激和内部的反应，这个模式延续了很长一个阶段。后来费正清的学生柯文，这是我很熟悉的朋友，提出“中国中心观”来批评他的老师。这个批评很对，因为“刺激—反应”模式过分强调外在刺激，而对内在因素考虑不够。我们也有人把柯文的新见解当作最佳范式。现在又出来一个王国斌，还有其他一些人。他们认为全球化以后出现许多新的问题，认为西方中心不对，中国中心也不对，应该有一个更超越一点的范式。所以这就很奇怪，难道我们自己就没有自己的范式吗？为什么每一种范式都要靠美国人提出来呢？对于中国历史，是我们了解得更深更准确，还是美国人了解得更深更准确？

不要老是跟着新的转，其实旧的也不一定都错。我们反对拘守费正清的“刺激—反应”模式，其实这并非他的发明。稍微懂点西方史学史的人都知道，是汤因比最早提出这个见解的。我们20世纪40年代读大学本科，老师介绍汤因比的《历史研究》时就已经提到这个问题。他从文化生态学的角度，提出过“刺激—反应”理论。费正清把这个理论用于中国近代史研究，什么都归结到“刺激—反应”，这肯定是有问题的。但是，也不等于说提出了“中国中心观”以后这个“刺激—反应”理论就不起作用了。“刺激—反应”是客观存在的，只是不能用这个单一模式来看待整个中国近代史，就等于不能仅仅用“反帝”或者说“革命”来审视整个中国近代史一样。“反帝”模式不对，“革命”模式不对，“刺激—反应”模式也不正确，但不等于说没有“反帝”，没有“革命”，没有“刺激—反应”。我们现在有些年轻学者往往看不到这一点，什么时候出来一种新的模式，就觉得新的最好，就马上就紧跟过去，没有自己的头脑。

“市民社会”“公共空间”也是如此，是从西欧社会提炼出来的概念，不能说没有参考价值，不能说不可借用其理论、方法与思想，但是也不必亦步亦趋地紧随其后。过去外界批评我们，说我们是靠马克思主义教条提供某些研究模式。现在我们有些人反过来又把西方学者的甚至二流、三流学者的认知拿来作为教条，当作自己的依托的拐杖或华丽的外衣。所以这个问题需要认真思考。

现在为什么有人说中国的史学在某种程度上已被国际学术界边缘化，特别是近现代史，被视为没有自己的理论思想，没有自己的独立思考，没有自己的研究特色，没有形成中国风格。所谓跟国际接轨，如果简单地接轨到某一个国家的史学，以人家的史学潮流为潮流，那是很可悲的事情。如果因此受到轻视，那只能说明我们有些人没有志气，也是活该。

学术上的急功近利也是目前一个很大的问题。对于这个问题，我不想过多责备年轻人，我认为更重要的是上层的管理问题。我不是当面讨好在座的纪宗安副校长，这也不是大学校长所能决定的，因为上面有一整套评价标准，这不是大学校长、包括社科处处长所能改变的。我不说是谁制定的，大家心里也清楚。反正我们上面有一整套“紧箍咒”，一套过分量化的、本身就体现急功近利的管理指标体系。这才是问题的症结所在！

现在不像过去，过去我们也有“紧箍咒”，就是泛政治化，打政治棍子，非常可怕。怕成“右派”呀！甚至怕变成反革命。现在，这个指标体系跟含金量结合起来，跟经费结合起来，你必须依此运作，才能够立项，才能够拿到经费，才能够晋升，才能够提高你的学科待遇，才能够提高你学校的地位，还有你自己的地位、生活待遇。这些我就不多讲了。实际上，这个症结如果不消除，单纯对中青年学者进行什么学术规范教育，没有多大用处。我是公开表明此观点的，不讲这个问题就算了，要讲就是矛头向上，因为责任在上面。我们的管理部门一再强调，反对急功近利，消灭浮躁学风，杜绝学术腐败。但是，倘若你的指标体系没有改变，比如要求一个硕士生在读期间发几篇文章，一般的刊物还不行，还要什么核心刊物，那岂不是强人所难吗？而且这本身就有些矛盾。我好像失言了。如果因为我的讲话给学校工作带来什么麻烦，我感到很抱歉，愿意把鲜花献给纪（宗安）副校长。但是我忍不住还是要讲几句。

我认为一个正直的学者，不能把自己的声音淹没在庸俗的你好我好、互相捧场之中，有些问题该讲还得讲。我在 20 世纪最后几年讲的话曾被视为异端、另类。我无非是说了“善亦俱进，恶亦俱进”八个字。结果有人出来非难：这个声音为什么与主旋律不协调？21 世纪那么好，你章开沅为什么偏偏把老祖宗的话搬出来？其实那是章太炎讲的，不是我创造的，而他也不是我的祖宗。武汉的《长江日报》用好大的标题把这八个字公之于众。我很感谢该报，它还敢刊登这种当时被视为非主流的文章。后来有些人竟然骂我是复古主义者，责问我：你还想穿土布吗？你现在穿得这么漂亮不是现代化的恩赐吗？你还说现代化不好？我说我就是研究现代化的，现代化不是一个那么绝对神圣的东西，其自身亦有很多很沉痛的代价，所以我才搬出“善亦俱进，恶亦俱进”的老话题。而且现在人家已经在讨论后现代化了。

不过现在总算形势大好，很多人说章开沅还能预先提出一些问题，好像对科索沃战争还有点思想准备似的。历史学家毕竟不是算命的。我可不是星象学家，也不是预言学家，只能从历史发展的规律之中找出某些层次稍微高一点的、带一点智慧性的东西。有些话我还得讲，有些话讲了即令没用也得讲，至少可以录此备忘，让数百年之后人们还记得某某人曾经讲过这样的话。

再有一个问题，就是史学工作者对社会的冷漠。我们有些人总觉得人家不重视自己，感到好像很无奈，所以有时不是用积极、进取的态度来从事史学研究。也有些人满足于写些论著在很小的圈子里面自我欣赏，就是所谓在象牙塔里面做学问，而不能跟火热的社会生活紧密地联结起来。因此，史学的劳动成果很难转化成对社会产生积极作用的因素。这是我们史学应该自省、改进的地方。

三、史学的前景

最后谈谈对史学前景的看法。我不认为现在史学是一片黑暗，能正确、积极认识和探索史学者，大有人在。特别是许多年轻的学者，包括在读的学生，能够充分认识到史学的价值，愿意选择史学作为自己终生的追求，而不是作为谋生手段，十分令人欣慰。

那么，中国的史学究竟应该怎样发展？这是我们应该冷静思考的。现在不断有人在探索新史学。关于新史学，关于史学革命，或者叫做史学革新，各种各样的意见都有，而且确实有很多很好的意见。但是有一条，可能我的意见保守一点，我认为史学的根本、史学的基础是实证。这就是说要从史料工作开始，史料的收集、整理、考订，是不可或缺的。因为史学就是研究历史，历史必定有它的客观存在，这个存在的载体一种是文献，一种是实物。当然，文献可能有作者这样那样的主观因素，不能做到绝对的客观，但如果脱离了这些文献——地下的和地面的实物，你怎么从事历史研究？

现在有的人把口述历史捧得很高。不重视口述历史是不对的，但是将其功能无限夸大甚至于超过文献，我看也未必正确。不要说研究别人的历史，研究前人的历史，就是研究自己的历史，你自己的回忆也不完全可靠。季羡林老先生就曾闹了个大笑话，他回忆北京快解放的时候胡适在大会上讲过什么话，其实那时胡适根本就不在北京。后来他承认是记错了。

今天早上，我很偶然地碰到一位将近 60 年未见过面的中学同学，我们在一个中学待了整整五年。对于这五年共同度过的时光，他的记忆和我的回忆就很不一样。我认为自己很笨，很老实，很爱求学，是一个读书迷，而且循规蹈矩。他却说我是班上年龄最小的（这大概是唯一正确的话，其他就很难说了），并认为我最聪明。同时，他又说我最调皮捣蛋。有位姓金的老师原是国民党的官员，教我们语文。他一口扬州话，曾把“咄咄”念成“出出”，我们喊他“金出出”。我这位同学说此绰号就是我取的。我从来没有发明这个绰号，怎么想也想不起来。还有一件更莫名其妙的事情，说有位数学老师兼班主任，成天唠唠叨叨，整个班的人都烦他，就是没有办法来治他。我同学又说是我出的主意。那时伙食很差，偶尔打打牙祭，而这位数学老师又很爱吃肥肉，有次正好是我帮厨，就很慷慨地把肥肉盛了一大碗给他。他当然很高兴。后来我们又给他“敬酒”。当时没有酒，就用米汤去敬，结果灌了他一肚子水。然后我又组织人把厕所占领了，每一个茅坑蹲一个人，那老师的后果你们就没办法想象了。所以，历史确实是不容易讲清楚的，但是如果太容易说得清楚，又何必要这么多人来研究它。不过，我认为总还有个比较客观的事实。

我曾经在中国地质大学做报告时，对该校的同学说我们是同行。他们很奇怪，学历史的怎么和学地质的是同行呢？我说，你们不是到处去勘探吗？我也到处去勘探。你们勘探地质，我去勘探史料。你们取样要保存原来的地层结构。我们择取史料也不能离开原来的文本，这与矿石取样不能忽视原有地层结构具有异曲同工之理。史料在它存在的原始文本里面处于什么位置，是非常非常重要的，要把前后左右都弄清楚。可惜现在有些年轻人不懂得这个道理，他们以为在计算机里一检索，把有关的资料调出来，拼接起来便成文章。这是最害人的。在座的有贵校古籍所的老师与同学们，我不敢班门弄斧。总之，版本、目录、校勘、考据都很重要。

实证不是史学最后的工作，但颇为重要，这一点大家千万不可轻视。不要过分地听从一些现在新奇的理论，这些东西可以做某种借鉴，也可以弥补过去某些传统史学理论的不足，但切不可忘记史学的根本。法国年鉴学派史学家布洛赫说得好，“历史是史学的暴君”。就是说，你不能讲历史上没有存在过的东西，如果根本没有存在过，怎么可以胡诌！现在的麻烦可大了，常常是虚构历史。如果通过切实的史实整理、考证，然后寻求一种合理的分析，是可以的。但最起码的工作，最前期的工作，是史料的分析，否则便离开了史学的根本。在任何时候任何场合，我都坚持这一观点。虚构的史学就没有意义了，那样的历史任何人都可以讲。现在的电视剧就是这样的，它可以讲雍正，可以讲康熙，讲什么什么的，胡编乱造。我们一些年轻的同学也容易受到这种影响。

治史是很困难的，是比较艰苦的一个行业，不像读文学读其他专业那样很快就可以出成果。史学相对来说工作量要大些，这是我在国务院学位委员会评议组上经常讲的事情，不能一概而论。希望在很短的时间内史学出现很多伟大的成果，是很困难的。

我主张中西融通，中外融通。我们不要盲目地迷信西方，但也不要过分地贬低西方。西方史学有它固有的长处。我们很长时期受教条主义的束缚，同时也受意识形态的干预，思想不够解放，因为实际上像我们这一代人，是在“文革”以后、中共十一届三中全会提出解放思想以后才有所进步的。过去，我们有很多条条框框，拿中国近现代史来讲，毛主席著作里面《中国革命与中国共产党》就是一个很大的条条框框。但是，现在如果反过来认为西方来的理论，西方的学术范型、方法，都是天经地义的，那就走到另外一个极端去了。毛主席著作中也有很多精辟的思想与方法论，那就是马克思恩格斯的历史哲学，是很深刻的理论，是很多现在二流、三流的西方史学家根本表达不出来的，而却被我们现在有些学者忽视了。某些追求时髦的人，好像只有把某些西方人的话语套而用之，才显示出自己有学问。我一贯认为，不管你是用中国传统的或是用西方的理论、方法、范型，都千万不要迷失自我、忘掉自身。我就说我的，不要单纯模仿别人。就像小朋友画画一样，首先是模仿，可模仿到一定的程度就应该有自己的创意；如果没有自己的创造，而是一味的模仿，没有多大价值。

中国是一个历史古国，同时也是一个史学大国。美国才有多少年的历史？只有几百年。中华民族历史悠久，中国史学源远流长，有取之不竭的宝贵资源与财富。我们不要轻视这一点。如果现在不能做出出色的成绩，我们就辜负了史学大国的优良传统。我经常讲要学会与古人对话，比如前面所言的史料与史学的关系问题，顾亭林早就说过，“取铜于山”即是很好的说明。不讲古代，就说陈寅恪、胡适他们，在这方面都有许多深刻的见解。陈寅恪讲过一些经典性的话语，比如“理解的同情”，用我的语言来讲就是设身处地，用现在时髦的语言则是历史的场景、历史的处境、话语的情境等等。

传统考据和解释学是相通的，并不是说一切都古已有之。但是在我们中国史学宝库里面确实有很多丰富的内容，有许多取之不尽、用之不竭的精华，不应该把这个精华跟国外的、跟西方的史学之中很多好的东西对立起来，应该把它们融会贯通，形成特色。这样才是中国史学应有的前景。

现在的史学不在于成天设想有什么新的花招，新的史学靠的是在实践中创造，靠的是史学编纂、史学研究，光讲空话是不行的。我对当下有些文章就很不满意，因为作者缺乏足够的史学实践，只会在名词、概念上兜圈子，仿佛那样就可以创造出新史学。那是不可能的。史学实践必须是第一位的，有了史学实践，通过史学实践不断地更新、不断地创造，新的史学才会产生。

再一点就是我们要把自己的眼界放开。“西方中心观”不好，“中国中心观”也未必正确，我们应该放眼全球，放眼全人类，要把历史作为人类的整体来研究。如今人们关心的已经不仅仅是地球上的生命，而是扩大到太空了，所以现在史学的危机在哪里呢？真正的危机在于我们把题目做得越来越小。这跟学术上的急功近利有关，跟我们的科研管理体系有关，跟我们的研究生培养制度也有关，因为你做得太大或比较大一点就不能很快或完满地完成任务，更不可能一年之内写好几篇文章。所以现在大家都做小题目，西方包括美国也是如此，在美国我就常批评他们题目太小的毛病。不过，史学研究真正的因小见大也是可以的，但是老做些小题目又确实存在问题，不甚可取，因为现实社会往往需要一些更宏观的研究。

最后一点，就是史学家不能只是面对过去，而是要立足现实，更要把握未来。在任何全球、全社会关注的重大问题上（如环境、资源、世界伦理、战争与和平等），都应该听得见历史学家的声音。这样，我们的史学才有前途。

谢谢大家！

辛亥革命后张謇与袁世凯的关系
——介绍部分张謇未刊函电

已经发表的各种有关张謇的论著，对于他在清末，特别是在辛亥革命期间与袁世凯的关系，探讨得比较具体细致，但是对于民国成立以后的张、袁关系则大多语焉不详。近年来先后读到北京图书馆所保存的《近代史料藏札》（实即赵凤昌藏札）和中共南通市委档案馆所保存的13本张謇函电稿本，也承南通市委的同志们帮助，借阅了张氏家藏的一部分家书，从中发现很多有关民国初年张、袁关系的未刊函电，愿作简要介绍以供研究张謇的同志们参考。

一、"遥为声援"和"拾遗补阙"

作为民族资产阶级的上层，张謇幻想在袁世凯的统治下获得一个发展资本主义的稳定局面，因此在帮助袁世凯破坏辛亥革命并登上临时大总统宝座以后，又继续帮助他"统一"全国和最后消灭辛亥革命余波。

袁世凯为了拉拢民族资产阶级上层和立宪党人，还在正式宣誓就职以前即已电邀张謇北上担任实业总长。张謇感到南方国民党势力还未可低估，不愿过早完全暴露拥袁反孙立场，所以婉言谢绝内阁职务，表示愿以在野身份"遥为声援"和为袁"拾遗补阙"。关于这些道理，他除派刘厚生北上向袁面陈以外，还在1912年3月9日电告袁世凯："属以实业同尽义务。于公岂有所吝；惟审察时局，尚未至可以效力之期。自忖目前但可以一二事分公虑，幸勿处以国务地位，庶几彼此皆有余裕。"所谓一二事，在3月18日给刘厚生的电报中有具体说明："前许项城以一二事自效，目前盐赈二事外，不可再加。盐须以全国名义发表，方能改革整顿，可密告项城。"改革盐政和发展盐业是张謇最感兴趣的工作之一，过去受尽盐运司和岸商的留难，现在很想依靠袁世凯政府来实现自己的抱负。

张謇虽未正式入阁，但却为袁拟定阁员名单，积极帮助拼凑北京政府的第一任内阁。为了支持唐绍仪组阁，他于3月10日电告袁世凯："政党以统一较胜，少川（指唐）已入，足以代公，世兄加入亦可。公可勿入一切政党，以免障碍。党需有资本金，謇拟合实业助之。公能由少川赞助若干否？"

为了壮大北京政府的声势，张謇还积极为袁世凯拉拢各种政治力量。就在上述3月10日同一电中，他告诉袁："梁（启超）虽疏通，下尚未静，可听其到京备顾问，勿遽任事。"① 稍后，他又电告赵凤昌："顷洹上（指袁）来电，谓蜀中望西林（指岑春煊）如岁，鄙人亦望其出山，共扶民国；拟以宣慰相托，到蜀后即发表督川。"不过根据赵凤昌的复电看来，岑根本不愿为袁火中取栗，故意提出要兵、索饷和处理尹昌衡等难题，反过来将袁一军。

张謇也努力帮助袁世凯最后结束南京政府和解散革命军队，他在3月30日密电告诉另一北上亲信人物王饶生说："惟宁、苏、镇、扬、清、沪尽伏危机，遣散军队，岂容过缓。然必须有一镇精整可恃之军，数百万应时可给之款，乃可次第措手，千万早计。"同日又电告袁世凯："临时政府行即交代，苏都督亟应移驻宁垣，以资镇摄。惟庄督（指庄

① 《梁任公先生年谱长编》载：3月8日罗瘿公致任公书称："项极盼公归，已托张季直力向南中疏通，季直亦甚尽力云。"

思缄）以省款奇绌，宁垣军队遣留两难，甚为踌躇。请径电庄速行，允以必有接济，俾安其心，而作其气。”同时，他自己也积极为遣散南方军队筹集款项。

1912 年 9 月 3 日，张謇感到袁政府已经初步稳定了，便北上向袁提出盐法、官制等方案。在北京期间，他还协同袁世凯笼络黄兴。赵凤昌在 9 月 12 日电告张謇：“克公（指黄）昨临行深谈北来宗旨，注重集权统一，力顾大局，并愿与共和党开怀畅聚，嘱达此意。”黄兴入京后，共和党盛宴欢迎，当系出自张謇计划，他对黄兴的妥协倾向始终很感兴趣。

直到 1913 年 10 月，张謇在一年多的时间中始终留在南通努力经营实业，并以在野的地位和袁世凯保持合作关系。

二、调停“二次革命”的真相

1913 年 3 月 20 日袁世凯派人刺杀宋教仁，引起革命派新的反抗呼声。张謇得到消息之后，立即函告赵凤昌说：“遁初（指宋）以调和南北慷慨自任，无端被害，此必有不欲南北调和者。乱人横行如此，世岂可问。”深恐南北之间爆发新的战争。不久又有粤、赣两省独立反袁的传言，他于 4 月 20 日不安地函询赵凤昌：“究竟粤赣近闻如何？以外间所流闻者测之，殆必有谣言之结果。世今愿乱，不作汔可小休之思，不知国尚经得几翻复也。”大资本家为了自己的百万家财，竟是这样的害怕任何社会动荡。

4 月 26 日江苏当局公布宋案真相，一时舆论大哗，群情更为愤激。张謇内心虽然袒袁，但在这种情势下感到难以出面讲话。5 月 8 日家书说：自己忙于料理各项工程，“借此避上海之扰”，实即回避各方面邀请他出面调停。同时，他很迷信袁世凯的武力，说是“惟小乱必在意中，大乱殆尚可谈。好勇疾贫之人多，故小乱在意中；两方之力一虚一实，势不相等，又中外人观念绝与前年不同，故可谈”。在此前后，他在其他一些函电中已经对国民党抵抗派表示明显的敌意，同时则想把具有妥协倾向的黄兴等人分化出来。5 月 19 日家书说：“国民党现在南中已天怒人怨。……势大杀矣，但求下台而无方法。黎（元洪）已为黄出脱，余答孙少侯、王铁崖讯亦为黄出脱，他无法也。”

袁世凯对国民党步步进逼，有意挑起一场消灭革命势力的战争，但同时却伪装以和平为重，虚伪透顶地请张謇出来调停。5 月 29 日家书说：“近日洹上语渐逼紧，亦虑已甚，致乱彼党，盼父为调人（边注：全国商会亦以此请）。三数日父或当去沪一行。此真为众生不得不然矣。”战机迫近，张謇生怕实业受到损害，所以接受调停之请。早在 5 月 26 日，他已函告赵凤昌，将去沪“晤商一切”，并“请先与翼、陶、厚及应密计手续次序，调停诚亦其时矣”。所谓翼、陶等人，即杨翼之、陈陶遗、刘厚生、应得闳，都是江浙大资本家张赵集团中的核心人物。此后，他们在南北之间努力调停。

同时，国民党中的妥协分子以汪精卫、胡汉民、蔡元培等为代表，也在四处奔走求和，并且立即与张赵集团发生关系，实际上堕落成为北洋军阀再一次压迫革命派屈服的工具。

6 月 9 日张謇给袁世凯写了一封长信，认为时局经过一段曲折的发展，“众请乃益以宋案听诸司法，而望治之心倾向益热于政府”。同时，大借款的成立和美国的承认更加强了袁政府的地位。表示自己将对“国民党有学识之人”，“劝其转导党员归向平正”。同时也希望袁“申诫军人毋逾国纪”，不要操之过急，以免南方革命派铤而走险。最后说：“区区私忱，但求人人知觉中有国计民生四字，彼此相谅，各让一步。使正式政府早日成立，国会渐次宁静。”但就在这天，袁世凯已经悍然撤去李烈钧赣督职务，14 日更免去胡汉民粤督职务，表现出明显的挑战姿态。可是张謇却不死心，于 6 月 15 日函告袁世凯：“南中各方面自汪、蔡回国竭力解说，人心益趋稳定。江西命令顷又颁布，则前请明发命令禁止军人干涉政治者，正可及时公布，以示无颇。正式总统选举在即，未选之前，须先显示全国人民有稳静一致之态；庶见总统信用之广，即以见国民心理之同。对内对外，俱有极大关系。”并且再一次请求：“根本解决，拟请发诚恳剀切之命令，禁止谣传。并为孙、黄声明：决不为此破坏民国大局之事，如有假托，即是匪类。謇亦当忠告孙、黄自行声明，并属其对于正式选举及其他要政为正当之宣告。”这显然已经不符“各让一步”的原则，主要是要求国民党作单方面的让步了。

6 月 16 日袁世凯复电把自己装扮成极端关心“国计民生”的模样，仿佛已成为最可怜的受害者，诬蔑国民党：“调人络绎，名曰维持，而暴烈进行，仍不住手。无非甘心鄙人，破坏民国。即不为一身计，宁不为一国计？……倘伟人果肯真心息兵，我又何求不得。如佯谋下台，实则猛进，人非至愚，谁肯受此？”伟人即指孙、黄，此电意在逼国民党摊牌，或战或降别无其他选择。张謇在第二天将此电函请赵凤昌转交汪精卫等，并认为袁世凯“似令禁军人预政可以办到，而不能放心处甚多。非将孙、黄必有正当之宣布告之不可，但不知孙、黄之观念又何如也？”国民党妥协派对此再一次表示退让，所以赵凤昌的复信说：“汪已赴粤劝导同志归于稳定一致。……昨今两约蔡、胡过谈。出抄电，俱说电内最要在‘如佯谋下台，实则猛进’一语。……现在此间仍宗前议，不以赣、粤改辙，孙、黄必当表示以安定人心，惟待汪回沪商定表示之法耳。”

所谓“前议”，是张赵集团事先与汪、胡等商定的国民党妥协方案①。张謇在 6 月中旬致袁另一信中讲得很清楚，即：一、国民党为“顾全大局计，决举袁公为大总统”；二、严禁军人干政，袁在“临时期内暂不撤换”国民党四省都督；三、宋案“根据法律”，“将来罪至洪、应而止”。并且说明这个方案是“汪、蔡、孙、黄当面通过，确是

① 这个方案的全文已有印件，《赵凤昌藏札》中剪贴一份，但未注明年月和标题，可能已在报上发表。

同意”，同时更不会因已有撤换赣、粤两督之令而更变前议。张謇认为国民党既已作这么多让步，袁世凯也应该稍示“宽大”，以便使国民党领导人易于“下台”。因此他建议：一、“血光团”案①，不再传讯黄兴；二、“临时期中”，不要再撤换湘、皖两督；三、“申诫军人不干预政治”；四、“通令为孙、黄分辩”，同时严惩国民党中其他反抗派；五、“电请汪、蔡入都，俾指导其党之暴乱分子，使选举时稳静一致”。总之，就是劝袁用“怀柔”、镇压两手来分化和压服国民党，以便顺利登上正式大总统的宝座，维持大资本家所需要的“和平”“秩序”。同时，在张謇另一“祃电”中，也向袁说明了上述信件的简要内容。袁世凯首先接到“祃电”，在复电中虚伪地表示：“鄙人决不为已甚”，并且希望通过张謇进一步了解“孙、黄表示之法”。但到6月30日，袁更悍然撤去柏文蔚皖督职务，同时北洋军队急速向江西进逼，战争益加迫近。可是张、赵、汪、胡之间仍然没有停止调停。7月2日赵凤昌向张謇函告与蔡、胡会谈的情况，对国民党的必趋妥协深信不疑，并“恐洹上盼复，拟请公先为酌复”。7月5日赵再致张一函，请密电袁世凯代为营救在湖北起义失败被捕的国民党员宁调元和熊樾三，“借收彼党人心，俾汪进行尤易得力”。

7月12日张謇果然电告袁世凯：汪精卫即将从粤回沪，并请转嘱黎元洪对宁、熊“宽缓”，“以示不为已甚，汪回消释尤易”。可见他对调停仍未死心。但就在这天，李烈钧在忍无可忍的情况下奋起反抗于湖口，“二次革命”正式爆发。南京、安徽随即相继独立。张謇对这种正义的斗争极端仇视，在7月17日愤然函告赵凤昌：“吾两人为人利用，信用失矣。实业生计大受损害，外交亦恐生危阻，殊可痛也。”汪精卫在7月19日通过赵凤昌函告张謇，说自己在广东“濡留过久”，“不图甫抵沪滨，即闻江西战事崩析之祸，一发而不可收”。但是，仍“望为苍生计，勉来上海一行”，作最后的调停。张謇则于22日通过赵凤昌向

① “血光团”案是袁世凯捏造的案件，诬称黄兴派人入京搞暗杀。

汪表示，“即欲去沪一谈，但病暑湿，不能出门”，断然拒绝了继续调停的请求。

在南北战火正烈的7月，还有一个小小插曲。袁世凯在南京独立的第二天（16日）忽然电告张謇：“宁、熊就逮，即电宋卿。详审二人才具，颇可爱惜。现托人讽宋卿缓减，望转致前途勿泄。”就这样轻而易举地将杀人的罪过推到黎元洪（宋卿）的身上，并且装作丝毫不知道“二次革命”已经爆发的模样。这种姿态对张謇有极大的欺骗性，他在7月27日函告赵凤昌：“宁、熊尚可商，可见必无用兵之意。然此间十五号事①发生矣，发电时尚未知南中况状也。……镇又取消独立，沪徐屡败，殆不能军，尚可言调停耶？沪上罔死之民之众，损失市产之巨，彼作难者何词以对吾民。即通实业之受损亦数十万矣。可恨!”在大资本家眼中看来，北洋军阀竟是那样“慈悲”，而革命派则是这样可恨。为了不使自己受损数十万，全国人民就得顺从地忍受帝国主义及其走狗的残暴统治。这就是张謇之流的政治逻辑。

三、从在野合作到在朝合作

袁世凯在军事上取得重大胜利后，为了进一步欺骗人民，于7月31日任命熊希龄为国务总理，通过他与进步党的关系拼凑一个所谓“名流内阁”。熊希龄受命后立即电告赵凤昌：“勉强就职，若无人协力，亦必颠覆。现拟季直担任工商。”赵凤昌当即电复：“季处当函劝。”张謇因战事未最后结束，暂时还不愿直接卷入政争漩涡，所以没有立刻答应入阁。但是9月1日张勋攻入南京烧杀淫掳，公开表明复辟意向，引起江浙资本家更大惊恐。赵凤昌连忙函告熊希龄：“今张勋之居心行为，必毁我江苏，毁我民国，且毁洹上。”也正在这一天，袁世凯再度电邀张謇出山。张謇的态度开始明显转变，因为“二次革命”已经流

① 指南京宣布独立。

产，而最大的威胁倒在于辫子军，所以很想进一步依附袁世凯，设法调走张勋。他在9月4日给熊袁的复电“未辞，亦未允即行”，实则已有允意。从9月初开始，将近有半个月时间，江浙大资本家张、赵与汤寿潜等反复磋商，最后决定同意张謇入阁。张謇于9月15日启程北上。

张謇从在野进而在朝与袁世凯合作，主要是想通过中央政权来推动、保护民族资本主义的发展。所以他一上任就勤奋地从事制订法令，草拟计划、改良推广等等工作，企图从各方面为民族经济的发展创造有利条件。张謇幻想在袁世凯的稳定统治下实现自己的庞大实业计划，这是他对北洋军阀依赖的一面，也是主要的一面；但是袁世凯的独裁称帝阴谋势将引起新的革命风暴，这又引起他的疑惧，构成他与军阀统治矛盾的一面，当然是次要的一面。

早在1914年1月10日，一个随同张謇北上的亲信人物（似即为刘厚生），在给赵凤昌的信上开头就说：“北京寄信极不易，因时时须防检查。”可见袁世凯对“名流”们照样实行特务统治。信上又透露：“啬老求去大不易，水利局乃金蝉脱壳计①。……总之啬既出山，无不牺牲名誉之理；如欲翘然自异，不甘牺牲，则所牺牲者更大。”牺牲什么？信上未明讲。但抱怨“身入酆都”，“再留三月，必死无疑”。可见名流们在袁世凯的手心里，日子也并非原来所想象的那么好过。张謇在1月23日致袁世凯书中已经公开提出杜绝帝制阴谋问题：“乱党散布南洋及欧美各国，到处演说，以解散国会、改总统制、祀天用衮冕，为帝制复活之渐，据为口实，腾其簧鼓。……东坡云：操网而临渊，自明为不取鱼，不如释网而人自明也。”同时还对白朗起义势力的发展感到极大忧虑。袁世凯正要“取鱼”，怎肯释网。这里确实存在着政见的分歧。

但是，1914年2月熊希龄内阁垮台，张謇竟没有随同辞职，而继续当了一年多农商总长。张謇之所以暂时恋栈，主要是因为舍不得美国

---

① 指张謇主动就任全国水利局总裁，意在作为辞去农商总长和卸脱国务地位的准备。

导淮借款和即将成立的中法劝业银行。他在7月19日函告汤寿潜："劝业事十八九可成，引去之机渐近。好在闭户深山，自以个人为单位。"当然，袁世凯的拉拢和欺骗也产生了影响。袁本来早在2月3日已经下令停办各地地方自治会，可是当张謇南下勘淮回京谒见的时候，他却突然又对地方自治大感兴趣，以致激起这位"地方自治迷"的许多幻想。张謇随即函请张詧从速编辑南通自治成绩，以便呈阅，并且表示深信："自治本无消灭之理，此次复活，未尝非民国生机也。"同时，他又函请储铸农、孟森等协助编辑工作。张謇就是这样又延长了一段与袁世凯在朝合作的关系。

张謇在留任总长期间，特别热衷于寻求美国垄断资本的"援助"，再度提出了为辛亥革命打断的"中美合营"庞大计划，而且正式组成游美实业报聘团。张謇在报聘团中安插了一批大生系统的骨干分子。并在7月2日致张詧书中作出详尽策划。在此前后他还曾利用总长地位与英国公使商谈为大生购置引擎和委托汇丰银行代办汇兑等问题，另外又为南通教育、慈善事业一次请领"基产"十几万亩。可见他在"酆都"也并非完全分不到油水。张、袁之间的关系本来就是"剪不断，理还乱"的。

到1914年下半年，袁世凯帝制野心日益流露，而且不惜大量出卖民族权益以换取日本帝国主义的更多支持。张謇对于这些情况是有所不满的。1914年8月23日的家书就忧心忡忡地说："欧洲战祸方亟，而日又图危青岛，其祸必中国受之。然亦无法，正坐无有源之钱，无有纪之兵。儿须竞惕，十年内中国日在存亡呼吸之顷；而父所忧，则主权者无智术，行政人无常识，大危象也。"就在这年10月，他以勘视淮灾为名请假南下，11月便托总统府机要秘书张一麟代递辞呈；但未得到批准，所以年底仍不得不北上。

1915年3月袁世凯与日本帝国主义开始就"二十一条"进行最无耻的政治交易。张謇一向亲美反日，自然增加了对袁的不满。所以当张一麟透露“财政将易人事，得请假之事会”①，他就立即具呈请假。袁世凯正热衷于加紧投靠日本，对反日的张謇兴趣顿形减少，不仅准了假，而且还令亲日的周自齐署理农商总长职务。张謇南下之后，袁又批准他辞去农商总长的请求，两人关系愈益疏远。5 月 13 日张謇从南方写信给张一麟，主张在中日交涉中应“有扎硬寨、打死仗之决心，且非用社会名义不可，而又非得政府毅力不可，非仅不掣肘所能济事也”。这些话自然完全不合大总统的胃口。

但是，直到 1915 年夏天，袁世凯还不愿最后放弃张謇这个装饰品。张謇在 7 月中旬再度回京，因为他还没有辞掉全国水利局等职务，也许还有害怕“更大牺牲”等难言的苦衷吧。北京的帝制活动正将进入高潮，富有政治经验的张謇敏感到免不了又要引起一场大风波，所以想了很多办法摆脱袁世凯的直接控制，但一直挨到 8 月 20 日才得到许可请假南下。就在这天，筹安会发表公开宣扬帝制的启事，而张謇则是在当天下午乘特别快车离开北京的。

四、讨袁战争和张袁分离

1915 年 12 月 12 日，袁世凯正式表示承受帝位，20 日更申令将张謇列入“嵩山四友”；但没有几天讨袁战争就爆发了，张謇再也无从与袁世凯恢复合作关系。1916 年 4 月徐世昌劝张謇北上共图挽救，张当即断然拒绝，并且认为袁世凯必须尽快辞去总统职务，以平民愤，而安时局。

在讨袁战争中，江浙大资本家张、赵集团再一次展开广泛的政治活动。除与黄兴及西南方面有较多联系外，他们还通过冯国璋的侄子，和这个直系军阀头目保持频繁的接触。冯国璋久驻江苏，通过“盐垦”活动与大生资本集团已经建立比较密切的联系；所以他们希望冯能保持

---

① 《张謇日记》乙卯正月十六日。

中立，使江苏免于战事，并且进而逼袁下台，在南京建立中央政权。赵凤昌致冯国璋书明确指出："金陵居全国形胜，自古而然。北方若图久抗，南中恐当先立政府，其元首自依约法遥戴黎公。此外之事正多，皆以金陵为依归。否则不但迁延坐误，且思逞者多，危机迭至。……至各省立兵者，皆待将军一言而决所向，亦望速以方针出之。"可见，他们很想以南京为中心，通过冯国璋取得控制时局的主动权。但是冯国璋始终没有真正信任张、赵集团，同时由于讨袁战争的胜利发展，加上皖系和其他军阀的牵制，他也确实当不成最高"盟主"，因此观望犹豫、行动迟缓，使张、赵等人大失所望。

到 1916 年 5 月，袁世凯败亡在即。张謇等知道已没有可能在南京建立中央政府，剩下来的只有一件工作，即敦促袁世凯马上下台以便尽早结束战争。为此，张謇曾亲自起草向冯国璋、袁世凯及各省当权人物发出的同文函电，指出"列强干涉"的威胁极大，"民国既已明白回复，则据约法自有代理之人可属。……若再迁延，必更祸己祸国，尚忍言哉!"袁世凯虽然没有立即答应下台，但是他的病亡自然地消灭了讨袁战争的目标，南北军阀、官僚、政客再度暂时妥协，中央政权落在皖系军阀段祺瑞手中。段祺瑞一贯亲日，上台后虽曾一再邀请张謇北上，但都连续遭到他的拒绝。"下走老矣，饱尝世变，实不愿再涉政界。"从此张謇更加专心于实现他的"村落主义"。

得知袁世凯病死的那天晚间，张謇在日记中写道："三十年更事之才，三千年未有之会，可以成第一流人，而卒败于群小之手。谓天之训迪吾民乎？抑人之自为而已？"可见他原来对袁世凯所抱的希望是很大的。袁世凯死了，他的通过北洋政府来建立统一民族市场、发展资本主义的幻想也就最后破灭了。在帝国主义支持下，各派军阀连年混战，中国由表面的统一进为公开的分裂，不久连张謇的"村落主义"也最后失败了。

试论 1913 年的“二次革命”

1913 年，孙中山领导的资产阶级革命派，为了反对袁世凯的残暴军事专政，不顾帝国主义的威胁利诱，不怕北洋军队的猖狂挑战，发动了具有相当规模的武装反抗，希望重新夺回已经失掉的辛亥革命成果，这就是所谓“二次革命”，或者叫作“癸丑之役”“赣宁之役”。

“二次革命”以袁世凯刺杀宋教仁和擅借外债两大罪行为导火线，从 1913 年 7 月 12 日江西讨袁军在湖口起义开始，到同年 9 月 12 日熊克武在重庆被迫取消独立为止，前后延续两个月之久，而起义的地区则波及七省，这确实是对于帝国主义走狗北洋军阀反动统治的一次有力冲击。

但是，“二次革命”终于失败了，而且简直是全军覆没。原来曾经在不同程度上受革命派控制的江苏、江西、安徽、广东等省，完全沦为袁世凯直接统治的地盘。这个窃国大盗，正是由于帝国主义的支持，在镇压“二次革命”的基础上，用武力暂时实现了表面上的“统一”。

这次斗争的失败，曾经促使当年的革命家们作过多次痛苦的反省。孙中山再三强调：“癸丑之不利，非战之罪也。”① “癸丑之役，文主之最力，所以失败者，非袁氏兵力之强，实同党人心之涣散。”② 这些意

① 孙中山：《致黄兴书》（1914 年），《孙中山选集》上卷，人民出版社，1956 年，第 97 页。

② 孙中山：《致黄兴书》（1914 年），《孙中山选集》上卷，人民出版社，1956 年，第 96 页。

见的确能够发人深省。为了正确地认识这一重要历史事件，并且从中吸取必要的经验教训，我们应该对“二次革命”作进一步的考察与探讨。

“二次革命”爆发的必然性

如果把“二次革命”爆发的原因，仅仅归结为是由于袁世凯派人刺死宋教仁和擅自乞贷“善后大借款”，那显然是不够正确的。“二次革命”的爆发绝不是偶然的，它具有深刻的社会历史根源。因为，在1913年，尽管已经建立了名义上的共和民国，然而引起辛亥革命爆发的社会基本矛盾，仍然没有得到解决。袁世凯政府依然是帝国主义和封建主义的统治工具，它的残暴军事专政，不能不继续引起人民新的武装反抗。

在辛亥革命时期最为活跃的三种政治力量，仍然在“二次革命”的舞台上扮演着主要角色。以袁世凯为代表的买办性军阀集团，虽然窃夺了中央的和许多省份的政权，可是他们还没有能够囊括整个中国，也还没有来得及完全恢复被革命打乱了的半殖民地半封建统治秩序。以孙中山为代表的资产阶级革命派，尽管被迫让出了中央政权，可是继续保留着七八省地盘（虽然很不巩固）和十几万军队（虽然不完全可靠），特别是在人民中间还具有较大的影响。以梁启超为代表的资产阶级改良派，由于投革命之机，也直接或间接地控制着云南、贵州两省以及当地的一部分军队。这三种政治力量在“二次革命”前夜的彼此纷争，乍看起来，好像仅仅是国会议员席位之争、总统制和责任内阁制之争、中央集权和地方分权之争、破坏约法和保护约法之争等，然而究其实质，却是革命力量与反革命力量的斗争。从1912年到1913年上半年，中国政治局势的特征是：腐朽透顶的清王朝已经覆灭了，而代替它的北洋军阀统治还没有稳定地建立起来；资产阶级革命已经失败了，但是南方的革命力量还没有完全屈服。因此，各种政治力量都渴望利用或者改变这种不统一、不稳定的局面，力图使政局按照有利于自己的方向发展。

帝国主义（主要是英、美）是不满意这个局面的。早在 1912 年 3 月，伦敦《每日电讯》就抱怨说："中央权力既弱，统一之策难期。……可见中国革命（应读为反革命——引者）前途，其困难之点方多，正不得谓其告成功也。南京、武昌现均成为第二之都会，有无上之特权，足与北京相抗。其军队之组织，并不即行解散……"① 以后，德国驻北京公使哈豪森也用同样的语调报告本国政府说："袁世凯的权力是不够对付南方的急进主义实行有效的抵抗。……相互猜忌与抱怨是目前时局的特点，如果不能迅速得到一个解决，则南北间似乎只有分裂或战争。为这个目的，各省不想放弃它们自己的政府。中央政府对都督及其军事统治无力抵抗，国内还远没有巩固。"② 直到一年以后，英国外交大臣还保持同样看法，并且公开表示"承认民国的恰当时机还未到"③。

帝国主义暂时不承认民国政府，绝不是像他们自己所标榜的那样，意味着"不干涉中国事务"，更不意味着他们放弃对于袁世凯的支持。恰好相反，他们正是用暂时不承认民国政府作为武器，一方面威逼南方革命力量最后全盘屈服，一方面催促袁世凯加紧实现"武力统一"。关于这一点，德国外交大臣雅哥在 1913 年 4 月说得非常露骨："据我们的意见，总统选举举行后立刻承认不仅意味着袁世凯权力的实际增加，而将相当加强其反对中国南部分裂运动的地位。"④ 同时，为了帮助袁世凯实现武力统一，他们源源不绝地向北京政府提供大量贷款。

---

① 《欧报之观察中国时势》(3 月 21 日)，中国史学会主编：《中国近代史资料丛刊：辛亥革命（八）》，上海人民出版社，1957 年，第 521 页。

② 孙瑞芹：《德国外交文件有关中国交涉史料选译》第 3 卷，商务印书馆，1960 年，第 299 页。

③ 孙瑞芹：《德国外交文件有关中国交涉史料选译》第 3 卷，商务印书馆，1960 年，第 262 页。

④ 孙瑞芹：《德国外交文件有关中国交涉史料选译》第 3 卷，商务印书馆，1960 年，第 262 页。

从1912年1月到1913年6月，帝国主义向他们尚未承认的袁世凯政府，前后贷款达到32次之多，平均每月要给以两笔贷款。贷款的数额也相当可观，其中如“善后大借款”，一次即多达2500万镑，其他如克利浦斯借款等，也在500万镑上下不等。这些贷款都是以各种税收以至路矿产权及其收入作为担保的，特别是使帝国主义实现了对于北京政府的财政监督，进一步确定了袁世凯政权的奴仆地位。

外国贷款的政治性质非常明显，甚至连西方资产阶级历史学者也不能不承认：“从一开始，由于缺乏军费，袁氏的地位就变得极为危险地动摇起来，直到借到一大笔外国贷款之前，他的权威不仅缺少列强所协议承认的威信，而且无法收买张勋之类将领的忠诚。……一旦取得了金钱，而且确信能够得到五国银团本国政府的同情和支持，袁氏就能够镇静地对付广东民党对于地盘和权势的奋不顾身的追求。”① 所以，“善后大借款”成立不久，列宁就深刻地揭露：“整个欧洲的当权势力，整个欧洲的资产阶级，都是与中国所有一切中世纪反动势力实行联盟的。”并且作出科学的预言：“（帝国主义）会出动大炮，并与那个野心家、卖国贼、反动势力的朋友袁世凯联合起来扼杀‘落后’亚洲的共和制度。”②

作为帝国主义的老牌走狗，袁世凯自然很善于迎合主子的意旨。他在上台不久，就特别强调：“民国成立，迄今半年，外之列强承认，尚无端倪，内之各省秩序，亦未回复，危机一发，稍纵即逝。”请看，他正是把“列强承认”和“回复秩序”相提并论的。他还杀气腾腾地表示：“若乃不逞之徒，意存破坏，借端荧惑，不顾大局，则世凯亦惟有从国民之公意，与天下共弃之。”③ 这里明显地表露出他的“武力统一”

① Machair：Modern Chinese History Selected 印书馆，1923年，第737页，见宓约翰：《英文中国近代史文选》。

② 列宁：《落后的欧洲和先进的亚洲》，《列宁全集》第19卷，人民出版社，1959年，第83页。

③ 白蕉：《袁世凯与中华民国》，《人文月刊》社，1936年，第44—45页。

的强烈野心。只是由于革命力量在南方还保存相当的声势，而自己的统治地位还不很巩固，他才不得不采用反革命两面政策，以求赢得作好内战准备的时间。

一方面，袁世凯再三重申“忠于共和”“忠于约法”之类的虚假诺言。在1912年秋天，他相继邀请孙中山和黄兴北上，用尽甜言蜜语加以欺骗，并且在9月29日用袁、孙、黄、黎“四巨头”的名义发表所谓“八大政纲”，大谈什么“收束武备”“调和党见”“整理财政”“提倡实业”等等，企图借此来增强人们对他的幻想。而在另一方面，正是同一个袁世凯，却在积极扩军备战。他利用外国贷款购买大量军械，北洋六镇很快又扩充了好几个混成旅，段芝贵奉命编练拱卫军二十营，倪嗣冲奉命在皖北编练二十多个营……刺杀宋教仁不过是一个内战信号，袁世凯早已磨刀霍霍，不消灭南方的革命武装，他是绝对不会甘休的。

再从资产阶级革命派这一方面来看，也必然会重新举行武装反抗。由于自身的软弱和缺乏政治经验，同盟会的很多领导人确曾一度对袁世凯抱有幻想，并且错误地把主要精力用于议会政治和兴办实业。但是，由于民族资产阶级和大地主大买办阶级之间的矛盾并没有得到解决，他们和北洋军阀之间仍然有很大的距离。维护《临时约法》，争取国会多数，主张责任内阁，强调地方自治，都是他们抵制袁世凯反动独裁野心的手段。自然，这些“武器”在帝国主义时代和半殖民地半封建社会里，已经变得锈烂不堪，根本无从战胜帝国主义及其走狗的暴力统治。但是，作为真诚的爱国的民主革命家，面临着袁世凯赤裸裸的血腥屠杀，他们之中必然会有一部分人首先觉悟过来，越过国会斗争的狭隘圈子，重新诉诸武装反抗。

同时，同盟会的下层党员以及他们所联系的一部分革命群众，更是武装反抗的积极支持者。他们的政治态度，也会对领导者的政策产生重大的影响。当同盟会纲领中的革命部分被删除，并且改组成为和官僚、政客混杂在一起的国民党的时候，许多忠诚的同盟会员都曾经再三表示激烈反对，有些人甚至在改组以后仍然保持着同盟会的名义，不愿意轻易抛弃这面具有光荣传统的革命旗帜。湖北许多革命党人，痛恨黎元洪等反动势力的残酷迫害，同时又不满于少数革命领导人的妥协变质，早在 1912 年 4 月和 9 月，先后发动“群英会”和南湖马队的暴动，早就打出了“二次革命”的旗号。宋教仁被刺的消息刚一传来，他们立即组成“改进团”，以“继续革命事业”为宗旨，积极策划武装起义。江西的革命党人，在 1912 年夏天改组了都督府，掌握了整个省政权。并且开办民国银行，发行地方纸币，大抓盐运、盐税，为讨袁战争奠定了一定的财政基础。同时，他们还不顾袁世凯裁军的命令，开办讲武堂，编练两个师一个混成旅，这就是以后讨袁军的主力①。在湖南，也有一些革命党人作过编练军队的努力，不过没有成功。前湖南都督府参谋长江隽，设法出任军需局长，积极赶造准备与邻省革命力量配合作战的军器，并且大批吸收退伍军人，积蓄革命武装力量②。在其他一些地区，也有类似的情况。

在“二次革命”前后，曾和同盟会有联系或接受过同盟会影响的一部分下层群众，也表现出很高的武装反抗的积极性。湖北宜昌“匪首”杨雨霖，早在 1913 年 6 月就以“公民讨贼团”名义发动武装起义。沔阳仙桃镇和樊城，也有“巨匪”贺人杰、刘恒兰等“聚众倡乱”，“煽动图变”。皂市则有“叛兵首领”胡显贞等策划起义。在辛亥革命期间领导过鄂北江湖会起义的张国荃，现在又往返上海和襄河一带，联络会党、士兵，运输枪械弹药，积极策动武装讨袁。另一海湖会首领向海潜，在上海受命为“游击队司令”，回到湖北招集旧部，准备

---

① 龚师曾：《辛亥革命前后的回忆》，《辛亥革命回忆录》第 4 集，文史资料出版社，1963 年，第 335-336 页。

② 和力辑：《赣宁战后讨袁资料》，中国科学院近代史研究所近代史资料编辑组编辑：《近代史资料》1962 年第 1 期，知识产权出版社，第 154 页。

起义①。湖南的革命群众也很活跃。长沙的“华夏急进会”，密谋与白朗配合起义。岳州、宁乡、长沙、湘潭、靖港一带的“洪会分子”，组织“少年再造党”，准备实行“三次革命”。云南哥老会张文光等组织大理兵变，“声言二次革命”。江苏灌云县有所谓“巨匪”“西匪”，发动千人以上的起义，“号称革命”。广东也有三合会、扶汉堂、铁血团等秘密社团，配合革命党人发动起义。其他如安徽、福建、江西以至东北等地，都有许多大小不等的群众自发斗争②。

由此可见，同盟会下层党员和一部分革命群众的强烈反抗要求，是中外反动势力所无法阻抑的，也是国民党少数上层妥协分子所无法阻抑的。孙中山武力讨袁的坚决主张，正好集中地反映了这种正义要求。

最后，还要考察一下资产阶级改良派当时的政治态度。以老立宪派为骨干先后组成的共和党及进步党等，表面上标榜“第三党之公正地位”，然而并不是真正的中间力量，而已经堕落成为接受袁世凯大量津贴的党派。梁启超曾经公开宣称，他们把“反暴乱”当成主要任务，“故本党对于横行骄蹇之新贵族（指国民党——引者），当思所以裁制之，使不得逞”③。他们早就预言“势必出于第二次革命”，可是却大唱“有政府终胜于无政府”的反革命滥调，极力主张建立以袁世凯为中心的“强有力之政府”，“实行唯一最高政府之集权”。严格地说，他们没有什么独立的政治路线，实在不过是北洋军阀的从属品。在“二次革命”期间，他们把讨袁军的正义斗争叫作“叛乱”，是“以地方兵力反抗中央”，并且要求“叛军首领迅速解兵，听候裁判”④。这更暴露出他们支持袁世凯“武力统一”政策的反动立场。

---

① 介北逸叟：《癸丑祸乱纪略》，上海有益斋，1913年。

② 参见《近代史资料》，科学出版社，1962年第1期，第120—175页；《东方杂志》第9卷第10号至第10卷第6号“中国大事记”。

③ 梁启超：《共和党之地位与态度》，《民国经世文编》第6册，上海经世文编社，1916年石印本，第19页。

④ 熊希龄：《对于乱世之通告》，《民国经世文编》第20册，上海经世文编社，1916年石印本，第40页。

资产阶级改良派已经进一步堕落了，他们中间很多人已经成为政客和新官僚，因此幻想通过依附袁世凯来实现自己的政治抱负，而把革命力量看成必须拔除的眼中钉。他们这种政治态度，只能促进袁世凯对南方革命力量的武装进攻，而不能在南北之间起任何缓冲作用。

由此可见，“二次革命”是各种政治力量之间斗争的必然产物。袁世凯急于完全实现窃国阴谋，革命党人渴望重新夺回革命果实，老立宪派进行拥袁反孙的新投机，这就使得北洋军队和革命武装之间必然要来全面较量一番，正好像是为辛亥革命补作“续篇”。宋教仁被刺身死，构成“二次革命”爆发的导火线，但它并不是“二次革命”爆发的根本原因。恩格斯在研究1848—1849年“德国革命必然爆发而又必然失败的原因”时曾经说过：“这些原因不应该从几个领袖的偶然的动机、优点、缺点、错误或变节中寻找，而应该从每个经历了震动（指革命震动——引者）的国家的总的社会状况和生活条件中寻找。”① 我们应该遵循这样的原则，来考察和分析“二次革命”的社会背景。

“二次革命”和资产阶级

正如宋教仁被刺不能决定“二次革命”的必然爆发一样，他个人的悲剧也决定不了整个资产阶级革命的悲剧，相反，倒是整个资产阶级革命的悲剧决定了宋教仁个人的悲剧。如果说，从同盟会成立到辛亥革命爆发，资产阶级革命是循着上升的路线发展，那么还在革命发展的中途，它就急转直下，走下坡路了。正是在南京临时政府成立前后，透过表面的欢庆胜利的热烈气氛，我们可以看到，政治舞台上的几个主要角色好像突然来了一个向右转，同盟会内部的革命派跟着妥协分子跑，妥协分子跟着立宪派跑，而立宪派则把革命引导到向帝国主义及北洋军阀

① 恩格斯：《德国的革命和反革命》，《马克思恩格斯全集》第8卷，人民出版社，1961年，第6页。

妥协的歧途上。至于革命的下层群众，不仅已经被冷淡地撇在一边，而且被严格地排斥在所谓“民主”政治生活以外。这种局面在“二次革命”前夜仍在继续发展。资产阶级革命仿佛一列从倾斜的轨道上倒退下来的火车，阻止不住它那悲剧性的滑行。

原因究竟在哪里？我们必须考察一下资产阶级在当时的经济、政治状况。不久以前还支持着清王朝的带买办性的大资产阶级，现在又充当了北洋军阀统治的社会支柱。其实，北洋军阀以及依附于它的交通系等官僚集团，本身也正在向带买办性的大资产阶级转化。他们凭借政权力量控制了中国、交通两大银行以及所谓“北四行”等金融财团，并且把势力伸入到许多企业单位。华北最大的一个官僚资本集团，以启新洋灰厂和滦州煤矿为主体构成的所谓“灰矿财团”，就是袁世凯直接扶植和操纵的，他的账房王锡彤还曾经公然出任启新的协理。在此前后，徐世昌、倪嗣冲、孙多森以至曹锟兄弟等，都曾经相继向华新、裕源、恒源等纱厂以及其他工矿企业“投资”。就连想当军阀而终于未成的黎元洪，也曾经极力控制湖北的纺织、采矿、钢铁等较大的企业，甚至还一度打算建立一个什么黄陂银行。

可见，带买办性的大资产阶级和各派军阀之间，存在着密切的血缘关系，他们自然要坚决反对“二次革命”。还有一些封建性特别浓厚的大资本家（主要属于商业或银钱业），像以经营瑞蚨祥和织造洪宪龙袍而著名的山东孟家财团等，也是袁世凯的忠实支持者。“二次革命”爆发以后，很多地方的商会或行业组织纷纷通电反对，或者以实际行动进行阻挠破坏，主要就是由于大资产阶级在捣鬼①。甚至到“二次革命”失败以后，全国商会联合会京师事务所，还要赶忙密电各埠总商会“严防乱党东窜（指逃亡日本）”，说是要“以中华全国商会名义电达东京、横滨、神户、京都、大阪五处商业会议所，‘……望劝告贵国政府

---

① 参见《政府公报》1913年7月第440、441号。

及民间人士，迅将叛徒悉予驱逐’”①。

民族资产阶级很多人也越来越疏远了革命，有些人甚至公然拒绝或抵制革命。在1913年前后，民族资本主义很快从萧条转入复苏，并且随即比较迅速地发展起来，这是由于辛亥革命的有力推动，再加上欧战爆发后帝国主义暂时放松了经济侵略。丰厚的利润迷住了资产阶级的心窍，他们轻信袁世凯“和平”“秩序”“振兴实业”之类的美妙诺言，陶醉于自己编织的黄金梦境，因而便十分厌倦和害怕新的革命风暴。

我们不妨再具体地考察一下民族资本主义在“二次革命”前后的发展状况。

以棉纺织业为例：1911年全国纺锭总数是806828枚，织机总数是5480台。到1913年，纺锭增加到836828枚，织机增加到5980台。1914年纺锭又增加到855196枚，织机也增加到6430台②。以后逐年更有较快的增加。

以缫丝工业为例：“民国成立后，风气大开，百业革新”③，“自民国以后，中国蚕丝厂设立渐多。民国三年后，因欧战爆发，促成中国民族工业之急速发展。故自民国元年至民国十年，为中国蚕丝业一路发达之时期”④。

以面粉工业为例：从1912年到1913年增设13个新厂，资本总额增加800万元以上。1914年以后，面粉工业发展更快，而且迅速由面粉进口国家变成出口国家。所以有人在回顾面粉工业发展的历史时，特别指出：“由辛亥革命至欧洲大战，为勃兴时代。”⑤

---

① 北介逸叟：《癸丑祸乱纪略》，上海有益斋，1913年。

② 陈真编：《中国近代工业史资料》第4辑，生活·读书·新知三联书店，1961年，第201页。

③ 陈真编：《中国近代工业史资料》第4辑，生活·读书·新知三联书店，1961年，第180页。

④ 陈真编：《中国近代工业史资料》第4辑，生活·读书·新知三联书店，1961年，第132页。

⑤ 陈真编：《中国近代工业史资料》第4辑，生活·读书·新知三联书店，1961年，第380页。资本总额的增长数字，是笔者根据该书资料推算的。

以火柴业为例："民国建元后，除苏、浙、鄂、川、粤、滇、冀、吉等省已原有火柴厂外，黑、辽、鲁、晋、甘、陕、豫、皖、赣、闽、桂、黔等省殆无不有新厂之创设。欧战爆发后，舶来品锐减，我国火柴工业之发展更为焕发。"①

其他造纸、制革、碾米、纸烟、酿酒等工业，都在 1912 年以后即已有所发展②。

旧中国民族工业的所谓"黄金时代"其实还没有正式到来，更重要的是帝国主义和封建主义两座大山仍然压在中国人民身上，而鼠目寸光的资产阶级却早已自称"喁喁望治之民"，急不可耐地宣称"而所谓产业革命，今也其时矣"③。袁世凯直到正式发动反革命内战的前夕，还大谈什么"对内对外均以和平"，强调"第一须改革者"为："改良币制，订定赋税规则，开拓国内富源，俾人民得以日见昌盛。"④ 正是看准了资产阶级的弱点，给他们灌迷魂汤，诱使他们转向反对革命的立场。在民族资产阶级当中，除沈缦云等少数急进分子积极支持和参加武力讨袁以外，很多人对"二次革命"确实非常冷淡，甚至加以抵制。原来就一贯反对革命或已与革命派离心离德的资产阶级上层人物，现在更加强了追随袁世凯破坏革命的活动。

当陈英士在上海发动讨袁起义时，曾经两度访问当地绅商领袖李平书，渴望恢复辛亥革命期间的"合作"关系，但是一再遭到拒绝。上海商会、商团公会、教育会等团体，也是"于双方竭力调停，苦劝息兵"⑤。后来，李平书干脆坦白地告诉革命派："今年之事，地方不赞

① 陈真编：《中国近代工业史资料》第 4 辑，生活·读书·新知三联书店，1961 年，第 659 页。

② 汪敬虞编：《中国近代工业史资料》第 2 辑（1895—1914 年）下册，科学出版社，1957 年，第 858—860 页。

③ 《民声日报》1912 年 2 月 28 日。

④ 白蕉：《袁世凯与中华民国》，《人文月刊》社，1936 年，第 51 页。

⑤ 李平书：《且顽七十岁自述》，中华书局，1922 年。

同，非上年可比。……今慎勿轻举妄动，使之反德为怨，致以后无从办事。”① 南京独立以后，讨袁军派代表请求商会“劝令商界助饷”，“商会虽未反对，惟无辛亥助饷之热心耳”②。结果闹得双方意见不合，不欢而散。到8月27日，南京商会竟公然拆台，劝讨袁军的领导人让城出走，并且表示“愿付巨款”以酬，后来气得何海鸣派卫队和炸弹队把他们吓跑了③。至于江浙一带大资本家的著名代表人物张謇，更是大喊大叫：“沪上罔死之民之众，损失市产之巨，彼作难者何词以对吾民？即通（指江苏通海地区——引者）实业之受损亦数十万矣。可恨。”④ 其他有关地区，也都有着类似的情况。

资产阶级政治态度的变化，必然要在国民党内部反映出来，并且引起老同盟会员的进一步分化。情况正如吴玉章同志所回忆的那样：“孙中山先生于3月自日本回国的时候，恰好袁世凯暗杀宋教仁的事件发生了。他回到上海，非常气愤，决计兴兵讨袁，发动二次革命。这时，我为了反袁，也到了上海。当善后借款成立，风传袁世凯要撤消国民党粤、赣、皖、湘四督之际，我即向孙中山先生建议，主张四督联合通电，反对袁世凯违法，并声明在合法政府成立以前，不接受违法政府的命令，以此先发制人。孙先生很同意我的意见……”⑤ 以孙中山为首的抵抗派终于彻底抛弃了对于袁世凯的幻想，再次举起了民主革命的旗帜。可是，以汪精卫等人为代表的妥协派，从一开始就采取了“不主战”的软弱立场，一味强调应该通过国会，凭借法律的力量来反对以至打倒袁世凯。以黄兴为代表的温和势力动摇于抵抗与妥协之间，而在很长一段时间内也附和着“法律解决”的错误主张。他们不敢正视这样严酷的现实：既然政权抓在北洋军阀手里，国会和法律也在他们的掌握

① 姚文楠：《通敏先生行状》（稿本），上海图书馆藏。
② 北介逸叟：《癸丑祸乱纪略》，上海有益斋，1913年。
③ 北介逸叟：《癸丑祸乱纪略》，上海有益斋，1913年。
④《张謇1913年7月27日致赵凤昌书》，收于《近代史料信札》，国家图书馆藏。
⑤ 吴玉章：《辛亥革命》，人民出版社，1961年，第158页。

之中，离开了大规模的群众斗争，特别是离开了以暴力反暴力的武装斗争，怎么能推翻袁世凯的军事专政。

武力讨袁还是法律倒袁？看起来好像仅仅是怎样反对袁世凯的方法上的差异，然而从实质上来说却是敢不敢起来向袁世凯斗争的根本分歧。和以孙中山为首的抵抗派英勇斗争、义无反顾的革命精神恰好相反，妥协派却始终迷信北洋军队强大无敌的神话，唯恐“激怒”了袁世凯会惹祸上身。老同盟会员陈陶遗就是一个典型的例子。据当时报纸记载：“自宋案发生后，陈力劝黄克强持冷静态度，证据一切，须俟法庭发表，黄已应之。及陈赴苏州，而黄已一切发表，陈急赴沪面责之，而黄云此系中山主意，故陈尤持江苏自保主义。”① 连刺宋罪证都不敢公布，所谓“法律倒袁”其实不过是自欺欺人罢了。后来，斗争日益尖锐，抵抗派纷纷敦促黄兴立即发动武力讨袁，陈陶遗却“痛哭流涕，力劝黄兴忍耐，他说国民党地盘虽广，而兵力不足，意见分歧，若轻于一掷，即不土崩，亦将瓦解，以后恢复，诚恐更难着手”②。

北京国会中的多数国民党议员，则是法律倒袁的具体实行者。尽管其中有些人确曾比较认真地在国会范围内进行了一系列的斗争，可是终究没有取得任何积极的成果。而在袁世凯武力和金钱两手的玩弄下，不少国民党议员在国会这个臭泥坑中逐渐沉沦下去。有一个老国民党员以后曾经不胜痛愤地回忆：“国民党议员醉心于议会万能，遂致投机政客纷纷入党。……党德、政德，荡然无存。卖票、卖党、卖不出席，皆有定价。狡诈阴险，曲尽其妙。新式交易所，实所罕见。令人笑则笑大口，哭则哭断肠，卒至令人哭笑不得。”③ 这样的法律倒袁究竟会带来什么好结果呢？所以“二次革命”一爆发，抵抗派立即纷纷电请国民党议员南下；可是，400 名左右国民党议员当中，只有七八十人离开北

① 黄远庸：《远生遗著》第 3 卷，商务印书馆，1920 年。

② 刘厚生：《张謇传记》，龙门联合书局，1958 年，第 207 页。

③ 潘康时：《潘怡如自传》，中国人民政治协商会议湖北省委员会编：《辛亥首义回忆录》第三辑，湖北人民出版社，1958 年，第 39-40 页。

京，而且其中有些人还是回家探亲或乘此逃避斗争的，并没有都来参加武力讨袁。于是就出现了这样令人惊异的景象：南方的国民党正在江湖之滨浴血奋战，北方的国民党却在国会大厅从容论道。国民党内部的严重分裂，完全暴露在敌人面前，因而为袁世凯提供了更多的可乘之机。

妥协派的活动绝对不是孤立的、偶然的现象，他们不仅反映了资产阶级多数人正在离开革命的政治趋向，而且还和南方资产阶级上层人物密切配合行动。他们在南北之间的“调停”活动，实质上是在阻止武力讨袁。袁世凯正是通过资产阶级上层人物来利用妥协派，牵制以至分化抵抗派。

张謇在正式出面“调停”之前，就函告赵凤昌：“请先与翼、陶、厚及应密计手续次序。”① 所谓翼、厚、应，指杨廷栋、刘垣、应德闳，都是张、赵之流的心腹人。陶即陈陶遗，可见张謇等江浙大资本家已经把他当成入幕之宾，而主要是通过他来对黄兴施加影响。

国民党正式出面参与“调停”活动的三个代表是汪精卫、胡瑛、蔡元培，他们一开始就和张謇、赵凤昌等发生密切联系。张謇称赞他们是“可亲可爱”“明通纯白”的“有学识之人”，而实际上却是鼓励他们“指导其党之暴乱分子，使选举时稳静一致”。就是企图劝诱、压迫抵抗派放弃武力讨袁，并且让袁世凯安安稳稳地由国会选举为正式大总统，以此来博得“友邦之承认”和维持国内的“统一”“秩序”。在张謇之流看来，这样才叫作“人人知觉中有国计民生四字”。所谓国计民生，说穿了就是他们狭隘的阶级利益，因为他们正在打算依仗袁世凯政权的庇护，策划大规模发展自己的资本主义企业。

袁世凯对于南方资产阶级这样的“调停”活动，自然很感兴趣。因此，他在调兵遣将的同时，就作出种种“宽容”“忍让”的姿态，并且特别强调自己对革命派“隐忍迁就，以冀其悔悟，非有所畏也。特以国计民生不堪再扰，故降心相从耳”②。这个暴君竟把自己说成是为

① 《5月26日张致赵函》，收于《近代史料信札》，国家图书馆藏。
② 《袁世凯6月16日致张謇电》，收于《近代史料信札》，国家图书馆藏。

"国计民生"而受委屈的了，而在另外一道通令中，更把自己装扮成资产阶级的保护人，说是要求各地官员竭力保护商民，"如有匪徒借端扰乱，损害商人，惟该都督、民政长是问。本大总统誓将牺牲一切，以捍卫我无罪之良民也"①。资产阶级当中不少的人，就这样一步一步落入袁世凯的圈套。袁世凯对于汪精卫特别表示欢迎。当汪精卫一开始"调停"活动，他就写信表示："如惠然肯来，以罄心曲，必于国事有所裨益。"② 他的儿子袁克定说得还要"热情"一些："伏枕怅望，尚冀早来，以慰病友。"③ 汪精卫虽然没有来得及北上，然而却因此更加卖力地奔走于上海、广东之间，极力劝说抵抗派放弃武力讨袁。由此可见，资产阶级上层人物和国民党所从事的"调停"活动，正好投合了袁世凯反革命两面政策的需要。

在此以前，汪精卫之流早已和张謇等人合作拟订了一个正式的南北妥协方案，主要内容有三条：（一）保证国民党"为顾全大局计，决举袁公为正式总统"；（二）要求袁世凯在临时大总统任内，"暂不撤换"皖、赣、粤、湘四省国民党都督；（三）坚持宋案法律解决，"将来罪至洪、应而止，传赵（秉钧）到案之主张自然消灭"④。汪精卫真不愧为"低调俱乐部"的创始人和先驱者，法律倒袁只剩下空空洞洞的法律解决，甚至表示连第二号凶犯赵秉钧也可以毫不追究了。

可是袁世凯却要"追究"国民党，他首先撤掉李烈钧的江西都督职务。汪精卫等生怕决裂，连忙通过张謇向袁世凯表示，绝不因此改变既定妥协方案。袁世凯得寸进尺，紧接着又撤去胡汉民的广东都督职务，可是他们仍然声明："不以赣、粤改辙。"袁世凯步步逼紧，故意

① 《通令各省维持治安文》（5月3日），徐有鹏编：《袁大总统书牍汇编》卷2，上海广益书局，1914年，第43-44页。

② 《覆汪精卫论宋案》，徐有鹏编：《袁大总统书牍汇编》卷7，上海广益书局，1914年，第6页。

③ 陶菊隐：《六君子传》，中华书局，1926年，第123页。

④ 《张謇6月13日致袁函》，藏于南通图书馆。《近代史料信札》也有相关剪报。参见南通图书馆编：《张謇全集》。

说：“倘伟人（指孙、黄——引者）果肯真心息兵，我又何求不得。如佯谋下台，实则猛进；人非至愚，谁肯受此?”这显然是想逼抵抗派早点摊牌，而汪精卫等人果然又慌忙不迭地催促孙、黄作“正当之表示”，实际上就是要求他们公开向北洋军阀屈服①。

江浙大资本家和妥协派的“调停”活动，确实起了不少消极作用。张謇曾在6月16日很高兴地向袁世凯报告：“南中各方面，自汪、蔡回国，竭力解说，人心益趋稳定。”② 在他们的影响下，果然有不少国民党人增加了对于袁世凯的幻想。甚至像素来斗争比较坚决的谭人凤，也曾“与王芝祥连日奔走，挽岑春煊、李经羲、李鼎新、□□□等主持公道，出任调停”③。袁世凯自然对此大为欣赏，并且很俏皮地形容说：“调人络绎，名曰维持。”但是，袁世凯的两面政策、大资本家和妥协派的劝说阻挠，终于不能阻止“二次革命”的爆发，不能阻止革命力量对于北洋军阀残暴屠杀的正义反抗。有些曾经一度动摇过的革命领导人，像黄兴等人，终于醒悟过来，毅然投入火热的讨袁战争。只有汪精卫之流，仍然哭哭啼啼地向江浙大资本家寻求谅解，说什么“沦胥坐视，言之伤心，余生可厌，死所未获”，并且继续央求张謇出面作最后的“调停”，幻想以进一步的退让来换取袁世凯收兵④。

在袁世凯的恐怖统治和“二次革命”的冲击下，资产阶级进一步在政治上分化。南方资产阶级上层的代表人物像张謇之流，不久便进入所谓“第一流人才内阁”，和袁世凯从在野合作变成在朝合作，并且明显地表现出向官僚资本家转化的趋向。国民党内部的分裂也在继续发展，“而党员之在国内，贤者死事，不肖者变节；即亡命海外者，亦多堕志他图，投降自首，或倡‘十年后始行革命’之说”⑤。因此，孙中

① 以上内容均见张、赵、汪、袁之间来往函电，收于《近代史料信札》，国家图书馆藏。

② 未刊函电，藏于南通图书馆。

③ 谭人凤：《石叟牌词叙录》，中国科学院近代史研究所近代史资料编辑组编辑：《近代史资料》1956年第3期，知识产权出版社，第70页。□□□系原文空缺。

④ 《汪精卫7月19日致啬老函》，收于《近代史料信札》，国家图书馆藏。

⑤ 邹鲁：《中国国民党史稿》，商务印书馆，1947年，第159页。

山不得不集结坚决的革命分子，在日本另行组织中华革命党，继续坚持反抗斗争。

由于资产阶级很多人对讨袁战争采取消极的甚至对立的态度，所以黎元洪曾经一再为各地“商界”请求褒奖。在“二次革命”全部失败不过五天之后，袁世凯果然通令奖励说：“而抵拒邪谋，倡提正论，则尤得各省商会维持之力。……各地商界烛其奸邪，绝其资助，遂使逆谋无由大逞，乱事得以速平，曲突徙薪，功匪鲜浅。”① 这真是历史对于资产阶级的莫大讽刺。当然，帝国主义在欧战后重新加强对华侵略和北洋军阀的横暴摧残，终将把资产阶级再度推向革命的道路，不过那毕竟是以后的事情了。

“二次革命”的经验教训

“二次革命”虽然失败了，但是以孙中山为首的抵抗派，坚持斗争达两月之久，地区波及江西、江苏、安徽、湖南、广东、福建、四川七省。甚至连反动派也不能不承认：“但党徒密布，乱象已成，登高一呼，七省响应。……计自大江以南，除云、贵、浙江外，叛党密布机关，军队多被煽惑……”② 可见确实一度形成相当规模的革命声势。这是北洋军阀残暴统治所受到的第一次有力冲击。在讨袁军全部失败以后，各地下层群众仍然打着“二次革命”“三次革命”的旗号，继续反抗袁世凯的军事专政，这表明这次斗争的影响还是比较深远的。

在辛亥革命失败以后，由于资产阶级和北洋军阀之间的妥协，革命与反革命的界限在很大程度上被混淆了，袁世凯俨然成为共和国的中心，而立宪派也极力吹嘘自己是“首自发难”“独先响应”的革命元

① 徐有鹏：《袁大总统书牍汇编》卷7，上海广益书局，1914年。
② 北介逸叟：《癸丑祸乱纪略·序言》，上海有益斋，1913年。

勋①。通过“二次革命”，各种社会力量都表明了自己的态度，牛鬼蛇神的狰狞面目暴露了，革命与反革命的界限也就逐渐重新划清了，它有助于扫清那种认为民国建立就是革命成功的糊涂观念。“二次革命”虽然失败了，可是孙中山和中华革命党却继续举着民主革命的旗帜。孙中山解释说：“东渡以来，日夕共谋，非欲雪癸丑之耻，实欲竟辛亥之功。”② 这说明他们的政治认识确实有显著的提高。

“二次革命”的失败，绝对不能证明法律倒袁论的正确和武力讨袁论的错误。恰好相反，它正说明了一个颠扑不破的真理：面对着帝国主义走狗的残暴军事专政，仅仅依靠或者主要依靠国会范围以内的合法斗争，都是不可能取得革命胜利的；只有通过正确的群众性的武装斗争，才有可能推翻袁世凯之流的反动统治。妥协派把袁世凯吹嘘得强大无敌，实际上并不是这样的情况。由于辛亥革命对半殖民地半封建统治秩序的冲击作用还没有完全消失，这个建立不久的军阀政府其实并不巩固。武力讨袁不仅是正确的，而且也并非完全没有取得胜利的可能。

袁世凯当时所能直接统治的地盘，只有河北、山东、河南三省，其余很多省份，虽然已经先后依附于他，但是彼此之间存在着不同程度的矛盾。由于各省赋税多不上缴，反而纷纷向北京政府索取经费，这就使它的财政危机极为严重。帝国主义的32笔借款不过像杯水车薪，完全不足以应付袁世凯庞大的军政开支。所以，熊希龄内阁一上台就叫苦不迭：岁出增加到六亿多元，而有着落的岁入只有三亿一千七百余万元，不足之数达到三亿以上③。同时，北洋军队的编练扩充，也还没有完全就绪，因此在镇压“二次革命”期间就不免苦于兵力不足。例如，北

① 参见《民国经世文编》第6册《论民主党》等文，上海经世文编社，1916年石印本。

② 孙中山：《致黄兴书》（1914年），《孙中山选集》上卷，人民出版社，1956年，第96—97页。

③ 熊希龄：《大政方针宣言》，《民国经世文编》第2册，上海经世文编社，1916年石印本。

洋军队在占领南昌以后，风闻讨袁军将由宜春、吉安、萍乡、抚州等处反攻合围，但是由于本身“适当酷暑，除死伤外，病者几占五分之二，且省垣已复，军无斗心”，竟不敢分兵出击，而只有困守南昌①。当时如果不是讨袁军的许多领导人“贸然一走，三军无主”，赢得几个重大战役的胜利，也不是没有可能的。

同时，北洋军队的内部矛盾也削弱了自己的力量。进攻江西的第一军，不仅有军长段芝贵和主力第六师师长李纯的矛盾，而且还有李纯和素称能战的旅长马继增之间的矛盾，互相猜疑、牵制、打击，一度闹得李纯几乎要辞职②。进攻南京的第二军的内部矛盾比较隐蔽，然而性质却比较严重。因为张勋不是北洋嫡系，他不仅和冯国璋争功争地盘，同时还在暗中酝酿一个拥戴宣统复辟的阴谋，而复辟派的最后目标是要替换袁世凯的统治③。正是由于冯、张之间的猜疑和争功，所以发动南京第三次独立的少数讨袁军，才能在孤立无援的情况下坚守半个月之久。南京的险要天堡城的争夺战达到五次之多，而且讨袁军还曾经在张勋部队已经攻进城后，又奋勇把他们击溃退出。江西的讨袁军在八里坡和湖口等地也打得相当出色④。这些情况都充分表明，当时北洋军队并不是不能击败的。

由于正处在第一次世界大战的前夜，帝国主义列强之间的矛盾日益激化，在侵华政策上分歧极大，暂时不可能采取联合的武装干涉，所以除了贷款以外，袁世凯从外国主子那里所能得到的实际支持毕竟是有限的。同时，日本侵略者当时渴望造成中国分裂局面，借以从中渔利，因此不仅支持北方和长江下游的复辟活动，而且还别有用心地给讨袁军提供某些“帮助”，这更给袁世凯的“武力统一”政策带来一些意外的困

① 李实忱：《平赣要事记》，财政部印刷局，1915年。

② 李实忱：《平赣要事记》，财政部印刷局，1915年。

③ 关于复辟派在“二次革命”期间的活动，资料散见于《退庐全集》《近代史料信札》《刘廷琛行状》《劳乃宣年谱》等处，此处不一一列举。

④ 参见1913年7月14日至31日的《民立报》及张敬尧《赣征纪略》。

难。甚至连最支持袁世凯政府的英帝国主义，当时对它的前途也并非完全抱着乐观态度。例如，外交大臣葛雷就表示担心："且民国还绝未巩固。各省当局似更在酝酿独立，事实政府的势力几乎降落到衰微无力，所以中国分裂为各别部分或一个联邦共和国不是不可能的。"①

袁世凯政权最根本的弱点，还在于它与广大人民群众之间的不可调和的矛盾。他在镇压了"二次革命"以后，总算在表面上用武力"统一"了中国，大权独揽，飞扬跋扈，好像盛极一时。可是，"贼兵所至，焚掠为墟，幼女贞嫠，供其淫媟；犹复恣意株连，籍没罔恤；偶涉嫌疑，遽膏锋刃"②。北洋军队侵占的地盘愈广，所调动起来反对它的人民群众就愈多。还不到三年，袁世凯的独裁统治最后就被一片反抗的怒火烧毁了。

作为辛亥革命的继续，"二次革命"不仅为以后反抗北洋军阀的斗争启示了比较有效的途径，而且还在政治上、组织上和军事上为以后的武装反抗作了若干准备。毛泽东同志对于孙中山一贯重视武装斗争曾经加以称赞："从孙中山组织革命的小团体起，他就进行了几次反满的武装起义，到了同盟会时期，更充满了武装起义的事迹，直至辛亥革命，武装推翻了满清。中华革命党时期，进行了武装的反袁运动。后来的海军南下，桂林北伐和创设黄埔，都是孙中山的战争事业。"③ 总的来说，孙中山的革命战争事业是值得称道的。但当时有不少革命党人对于掌握革命武装的重要性却认识不足。袁世凯上台以后，一方面暗中扩充反革命的北洋武装，一方面却以统一、秩序、财政困难等作为借口，要求各省实行"减政"和"收束军队"。许多天真的革命党人，以为"建设时期"真的到来，"铁血精神"已经过时，竟然遵命大量遣散自己的军

---

① 孙瑞芹：《德国外交文件有关中国交涉史料选译》第3卷，商务印书馆，1960年，第262页。

② 孙中山：《讨袁檄文》（1915年），《孙中山选集》上卷，人民出版社，1956年，第98页。

③ 毛泽东：《战争和战略问题》，《毛泽东选集》第2卷，人民出版社，1952年，第529页。

队。像安徽都督柏文蔚，直到战机一触即发的1913年7月初，还在向北京政府报告，说他的军队除留十个人办理遗留事务外，其余各员一律于6月底遣散①。其他南京、湖南、湖北、广东等地也有类似的情况。就是保留下来的少量部队，也没有积极认真地加以编练，特别是没有把领导权完全抓在可靠的革命党人手中。这样，就不能不导致讨袁战争的迅速失败。恩格斯说得千真万确："起义一旦开始，就必须以最大的决心行动起来并采取进攻。防御是任何武装起义的死路，它将使起义在和敌人较量以前就遭到毁灭。……总之，要按照至今人们所知道的一位最伟大的革命家策略家丹东的de l'audace，de l'audacc，encore de l'audace！（勇敢，勇敢，再勇敢！）这句话去行动。"② "二次革命"却是更多地采取了防御，信心不足、犹豫动摇、着着被动，因而往往"在和敌人较量以前就遭到毁灭"。

可见，"二次革命"之所以迅速失败，绝不是由于敌人的强大而不可战胜，绝不能归咎于武装斗争本身，而只是由于当时的革命党人自身存在着严重的弱点，他们的武装斗争脱离了群众，因此在很大程度上流于单纯的军事路线。吴玉章同志总结得很好，他说："二次革命之所以如此迅速地失败，根本的原因在于自辛亥革命以后，国民党就已经放弃了革命纲领，逐渐地脱离了群众，因此，它发动的反袁斗争，再不像同盟会时代那样能够激起群众的热情了。"③ 这从当时国民党的政治路线和政治动向上可以很明显地看出来。

清王朝已经被推翻了，建立的民国徒具共和形式，平均地权早被丢在一边，这样，旧三民主义只剩下空壳子，而国民党的纲领也就失掉了革命的灵魂。"保持政治统一；发展地方自治；励行种族同化；采用民生政策；维持国际和平。"这五大条纲领和共和党、进步党的纲领简直

---

① 《政府公报》1913年7月3日第416号。

② 恩格斯：《德国的革命和反革命》，《马克思恩格斯全集》第8卷，人民出版社，1961年，第102页。

③ 吴玉章：《辛亥革命》，人民出版社，1961年，第159页。

没有多大区别。为了增加议会中的席位，为了争取与统一共和党、国民公党、国民共进会等合并，就不惜大大删除自己政纲中的革命内容，结果，官僚、政客们大批涌进来了，而革命群众却远远离开了。这是一个极其沉痛的教训。

在“二次革命”期间，资产阶级革命派也没有能够提出真正可以调动广大群众的战斗纲领。即以最为激烈的《江西讨袁军檄文》为例，它虽然愤怒地控诉“袁世凯乘时窃柄，帝制自为；绝灭人道，而暗杀元勋；弁髦约法，而擅借巨款；金钱有灵，即舆论公道可收买；禄位无限，任腹心爪牙之把持；近复盛暑兴师蹂躏赣省……”，并且号召“我国民宜亟起自卫，与天下共击之”。可是它除了“讨袁”和“维护约法”之外，提不出任何与工农群众切身利益密切结合的口号，而光凭《临时约法》所规定的那些空空洞洞的资产阶级的“民主原则”，自然很难博得广大下层群众的热烈拥护。

辛亥革命虽然没有能够真正发动广大的农民群众，可是当时革命党人在新军和会党中确实曾经做过长期的宣传组织工作。民国成立以后，他们错误地以为革命已经成功，埋头于议会政治和经济建设，就连这局限性很大的争取群众的工作也荒疏了。

早在南京临时政府成立前后，不少资产阶级革命领导人对会党的态度已经开始转变，即从联络、利用转为疏远、对立。他们实际上并没有真正成为统治阶级，可是却已经迫切要求恢复统治秩序，而把会党看成“载舟覆舟，可为深惧”，如同洪水一般可怕的力量了①。有些革命党人跟随在军阀、官僚后面杀逐会党，有些革命党人甚至独自努力向会党攻击。这样，他们就更加使自己陷于孤立。会党成分复杂，本来具有反抗和破坏两面性，由于黎元洪等军阀官僚以及地方封建势力组织“同袍社”之类的团体加以欺骗利用，很多地方的会党已经逐渐变成反动阶级的统治工具。“二次革命”期间，虽然仍有不少会党积极主动参加讨袁

① 谭人凤为组织社团改进会给北京政府的呈文，见北洋内务部档案。

战争，但是整个说来，它的积极作用正在消逝之中。

因此，“二次革命”便流于冷冷清清的打江山，说不上是一次雄伟的风暴，而只不过是伟大的辛亥革命的微弱的回响。

在四顾无援的情势下，国民党抵抗派把主要精力用于向各省军政大员寻求援助。他们曾经推举老官僚岑春煊当大元帅，幻想通过他的关系来联络广西的陆荣廷和广东的龙济光来共同讨袁。他们甚至还派专人向早已公然拥袁的黎元洪之类的反动都督游说，结果反被这些老奸巨猾的新旧官僚玩弄于股掌之上。就是他们一向所极为倚重的参加过革命或者后来加入了国民党的那些都督，也大多很不可靠。孙中山在讨袁失败后检讨说：“静山（孙道仁）观望于入闽，组安（谭延闿）反覆于三湘，介人（朱瑞）复盘踞两浙。”① 事实也正是如此。即以当时著名的“国民党都督”为例，其中只有李烈钧始终坚决拥护孙中山的武力讨袁主张，柏文蔚、胡汉民在免职后都曾经一度表示准备妥协，至于湖南都督谭延闿，更是一个典型的两面派，他在抵抗派的督促下被迫宣布讨袁，可是迟迟没有实际行动，而终归取消独立了事。这样一支孤立无援而又极端涣散的讨袁队伍，自然无从避免全盘瓦解的失败结局。

“二次革命”的历史，更有力地证明了：在帝国主义时代和半殖民地半封建的旧中国，资产阶级共和国的方案必然要破产，而国会斗争的道路终究是走不通的。

在灾难深重的旧中国，千万个仁人志士相继向西方寻求救国真理，经过半个世纪以上的艰苦探索，终于搬回来一整套资产阶级共和国方案。1905 年同盟会纲领规定：“大总统由国民公举。议会以国民公举之议员构成之，制定中华民国宪法，人人共守。”这个方案具有战斗的民主主义精神，比不久以前改良派所提出的君主立宪方案大大前进了一步。

推翻清王朝封建专制和建立民国以后，资产阶级的政治代表便积极

---

① 孙中山：《致黄兴书》，《孙中山选集》上卷，人民出版社，1956 年，第 96 页。

着手实现这一整套资产阶级共和国方案。他们不懂得国体的实质是各个阶级在国家中的地位，不知道袁世凯政权只能代表大买办大地主阶级的利益，因而错误地认为民国成立就已经解决了国体问题。剩下来的只是政体问题，也就是实行议会政治和制定宪法了①。

袁世凯的虚伪誓言和各种忠于共和的姿态，更增强了某些革命领导人的幻想。他们认为：南京临时政府留下的一纸约法和一个参议院，可以束缚住袁世凯的手脚，而只要建立正式国会，并且使自己在国会中取得多数，便可以制定符合资产阶级利益的宪法，建立自己控制的责任内阁，实现以发展民族资本主义为中心的全盘建设方案了。他们很乐观地鼓吹："不五年间，当有可观，十年之后，则国基确立，富强可期；东亚天地，永保和平，世界全体亦受利不浅矣。"②

从 1912 年下半年到 1913 年春天，正当袁世凯整军经武磨刀霍霍的时候，国民党的许多重要骨干却在以全力参加竞选。选举的结果，国民党大获全胜。除跨党者以外，在众议院 596 个议席中，国民党实得 269 席；参议院 274 席中，国民党也占 123 席。国会多数仿佛已经不难实现，下一步的问题就是制定宪法和成立责任内阁了。宋教仁赶紧取道湘、鄂、皖、宁、沪，准备即刻北上。他到处批评政局，发表政见，言论风采，倾动一时。据说连内阁名单都拟好了腹稿，并且约定谭延闿以内务总长兼湖南都督。欢庆胜利的热烈气氛，确实曾经冲昏了不少革命党人的头脑。"国会多数"这四个字，在某些人的头脑里简直成为一种绝对的权威，好像只要掌握了国会多数，就可以进而掌握一切。但是，国会选举的胜利是虚有其表的，有位老国民党员正确地指出："议员选举结果，国民党虽取得多数，实则全无根柢，许多人不仅不知三民主义

---

① 关于中国资产阶级政治代表对国体问题的理解，可以参见梁启超《莅报界欢迎会演说辞》等文章，在这一点上，革命派与改良派是没有什么争论的。毛泽东同志在《新民主主义论》中曾总结过这段历史。

② 宋教仁：《中央行政与地方行政分划之大政见》，《民国经世文编》第 2 册，上海经世文编社，1916 年石印本。

为何物，并且醉心利禄的官僚分子亦多摇身一变，混入国民党内。”①

1913 年 3 月 20 日，袁世凯派人刺死宋教仁，已经给单纯热衷于议会政治的国民党人敲起了警钟，可是他们还没有觉悟过来。他们为宋教仁起草的致袁世凯遗电说：“望总统开诚心，布公道，竭力保障民权，俾国会确立不拔之宪法，则仁虽死犹生。”情绪是悲愤而又沉痛的，但是仍然流露出浓厚的不切实际的幻想。4 月 8 日，袁世凯如期召开了国会，国民党却产生了明显的分裂。国民党妥协派议员不仅拒绝武力讨袁的正确主张，而且也不考虑怎样以国会以外的斗争来配合，只是一味在国会范围以内进行所谓法律倒袁。国民党议员在国会中的斗争，虽然揭露了袁世凯集团的某些反动罪行，然而整个说来却是没有取得积极成效的。

宋教仁案确实在国会中提出来了，并且展开了一场热烈争辩，尽管替袁世凯受过的内阁总理赵秉钧被迫辞职，可是接任总理的却是更为穷凶极恶的段祺瑞，当时就有人把这个内阁冠以“战时”二字。善后大借款案也提出来了，并且又展开了一场热烈争辩，尽管国民党议员纷纷指责财政部长违法，可是大批洋款照旧源源不绝地输入袁记国库，并且随即转化成为屠杀南方国民党人的军火。如此等等，不一而足。可见国会中的法律倒袁，丝毫也没有能够动摇北洋军阀的残暴统治，而在客观上却为袁世凯的军事专政披上一层薄薄的“民主”纱幕，在一定程度上掩护了他对南方的作战准备。

“二次革命”爆发以后，国民党议员中的少数革命分子相继南下参加讨袁战争，而大多数妥协分子则仍然留在北京。由于袁世凯不久就实行了戒严，加强了武力统治，法律倒袁之类的口号也就逐渐销声匿迹了。不少国民党议员在浑浑噩噩地消磨岁月，也有不少议员被袁世凯收买，公然从国民党中分裂出去，另行组织一些投机性的政客团体。国会

---

① 程潜：《辛亥革命前后回忆片断》，《辛亥革命回忆录》第 1 集，中华书局，1961 年，第 87 页。

多数已经有名无实，少数国民党议员虽然还想坚持斗争，然而已经变得更加软弱无力了。

对于这样软弱无力的国会斗争，袁世凯自然毫不害怕，当传说有人要炸毁国会时，他甚至还派军警去“认真保护”。袁世凯自然对国会谈不上有什么偏爱，他只不过想暂时保留它选举自己当正式大总统而已。

“二次革命”失败以后，国会斗争更是每况愈下。有些国会议员主张先立宪法后选总统，袁世凯却急不可待地要求先选总统后立宪法，结果是国会屈服于武力，决定在10月6日先选总统。在选举的那天，少数还有些正义感的议员曾经不投袁世凯的票，想使他得票不能达到四分之三以上的法定人数；可是袁世凯派来一万多“公民”包围国会，国会又一次屈服于武力，终于把袁世凯选举为正式大总统。

袁世凯有意逼着国会一次又一次地往自己脸上抹灰，使它的政治威信丧失无余；可是大批国民党议员还要继续留在北京，企图制定一部能够限制袁世凯独裁的宪法。袁世凯对于这种不自量力的妄想大为震怒，立即命令各省军政长官一起辱骂国会。11月4日，他更正式下令解散国民党，并且随即追缴国民议员（包括跨党的）438人的国会证书、证章，使国会不足法定人数，再也不能开会。

袁世凯已经当上正式大总统，他再不愿让这个多少有些碍手碍脚的国会存在了。在他的授意下，以黎元洪为首的各省都督，建议把进步党议员也一并“遣散”：“留此少数之人，既无成立之希望，应请大总统给资回籍，另候召集。各议员皆明达廉洁，决不恋恋于五千元岁俸，而浮沉不生不灭之间，以误国家大计。”① 正是在一片冷讽热嘲声中，国会议员全部作鸟兽散。

如果说，在辛亥革命失败以后，共和民国的形式还曾经激起人们某些美好的愿望，那么经过“二次革命”，资产阶级共和国的方案明显破

---

① 《请资遣议员回籍呈》，《民国经世文编》第5册，上海经世文编社，1916年石印本，第54页。

产了。在辛亥革命失败以后不到一年半的时间，又出现了“二次革命”的失败，而且是在武力讨袁和国会斗争两个战线上的全面失败，这更进一步表明，资产阶级的旧民主主义革命没有可能赢得最后的胜利。历史期待着新的社会力量、新的政党和领袖、新的革命道路和斗争方式。

民元“争都”浅释

1911 年 10 月 10 日武昌起义爆发后，革命形势发展极快，不过一个月的光景，全国已经有一半以上的省区宣布独立。清王朝的大势已去，各种阶级力量都渴望能在新的政治局面中占据最为优越的地位。由于定都地点问题直接关系着控制中央政权，所以他们从 1911 年 11 月中旬到 1912 年 3 月中旬，整整展开了四个月的紧张争夺。

“争都”和约法、国会一样，是资产阶级革命派在交出中央政权前后企图用来约束北洋军阀袁世凯的三大法宝之一，也可以说是旧民主主义革命的一种斗争方式。认真地考察和分析这一历史事件，或者可以使我们得到某些有益的经验教训。

一

1911 年 11 月中旬，由于湖北、湖南、陕西、江西、山西、云南、上海、江苏、广西、安徽、广东等地区已经相继宣布独立，建立临时中央政府问题已经提上议事日程。

在这些地区里，湖北处于首义的优先地位，而江浙地主、资产阶级的经济、政治势力则比较充实，因此武昌和上海之间首先展开政治中心地位的争夺，揭开了民元“争都”的序幕。

争夺从 11 月 9 日黎元洪电约各省代表到武昌商议组织临时中央政

府开始。这时，黎元洪已经在湖北军政府中站稳了脚跟，并且迅速勾结旧官僚、立宪派和拉拢一部分革命党人，逐渐形成一个以自己为中心而且地方色彩极重的政治集团——民社。民社除以黎元洪的亲信饶汉祥等为骨干外，还包括湖南立宪派首领谭延闿以及湖北籍的同盟会员孙武、王正廷等。武汉的资产阶级上层人物蔡辅卿、宋炜臣等也和这个集团有密切联系。他们力争定都武昌，并且保证所谓"首义集团"在中央政府的优势地位。

江浙的各种政治势力自然不甘落后，他们早就在酝酿建立临时中央政府，并且打算首先在上海建立一个各省联合机构。所以江浙和上海三位都督程德全、汤寿潜、陈其美也在11月11日赶快发出通电，请各省派代表两人到上海举行临时会议，商组临时政府，而且主张只要有两省以上代表到达即行开会，显然决心要抢在武昌集团的前面。上海集团有一个叫作共和统一会的组织，其中也包括旧官僚、立宪派、革命派三种政治人物，发起人名单中有伍廷芳、张謇、陈其美等。江浙资产阶级上层人物在这个集团中显得特别活跃，张謇和他的密友赵凤昌在幕后操纵一切，以后更通过中华民国联合会和统一党来壮大自己的声势。他们的地位和作用比湖北的资本家要重要得多。

由于政治、经济力量较大，上海集团的发言显然要更有分量一些。好几个省的代表果然于11月15日在上海成立了"各省都督府代表联合会"。由于邀请的原则是"已革命之省电致都督，未革命者致谘议局"①，所以这个"代表联合会"主要代表各省旧官僚和立宪派的政治意愿。他们迅速与上海集团结合，决定电请湖北和其他各省速派代表到上海开会，就地筹设临时中央政府。武昌集团眼看有受到冷落的威胁，立即在11月20日用黎元洪名义电告各省都督："惟各省全权委员一时未能全到，拟变通办法，先由各省电举各部政务长，择其得多数票者来鄂，以政府成立照会各国领事，转各公使请各国承认，庶国基可以粗

① 林长民：《参议院一年史》，《庸言》第1卷第4号。

定。同时并拟定临时政府暂分七部的方案，除外交和财政不能不推荐“众望所归”的上海方面伍廷芳、张謇等个别人外，对临时政府首脑和军政、内务等部人选都采取保留态度①，显然要将临时中央政府的组织和工作基本上控制在自己手中。

临时政府设立地点的争执逐渐明朗起来。上海集团虽然由江浙三都督公开出面，但暗中却由张謇等调度一切。他们早在 11 月 14 日即已电告正在汉口的江苏籍旧官僚庄蕴宽，提出“政府设鄂，议会设沪”的折中建议，并且请他转告湖北军政府②。所谓“政府设鄂”不过是敷衍武昌集团，因为早在这年 6 月 10 日深夜，张謇已经在彰德和袁世凯商定应付“变局”的计划，在他看来中央政权迟早是要奉送给北京袁世凯的。至于“议会设沪”，则是要害所在；因为独立各省实际是各自为政，绝非武昌集团所能控制，中央军政府反而不如代表各省都督的“议会”能够商定军政方略。何况根据“民主”原则，“政府”还必须服从“议会”的决议呢。他们通过李平书等人控制了上海都督陈其美，通过汤寿潜取得浙江军政府的领导地位，并且积极帮助程德全争得对江苏全省的统治权力。在他们的操纵下，“代表联合会”于 11 月 20 日决议承认湖北军政府为中央军政府，但是仍然坚持把“代表联合会”留在上海。这种明让暗争的手法自然瞒不过武昌集团，对于政治中心地位的争夺反而进一步加紧了。

武昌集团动辄以首义之功自恃，态度相当强硬。黎元洪认为“武昌既为中央大都督所在地，各省代表宜莅武汉开会，因派居正、陶凤集为代表赴沪商洽”。他们还强调“现各国代表拟请军政府担负汉口交涉全权”③，想利用帝国主义的势力来吓倒上海集团。

当时政治局势极不稳定，上海集团不愿过于决裂，同时各省代表也

① 黎元洪：《黎副总统政书》卷一，湖北官纸印刷局刊，1914 年，第 6 页。

② 张謇等：《张謇等致庄蕴宽密函》，《辛亥革命在上海史料选辑》，上海人民出版社，1966 年，第 1070 页。

③ 黎元洪：《黎副总统政书》卷一，湖北官纸印刷局刊，1914 年，第 11 页。

不能完全不顾武昌的首义身价，因此“代表联合会”于11月24日议决到武汉开会，但各省仍留一人在上海联络。11月30日各省代表在汉口英租界顺昌洋行开会，议决以武昌为国都，并且拟定临时政府组织大纲。武昌集团似乎已经在争夺中占了上风。但汉阳失陷和南京攻克却使局面顿时改观。北洋军队从龟山发射的猛烈炮火把黎元洪吓得逃往葛店，各省代表在匆匆议决虚总统之位以待袁世凯“反正”之后，改定南京为临时中央政府所在地，并且相约一星期内在南京集合继续开会。整个形势转而完全有利于上海集团。

二

在12月期间，除上海集团主张参谋本部应设在南京，黎元洪坚持必须设在武昌，双方有所争执以外，临时中央政府地点的争执总算暂时告一段落。但是，围绕着临时政府首脑人选和南北议和地点两大问题，上海集团和武昌集团又展开了新的争执。

这时黄兴已经从武昌退回上海，而且在政治上日益趋向妥协。特别值得注意的是他的两位私人秘书，恰恰是湖北和福建的立宪派头目汤化龙和林长民。江浙大资本家除利用陈其美的关系外，更通过所谓“黄派党员”陈陶怡来加强拉拢和影响黄兴，企图使他成为自己的政治工具。据《南通张季直先生传记》载，张謇当时常常和黄兴、汪精卫、陈其美、章太炎、程德全、汤寿潜等“会商组织政府，筹措款项，应付外交”等事。12月4日，各省留沪代表公举黄兴为大元帅、黎元洪为副元帅，第二天更议决由大元帅主持组织临时中央政府。上海集团显然是想用黄兴这块招牌来压倒黎元洪的声望。这当然使武昌集团感到非常不满。黎元洪在12月7日气势汹汹地电告各省都督：“现忽据来电称，沪上有十四省代表推举黄兴为大元帅、元洪为副元帅之说，情节甚为支离。如实有其事，请设法声明取消，以免淆乱耳目。”① 江浙一部分军

① 黎元洪：《黎副总统政书》卷一，湖北官纸印刷局刊，1914年，第22页。

人因为攻下南京而居功自傲，声言不服“汉阳败将”领导。黄兴于是辞不就职，大元帅人选问题顿时陷入僵局。

不过这时大家的注意力已经转移到南北议和问题上，大元帅之争反而退居次要地位。唐绍仪在 12 月 8 日被袁世凯任命为全权议和代表，第二天就到达汉口。黎元洪以南方中央首脑自居，马上派人到汉口迎接，并且电请住在上海的民军总代表伍廷芳赶来汉口议和①。上海的张謇、赵凤昌等早就和袁、唐等通过秘密函电磋商过议和问题，他们力争把和谈置于自己的控制之下。于是伍廷芳在 12 月 10 日电复黎元洪，直截了当地说：“各省留沪代表未许廷芳一日远离。……恳即转致唐公速来沪上公同谈判。”② 张謇紧接着又给唐绍仪发出密电，叮嘱说：“但伍不能赴鄂，讨论大局，亦以公来沪为宜。”③ 同时，他们还通过英国公使转请袁世凯命唐绍仪到上海开议。可见“留沪代表未许远离”，“因足疾不能来鄂”云云，都不过是伍廷芳的一派推托之辞。对于议和地点，武昌集团委实无力竞争。唐绍仪很快就赶到上海，表面上与伍廷芳在英租界市政厅举行谈判，暗地里却在赵凤昌私宅惜阴堂与张謇、黄兴、汪精卫等秘密磋商。江浙资产阶级上层人物已经完全取得拍卖革命的主动权。

对于大元帅人选问题，上海方面也是明让暗争。“代表联合会”一方面在 12 月 17 日改选黎元洪为大元帅，另一方面又在两天之后电告黎元洪：“但武昌军事关系重大，恐人都督万难离鄂，因于组织临时政府大纲内追加一条：大总统未举定以前，以大元帅暂行其职务。若大元帅不在临时政府，即以副元帅代行其职务。”并且其专门派时象晋、陶凤集等代表到湖北加以疏通。这时全国政治重心实际上已经完全转移到上海，各种政治力量的触角都在这里集结。所谓“武昌军事关系重大”

---

① 李国镛：《李国镛自述》，《辛亥革命资料》，中华书局，1961 年，第 508 页。

② 黎元洪：《黎副总统政书》卷二，湖北官纸印刷局刊，1914 年，第 1 页。

③ 张謇：《张謇致唐绍仪电》，《辛亥革命在上海史料选辑》，上海人民出版社，1966 年，第 1071 页。

云云，其实是变相挡驾之辞。因为南北正处在停战期间，武汉前线的炮声沉寂已久矣。黎元洪看到形势已经如此，而且自己也不愿意过早离开武昌这个巢穴，于是在稍稍表示“谦辞”之后，只有复电同意请黄兴代行大元帅职务①。这就是说，组织临时中央政府的主动权也完全落在上海集团手里。黄兴“本拟早日起程赴南京就职，并已商请张謇向上海日商三井洋行借款三十万元作到南京后军政费的开支”②。可见兴味未尝不浓。只是由于孙中山突然于12月25日回国，才在实际上将大元帅人选的争执最后结束，促使南方各种政治力量大大缩减了建立临时中央政府的日程。

孙中山的突然回国，对于上海集团虽然有些出乎意料，但是他们也未尝不感到求之不得。因为同盟会尽管已经日趋涣散倒退，然而南方的革命声势毕竟较大，孙中山在人民中间又具有崇高的威望，上海集团正好可利用他的名义来进一步压倒武昌集团和笼络其他独立各省。孙中山在上海一登岸就受到各方面的热烈欢迎。江浙大资本家李平书等对他更是隆重接待，甚至还专门派来一部分“商团”武装加以护卫，一直把他恭送到南京。12月29日，各省代表公举孙中山为大总统。1912年1月1日深夜，孙中山在南京宣誓就职，临时中央政府正式成立。武昌集团对于这一切并没有表示任何异议。因为早在几天以前“代表联合会”即已电告黎元洪：“决议于十日（阴历十一月十日——引者）上午开选举临时大总统会。再由被选者电告袁内阁：‘如和议成立，即当避席。’”③ 袁世凯在帝国主义的支持和吹嘘下，已经成为一切反动势力属望的中心人物，黎元洪早就敦劝他出来当民国的华盛顿，现在自然更加愿意依附他来共同篡夺全部的革命果实了。

南京政府是名副其实的临时政府，在旧官僚、立宪派和资产阶级上

① 黎元洪：《黎副总统政书》卷三，湖北官纸印刷局刊，1914年，第2页。

② 李书城：《辛亥前后黄克强先生的革命活动》，《辛亥革命回忆录》第1册，文史资料出版社，1961年，第196页。

③ 黎元洪：《黎副总统政书》卷三，湖北官纸印刷局刊，1914年，第20页。

层人物看来，这不过是将要移交给袁世凯的过渡机关。张謇在 1 月 10 日给袁世凯的密电中讲得很清楚："南省先后独立，事权不统一，秩序不安宁。暂设临时政府，专为独立各省，揆情度势，良非得已。"① 同时他还满有把握地向袁世凯保证："甲日满退，乙日拥公；东南诸方，一切通过。"② 自然，孙中山等资产阶级、小资产阶级急进派对于这些内幕情况是毫无所知的，他们曾经坚持革命立场，积极策划六路北伐，很想在为新生的资产阶级民主共和国争取更有利的地位的形势下结束革命战争。但是帝国主义支持北洋军阀运用战争与和谈反革命两手来绞杀革命，旧官僚、立宪派和资产阶级上层人物围逼于外；汪精卫、黄兴、陈其美等蜕化和妥协分子策动于内，把孙中山等置于四顾无援、一筹莫展的地步，被迫在 2 月 13 日正式承认让位给袁世凯。

三

尽管袁世凯借革命之力把清朝皇帝逼下台，并且开口闭口大谈拥护共和，但是孙中山等革命派对于这个"历史悠久"的军阀官僚仍然不能不怀有戒心。2 月 13 日，孙中山正式提出辞职并且推举袁世凯为临时大总统，同时又拟定三条办法：临时政府地点定为南京，新总统必须亲到南京向参议院宣誓就职，新总统必须遵守参议院通过的临时约法。一方面想用资产阶级民主主义的约法来束缚袁世凯的手脚；另一方面又想把这个危险人物从北方反动巢穴调到革命中心南京，置于暂时还比较雄厚的南方革命势力的包围和监视之下。

革命派一提出争都问题就立即遭到挫折。由主要代表各省都督和旧谘议局势力的"代表联合会"改组而成的参议院，在出席会议的 28 人中竟有 20 人主张定都北京，否决了孙中山的建议。孙中山等坚持原意，

① 参见《赵凤昌藏札》。

② 张謇：《张季子九录·政闻录》卷四，中华书局，1931 年，第 1 页。

将原案交还参议院复议。经过吴玉章等整天紧张的疏通，黄兴甚至表示不惜派兵来施加压力，参议院才勉强在15日通过定都南京和让袁世凯南下就职的决议。但是，参议院内外的反动舆论立刻哗然。倾心于袁世凯的旧官僚、立宪派、资产阶级上层人物以及革命派中的蜕化变节分子纷纷起来责难谩骂孙中山。孙中山明明是根据民主原则咨请参议院复议，张謇一派的江苏都督庄蕴宽却歪曲事实，公然攻击说："况立法为行政所侵，不能保其独立；民国开此恶例，尤可寒心。"① 在反对孙中山坚持定都南京这一活动中，各种反动政治力量不再继续进行地方集团之间的争夺了，基本上采取了一致的言论和步调。

早在2月13日，"袁世凯在给南京的电文中，于通知清帝退位的同时，就表示他不愿南下"②。南方资产阶级上层人物和其他各种反动势力都积极为他筹谋划策。张謇即曾殷勤献计说："目前第一难题，即要公南来。解此题者只有二法：一从在京外交团着手，一从北数省人民着手。……使不欲南之意不出于公，当可有效。"③ 袁世凯早就成竹在胸，何须劳这位旧日业师赐教。不过以后袁世凯"争都"这场戏，大体上也还是像张謇所设计的那样演出了。他在咸电中强硬地回答孙中山说："北方军民意见尚多纷歧，隐患实繁；皇族受外人愚弄，根株潜长；北京外交团向以凯离此为虑，屡经言及；奉、江两省时有动摇；外蒙各盟，迭来警告；内讧外患，递引互牵。若因凯一去，一切变端立见，殊非爱国救世之素志。若举人自代，实无措置各方面合宜之人。"这一套谎言与帝国主义及南北反动势力在此前后所高唱的"非袁不可""非袁不能收拾""北都关系外交内政甚巨""北方多故"等谬论显然是相互应和的。总而言之，他们是在用帝国主义的干涉和北洋军阀的武装来逼迫南方的革命派屈服。

---

① 黎元洪：《黎副总统政书》卷七，湖北官纸印刷局刊，1914年，第19—20页。

② 吴玉章：《武昌起义前后到二次革命》，《辛亥革命回忆录》第1集，中华书局，1961年，第120页。

③ 张謇：《张季子九录·政闻录》卷四，中华书局，1931年，第7—8页。

以黎元洪为首的武昌集团一方面猛烈攻击孙中山定都南京的主张，另一方面却想以第三者的身份周旋于南北之间，他们满心希望大家能够接受自己建都于介乎南京和北京之间的武昌的折中性建议。早在2月13日，黎元洪已经通电主张："此时亟宜组织正式共和政府，召集南北各省代表预筹善后纲领，即以汉口为召集地点。"① 显然是想为实现定都武昌创造有利的条件。同时他们还曾经专门派王正廷赶到北京敦请袁世凯"迅速派定北方各处代表南来，会同推定大总统及中央政府各重要人员，与确定政府所在地点"②。此后，他们除一再催促南北各省代表到汉口开会商讨组织中央政府外，更从多方面展开活动，力图造成有利于定都武昌的舆论。上海的《民声日报》是武昌集团——民社的主要喉舌。这家报纸在南北"争都"激烈关头发布很多别有用心的消息。2月21日报道说："武汉军界闻参议院受政府之指挥，决定南京为临时政府地点；宣言将与段祺瑞军联合，似为倾倒南京政府之行动。"显然是想用武装政变的恐吓来迫使孙中山放弃定都南京的主张。在同一天它还假托帝国主义意旨，报道说："英文楚报昨接纽约访电称，美政府谓中国建都武昌为最相宜，极反对南京。"这条消息很可能是捏造的，不过武昌集团在此前后确曾与某些美国垄断资本家勾结，不惜以地方税作抵，"向美商达拉公司借款三百五十万镑"，作为武汉市政建设的经费，大做其"建筑新都"的美梦③。果然，在2月24日，湖北议会正式"决议请以武昌为国都"④。两天之后民社更直接出面发出通电，详尽地说明了定都武昌的主张："参议院附和政府少数人之私见，率定南京为临时政府地点，既昧大势，后拂舆情，此吾党所绝对不敢赞同者。际南北纷争之日，新旧暗斗之时，吾党似未可加重一方，启内部党派之争，堕外人挑拨之术。折中定制，莫若武昌。武汉倡议，为全国人心所归

① 黎元洪：《黎副总统政书》卷六，湖北官纸印刷局刊，1914年，第24页。
② 黎元洪：《黎副总统政书》卷六，湖北官纸印刷局刊，1914年，第25页。
③ 《民主报》1912年6月19日。
④ 《民主报》1912年2月26日。

往。其地居交通之中枢，为东南之冠冕，西通川藏，北控燕云。既涤除北京旧染之污，亦免蹈建业偏安之习。况组织中央政府早经认可，重申前议，必表同情。”① 这里已经和盘托出武昌集团对于“争都”问题的全部痴心妄想。

不过，武昌集团已不再是“争都”的主角，只能在南孙北袁的对立中扮演比较次要的角色。由于袁世凯全力维护北京旧都地位，他们当然不敢过于拘执己见。黎元洪在 2 月 27 日即已改变了口吻，顺从地对袁世凯说：“窃谓为暂时权宜之计，必仍规定燕京，借消隐患。”但是他们毕竟也还没有最后扔掉建都武昌的幻想，苦苦劝告说：“将来宅中建国，仍在武昌。既足涤三百年旧染之污，亦可辟亿万世奠安之局。折中定策，莫此为宜。如蒙允诺，即请从速组织临时政府，规划一切；一面开辟武汉，建筑新都。洪虽不敏，愿董厥成。俟新都告成之日，即为总统移驻之时。”② 虽然新都并未开辟，建筑也很草草，但是大借美款和营私舞弊则始终没有停止。甚至到 3 月初，“争都”胜负已定，宋炜臣等武汉资产阶级上层人物还在发表什么“上黎副总统书”，继续呼吁“建都武昌”③。这些大资本家和黎元洪等旧官僚勾结在一起，借建筑新都为名，霸占地产，垄断工程，极力扩展自己的势力。

尽管中外反动势力的压力越来越大，但是孙中山并没有立刻放弃迁都南京的主张。他在 2 月 18 日派蔡元培、汪精卫、宋教仁等作为专使，赶到北京“迎接”袁世凯南下就职。专使们于 2 月 25 日到达北京，当天就对袁世凯说明来意。以后更大谈“袁公当莅南京就临时大总统职，为法理上不可破之条件。盖以立法行政之机关与被选大总统之个人较，机关为主体，而个人为客体。故以个人就机关则可；而以机关就个人则大不可”。幻想以资产阶级的法权理论来说服手握屠刀的帝国主义走狗。

① 黎元洪：《黎副总统政书》卷七，湖北官纸印刷局刊，1914 年，第 23 页。
② 黎元洪：《黎副总统政书》卷七，湖北官纸印刷局刊，1914 年，第 19 页。
③ 《旅鄂浙商宋炜臣等上黎副总统书》，《申报》1912 年 3 月 3 日。

这些专使都是妥协性特别显著的资产阶级中间或右翼分子，他们很轻易地就将北上宗旨打了很大的折扣，娓娓申明："而培等欢迎之目的，专属于是（指迎袁南下宣誓就职——引者），与其他建都问题及临时政府地点问题均了无关系者也。"① 这种说法显然背离了孙中山等所坚持的迁都根本原则。

袁世凯对于南方革命派这样温和的斗争方式自然毫无所惧，早已安排好应付的方略。他一方面隆重欢迎南方专使，反复表示自己愿意南下就职，甚至假装"与各统制及民政首领商留守之人"，并且不厌其详地与专使们商谈南下的路线；另一方面却在 29 日夜间制造了北洋嫡系第三镇的所谓"兵变"。"乱兵"大烧大抢，迫使专使们仓皇逃入六国饭店，"状甚狼狈"，"且衣履均不备"②。紧接着天津、保定、通州等地也纷纷出现性质相同的"兵变"，使得这一带的人民生命财产横遭损害。同时，他就乘此派人请求帝国主义外交团采取"保护"北京的措施。英帝国主义等本来就曾公然蛮横表示迁都南京是一种"过分的要求"，现在更立即通过外交团会议决定："以强有力的外国部队每天在通衢大道担任巡逻。"③ 日、英、俄、德等国纷纷增调军队入京"护卫"，总数达 3 千人之多。帝国主义及其走狗就是这样一手制造了北方的"严重局势"，仿佛袁世凯一离开北京，天下当真要大乱起来似的。

于是，"袁氏即借口北方大局，不得不赖己坐镇，而食南京就职之前言"④。不过他守定"使不欲南之意不出于己"的宗旨，始终不肯公开表明拒绝南下的真心，甚至还虚伪透顶地提议，"请副总统黎公赴南京受职"。但是就在这几天，支持袁世凯的中外反动势力一齐出来讲话

---

① 蔡元培：《蔡专使元培代表布告全国文》，《辛亥革命》第 8 册，上海人民出版社，1957 年，第 124 页。

② 叶遐庵：《辛亥宣布共和前北京的几段逸闻》，《辛亥革命》第 8 册，上海人民出版社，1957 年，第 122 页。

③ 余绳武：《辛亥革命时期帝国主义列强的对华政策》，《历史研究》1961 年第 5 期，第 28 页。

④ 白蕉：《袁世凯与中华民国》，人文月刊社，1936 年，第 26 页。

了。帝国主义大肆利用武装干涉来进行恐吓，同时宣扬“况此无政府之现象，尤非袁不能挽回也”①。北洋嫡系将领悍然宣布：“临时政府必应设于北京，大总统受任必暂难离京一步，统一政府必须旦夕组成。”北方一直未宣布独立的各省督抚，纷纷电阻袁宫保离开北京。南方的旧官僚黎元洪等倡言：“舍南京不至乱，舍北京必至亡。”立宪派谭延闿等认为：“袁公即为北部安危所系，自不能轻去燕京，致启乱机。”②资产阶级上层人物和革命派中的妥协、蜕化分子如江苏省议会、蓝天蔚、朱瑞、蒋尊簋等也纷纷随声附和，要求孙中山立即放弃迁都主张③。值得注意的是，上海的《时报》《申报》《新闻报》《民立报》《神州报》《时事新报》《天铎报》《爱国报》《民报》《民声报》等都联合请求：“亟就北京组织完全政府，建立国都。”④可见资产阶级当中大多数人都是跟着军阀、旧官僚、立宪派和大资本家跑的，这些“喁喁望治之民”生怕孙中山坚持迁都会引起新的战乱，妨碍他们的“实业建设”黄金美梦。同时，迁都主张也没有能够与工农群众的切身利益和实际斗争联系起来，似乎已经完全流于少数上层政界人物之间的口舌之争，因此就根本无从吸引广大劳动人民的注意。在一派反动大合唱的声浪包围下，日益脱离群众的少数革命派急进分子只有弃守最后的防线。

3月2日，蔡元培等电告南京政府，说明袁世凯不能南下的原因，并且强调“速建统一政府为今日最要问题，余尽可迁就，以定大局”。“争都”专使已经完全变成“让都”说客。他们在北京与袁世凯商定“主旨两条：一、消灭袁君南行之要求；二、确定临时政府之地点为北京”。同时，为了照顾南方革命派的面子，便于他们赶紧下台，所以又规定：“袁君在北京行就职式，而与南京、武昌商定内阁总理，由总理

① 王慕陶：《远东通信社丛录》第三编第三卷，商务印书馆，1914年，第81页。
② 黎元洪：《黎副总统政书》卷八，湖北官纸印刷局刊，1914年，第4—5页。
③ 《时报》1912年2月23日，3月8日、9日等。
④ 《南京临时政府公报》第33号，《辛亥革命资料》，中华书局，1961年，第260页。

在南京组织统一政府”，然后参议院及内阁全部迁北京①。南方革命派眼看大势已去，便在3月6日经由参议院议决以北京为政府地点，并且拟定6条实施办法。这6条办法除根据北京的“两条宗旨”具体规定一些移交政权的简单手续外，并没有提出任何新的内容。

内阁总理的人选确曾经过南北双方磋商，但有趣的是会议地点仍然在上海惜阴堂，而且首先由列席的“贤主人”赵凤昌提名唐绍仪，并能博得“孙文、黄兴同时鼓掌”②。我们知道，早在唐绍仪南下议和之前，袁世凯的心腹（也是赵凤昌的密友）洪述祖已经将窃国阴谋向他暗中透露：“一方面挟北方势力，与南方接洽；一方面借南方势力，以胁制北方。……创建共和局面。宫保为第一任大总统，公为新国内阁总理。”③ 然而正是这个唐绍仪，却竟然立即在孙中山和黄兴的亲自介绍下，参加了已经全然鱼龙混杂的同盟会。于是，“袁记唐内阁”就这样打出同盟会内阁的共和招牌，代表袁世凯接收南京政府的全部权力。3月10日，袁世凯在北京正式就大总统职。所谓民元“争都”，随着辛亥革命的最后失败而告终结。

四

整整4个月的“争都”，从表面上看起来好像是三种定都主张（武昌、南京、北京）之间的辩论，又好像是三个地区势力（湖北、江浙、北方）之间的抗衡，但实质上却包藏着三种政治力量（封建买办性的军阀官僚集团，资产阶级上层人物和立宪派，资产阶级、小资产阶级革命派）的相互斗争。不过随着革命形势的急转直下，阶级力量配备的变化错综复杂，这三种政治力量在“争都”活动中往往难以形成界限鲜

① 黎元洪：《黎副总统政书》卷七，湖北官纸印刷局刊，1914年，第24页。
② 刘厚生：《张謇传记》，上海龙门联合书局，1958年，第197页。
③ 张国淦：《辛亥革命史料》，上海龙门联合书局，1958年，第289页。

明的壁垒，而在不同程度上以地域为纽带，围绕不同的定都主张，形成极不稳定的暂时性集团。

帝国主义的走狗军阀官僚集团，在“争都”过程中极力争夺统治全国的中央地位，至少是想乘机扩大自己的地盘权势。袁世凯主要代表北方旧有的大地主大资产阶级，北洋系统的武装力量和官僚机构是他的实力基础，自然要千方百计地维护旧都北京的政治中心地位。黎元洪、程德全等在某种程度上可以说是代表南方新起的大地主大资产阶级，而且极力掠取革命力量“武昌起义”或“攻克南京”的历史功勋作为自己的政治资本，因此都曾经主张以自己所控制的武昌或南京作为正式国都或临时政治中心。由于北洋军阀势力最大，而且得到英美帝国主义的全力支持，所以南方军阀官僚集团在“争都”过程中并没有长期坚持己见，相继依附袁世凯以共同对付暂时还保持一定声势的革命力量。他们的共同愿望是尽早绞杀革命，重新恢复被打乱了的半殖民地半封建统治秩序。

资产阶级上层人物及其政治代表则大都依附军阀官僚集团，想通过“争都”活动来扩大自己的经济、政治势力，甚至企图逐步取得在全国的经济垄断地位。湖北大资本家蔡辅卿、宋炜臣等曾经依附以黎元洪为首的武昌集团，追随他们利用“首义地区”和“中央军政府”地位，借口所谓“鄂省命脉”等理由，先后争夺纺织四局的经营权和兴国、马鞍山等地矿产，甚至公然经由省议会决定没收汉冶萍公司财产。由此可以了解，他们为什么要如此积极地支持黎元洪大借美款开辟武汉新都的计划。江浙大资本家张謇等更为活跃，他们始终与袁世凯保持紧密联系，而在袁未“反正”前则利用已经混入革命阵营的旧官僚程德全等人，而且笼络黄兴、陈其美等日趋妥协的革命党人，毫不费力地取得临时中央政府的实业部长职位，首先夺得垂涎已久的“两淮盐政”。当湖北军政府想突破淮盐的垄断局面，打算自行经营运销时，张謇便立刻站在中央地位加以严厉指摘，迫使黎元洪不得不放弃这一企图。张謇等虽曾一度赞同以南京为临时政府的所在地，但当袁世凯当选为临时大总统后，就转而全力支持定都北京的反动主张。他们很快就凭借袁世凯所掌握的民国中央政权，把自己的势力伸入汉冶萍公司、招商局等带垄断性的大企业中。湖北的宋炜臣等看到武昌集团的力量不足以与北洋军阀抗衡，很快也转而完全支持袁世凯，借以维持自己在湖北地区的经济优势地位。这些资产阶级上层人物最为恐惧和敌视社会秩序的改变，因此也都迫切希望依靠强大的北洋武装来早日扑灭革命火焰。

资产阶级、小资产阶级革命派正处在急剧分化的时刻，因此在“争都”活动中政治动向最为复杂。大体上可以把他们分成三类：一类是蜕化变节分子，这些人完全依附于军阀、官僚，如汪精卫之于袁世凯，孙武之于黎元洪，他们在实际上并没有独立的地位和主张。另一类是妥协动摇分子如黄兴、陈其美等，虽然主张以革命中心南京作为国都，可是却未能真正树立对于“争都”活动的领导地位，而且在很大程度上被资产阶级上层人物所笼络和左右，因而并没有决心将这一斗争进行到底。还有一类是以孙中山为代表的少数急进分子，在一段时间里能够坚持比较明确的革命民主派立场，把“迁都”看成限制袁世凯的武器，甚至一度打算继续通过革命战争来实现自己的主张。然而他们很快便处于孤立无援的悲惨境地，同时自己也有软弱性，因此顶不住中外反动势力的内外夹攻而最后放弃迁都主张。

“争都”问题一般说来和资产阶级民主并没有什么直接联系，特别是民国产生前武昌集团与南京集团之间的竞争，完全局限于对于地位权势的争夺。只有在 1912 年 2 月中旬，孙中山充当了“迁都派”的中心人物之后，“争都”的两个营垒才具有明显的进步与反动的差别。不过“争都”问题仍然有相当的重要性，因为都城总是和中央政权紧密联结在一起的。“争都”问题和政权问题一样，归根到底要取决于阶级力量的对比和阶级斗争的结果。资产阶级革命派尽管领导了中外闻名的辛亥革命，然而却未能联合广大工农群众彻底地进行反对帝国主义和封建主义的斗争。民国成立以后，资产阶级很多人已经满足于这种表面的胜利，跟着右翼大资本家走上向帝国主义及其走狗屈服的错误道路，幻想在袁世凯的强力统治下取得发展资本主义的“和平”与“秩序”。一部分革命党人虽然对袁世凯并未完全丧失警惕，然而却不切实际地企图通过议会（参议院、国会）斗争来实现有利于民主共和的革命结局。面临帝国主义及北洋军阀采用战争和谈判反革命两手疯狂进攻，他们不能把自己的注意力放在发动群众和加强北伐方面，反而以主要精力从事和平谈判，把自己的活动局限在少数上层政治人物中间，幻想用资产阶级民主主义来说服帝国主义的走狗北洋军阀，使自己在会议桌上得到在革命战争中没有得到的胜利。他们的失败是必然的。

翁张交谊与晚清政局

“嗟呼！晚清朝政之乱，表病在新旧，本病在后帝，始于宫廷一二离异之心，成于朝列大臣向背之口。因异生误，因误生猜，因猜生嫌，因嫌生恶，因恶生仇，因仇生杀。恶而仇，故有戊戌之变；仇而杀，故有庚子之变。戊戌仇帝，仇小臣，卒仇清议；庚子杀大臣，杀外人，卒杀无辜之民。”① 这是南通状元资本家张謇晚年对清末朝政之乱探本溯源的一番议论。作为当年帝党的重要成员之一，张謇未免夸大了帝后党争在晚清政局中的作用，以致颠倒了历史的本末主次。然而，研究统治集团内部斗争，对于我们进一步剖析晚清政局，毕竟也是一个不可缺少的侧面。

本文侧重从翁同龢与张謇之间的交往这个角度，对 19 世纪末年帝后党争与晚清政局的关系，试作初步探讨。

一

张謇与翁同龢之间的交谊，实际上就是张謇与帝党的关系。

翁同龢（1830—1904），江苏常熟人，出身于显宦世家。咸丰六年（1856 年）以一甲第一入翰林，光绪元年受命在毓庆宫授读，并曾任刑、工、户部尚书，加太子少保衔，协办大学士，两度任军机大臣，是

① 张謇：《四川忠县秦太公墓表》，《张季子九录 · 文录》，中华书局，1931 年。

载湉"眷倚尤重"的帝师枢臣。他与李鸿藻①都是"清流"前辈。中法战争以后，李所代表的北派"清流"，在那拉氏、奕譞等人的排挤打击下趋于没落。翁同龢、潘祖荫等联袂而起，竭力结纳一批以清议见长的士大夫，逐渐形成所谓后"清流"。由于其中以三江、福建籍人士居多，所以又被称为南派"清流"。他们是统治阶级当中不甚当权的一部分，对于日益加深的外来侵略具有某种程度抵抗的意愿。由于中央和地方的政权主要掌握在后党和淮系集团手中，所以他们把希望寄托在年轻好学的皇帝载湉身上，幻想在某一天把政权从那拉氏手中夺过来，逐步实现他们革新内政、抵御外侮的抱负。

张謇与翁同龢及南派"清流"的关系可以追溯到19世纪70年代末年，当时他正在驻防于登州一带的吴长庆军中充当幕客。这可以从他以后写的《奉呈常熟尚书》诗中得到证明："攀跻犹及公，州郡忝乡里。十年辽海军，辛苦狎泥滓。公与幕府笺，闻讯辄书尾。知公大雅人，等闲不足拟。忧患能知己，恂栗斯有斐。""常熟尚书"即翁同龢。"十年辽海军"指在庆军的幕客生涯。常熟与张謇的家乡通州隔江相望，而翁同龢很早就把张謇作为乡里的后起之秀加以奖掖。

1879年夏天，张謇得到吏部侍郎、江苏学政夏同善的赏识，被录取为科试第一名。夏同善是浙江仁和人，曾与翁同龢一起在毓庆宫教载湉读书，也是南派"清流"的头面人物②。夏同善死于1880年，继任江苏学政的是浙江瑞安人黄体芳。黄以"忠鲠敢言"知名，与其子绍箕、侄绍第都是翰林出身的"清流"健将。他对张謇也是奖掖备至。在翁、夏、黄的影响下，张謇在思想上早已倾向"清流"，尽管他还没有获得正式进入这个行列的社会政治身份（进士、翰林之类）。

张謇当时连举人的头衔都没有，翁同龢一派之所以这样注视他，恐怕更重要的用意还是联络吴长庆，因为张是庆军中最受重视的文士。吴

---

① 李鸿藻，河北高阳人，曾任兵、吏、礼部尚书，协办大学士。

② 张謇：《仁和夏公墓志铭》，《张季子九录·文录》，中华书局，1931年。

长庆虽属淮系，但由于长期处于历任两江总督曾国藩、沈葆桢等人的直接管辖与影响之下，因而长期保持着庆军的相对独立性和某些传统特点，并且始终不是李鸿章的嫡系。19 世纪 70 年代以后，湘、淮两系矛盾日益加深。买办性更重的淮系，在外国侵略者的大力扶植下，声势很快就超过老朽的湘系，并且受到那拉氏更多的倚重。而湘系则大多倾向于与一些封建士大夫的主战清议相呼应，借攻讦李鸿章的投降政策以抬高自己的身价。在这种微妙而复杂的政治局势中，吴长庆与淮系另一离心分子两广总督张树声，基本上向湘系和主战清议靠拢。吴长庆在 19 世纪 80 年代以前的实际官职还不过是总兵，但却和张树声一样，处处模仿曾、左，在幕府中延揽一些学者、名士，因而颇能得到封建士大夫的好评①。无兵无勇的“清流”，自然要把吴长庆作为联络的对象。

张謇与张树声也有一定联系。早在 1877 年春天，他就和张树声的亲信幕僚何嗣焜建立了亲密的友谊，而到 1880 年更结识了张树声的儿子张华奎。从中法战争前夕张謇与何嗣焜之间的通信中，可以看出他们都把挽救边疆危局的希望寄托在张树声身上，并且对张树声由于对外政策主张分歧而遭到李鸿章挟持打击的处境深表同情②。而张树声，也正是南派“清流”极力拉拢和支持的一员武将。

1884 年春天，面临滇、桂边疆的严重危机，清朝统治集团内部发生了一次重大分裂。那拉氏为了进一步巩固和加强自己的最高统治地位，和醇亲王奕譞等人勾结起来。突然罢免了以恭亲王奕䜣为首的一批军机大臣，包括宝鋆、李鸿藻、景廉、翁同龢等。其中以奕䜣影响最大，是那拉氏猜忌最深的政治对手，而李鸿藻则是作为前（北派）“清流”的首领被打击的。换上来的一批军机大臣，如礼亲王世铎和孙毓汶等，大都是更为昏聩无知的王公贵族和阿谀趋奉的腐败官僚，而在军机

① 张謇在《酬泰兴朱曼君铭盘》一诗中，曾期望吴长庆能成为“高勋照图册”的“懿懿湘乡侯”。

② 这些信均收于扶海垞：《来函汇集》（未刊）。

处以外为之枢纽的，则是那拉氏的小叔子兼妹夫奕譞。

关于这一事变，张謇自订年谱曾有记述：“闻盛昱严劾枢臣，并及两广总督张振轩（树声），朝局一变。时恭亲王秉国，高阳李相国（鸿藻）为辅。高阳又当时所号为清流者之魁杓。……自恭王去，醇王执政，孙毓汶擅权，贿赂公行，风气日坏，朝政益不可问，由是而有甲午朝局之变，由甲午而有戊戌政局之变，由戊戌而有庚子拳匪之变，由庚子而有辛亥革命之变。因果相乘，昭然明白……谓始于甲申也。”张謇当然无从理解晚清政局日益败坏，是中国社会日益半殖民地化的集中反映，然而这段记载对于研究统治集团内部斗争来说，倒也多少提供了一条线索。

甲申事变和北派“清流”的失败，并不意味着主战清议声浪的消沉。相反，主战与主和之争却从西南边疆延伸到东北边疆。作为庆军决策人物的张謇，他为吴长庆起草的《善后六策》，主张对新起的日本侵略者持强硬态度。这些策论文章容易流于不着边际的议论，但上陈以后却引起一阵小小的波澜。翁同解、潘祖荫、左宗棠、彭玉麟、张之万、张树声、张之洞等主战派给以支持，那拉氏和淮系则给以冷遇和忌恨。事隔三十年以后，张謇还愤愤不平地回忆说：“时张靖达公（树声）回粤，李（鸿章）复督直，嗤为多事，阁置不议。乃自宛转致于京朝大官。大官中独吴县潘文勤公（祖荫）、常熟翁相国称善。宝竹坡侍郎（宝廷）曾采以入告，孝钦（那拉氏）询政府，政府奉教于李（鸿章），亦斥之。”① 条陈落空还不说，连张树声、吴长庆两员大将不久也郁郁病故，翁同龢张謇等人心情的沮丧是可想而知的。

然而这次事变却促成张謇与“清流”的关系更进了一层。他的策论虽然未被政府采纳，他却在士大夫当中赢得了声誉②，甚至成为一些督抚延揽的对象，因为他毕竟有一年多与日本侵略者打交道的直接经

① 张謇：《为东三省事复韩子石函》，《张季子九录·政闻录》，中华书局，1931 年。
② 如著名的桐城派文人吴汝纶，就曾一再鼓励张謇出仕。

验。1885年春夏之交，张謇到北京参加顺天乡试，又结识了黄绍箕、沈曾植、盛昱、丁立钧等，这些人都是翁、潘门下的“清流”名士。据文献记载，盛昱的《条陈朝鲜事宜疏》，就是由张謇代为起草的，可见他们的共同语言很多。十月，乡试发榜，张謇被录取为第二名，循例称为“南元”①。对于南派“清流”们来说，举人这样小小的功名当然算不了什么，然而他们却乘此机会在张謇身上做了许多文章。

据张謇自订年谱记述：“九月十一日，听录，中第二。……潘、翁二师期许甚至。翁尚书先见予优贡试卷，试前，知余寓距其宅不远，访余于庙（张謇寓于关帝庙——引者），余一答谢。潘师命为乡试录前序，翁师命为后序。”此事在翁同龢日记中也有记载，所谓“期许甚至”，丝毫没有夸张。此后，张謇与主考的翁同龢正式结成师生关系，与“清流”的关系也就更密切了。

但是，正如南派“清流”在一场力量悬殊的政治较量中进展甚难一样，张謇中举后的场屋生涯也是屡遭蹉跌。

从1885年到1894年，整整十年当中，张謇一次又一次参加会试，一次又一次名落孙山。他没有固定的职业，没有固定的工作，也没有固定的处所，这不能不使他感到懊丧和厌倦，甚至把常用的一套考具也丢掉了。其实，翁同龢们比张謇本人更着急，自从1886年以来，他们利用手头仅有的一点录取权力，经过四次暗中摸索，都未能把张謇取中为进士。直到1894年，张謇抱着侥幸一试的渺茫希望，最后一次赴京参加会试。殿试的时候，翁同龢命令“收掌”（收卷官）坐候张謇交卷，然后直接送到自己手里。匆匆评阅以后，立即得出“文气甚老，字亦雅，非常手也”的结论。第二天评定前十名次序，他又一清早便跑出去向别的阅卷大臣活动，结果大家都赞同把他评阅的卷子列在第一。

① 清代南方人中“北榜”第二名的不多，据说从顺治年间到光绪十一年（1885年）前后一共只有三人。物以稀为贵，他们虽不是“会元”（第一名），却向例称为“南元”，就是顺天乡试南方应试者中的魁首的意思。

“清流”们一无兵，二无钱，只有用这样迂缓的办法，来选拔一些人才，增强一点实力。

二

天下事也真有这样的巧合，张謇的中举正赶上中法战争期间的主战与主和两派之争；他的“大魁天下”又赶上了甲午中日战争期间的帝后党争。

先是，载湉于1889年“大婚”以后实行有名无实的“亲政”，这就引起“清流”们的极大幻想。翁同龢立即进呈《校邠庐抗议》，诱导年轻的皇帝学习“西方富强之术”，并且时刻关心着这个学生的成长。有一次，载湉居然敢于自作主张，“通饬各省藩臬专折奏事”。翁师傅高兴极了，连忙赞美说：“盖出诸圣心，近日读圣训，有所得也”①。自然，他们心里也明白，单靠“圣心睿智”是不行的，更重要的还得让载湉真正掌权。为了帮助皇帝争权，翁同龢们时时都注视着可以削弱后党与海系的时机。

甲午中日战争正是这样可以利用的时机。李鸿章在那拉氏的宠信和支持下，竟然对后起的小国日本也表现出那样屈辱的投降姿态，这不能不引起社会舆论更为猛烈的抨击。以翁同龢为首的“清流”们，乘机围绕着载湉进一步结合起来，形成并无正式组织形式的帝党，重振旗鼓向后党和淮系进行挑战。当时，统治阶级内部主战、主和两派之争，可以说就是帝后两党之争。

由于翁同龢的大力援引，张謇很快就卷入帝后党争的里层。

1894年5月28日，在新进士们进乾清宫“引见”的时候，翁同龢特别奖誉说：“张謇江南名士，且孝子也。”② 极力想给皇帝留下一个良

① 翁同龢：《翁文恭公日记》己丑十月二十日，商务印书馆，1925年。
② 翁同龢：《翁文恭公日记》甲午四月二十四日，商务印书馆，1925年。

好的印象。第二天，载湉在太和殿授予张謇翰林院修撰的官职。当晚，张謇在日记上工工整整写道："小臣德薄能鲜，据非所任，其何以副上心忠孝之求乎？内心悚然，不敢不勉也。"① 从此他死心塌地投入帝党怀抱，并且成为翁同龢周围重要谋士之一。这一点，甚至连一些依附过淮系的文人也看得很清楚，他们事后攻击说："甲午以前，孝钦显皇后（那拉氏）与德宗景皇帝（载湉）意见甚深，德宗景皇帝困于孝钦显皇后尊严之下，久思出人头地。迨至甲午与日本构怨，德宗景皇帝意欲跃武国外，凭陵母后，轻视日本，颇欲灭此而后朝食。时常熟（翁同龢）秉政，误入殿撰（张謇）之言，亦谓日本不足平，迎合上意，极力主战②。甲午战争爆发以后，后党为了缓和舆论的愤激，于 1894 年底先后起用翁同龢、李鸿藻等入值军机，而翁同龢在孙毓汶病免后便位居汉人军机大臣之首，这就更加显示出张謇作为决策人物的重要性。

从 1894 年 7 月 8 日到 10 月中旬，翁、张之间书信频繁，通信内容主要是讨论战争对策问题③。归纳起来，要点如下：

7 月底以前，主要是建议加强战备，起用湘系宿将和刘永福等爱国将领，极力推动清政府对日宣战。

8 月份，战争正式爆发以后，主要是建议拨"庆典"款项电购铁甲兵舰，派舰船进援叶志超军，加强渤海防务，预防日军偷袭津、京等。

9 月以后，随着战事节节失败，统治集团内部争吵更趋激烈，翁、张等积极策划推倒淮系头子李鸿章，要求起用奕䜣以谋进一步抑制后党。

翁、张之间这些密议绝不是孤立的，它是整个帝党活动的一个组成部分。关于这一点，另一帝党健将文廷式事后说得很清楚："总署事极秘密，余则得闻于一二同志，独先独确，因每事必疏争之，又昌言于

① 张謇：《张謇日记》甲午四月二十五日，商务印书馆，1925 年。

② 刘声木：《苌楚斋随笔·四笔》，江苏人民出版社，1962 年。

③ 张謇历次上翁同龢书，见陆史一抄件；翁致张函件，则收于《翁松禅致张啬庵手书》（影印本）。

众，使共争之，尝集议具稿。”① 所谓“言于众”“共争”“集议”，无非是指帝党分子的集体行动。我们只要把张謇的历次上书与其他帝党分子（如志锐、安维峻、丁立钧等）的主战奏折稍加对照，就不难看出他们之间的密切配合关系。

帝党在甲午战争期间的主要攻击目标，是后党最为依靠的淮系首领李鸿章。

早在 1894 年 7 月底，张謇已经一再建议严惩李鸿章。8 月中旬以后，随着战局的迅速恶化，翁同龢与张謇、沈曾植、沈曾桐、丁立钧、黄绍箕、文廷式等频频密议。8 月 23 日，首先由珍妃胞兄志锐出面，奏劾李鸿章衰病昏庸，请求另行“简派重臣至津誓师”。两天以后，长麟、高燮曾等再次抨击并要求撤换淮系北洋海军提督丁汝昌。9 月以后，帝党倒李和夺取军权的斗争更迅速进入高潮。

9 月中旬，黄海之战遭到挫败，日本侵略军的凶焰很快就蔓延到中国东北边境。与此形成鲜明对照的是，清朝宫廷中仍然醉生梦死，歌舞升平，为那拉氏的六十寿辰而挥金如土。愤怒抗议的舆论与日俱增，多少具有爱国心的官僚士大夫也感到不能容忍，人们把憎恶的感情一股脑倾泼在大卖国贼李鸿章身上。9 月 17 日枢臣会议，经过李鸿藻等力争，终于发出会拟上谕，给李鸿章以“拔去三眼花翎，褫去黄马褂”的惩罚。这是帝党及主战派凭借社会舆论对后党及主和派一次小小的打击，也是后党为缓和民愤而勉强吞下的一口苦药，但是仍然说不上谁胜谁败。

帝党的下一步棋，是要求重新起用闲置十年的恭亲王奕䜣，以此作为倒李的重要伏笔。早在 9 月 20 日，翁同龢在病中写信给张謇，即已认为“将不易，帅不易，何论其他”②？第二天，翁奉旨“力疾入朝”，商量对日战事问题。退朝后，张謇、文廷式、丁立钧赶来探视，并且有

① 文廷式：《闻尘偶记》，《文廷式集》（下），中华书局，1993 年。
② 翁同龢：《翁松禅致张啬庵手书》，商务印书馆，1938 年。

所商议。六天以后，帝党骨干们奔走串联，酝酿联名奏请起用奕䜣。9月28日翰林院集议于全浙会馆，由文廷式起草请求重新起用奕䜣秉政的奏折，列名者达五十七人之多。这显然是出诸翁同龢授意，与载湉内外配合的一个部署①。

9月29日，在各方面的压力下，那拉氏不得不勉强同意起用奕䜣在内廷行走，管理各国事务衙门并添派总理海军事务。第二天，载湉又谕令前敌各军统由新任帮办北洋军务的宋庆节制。偏袒李鸿章的桐城派大师吴汝纶，当时就看出这些措施的用意在于倒李。他暗中对密友说："朝中不信李相，颇有意摧折之，幸太后尚倚重耳；然军事棘手，君臣之间，亦在危疑……"② 用"危疑"二字来形容载湉与李鸿章之间的关系，其中当然大有文章。

奕䜣是"清流"们认为能够扭转乾坤的"贤王"。十年前，奕䜣被那拉氏赶下台，张謇曾经以此作为晚清"朝局政变"的起始。十年后，奕䜣重新上台，张謇在当天的日记上写道："上召恭邸，太后延见达六刻之久，有令总理海军之命，人心为之一舒，芸阁（文廷式）入见，上甚忧劳，且谕北洋（李鸿章）误事。北洋之肉，其不足食也。"这就进一步证明，帝党确实是把起用奕䜣作为倒李的一个重要步骤。

果然，奕䜣起用不过六天，丁立钧便领衔并联合翰林院三十五人上《请罪李鸿章公折》，张謇则单独上《推原祸始防患未来请去北洋折》，两折都是经由翰林院掌院学士代奏。张謇对李鸿章的旧仇新恨在这件流传甚广的奏折中发泄无遗。他从"先事、临事、事外、事中"四个方面，指责李鸿章不仅一贯主和误国，而且一贯败坏和局。他愤怒地谴责："试问以四朝之元老，筹三省之海防，统胜兵精卒五十营，设机厂、学堂六七处，历时二十年之久，用财数千万之多，一旦有事，但能漫为

① 《缘督庐日记》亦称："（李盛铎）来约联名递封事，请起用恭邸，因昨日南、上两斋先入告，伯葵（陆宝忠）前辈召对，圣意欲得外廷诸臣协力言之也。"

② 吴汝纶：《桐城吴先生全书·尺牍卷一》，光绪二十八年刻本。

大言……曾无一端立于可战之地，以善可和之局，稍有人理，能无痛心？”他还借此机会重新指控李鸿章在十年以前对吴长庆的各种打击，说吴“遂因与李鸿章积忤之故，愤恚致死”。最后，他请求“另简重臣，以战求和”①。这是他与翁同龢筹议已久的八字方针。

帝党和主战派对李鸿章的猛烈抨击，揭露了统治阶级内部投降主义路线的丑恶面目，并且强烈要求继续抵抗日本的武装侵略，这在客观上反映了一些民间渴望反抗外侮和维护主权的高涨情绪。但是，帝党本身的力量毕竟是弱小的，他们虽然发动了一场倒李斗争，但在内心深处又感到实在没有办法取而代之。张謇向翁同龢建议的“鞭策而用之”的方案，正好反映出他们这种无可奈何的心情。连张謇的好友袁昶也不能不说：“韩事之不可为，不自今日始。中外所倚仗以了事者，西平（李鸿章）而外，无人能任。……平日之文衍武要，盘乐怠傲，误国者多矣。临变则责之西平一人，西平能尽任其咎哉？”② 这段话虽然不无替李鸿章开脱之嫌，但却能说明为中外反动派所共同倚重的李鸿章，是帝党、“清流”们难以最后推倒的。

同时，帝党人士期望甚殷的奕䜣，也已经成为苟延残喘的老朽。文廷式事后曾以失望的笔调追述奕䜣起用后的无所作为：“恭邸复用之后，惟设督办军务处，授宋庆帮办军务，余无所建白。……恭邸至冬间乃直军机，年已老，又叠经废置，且一时在事将相多非所习，遂因循焉。上始向之殷，久之乃竟不足恃，天下之望亦愈孤。”③ 他们自然不能认识，奕䜣不过是皇室中一个已经失势的洋务派，其买办性并不亚于李鸿章；即令他不是那么老朽，也不可能把对日战争引导到坚决抵抗的道路上。

其实，就连帝党本身也不是民族利益真正可靠的维护者。他们不敢也不能依靠广大人民群众雄伟的斗争力量，因而也就始终难以看到反侵

① 张謇：《推原祸始防患未来请去北洋折》，《张季子九录·政闻录》，中华书局，1931年。
② 袁昶：《致袁敬孙函》，《袁忠节公遗墨》，甲午七月二十三日。
③ 文廷式：《闻尘偶记》，《文廷式集》（下），中华书局，1993年。

略斗争的胜利前景。他们提出“以战求和”的口号，正表现出缺乏抵抗到底的坚定性。随着整个战局的严重恶化，他们很快就走上幻想借助英、德以抗日本的歧途。10 月 3 日，张謇与沈曾植、黄绍箕、丁立钧“申议联络英、德”，第二天即正式“定联络英、德之议”。两天以后，志锐首先奏请“联英伐倭”。10 月 7 日，更由文廷式领衔并联合翰林院三十八人同上《奏请密联英德以御倭人折》，建议拿出两千万两经费，敦请英、德出兵帮助中国反击日本。其理由是：“且与其议和而用为赔费，何如战胜而出以犒师。”① 此类建议当然充满不现实的幻想，但却能够说明：帝后两党之间、主战与主和两派之间的斗争，在不同程度上都交织着英、俄、德、日之间在中国的争夺。

在文廷式等人的奏折中，有句话很值得注意，那就是“英、德使臣皆已微示其意，湖广督臣亦经密与商谋”。因为，一个多月以后，张之洞果然用同样的语言劝说李鸿章：“鄙意与其失地、赔费，求和于倭，不如设法乞援于英、俄，饵以商务利益。似可探询英、俄所欲，如尚在情理，即可许之，英、俄当可为我用。”② 而其真实意图则专注于联英。当张之洞奉调署理两江总督以后，他就通过芜湖海关道袁昶与英国领事福格林之间的联系，积极筹划借用英、美兵力“保护”长江腹地③。这几乎可以看作以后义和团时期所谓“东南互保”的发端。张之洞是出身于“清流”并且仍然与“清流”保持密切联系的非淮系地方大员，他的政见与活动往往能与“清流”们达成默契。

“联英伐倭”的方案，至少在客观上适应了英国侵华政策的需要。英国既不愿日本在中国，特别是在它的既得利益比较集中的长江流域攫取过多的利益，又害怕战事延长会把清政府推向沙俄的怀抱，同时还担心长期战争会使它的对华贸易遭到较大损害。所以便开始改变它在 9 月

① 《清光绪朝中日交涉史料》，故宫博物院编，1932 年。
② 张之洞：《张文襄公全集·电牍》，北京文华斋，1928 年。
③ 袁昶：《禀南洋商宪》，《于湖文录》，甲午十一月十九日。

以前支持日本的态度，而在10月初开始试探各国联合“调停”的可能性。所谓“调停”，实质上就是要求中国立即投降以换取日军停止进攻。这与帝党所企盼的“联英伐倭”已经不是一码事。

由于列强的各怀鬼胎，连英国的联合“调停”也未能实现，而后党及主和派都乘此公开加强了求降活动。那拉氏的心腹，军机大臣孙毓汶和徐用仪，一方面向赫德要求英国出面调停，另一方面又嗾使翰林院中一些人上书奕䜣，要求“忍辱求和”。在此期间，帝党活动频繁，继续鼓吹拒和速战，然而再也拿不出什么比较切实可行的办法。10月12日晚，张謇连夜访问翁同龢，“危言耸论，声泪交下”。第二天，显然是出于翁的授意，张謇与丁立钧、黄绍箕、沈曾植等商议。14日，张謇再次向翁同龢上书，报告集议结果。但就在这紧要关头，张謇突然接到父亲病亡的消息，只得循例离职回籍守制，于18日匆匆离开政争纷纭的北京。翁同龢在送别信上说：“此别未知何日相见……日来心思甚劣。”① 这种消沉情绪的自然流露，说明他们已经无从阻止投降主义逆流。

此后战事节节败北，帝党无所作为，只有坐视那拉氏、李鸿章放手求降。1895年4月17日，《马关条约》正式签订，中国更加沦入半殖民地的痛苦深渊。帝党对条约的反应非常强烈，文廷式、丁立钧、黄绍箕、余联沅、易顺鼎等继续在北京上书抗议。远在南方的张謇也在日记上录下“和约十款”的主要内容，并且特地注明：“几罄中国之膏血，国体之得失无论矣。”不过此后“清流”们这些典雅而又不免流于迂腐的谴责言辞，已经被维新派和广大人民更为激烈的变法救亡呼声淹没了。

三

帝党与维新派的结合，是从甲午中日战争开始的。

---

① 翁同龢：《翁松禅致张啬庵手书》，商务印书馆，1938年。

在统治集团主战、主和两派斗争激烈之际，维新派明确站在主战派一边。梁启超就曾经通过张謇，建议翁同龢打电报劝说李鸿章赞成抗战。事后，他对友人说："前仆已托通州君（张謇），若相见时，可再托之。但得常熟（翁同龢）允致电，其电语或由本人自定，或仆处代拟亦可耳。"① 可见，维新派首先是在主战这一点上获得了与帝党联合的政治基础。

《马关条约》订立以后，帝党又和维新派一起抨击了后党和淮系集团的卖国投降。此后，帝党中间的一部分人，在空前严重的民族危机刺激下，逐渐倾向于支持维新变法，这更引起维新派极大的兴味。当时，民族资本主义经济极为幼弱，民族资产阶级很不成熟，还没有形成一种独立的政治力量。他们的政治代言人，主要是一些愿意向资产阶级转化的封建知识分子，而帝党则是他们在清朝政府中唯一可以寻求支持的盟友。1895 年 7 月 8 日，梁启超对友人说："本欲于月之初间出都，惟日来此间颇有新政。上（载湉）每言及国耻，辄顿足流涕，常熟亦日言变法，故欲在此一观其举措。"② 稍后，他又向人表示："顷因此间颇有新政，一二同志又有所整顿，苦被相留，是以迟迟。"可见，作为维新派最活跃的骨干，梁启超从一开始就对载湉和帝党寄予很大的期望。

1895 年 7 月，康有为、陈炽等在北京创办《中外纪闻》，作为鼓吹变法的喉舌，在官僚士大夫当中迅速扩大了影响，维新运动在反投降、反割台的激昂声浪中蓬勃展开。正是在这样的时候，一度畏祸"乞假南归"的帝党健将文廷式忽然重回北京③。他与丁立钧、陈炽等帮助康有为于 8 月正式成立强学会，以谋"合大群""开知识""开风气"，推动政府变法救亡。帝党参加北京强学会的，除李鸿藻、翁同龢、孙家鼐三大前辈外，还有文廷式、沈曾植、沈曾桐、丁立钧等。因此，可以把强

① 丁文江、赵丰田：《梁任公先生年谱长编（初稿）》甲午年"与穗卿足下书"。

② 丁文江、赵丰田：《梁任公先生年谱长编（初稿）》乙未年"与穗卿足下书"。

③《马关条约》订立以后，文廷式屡次谏陈，放言无忌，因此为那拉氏、李鸿章所憎恶，亟谋有以严惩。盛昱略有所闻，乃劝廷式乞假南归以避之。

学会的成立看作帝党与维新派正式联合的标志。帝党要利用维新派的筹谋献策和社会影响，维新派则把帝党看作通向中央政权的桥梁。

张謇在南方的活动，一直是与北京的帝党相呼应的。

1895 年 9 月，张謇与沈曾植、丁立钧、康有为等不断有书信往还①。10 月，强学会在上海设立分会，张謇很快就加入了这个团体。上海强学分会是由黄绍箕、康有为等联合张之洞发起建立的，会员中有黄遵宪、梁鼎芬、黄体芳、黄绍第、蒯光典、汪康年、屠仁守、陈三立、沈瑜庆、志钧等，大多也是张謇的友好和帝党骨干。

帝党在政治上这样活跃，早已引起后党的恼怒和不安。1895 年 12 月，他们以“离间两宫”的罪名，把所谓“翁门六子之首”的吏部右侍郎汪鸣銮和户部右侍郎长麟革职永不叙用。稍后，李鸿章的亲戚杨崇伊又以“植党营私”等罪名奏请查封了强学会。1896 年 2 月 25 日，后党又下了两步棋：一方面是李鸿章奏准带同儿子李经方前往彼得堡祝贺俄皇加冕，另一方面是谕令撤去满汉书房，旨在断绝翁同龢等与载湉单独见面商谈的渠道②。显然，后党与淮系由于三国“干涉还辽”，自觉得到沙俄的实力支持，在政治上又重新强硬起来，因而接二连三地向他们的政治对手进行反击。作为翁同龢的门生和同道，张謇虽然远处通州，而且主要是进行企业活动，也未能逃避这场政争的牵连。

1896 年 3 月底，在李鸿章授意下，杨崇伊再次出面奏劾文廷式“遇事生风”，那拉氏随即严令把文廷式革职并驱逐回籍。这是那拉氏与淮系串通策划的一个大阴谋，他们打算把帝党骨干一网打尽，后党甚至还想把载湉赶下龙座。稍后，张謇在日记上追述此事：“闻二月李鸿章临使俄时请见慈宁（那拉氏），折列五十七人，请禁勿用，第一即文道希（廷式）。李出京，而御史杨崇伊抨弹道希之疏入矣。杨，李戚也。又闻慈宁为毅庙（同治）立端王之孙溥伦为子（指将废载湉）。瞻

① 张謇：《张謇日记》乙未八月，江苏人民出版社，1962 年。

② 后经力争，汉书房未撤。

望北辰，忧心如捣。告者曰：‘五十七人中，子名殊不后。”① 这段记载并非无根据的谣传。当时汪大燮致汪康年、汪彭年函也说：“正月十三停毓庆宫。十四，杨崇伊为合肥访查台馆弹劾东事之人，开一清单，凡三十余人。……十八，杨即以弹芸阁章就正合肥。合肥将行有言：‘若辈与我过不去，我归，看他们尚做得成官否？’至津又告人云：‘劾我诸人，皆不安矣！’”② 除所述黑名单开列人数不同以外，其他情况与张謇所得消息大体相近。

但是，后党和淮系的政治打击，反而加速了维新变法的步骤。帝党为了自卫和争夺权势，只有企望在联合维新派实行有限度的革新中谋求出路。张謇在得到上述消息的第二天，便先后与沈瑜庆、郑孝胥等“纵谈周昌、贾谊、萧望之等以论常熟”，显然是希望翁同龢尽力辅佐年轻的皇帝，在政治上打开一个新的局面。

不知道滞留南方的张謇等人与北京的翁同龢之间究竟有过哪些计议，但至少两者对时局的判断和政治主张是完全一致的。面对后党咄咄逼人的攻势，帝党并没有长期沉默下去。在瓜分狂潮和维新运动同时高涨的新阶段，载湉与翁同龢毅然提出变法图强的救亡决策。1898 年 1 月 16 日，载湉会见枢臣，“颇诘问时事所宜先，并以变法为急。恭邸默然。臣（翁同龢自称）颇有敷对，谓从内政根本起，诸臣亦默然也”③。奕䜣不表态，或许是年老怕事；其他王大臣缄默不语，实际上有些人是反对变法的。翁同龢与载湉师生二人的主张成为曲高和寡的阳春白雪，他们在宫廷之内限于孤立，于是只有诉诸社会舆论，在一定程度上也可以说是诉诸民意的仲裁，宫廷内部的斗争因此被引向紫禁城外。而维新派，就是他们在宫廷之外的主要奥援。

1898 年 1 月 24 日下午，翁同龢亲自听取康有为关于变法的陈议。

---

① 张謇：《张謇日记》丙申四月八日，江苏人民出版社，1962 年。

② 《汪穰卿先生师友手札》，《汤寿潜史料专辑》，政协浙江省萧山市委员会文史工作委员会，1993 年，第 722 页。

③ 翁同龢：《翁文恭公日记》戊戌十二月二十四日，商务印书馆，1938 年。

第二天翁把康的建议转告载湉。于是命康有为条陈所见，并进呈所著《日本变政考》《俄大彼得变政考》。与此同时，维新派在社会上加强了变法救亡的鼓吹，维新运动形成相当高涨的声势。

张謇正是在这样紧要的历史关头，到达北京销假复职。

张謇于4月24日离开通州，先到上海与文廷式、何嗣焜、郑孝胥等有所筹议。当时，日本驻沪总领事小田切万寿之助等正在拉拢文廷式、郑孝胥等成立亚细亚协会，标榜所谓“中国亟宜仿日本变法自强，勿念宿嫌”①。由于后党投入沙俄怀抱，迫使原来反日的帝党中一部分人士转而趋向于亲近日本。不过张謇这时还未完全化除对日本的“宿嫌”。他认为“日人言则甘矣，须观其后”。因此，他没有参加亚细亚协会的活动，匆匆赶到政潮汹涌的北京。

变法还未正式展开，帝后两党斗争已经相当激烈。就在张謇到达北京的前几天，安徽藩司于荫霖奏劾翁同龢“误国无状”，气得张謇大骂于荫霖只知道攻翁“而皖灾不报也”。5月6日，守旧派对在湖南推行新政颇见成效的陈宝箴、江标、徐仁铸发动了攻击。5月17日，后党和守旧派在破坏了保国会以后，进一步奏请查封保川、保滇、保浙等会，随即又在19日奏劾翁同龢“朋谋纳贿”。而另一方面，帝党与维新派也毫不示弱。5月20日，军机处领班大臣奕䜣病死，他们乘机加速了维新变法的步伐。御史杨深秀、侍读学士徐致靖于6月初上疏请定国是。载湉随即在6月11日正式诏定国是，宣布变法。著名的百日维新至此揭幕。

在这段时间里，张謇与翁同龢的关系仍然是很密切的，翁同龢在6月6日的日记上写道：“看张季直各种说帖，大旨办江北花布事，欲办认捐及减税两端，又欲立农务会，又海门因积谷滋事，欲重惩阻挠者，此君的是霸才。”两天以后，他又“约张季直小饮，直谈至暮”，并且

① 郑观应：《盛世危言·后编卷二》，上海翰华阁，1921年。

再度称赞这个门生“毕竟奇才”[1]。就在载湉正式宣布变法的前一天，张謇还亲眼看过翁同龢“所拟变法谕旨”[2]，这说明张謇确曾协助翁同龢参与了策动变法的幕后活动。6 月 13 日，也就是载湉亲自召见康有为的这一天，张謇很兴奋地走访翁同龢。关于这次会见，用翁同龢的话说，就是“谈至暮，盖无所不谈矣”。而张謇则在当天的日记上写道与“虞山（翁同龢）谈至苦”[3]。长谈而达到“至苦”的地步，可见师生之间商谈范围的广泛。谈话的内容虽然缺乏具体的记载，但也并非毫无蛛丝马迹可寻。翁同龢当时给张謇的一封信上说：“雄论钦服，法刓必变。有可变者，有竭天下贤智之力而不能变者矣。”[4] 这说明，他们所赞成的不过是有限度的革新，而由于张謇这时已经兼具大生纱厂资本家的身份，翁同龢则是任职十余年的户部老尚书，所以他们商议的大抵以经济方面的改革为主。从这一阶段张謇起草的《农工商标本急策》《代拟请留各省股款振兴农工商业折》等文件中，也可以想见翁、张计议的某些内容。

百日维新从一开始就面临着严重的阻力，简直可以说是危机四伏，吉凶难卜。康有为的弟弟有溥对于这一点倒是比较敏感的，他对友人说：“伯兄（康有为）规模太广，志气太锐，包揽太多，同志太孤，举行太大。当此排者、忌者、挤者、谤者盈衢塞巷，而上又无权，安能有成？弟私窃深忧之。……伯兄非不知之，惟常熟告以上眷至笃，万不可行。伯兄遂以感激知遇，不忍言去，但大变法，一面为新国之基，一面令民人念圣主，以为后图。弟旦夕力言，新旧水火，大权在后，决无成功，何必冒祸。”[5] 这番话真可以说是不幸而言中，但首先冒祸遭殃的并不是新进躁急的康有为，而是老成持重的翁同龢。这倒是帝党和维新

① 翁同龢：《翁文恭公日记》戊戌四月，商务印书馆，1925 年。
② 张謇：《张謇日记》戊戌四月二十二日，江苏人民出版社，1962 年。
③ 张謇：《张謇日记》戊戌四月二十八日，江苏人民出版社，1962 年。
④ 翁同龢：《翁松禅致张啬庵手书》，商务印书馆，1938 年。
⑤ 康有溥：《致易一书》，《戊戌六君子遗集》，（台北）文海出版社，1966 年。

派都未能料想得到的。

6月13日，张謇除了与翁同龢“谈至暮”以外，还为即将创建的京师大学堂拟订了办法。师生二人的主张和行动都是谨慎而温和的，但万万没有想到，两天之后（15日）那拉氏就以闪电般的手段驱逐了作为帝党首领的翁同龢。面临这一沉重打击，帝党显得十分惊惶失措。张謇在当天的日记上写道：“见虞山开缺回籍之旨，补授文武一品及满汉侍郎，均具折谢皇太后之旨，亲选王公贝勒游历之旨。所系甚重，忧心京京。朝局至是将大变，外患亦将日亟矣。”① 第二天（16日），翁同龢驯顺地赶到宫门向载湉叩头诀别。“上回顾无言，臣亦黯然如梦。”② 二十三年的师生情谊之深，已经超过了封建礼制所规定的范围，他们不是一般的君臣关系，而是有共同政治抱负的知己。所谓“回顾无言”，并非真无言，而是不能言，不敢言。载湉与翁同龢内心的痛苦是可想而知的。当天，“城南士大夫人心惶惶”③。城南，历来是“清流”和帝党名士们喜欢寄寓与集议的地方，这里的情绪变化是政治气候的晴雨表。6月17日，张謇奉旨到乾清宫引见，“瞻仰圣颜神采凋索，退出宫门，潸焉欲泣”④。与维新派相比较，帝党更加缺乏斗争勇气，他们只能在后党的屠刀底下相向引泣。

张謇唯恐老师遭到杀身灭族的大祸，因此在6月18日“引朱子答廖子晦语劝公（翁）速行”，就是用宁武子“邦有道则智，邦无道则愚”⑤ 的故事来讽说翁同龢趁早退出政争漩涡。他还赠诗一首：“兰陵旧望汉廷尊，保傅艰危海内论。潜绝孤怀成众谤，去将微罪报殊恩。青山居士初裁服，白发中书未有园。烟水江南好相见，七年前约故应温。”所谓“七年前约”就是师生偕隐江南，张謇自己也要临阵脱逃了。

---

① 张謇：《张謇日记》戊戌四月二十七日，江苏人民出版社，1962年。

② 翁同龢：《翁文恭公日记》戊戌四月二十八日。

③ 张謇：《张謇日记》戊戌四月二十八日，江苏人民出版社，1962年。

④ 张謇：《张謇日记》戊戌四月二十九日，江苏人民出版社，1962年。

⑤ 张謇：《张謇日记》戊戌四月三十日，江苏人民出版社，1962年。朱子语见《朱文公文集》卷四五。

7月1日，余栋臣在四川大足再次起义，而中英威海卫租界专条也恰好在同一天正式订立，在帝党分子心目中，“内乱”和瓜分的大祸仿佛马上都要来了。也就在这一天，翁同龢启程离开北京，张謇和其他门生故旧赶到马家堡京津铁路车站送别①。据说“送者数百人，车马阗咽，有痛哭流涕者”②。临别之际，有个湖南青年知识分子对翁同龢挥泪说：“吾为天下，非为公也。”悲怆的送别，未尝不可看作对于后党的抗议，但这种行动毕竟是消极无力的，是缺乏奋战到底的英雄气概的退却。不过半个多月，张謇也以“通州纱厂系奏办经手未完”为借口，再次向翰林院请假，匆匆离开北京南下。历史表明，封建性更为浓厚的帝党不过是变法运动的同路人，他们并不是维新派的真正同道。至于翁同龢和张謇，由于他们过早地离开北京，所以根本不是百日维新的主角。

此后，翁同龢与张謇仍然保持着私人之间的深厚情谊，然而这种交往在政治上已经失去了原来那样重要的意义。“当时缇骑动四海，逐臣窜伏鬼神骇。”他们畏怯地注视着载湉的被囚、六君子的惨死。他们不敢为变法作丝毫辩护，更不敢公开参与此后对于废立载湉阴谋的抗议。自称“身在江湖，心在魏阙”的翁同龢，早已失去了以前的政治抱负，而把身家性命置于国家安危之上。有一次张謇函邀老师渡江同游通州名胜狼山。翁同龢连忙辞谢说：“紫琅（狼山）之约，殆成虚愿；无事尚腾口语，矧扁舟出游耶？乍寒，千万珍重！”③ 这个久经宦海浮沉的老人，已经游离于政治斗争主流之外了。载湉的被囚，使帝党失去了精神上的领袖；翁同龢的罢黜，使帝党失去了实际的领导人。此后，这股本来就很松散的政治力量更加趋于涣散，他们或则逃亡国外，或则苟安国内，不再成为政治生活中一个重要的因素。至于这些帝党分子此后的不

① 见五月十三日翁、张日记。
② 唐文治：《茹经堂文集》。唐亦送行者之一。
③ 翁同龢：《翁松禅致张啬庵手书》，商务印书馆，1938年。

同去向，那是需要另作专文探讨的。

通过以上概略的勾画可以看出，翁同龢与张謇之间将近三十年的交往，与晚清政局变化的关系相当密切。其间经过中法战争、中日战争、戊戌变法等重大事件，而他们始于相互倾慕，继而成为师生，终于成为同党，在反对后党和投降派的长期斗争中，患难与共，生死不渝。他们的友谊蒙上一层古朴而醇雅的封建宗法面纱，而察其实质，则与一场统治集团内部权力再分配的长期斗争相终始。在这场实力悬殊的斗争中，他们所代表的帝党是弱者，因此失败是必然的。

但是不能以胜败论英雄，更不能把帝后两党之争看成是没有是非曲直可言的狗咬狗的斗争。在一个半殖民地半封建的国度里，统治阶级中主要掌权的集团，大多利于投靠外国侵略者以维护作为自身权势基础的旧制度；而某些不掌权或不甚掌权并心怀怨望的分子，则往往有可能在民族危机的刺激下倾向于抵抗与革新。在晚清，后党代表前者，而帝党属于后者。载湉是一个年轻勤学、爱国而又寻求进步的皇帝，翁同龢对于他的成长费尽了心血，作出了贡献。从主观愿望来说，翁同龢想塑造的可能是一个像康熙、乾隆那样雄才大略的封建皇帝，但时代的推演却使他的学生必须扮演彼得大帝和明治天皇那样的革新家。长期处于那拉氏淫威压制之下的载湉，自然不免存在着性格上的弱点。然而在瓜分之祸迫在眉睫的危急关头，他能够不顾个人安危，挺身而起，主张抗战，决心改革，在某种程度上向骄横不可一世的母后挑战，对于这种勇于变法图强的精神是应该给以尊重的。而作为皇帝最主要的决策人，翁同龢在这场斗争中也是作了极大努力的。

翁张交谊从属于帝后党争，但是张謇的地位和作用，以及他与翁同龢的关系，也有一个发展变化的过程。中法战争前后，他处于南派“清流”的外围，不过是主战清议的应和者。地位的低下，决定了他的作用的有限。甲午中日战争期间，张謇戴着状元的桂冠被列为“翁门六子”之一，成为翁同龢身边重要的决策人物，在反对后党和主和派的斗争中崭露头角。及至戊戌变法，张謇的社会政治地位又有所提高，经验和声望较前也有明显增长，然而他在这场新旧斗争中反未起多大作用。原因何在？主要并非由于他所依靠的翁同龢过早垮台，而是由于他的思想与维新派存在着很大差距。甲午战后，张謇虽然由于创办大生纱厂而正在向资产阶级转化，可是由于他与封建主义的关系太深，并没有具备明确的资产阶级的自我意识。他自称“言商仍向儒”，并且把投身实业看作“以皭然自待之身，溷秽浊不伦之俗”。因此，他和其他帝党分子当时顶多也只不过达到《校邠庐抗议》的水平。维新派提倡发展民族工商业和引进西方科学技术，资产阶级民主权利，他们却持冷淡以至反对的态度，并且把维新派推行的那样温和的改良也视为操之过急。这就是他们中途与维新派离异的思想根源。

帝党一般出身于地主阶级，从属于封建文化营垒，而且已经具有中上层的官绅身份。这就决定了他们在甲午战争前后所表现出的某些进步倾向是短暂的，极不牢固的，而在他们思想中占支配地位的始终是封建主义文化，特别是封建的纲常名教已经成为他们终身服膺的道德规范。如果说，戊戌变法期间，作为帝党偶像的载湉及其少数追随者，还多少表现出一些青春活力，表现出为挽救民族危亡而革新旧制的政治抱负。那么，随着变法的失败和载湉的沉沦，帝党中的大多数人便迅速失去了理想，失去了灵魂，剩下来的不过是为他们紧紧抱持的帝制躯壳。他们随即站在与资产阶级革命相对立的方面，并且在辛亥革命以后成为历次帝制复辟的活动分子，从而受到人民理所当然的唾弃。

历史已经做出结论：封建性极为浓厚的帝党不可能改变晚清政局的腐败，而迷恋封建帝制的人必然要堕落成为历史的渣滓。

论一九〇三年江浙知识界的新觉醒

在辛亥革命的编年史上，癸卯（1903 年）是很值得重视的一年。这一年的中国，江浙又是很值得重视的一个地区，不仅因为资本主义在这里发展最快，资产阶级势力在这里比较活跃，而且因为这里出现了一支生气勃勃的进步知识分子队伍，出现了民族民主革命思想空前的滋长和蔓延。

一

如果说，东京留学生界是海外的革命策源地，那么江浙便是国内的革命策源地，甚至是更为重要的一个策源地。这一点，当年江浙地区进步知识界是已经意识到了的。

夫自甲午之创，庚子之变，大江以南，六七行省之士，翘然于旧政治、旧学术、旧思想之非，人人争从事于新智识、新学术，迄今而自由民权之论飘沸宇内，莫能禁遏，固不得谓智育之无进步矣。①

这是从广义的江南地区来看进步知识界思想的迅速演变。

爱国学社在上海的建立，全国为之瞩目，甚至连海外的学生、商人

① 杜士珍：《论德育与中国前途之关系》，《新世界学报》第 14 号，1903 年 3 月 15 日。

都极为关注。“仿佛这个学堂可以造就出来许多拿破仑、华盛顿、加富尔、玛志尼、加里波的、西乡隆盛的一般人才来。他们顽固的官场又道这个学堂希奇得很，他们办下去，必定要造就出来许多造反的家伙，仿佛有许多宋江、李自成、张献忠、洪秀全、孙文、康有为一般人才。”因此，江浙的进步知识分子反躬自问：“这样看起来，我们爱国学社之办好办不好，办得下办不得下去，不是关系中国的大局么？不是差不多中国的兴亡都赌在这一个学堂里么？”①

接踵而起的浙江大学堂（原求是书院）退学风潮，也引起人们的极大注意。“诸君！吾游谓建设新中国小舞台，出现于浙江省会者，何事乎？即近日大学堂退学诸君所建设之新民塾是已。观其脱专制之扼，秩序井然，无一暴动，真可谓文明自由者。彼又固结团体而以自方建设其理想中完全粹美之学校，是真所谓具新中国国民之资格者。呜呼，诸君而日日欲脱专制昌民权者，盍于此小试其手段也。”② 这是江浙进步知识界对大学堂退学生仿照爱国学社建立的新民塾的评价与期望。

学潮，或者用《苏报》的说法——学界风潮，是二十世纪初在旧中国的大地上出现的新事物，而江浙则是1903年葡后学潮最为鼓荡发达的地区。自从壬寅（1902）夏杭州养正书塾（后改名杭州中学堂）风潮，10月南洋公学200余学生退学大风潮以后，癸卯（1903年）3月又连续发生了南京陆师学堂敬学风潮和浙江大学堂退学风潮，其他杭州蕙兰书院、上海广方言学堂、苏州毓元学堂等校也相继发生风潮。义和团运动的失败，《辛丑条约》的签订，使四亿人民都蒙受了空前的屈辱，然而20世纪的到来毕竟又为古老的中国带来了希望。青年学生是社会中最敏感、最活跃的一种力量，因而进步人士便把希望寄托于正在蓬勃兴起的学潮。他们充满信心地说：“然吾观学界风潮溯江而上，昔年兼发于海上，今已派入金陵矣。自金陵而安庆而武昌而重庆，必有相

① 《教育会会员蒋君性才由日本寄来演说稿》，《苏报》1903年5月21日。

② 《敬告浙江志士》，《苏报》1903年4月19日。

继者，可预信也。长江上下游，风潮怒翻，而黄河南北必有起而应者，可预信也。自北而南，而西江上下游各行省，如广东奴隶极点之学堂，亦必有起而应者，可预信也。以长江为中枢，北而黄河，南而西江，风潮遍及，由水而陆，则可普及全国‘吾假日夜祷祝。’”① “我中国学界之风潮，其澎胀于二十世纪中者，今日其起点乎？”②

把全国革命运动的普及，仅仅寄托于学界风潮的发展，这未免过于夸大了青年学生的作用，而忽视了广大农民乃是国民革命的基础。但在1903年，江浙地区的先进知识界毕竟具有慧眼，他们已经看出，由各类学堂培养出来的新式知识分子是反动而又腐朽的封建帝国的对立物，是属于未来的新中国的国民。“民约服卢梭，强权伟斯宾，潜心观天演，愿从达尔文。”③ 这些用进化论和西方近代社会政治学说初步武装起来的新的一代知识分子，不仅不同于历史上那些爱国而又忠君的封建士大夫，甚至也不同于戊戌变法时期那些彬彬儒雅叩头上书的举人老爷。他们虽然多半出身于封建文化营垒，然而已经决心与古老的旧中国诀别，并且决心用相己的双手来埋葬统治已达二千年之久的君主专制制度。从世界观与政治思想的主要倾向来看，他们比较明显地属于资产阶级和小资产阶级的知识分子范畴。他们的青春似火，热血如潮，心甘情愿地为祖国的独立和社会的进步而献身。在当时的历史条件下确实也只有他们是自觉地肩负着民族的希望。

1903年是伴随着革命排满的呼声而来到江浙地区的。过去，我们往往过于强调“拒法”与“拒俄”运动的惊醒作用，过于强调进步知识界从爱国到革命转变的急剧，其实情况并不完全如此。“拒法”“拒俄”诚然起了强烈的刺激作用，癸卯五月以前的运动诚然多半以爱国救亡的形式出现，然而江浙进步知识界的民主革命觉醒却早有积蓄，他们

① 蒋竹庄：《论南京陆师学堂退学事》，《苏报》1903年4月13日。
② 《童子世界》，《江苏》第1期，1903年4月1日。
③ 松岑：《今怀》，《江苏》第4期，1903年6月1日（原刊为闰5月，误）。

是比较自觉地跨越了“拒法”“拒俄”运动而进入公然倡言革命排满新阶段的。

姑且不谈《新世界学报》和《大陆》在1902年的启蒙宣传，也姑且不谈中国教育会和爱国学社中革命思想的酝酿，就拿《苏报》来说，它的公开标榜革命排满，也在“拒法”“拒俄”运动全面展开以前。1903年3月3日的《苏报》发表《军解》一文，已经提出“军国民教育”这个名词。并且强调，“凡陶铸一大民族；占世界优美特色之文明点者，未有其全国军人不流国民之血、堕国民之泪而能产出者”。3月12日，《苏报》发表《书近日新闻后》，以嬉笑怒骂的笔调宣传了东京留学生元旦团拜的革命排满演说。3月14日又发表《异哉满学生！异哉汉学生！》一文，公开宣称：“迫戊戌政变，刚、荣之徒，窃握大枋，神皋旧壤，生机遏绝，于是汉族知身家性命终不足托顽固庸妄之手。仁人志士求其在我者，乃倡为自立革命排满之议。”并且勉励自命为中国主人翁的“汉学生”，不要以革命排满为口头禅，应该多务革命排满的实际。及至3月26日发表的《论东京留学满汉之冲突》一文，言论更为激烈，毫不掩饰自己的民主革命倾向。作者充满信心地说：“幸今者欧化东渐，民权自由之说，人群进化之理，日充积于青年之脑筋，有史（以）来遗传之性质为外界魔力所摄去者，一旦得复其本来，则其勃发不可复制，如火之燎原，水之溃堤，岂一手一足所能阻遏哉！浅识之士主调和之政策，而不知其无（可）调和也。顽固之徒谋压制之方法，而不知其无可压制也。孰优孰劣，孰胜孰败，一任天演之自然而已。”

二

1903年4月以后，“拒法”“拒俄”运动紧相衔接，在全国范围出现反帝斗争的新高涨。东北和南方边疆的同时产生严重危机，增添了进步知识界的紧迫感；而蓬勃发展的爱国运动，又为民主革命思想的成长提供了良好的温床。爱国与革命，从来也没有像现在这样紧密地联系在一起，这就使近代中国的民族运动出现了新的特点。

资产阶级小资产阶级知识分子，是新的民族运动的主要承担者。

帝国主义的侵略总是要在教侵略国家引起反抗殖民主义统治的民族运动，鸦片战争以后的中国近代史，从一个侧面来说，也就是这样一部民族运动史。由于经济发展程度和阶级结构变化的制约，不同历史时期的民族运动有其特定的主要承担者。在1900年以前，中国民族运动的主要承担者是广大农民以及地主阶级当中的抵抗派，70年代以后，特别是甲午战争以后，虽然有一些具有资产阶级倾向的知识分子和少数资产阶级知识分子参与其事，但他们都显然未能起支配作用。到20世纪初年，由于民族资本主义的初步发展和民族资产阶级逐渐形成为独立的政治力量，一批资产阶级、小资产阶级知识分子以极其活跃的姿态出现在民族运动的前列，并且逐步掌握了引导运动向前发展的主动权。可以这样说，他们是自觉地承担了这一历史使命的，而其中若干有识之士甚至相当明确地说明了自己所从事的民族运动与往昔的民族运动之间的联系与区别。

1903年，在反帝爱国运动的新高涨中，对于民族主义的宣传显得空前活跃。但进步知识分子并没有把民族主义作为目的，而是把它当作实现资产阶级共和国政治方案的一个重要手段。他们说："欲达此莫大之目的（指'建民族之国家，立共和之宪章'——引者），必先舍莫大之大群，而欲合大群，必有可以统一大群之主义，使临事无涣散之忧，事成有可久之势。吾向欲觅一主义而不得，今则得一最宜吾国人性质之主义焉。无地（他），即所谓民族主义是也。"① 当年的爱国志士，对于资产阶级民族主义，对于严格意义的近代民族运动，确曾从理论上和历史上作过认真的研讨。譬如癸卯春间在《浙江潮》上连续刊载的《民族主义论》，就是这样一篇代表作。作者说："民族主义者，十九世纪

① 竞盦：《政体进化论》，《江苏》第3期，1903年5月。

之产物，而亦其主人翁也。维也纳会议成一民族主义与自由主义之大过渡，及法国第二革命起，而全欧之机大动，而澳意战，而德澳战，而澳匈战，而德法战，而东方问题，而爱尔兰自治。及其将终，而英阿之役，美西之役，日本之维新，义和团之扰乱。落落诸大事，无一非由是民族主义者磅礴冲击而成，故一部十九世纪史，即谓民族主义发达史可也。”作者的论述显然不尽确切而且也很不全面（特别是对亚洲的论述比较疏略），但这表明作者对于自己正在从事严格意义的近代资产阶级民族运动这一点，则是相当清醒和自觉的。所以他特别强调：“吾言民族主义，何以必推源于法国大革命？曰：民族名义与专制政体不相容者也。民族主义之大目的，在统一全族以立国。然兹所谓统一云者，志意的统一，非腕力的统一也，共同的统一，非服从的统一也。……若专制政体，则何有矣？”他们是用资产阶级自由、平等、博爱的观点来看待民族问题的，因而便把自己的民族解放运动与推翻君主专制政体联结在一起。

值得注意的是，这些江浙地区的有识之士特地把义和团运动列为民族主义的“萌芽”或“胚胎时代”。他们在一定程度上看到了义和团运动中蕴藏着巨大的反帝斗争的力量，说是：“夫山东、直隶之民，虽文事不如吾乡，其程度或在中下之交，然打拳习棒，争欲灭洋，卒能创为义和团顽固之举，使各国不得不同心协力，劳民伤财，联兵以入此老大帝国之境。此其举动虽曰野蛮，然一时快心辣手，逞血气之勇，乃至使外人蹙额屏足，莫可谁何，此亦可以于困顿无聊之际，暂自慰矣。”①但是，他们对义和团落局的一面是有所批评的，并且特别憎恶清朝顽固派对义和团落后因素的利用与煽动。1903 年 5 月 8 日的《苏报》，刊登了一篇题为《箴国民》的论文，就比较深刻地剖析了这种笼统的排外主义的认识低下和没有前途。作者说：“不观夫载漪、刚毅之徒乎，以忠义激厉其士民，振臂一呼，扶清灭洋之裹红巾者连踵骈肩于都下。彼

① 《民族精神论》，《江苏》第 8 期，1904 年 2 月 1 日。

辈方掀髯色喜，以为尊君亲上之效果显而有征，即有识之士论东亚民族胚胎之迹者，亦且屈指及之。”但是，“彼无意识之排外虽甚剧烈，其发念不过从耳目接近之弑恨点而起，而非从爱国心之一点而起。故虽讲尊亲之学深厚如徐桐，尚不知割台湾、租胶岛、借旅顺广（州）湾为何事，悔使馆市街有侵其府第一寸土者即忿忿不能平。适拳民亦始教士之势横，两盲同意，二聋联盟，遂决欲铲除东交民巷使馆口，及烧股四牌楼教堂，以为如此外人即可莫予毒。乌乎！此即挟民族主义之国民举动乎？扶清者，仅扶东交民巷及四牌楼，灭洋者，仅灭公使馆及天主堂，如此彼尚知国家国民为何解乎？”地主与农民本来是互相对抗的两种社会力量，“两盲同意，二聋联盟”的说法，自然是模糊了两者之间的阶级区别。但是处于低级认识阶段的笼统排外主义与尊君亲上之类封建伦理思想的麻醉，却有可能使封建地主阶级顽固派与一部分农民反帝斗争队伍结合起来，并且被清朝统治者诱引到错误的道路上，以至演成一出历史大悲剧。应该承认，20 世纪初年，一资产阶级革命派对于以往的反帝斗争是有所继承又有所扬弃的，他们把近代中国的民族运动推进到一个新的阶段。

资产阶级革命派用“文明排外”与“野蛮排外”两个名词，把自已的民族运动与旧式农民自发的反帝斗争区别开来。过去在评说这段历史时，往往过分强调“文明排外”的对外怯弱和害怕工农群众斗争的弱点，而忽略了它还有比笼统排外主义进步的一面。其关键就是革命派的“文明排外”已经与封建顽固势力彻底决裂，并且具有建立资产阶级共和国的奋斗目标。这是形势发展的必然，也是历史一大进步。正如章太炎在《驳康有为论革命书》中所回顾的那样：“义和团初起时，惟言扶清灭洋，而景廷宾之师，则知扫清灭洋矣。今日广西会党，则知不必开衅于西人，而先以扑灭满洲、删除官吏为能事矣。唐才常初起时，深信英人，密约漏情，乃卒为其所卖。今之广西会党，则知己为主体而西人为客体矣。人心进化，孟晋不已。以名号言，以方略言，经一竞争，必有胜于前者。今之广西会党，其成败虽不可知，要之继此而起者，必视广西会党为尤胜，可豫言也。”当时，在江浙地区许多资产阶级革命派的文字和言论中，都是把广西会党起义队伍称作“民党”甚至“革命军”的，而他们也就自许为优胜于广西会党的“继此而起者”。即令是中国这样不成熟而又软弱的民族资产阶级，当他们处于上升时期也还是具有赢得未来的信心的。

三

在当时的历史条件下，民族主义和民主主义一样，不失为一面光辉的、战斗的旗帜，而且是一面更加具有广泛影响的旗帜。自然，民族主义也只有与民主主义结合在一起，这面旗帜对于广大人民群众才具有真正的吸引力。在20世纪初年，不仅“扶清灭洋”的口号早已为人们所扬弃，而且古老的“反清复明”口号也日渐缩小其影响，只有资产阶级的民族主义散发出巨大的政治魅力。新的民族意识与固有的民族感情交织在一起，当人们认为自己应当成为国家的主人并且自行抉择民族的前途的时候，他们的爱国精神便升华到一个新的境界。翻阅癸卯这一年江浙地区的进步报刊，可以发现人们从来也没有像现在这样强烈地热爱自己民族的历史，民族的语言、文化，民族的经济发展，和民族生存繁衍的地理环境。

新的民族觉醒首先表现为对乡土的一往情深，人们用尽各种各样美好的字眼来讴歌家乡的山山水水，因为家乡是伟大祖国的一个组成部分。描述故土的山川形胜，不仅仅是为了唤起乡情，而是为了激发广大人民的爱国之心，为了指明各省府州县以至乡镇对祖国应尽的责任。

浙江的爱国知识分子是这样说的：

可爱哉，浙江湖！可爱哉，浙江潮！挟其万马奔腾排山倒海之气力，以日日激刺于吾国民之头脑，以发其雄心，以养其气魄。二十世纪之大风潮中，或亦有起陆龙蛇，挟其气魄，以奔入于世界者乎？西望葱龙，碧天万里，故乡风景，历历心头。我愿我青年之努力如浙江潮，我青年之气魄如浙江潮，我亲年之声誉如浙江潮。①

江苏的爱国知识分子是这样说的：

临长江，瞰天堑，流波汹涌，直趋东海，而环络江南十万迈当之面积者，此地势之足以称雄于大陆也。崇、淞天险，非江南之门户乎？狼、福横亘，非江南之咽喉乎？钟山龙踞帝阙凤翔，非江南文物之枢纽乎？震泽万顷，土田肥美；金阊十里，阛阓绵连，非江南财产之腹心乎？……而孰知欧美通道以来，沪滨京口，首辟商埠，而金陵，而苏州，凡江南有地理关系之区，无不为泰东西诸国强权所攫制。……举目河山，苍凉落日，对此粉碎寸裂之余，谁不起洛水伊戎之痛哉？②

小至绍兴一县，当年的爱国志士也是这样说的：

诸君皆绍兴人也，试思绍兴者何人之绍兴乎？绍兴一切之事何人之责任乎？一家之中家用之豫备，子弟之良否，其为家人之责任，无可疑也。即使家之人以事远游，其恐家用之不足而补助之，子弟之荒嬉而劝勉之，其责任终无可谢也。然则吾辈既为绍兴之人，则绍兴一切之事非即吾辈之责任乎？顾吾辈责任莫大于高绍兴人之人格，而使无为世界上了无关系之人。③

甚至连同里（属吴江县）那样的水乡小镇，人们也大声疾呼，提倡爱国尚武精神。“文明其思想而野蛮其体魄，此西国之所以强也。野蛮其思想而文弱其体魄，此中国之所以弱也。”④ 他们希望在故乡做出榜样，对国家尽应有的义务。

这种热爱乡土的感情之所以可贵，在于它已经与资产阶级民主思想，与整个国家的革新连结在一起。可以说，它就是爱国主义的体现。

① 《浙江潮发刊词》，《浙江潮》第1期，1903年1月20日。
② 侯生：《哀江南》，《江苏》第1期，1903年4月1日。
③ 《蔡民友演说绍兴教育会之关系》，《苏报》1903年3月12日。
④ 金松岑：《同里教育支部体育会演说》，《苏报》1903年3月17日。

其实，当年江浙的爱国志士已经自我表白得很清楚："江苏者，我全中国最受外力之包围攻击者也。……固先为外人之根据地以困我全中国之同胞者也。是故为江苏计，吾不得不改革江苏，为中国计，吾亦不得不改革江苏。"① "吾浙江固祖国国系内之一分子，而治浙即所以治中国。……我诸父伯叔诸兄弟，生于斯长于斯，聚党族于斯，要皆有负责全浙之责任，而无可巧言饰词为中立计。"② 他们从一开始就把爱乡作为爱国的起点，把治乡作为治国的基础。中国是一个土地辽阔、人口众多的国家，如果不充分唤醒各地有志之士革新建设本乡本土的自觉，是难以求得整个国家的独立和富强的。从这个意义上来说，爱乡又是爱国的实际内容，离开了爱乡，爱国便可能流于泛泛的空谈。所以江苏的先进人士又说："今之人竞言爱国矣，而吾言爱国，必自爱乡始。无他，事之由小以成大，自迩以及远，亦必至之势，无可如何者也。今同人以爱江苏者爱中国，各省亦竞以爱其本省者爱中国，驯至齐心一致，以集注于爱国之一点，则中国之兴也，吾欲于江苏及他省同乡会卜之。"③

他们是这样说的，也是这样做的。在东京的浙江、江苏籍留学生，和其他各省留学生一样，先后在壬寅十月和癸卯正月成立了浙江同乡会和江苏同乡会，并且分别在癸卯正月和四月出版了自己的刊物《浙江潮》和《江苏》。两个同乡会都设有调查部门，《江苏》辟有"调查录"专栏，《浙江潮》辟有"调查会稿"专栏，同时还辟有"新浙江与旧浙江"专栏，包括历史上之浙江、兵事上之浙江、教育上之浙江、物产经济上之浙江、浙江之地理、社会之一般风俗、交通机关、浙江之统治机关、农工商业上之浙江、外人于浙江之势力及其注意、浙江人之海外事业等方面。上述情况都说明，这些追求社会革新的有志之士，不仅做了大量宣传教育工作，而且还做了不少实地的社会调查工作。特别是

① 铁生：《江苏改革之方针》，《江苏》第 1 期，1903 年 4 月 1 日。
② 匪石：《浙风篇》，《浙江潮》第 5 期，1903 年 5 月 20 日。
③ 《江苏同乡会刱始记事》，《江苏》第 1 期，1903 年 4 月 1 日。

《浙江潮》的“调查会稿”上发表的有关各地社会情况的资料，其中有些比较具体的统计资料，至今仍然有一定参考价值。

国内进步知识界的活动范围更为广泛，影响也更为深入。中国教育会在江浙一些州县以至乡镇设立了分会或支部，如中国教育会会员在吴江设立同里教育支部研究会，蔡元培等在绍兴创立教育会，爱国学社社员殷次伊在常熟设立教育会支部，奉化也成立了教育研究会。此外，与此相类似的团体还有扬州师范学会、常州演说会、嘉兴演说会、无锡体育会等等。各地模仿上海爱国学社、爱国女学而建立的新式学校为数更多。杭州有大学堂退学生建立的励志学社和新民塾，嘉兴有进步人士建立的爱国女学社①，常熟有殷次伊、丁初我等创办的塔后小学，吴江有金松岑、柳亚子等创办的同里自治学社（附设明华女校），上海华泾有刘季平创办的丽津小学堂，此外还有吴中公学社、杭州公学社等等。爱国学生和进步知识分子自行兴学，在家乡进行启蒙性的宣传教育，一时蔚成风气。

其中，常熟的殷次伊是一个颇有代表性的人物。“甲午、乙未，游学燕蓟间，刿怵国耻，恸心刺骨，发奋力学，谋以救国。丁戊旋里门，与邑人士组织学社（即今公立小学校），首辟风气，为吾虞社会一线光明之起点。旋受学于海上东文社，继入南洋公学。……壬寅冬，退学事起，为全校学生为代表，首鸣之于总理。事决裂，建议于张园，集退学生而吸合其固体，与之组织爱国学社。苦志筹画，不日成立，为今日吾国唯一完全之私校。学界主人翁之荣名，如次伊者殆无愧。校成，迫于家庭命，旋里修业。……与邑中同志谋创立教学同盟会（今教育会支部），组织学界同盟，为国民同盟之基础。会律井井，秩序巩固，俨然一国会之具体。次伊复极力运动之，不数月，建设城西小学校，为普及

① 《江苏》第五期曾为嘉兴爱国女学社的成立发表《论中国女子之前途》一文，充满期望地说：“使二万万女子中果不乏娇娇者流挺然崛起，则此二十世纪之舞台中，何必不真有苏菲亚其人昌言革命，又何必不有罗兰其人为民族流血？畴昔依赖男子者，异日且协助男子拯救男子。”

教育之起点。又谋改良公立小学校之规则，实施其国民教育。吾虞学界，新机怒发，同时有开智会、通学会、体育会之建设。一隙曙光，得照耀于虞山峰顶者，次伊影响学界之功，至大且伟也。”不久，“苏报案”发生，“革命党狱起”，次伊愤郁于返里舟中投水自杀，时在癸卯闰5月9日之夕，死年仅26岁。殷次伊的自杀，诚然并非是必要的，但他以年轻的生命殉国，在社会上却引起积极的反响。特别是同乡的爱国志士，更为常熟能为祖国的解放事业贡献出这样的好儿女而感到骄傲。他们奉献给殷次伊的不是哀伤的悼词，而是豪迈的颂歌。他们满怀深情为殷次伊立传：“美丽哉！吾虞方百里锦峰琴水明媚之山川。瑰伟哉！吾虞三千年南方文学秀灵之历史。学界风潮日筱荡，自由钟声日震撼，一耀而登二十世纪之新舞台，演四万万同胞悲壮义愤之活剧，生为人豪，死为国雄，以振起一乡之社会，感奋全国之社会者，有之，自殷次伊始。”他们以革命的誓言为死者放歌壮别：“铁血横飞荡九州，雄心不死贯全球。三千革命军声起，齐向长江日夜流。”① 正是像殷次伊这样的仁人志士，把江浙城乡各地的涓滴之水，聚拢合成革命的溪流。

应该说明一下，在东京留学生的一些活跃分子当中，很多人原来就是江浙地区学界风潮中的骨干，他们在国内已经受过斗争的磨炼，到日本后仍然与故乡保持着密切的联系。如《浙江潮》的主编人孙翼中（字耦耕，号江东）是杭州求是书院“罪辫文”案的主角，蒋方震也是这个书院学生中的佼佼者。《江苏》的主事者和主要撰稿人，黄宗仰是中国教育会的发起者和领导人之一，柳亚子则是以教育会会员资格加入爱国学社的附读生。

此外，拒俄义勇队、军国民教育会、江苏同乡会、浙江同乡会中的一些骨干，原先也是国内学界风潮中涌现出的活跃分子。孙翼中曾受浙江同乡会的委托，发表《敬上乡先生请令子弟出洋游学并筹集公款派遣学生书》，要求浙江向湘、鄂两省学习，多派有志青年出国留学，学习

① 初我：《常熟殷次伊传》，《江苏》1903年6月1日（原刊误为闰5月）。

新知识，接受新思潮。黄宗仰、柳亚子到东京后，更撰写大量诗文，鼓吹排满革命，并且歌颂与宣传羁押在西牢中的章太炎、邹容的斗争事迹。而东京这些宣传工作，又经常是在章、邹等国内爱国志士的关注和鼓励下进行的。如癸卯9月章太炎致柳亚子书说，“别数月，忽得《江苏》杂志，见弟所为《郑成功传》，曩吾睹弟之面，而今睹弟之心矣。杂志草创时，辞颇噎塞。数期以来，挥斥慷慨，神气无双，进步之速，斯为极点。而弟所纂《郑传》，亦于斯时发现，可谓智勇参会，飚起云合者也。”① 由此可见，东京的留学生运动与江浙地区进步知识界的新觉醒是声息相通和连成一气的，如果把两者割裂开来并且扬外而抑内，那显然是不恰当的。

四

江浙地区进步知识分子又是在不断与反动统治者和保守势力斗争的过程中迅速增长觉醒程度的。正如章太炎所说的那样，“民主之兴，实由时势迫之，而亦由竞争以生此智慧者也。”

“拒法”“拒俄”运动，很快就从反帝与卖国的斗争发展成为革命与反革命的斗争。清朝统治者不仅把东京留学生组织的拒俄义勇队诬蔑为“名为拒俄，实则革命”，而且把爱国学社的学生也视为危险至极的叛逆。癸卯5月28日，端方即曾致电军机处：“查四月初间，方闻上海有爱国会社诸生，借俄事为名，在张园演说，议论狂悖，即经密电江宁查禁拿办。续在日本有各省游学生亦借俄事为名，编集义勇队、运动部名目，欲入长江勾引票匪为乱，复经方于五月初一日密电沿江海各省，严防密拿。”② 爱国志士针锋相对、寸步不让，他们在《江苏》第4期发表《异哉上海有所谓爱国会社》一文，斗志昂扬地宣告：“旷览东西

① 《致柳亚庐书》，《复报》第5号。邹容亦曾致书柳亚子给以鼓励。
② 端方档，见中国近代史资料丛刊《辛亥革命》（一）第443页。

各国，其勃然兴起者，无一不由民党之发达。……是会党者，攻杀独夫民贼之鸩毒，而伸民气恢主权之金丹也。”“使中国而果有此爱国会社也，不胜为中国之前途贺；使爱国学社而果有会党之资格也，又不胜为爱国学社之前途贺。”这就说明，江浙进步知识界并没有把自己的斗争局限在保卫国土和反对卖国政策的范围以内，他们以勇猛的气概迎接革命潮流的到来，并且热切期待着革命政党的诞生。

围绕着《苏报》案的冲突，爱国师生与卖国政府之间的斗争更趋激化，而江浙进步知识界在斗争中愈来愈看到人民的力量，并且以最后埋葬封建王朝作为责无旁贷的历史使命。章、邹被逮捕下狱了，《苏报》被封禁了，他们不仅毫不畏惧，而且为斗争的激烈欢欣鼓舞。他们满怀信心地向世间宣告：“是实剥夺我全国公民之权利也，是实与我全国国民下宣战书也！我四百兆羲黄圣胄清贵高尚之同胞，岂能坐视！岂能坐视而不争？吾知此次反动力必剧，反动力剧则吾国前途生气自此葱葱郁郁而发生。此后吾但望满政府多封报馆，则国民之自由心愈发达，吾中国前途愈光明。”① 斗争在会审公堂内外持续进行，章、邹在法庭上公开宣布“不认野蛮政府”，爱国志士则在法庭外对清政府进行严正审判：“君主而不能防护公益，即为捐弃责任，即不得复目之为君，乃我国民之公敌也。援泰西民约家征讨暴君之义，即反坐以大逆不道之罪，谁曰不宜！”② 如果说，在《苏报》案发生以前，反帝救亡的文字充塞报刊的版面，那么，到此案发生以后，革命排满的激越呼声便逐渐成为进步舆论压倒一切的基调了。

倾向革命的进步知识分子与保皇派以及其他守旧势力的斗争，也在比较广泛的范围内展开。与章太炎撰写《驳康有为论革命书》几乎同时，《苏报》发表《警告守旧诸君子》一文，即已嘲弄这些政治上的软骨病患者：“居今日而欲救吾同胞，舍革命外无他术，非革命不足以破

---

① 《祝〈苏报〉馆之封禁》，《江苏》第4期，1903年6月1日。

② 《大逆不道之解剖》，《江苏》第5期，1903年7月1日。

坏，非破坏不足以建设，故革命实救中国之不二法门也。革命乎！革命乎！诸君闻至此必将掩耳咋舌，相顾而骇走矣。”不久，冯镜如等纠集“康氏党徒”，将国民公会易名为国民议政会，妄想把上海地区蓬蓬勃勃的群众斗争诱引到仅仅吁请“归政”载湉的错误轨道上。邹容当面予以严正斥责，中国教育会和爱国学社师生也进行抵制，使保皇党人的阴谋活动遭到严重挫折。斗争除在上海进行以外，也在其他州县不断发生。常州育志学堂爱国志士何海鸣等每星期举办演说会，“自（癸卯）正月初七日起至十三日止，每日来宾之就旁听席者，数辄逾五百人以上，演说至慷慨悲愤之处，四座拍掌之声如雷。”当地顽固士绅极力阻挠破坏，甚至诬为“悖逆”。进步师生毫不畏缩，据理严辞驳斥，《苏报》也发表文章支持常州演说会与这些“老朽”的守旧派进行斗争①。吴江同里教育支部会员到梨里、盛泽等乡镇演说，也遇到很大的阻力，封建文士甚至愤而诟骂。进步知识界当即驳斥说：“演说者，老朽顽固之仇敌，而青年学生之好友也。乡曲学究之尊其权力，有如边省之督抚。眼见与己反时，新学之风潮掀天动地，一己之饭碗有立足不牢之势。欲以其窒售之腹餐文明之果，又恐其膨胀而死也。”② 这些县城和乡镇中的论争，虽然没有上海、东京等大城市革命派与保皇派论战那样大的声势和影响，却能在一定程度上增加民主革命思潮传播的深度，因而也应当给以足够的重视。

当资产阶级还处于上升的、革命的时期，其思想的突飞猛进也是相当惊人的。正如马克思对于18世纪欧洲资产阶级革命所作的描绘那样，“革命的戏剧效果一个胜似一个，人和事物好像是被五色缤纷的火光所照耀，每天都充满极乐狂欢”③。癸卯4月10日《苏报》发表了一篇题为《海上热力史》的评论，概述了3月28日以来“旬日间海上民党之

① 《记常州演说会事》，《苏报》1903年3月23日。《论常州演说会》，《苏报》1903年3月31日。

② 《吴江演说会之阻力》，《苏报》1903年4月19日。

③ 《马克思恩格斯选集》第1卷，人民出版社，1966年，第606页。

历史”。不过10天时间，上海张园先后举行了阻法、拒俄大会，发起成立了四民公会、国民公会、义勇队。阻法会签名者不过300余人，国民公会当场签名者即近五六百人，会后陆续签名者又约千人。拒俄运动有力地促进了人们的觉悟，然而人们很快又站在新的高度来重新认识拒俄运动。他们面向未来，因而敢于否定过去。东京的和上海的拒俄义勇队成立或发起还不久，人们即已严肃地批评其不足之处，指出：“其发表宗旨，一则曰拒俄，再则曰属在政府统治之下。情词卑逊，志气蜷局，屏息乞怜，至可悯念。四海豪杰之士聆诵檄文，侧聆口演，方且腹诽口讥，心疑目笑，以为若此举动犹不脱奴隶依赖根性，而确然其为清国留学生会馆办事之面目手段，曾不足当环球起义英雄之一盼，更曷可冀法朗西之兴革命军，华盛顿之竖独立旗，而欲窃掠微些之名誉乎？”① 当然，这些话不无偏颇之处，也有些是故加贬抑以说明清廷镇压义勇队之无知可笑，但大体上仍可以反映出江浙进步知识界革命精神的昂扬。

经过这些政治斗争的锻炼和一批仁人志士的艰苦奋斗，上海和江浙地区的新思潮宛如烂漫的山花盛开怒放。在1903年，进步的报刊除《苏报》《新世界学报》《大陆》以外，又先后创办了《童子世界》《国民日日报》《觉民》《俄事警闻》《中国白话报》。宣传革命思想的书籍，除多次再版的《革命军》以及《驳康有为论政见书》《沈荩》等书广为流传外，还有今镜书店编辑出版的《苏报案纪事》、东大陆图书印刷局出版的《黄帝魂》、章士钊译录的《孙逸仙》、金松岑撰写的《女界钟》等。翻译介绍外国近代社会政治学说和革命历史的书籍为数更多，如日本福井隼照的《近世社会主义》（赵必振译，广智版），村井知至的《社会主义》（罗大维译，广智版），岛田三郎的《社会主义概评》（作新社版），西川光次郎的《社会党》（周百高译，广智版），以及《法兰西革命史》《美国独立战史》《华盛顿》《意大利建国史》等。在日本或香港出版的一些进步书报也在江浙地区逐渐流行，除上海因无

① 季子：《革命其可免乎》，《江苏》第4期，1903年6月1日。

具体数字置而不论外，在杭州正式发行的《译书汇编》已达250份左右（《新民丛报》约200份）①，甚至像海盐这样的县城，也有《浙江潮》《湖北学生界》《游学译编》的发行（上海出版的报刊流行种类更多，如《国民日日报》《新世界学报》《新小说》等等）②。至于秘密流传的肯定为数更多，《浙江潮》等进步报刊的再版、三版，应与国内读者需求的增加密切有关。

综观癸卯年江浙进步知识界的舆论工作，不仅思想已相当活跃，而且内容也极为丰富。可以说，此后同盟会所揭集的民族、民主、民生三大主义，和革命派与改良派大论战的基本内容，在这一年江浙地区的进步书刊中均已广泛涉及，而到甲辰（1904）年这种革命宣传更明显地增加了广度和深度。同时，更值得注意的是，随着国内阶级冲突的日益激化和政治觉醒的迅速提高，倾向革命的人们在癸卯年越来越增强了组织起来共同战斗的要求。他们呼吁破除省界，建立统一的全国性政治团体。“中央机关，建甑而立，扩张其势力线，挟风雷而走之。而党会之各部，朝宗一尊，则虽泰西文明国大政党于其枢府，何以过之。”③ 于是以“结成大团”为含义的同盟会一词逐渐流行起来。不仅上海有邹容发起创立中国学生同盟会，“其目的在于学界成一绝大合法团体，以鏖战于中国前途竞争逼拶之中者也”④。而且常熟有殷次伊发起创立数学同盟会，“组织学界同盟，为国民同盟之基础”⑤。同里有杨千里（天骥）创立教育支部研究会，谋为“将来地方自治、国民同盟起点”⑥。也正是在这年5月，日本国民同盟会编纂的《国民同盟会始末》一书，由袁毓麟翻译，在上海通志学社出版，显然是适应了当时爱国志士渴望组成全国性国民政治团体的需要。以上这些言论和活动，虽然还谈不上

① 《杭城报纸销数表》，《浙江潮》第3期，1903年3月20日。
② 《海盐报纸之销数》，《浙江潮》第7期，1903年7月20日。
③ 文诡：《非省界》，《浙江潮》第3期，1903年3月20日。
④ 《苏报》1903年5月30日、31日。
⑤ 《江苏》第4期，1903年6月1日。
⑥ 《教育支部研究会序》，《苏报》1903年3月2日。

是组建资产阶级革命政党的筹备，但至少在思想上已经为以后同盟会的建立进行了某种程度的酝酿。

五

对于1903年东京留学界的觉醒程度，当年江浙爱国志士曾给以高度评价："呜呼！癸卯年万岁！何其民气之奋，进步之速，如是其惊人？倘海内应和者能愈接愈厉，岂非我中国得见天日之日正不在远？"① 而他们自己就是这样"愈接愈厉"的海内应和者，他们的舆论总量和活动范围很快就超过了东京留学界。十五年以后，孙中山充分而又公正地评估了癸卯年东京留学界和江浙知识界两方面的贡献。他说："留东学生提倡于先，内地学生附和于后，各省风潮，从此渐作。在上海则有章太炎、吴稚晖、邹容等，借《苏报》就鼓吹革命，为清廷所控。太炎、邹容被拘囚租界监狱，吴亡命欧洲。此案涉及清帝个人，为朝廷与人民聚讼之始，清朝以来所未有也。清廷虽讼胜，而章邹不过仅得囚禁两年而已。于是民气为之大壮。邹容著有《革命军》一书，为排满最激烈之言论，华侨极为欢迎，其开导华侨风气，为力甚大。此则革命风潮初盛时代也！"②

当然，正如一切历史事物都有其局限性，1903年江浙知识界的新觉醒也有其明显的不足之处，而这些弱点又妨碍了以后江浙地区革命运动的发展。

首先，作为当时江浙地区进步运动的主要承担者——新式学堂的爱国师生，还刚刚从封建文化营垒中分化出来，因此思想上残留的陈旧因袭仍然很多。他们中间有不少人还没有与传统的封建正统观念划清界

① 《海内热力史》，《苏报》1903年5月6日。
② 《有志竟成》，《孙文学论》。

限，甚至把孔子《春秋》奉为“吾国魂之第二星宿海”①。有些人则把封建宗法族规、地方绅权、会情行帮，统统视为地方自治的“质点”②。这些思想上的封建羁绊，在斗争行动上也有所表现。例如浙江大学堂学生罢课退学时，“齐集孔子殿，先谒至圣，行三跪九叩礼。列礼各教习上立左首，各职员上立右首，学生下列行三揖礼。礼毕后，鱼贯而出”③。这样“秩序井然，无一暴动”的反抗，诚然“文明”到了极点，而且颇为其他一些学校退学生所效法，但与资产阶级正规的革命运动相比较，多少总存在着某种距离。

其次，当时的一些进步团体，大多以带有封建地域观念的“乡谊”作为纽带。尽管进步的知识分子自觉地把爱乡与爱国结合起来，谋求以治乡作为治国的基础，但残存仍多的封建畛域总不免妨碍统一行动，削弱了进步知识界内部的团结。有些地域观念特别强烈的人，甚至把国家观念置于脑后。“分泾渭于一饮食一书报之间，至岸然不能假借。舞然相抵曰：‘汝浙人自有浙界，吾楚人自有楚界。’又或一语言之微，一嘲谑之细，哄然群哗曰：‘彼闽人辱吾粤人，彼浙人谩吾吴人，其色汹汹，几有号同乡会诉冤之势。’”④ 所以有些真正关心爱国运动的人士，致函质问留学东京的浙江同乡说：“侧问诸君联订此会，省界甚严，此省不能参预他省。浙江留学生最多，而气最盛。广西、云南、江西人甚寥寥，惴惴顾影，惟孤立是惧。同是支那之人，同具亡国之忧，此疆彼界，意何为者？”⑤ 显然，如果不认真破除省界，不克服封建地域观念，是很难实现统一的全国革命运动的。

最后，在1903年，江浙进步知识界虽然已经较多地与爱国绅商采取联合行动，但不少人却忽略了向下层群众寻求支持力量。除了陶成章

---

① 《中国魂》，《国民日日报汇编》第1集。
② 匪石：《浙风篇》，《浙江潮》第5期，1903年5月20日。
③ 《浙江大学堂学生退学始末记》，《新世界学报》1903年4月1日。
④ 《非省界》，《浙江潮》第3期，1903年3月20日。
⑤ 《寓江西陈君致浙江同乡书》，《浙江潮》第3期，1903年3月20日。

等一批浙江志士，不畏险阻，长途跋涉，深入偏僻山区向会党寻求盟友以外，多数人都片面地、孤立地过分强调了学生的作用。这些爱国知识分子自认为是传播文明的唯一“原动力”①，江南陆师学堂退学生甚至认为：“吾意将来新中国之事业，即基础于吾辈陆军第一番冲突学生之三十一人。”② 小资产阶级知识分子对封建专制制度是不满的，是深愿祖国走向独立富强的。他们在政治上比较敏感，容易接受新的思潮，但是他们高涨的革命热情之中往往掺杂着空泛的狂热性。诸如“左手搴旗，右手悬首，同赴流血之场，与碧眼红髯儿决一撼天震地之大战于数百里瓯江之前”③，是他们比较善于使用的激烈语言。他们的宏伟抱负建立在过于自信的基础之上，因而就多少有些流于空想。他们热血沸腾地宣告：“今者，要为江湖革命之一日，而我浙东西之少年，之奇潮，之学潮，之思潮，之文潮，为事业大潮流之先河者，风激水涌拔大空而特起。雄哉浙江潮！自今而后始发现于世界。”④ 而事实上，如果没有下层劳苦群众的参加，光凭少数青年学生的奔走呼号，是难以出现于“风激水涌”的雄伟江潮的。

正因为存在着上述弱点，1903 年江浙地区的爱国运动，在一定程度上显得华而不实和脆而不坚。革命的思潮诚然非常活跃，革命的组织工作和革命的实际行动却与之不相适应，并且很难长期坚持下去。首先是爱国学社与中国教育会的分裂，继而是两者以及它们所兴办的一些学堂的涣散，再则是少数活跃分子转而谋求功名利禄，客观上还有清政府的残酷镇压，这就使空前高涨的江浙地区学界风潮一度不免有所消沉。然而整个革命形势仍在向前发展，东京军国民教育会的成立和运动员的纷纷奔赴内地，给江浙地区的运动带来了新的活力，使运动比较切实地向纵深发展。革命的先行者孙中山，在 1903 年以后赢得了江浙爱国志

① 杜士珍：《学生大进步》，《新世界学报》第 10 号，1903 年 1 月 15 日。
② 《江南陆师学堂学生退学始末记》，《苏报》1903 年 5 月 6 日。
③ 《在东京之温州留学生函稿照录》，《苏报》1903 年 5 月 8 日。
④ 《浙声》，《浙江潮》第 1 期，1903 年 1 月 20 日。

士爱戴，成为愈来愈有影响的全国性的领袖人物。在运动中又锻炼了和涌现了像黄兴、陶成章这样一批新的领袖人物。他们不如先前江浙进步知识界头面人物那样丰富的学识和较高的声望，也不如一般江浙文士那样才华外露、飘逸洒脱，然而却具有更为可贵的革命毅力和务实精神，特别是优异的组织才能。他们在1903年已经崭露头角，而1904年的政治舞台上正是以这样一种类型的人物充当主人翁。于是辛亥革命编年史上出现了清晰的序列，——1903年革命排满思想狂飙突起；1904年各地革命小团体纷纷建立；1905年百川归海，以同盟会的成立为标志，各地反抗斗争的涓涓细流，正式汇合成为全国范围的资产阶级革命运动，历史揭开了新的篇章。

人们可以看到，1903年江浙知识界的新觉醒，较之1905年同盟会领导的堂堂正正之师，在水平上存在着整整两年的差距。然而历史总是前后相连续的，没有第一步，就没有第二步、第三步。后来者应该客观地剖析先行者的弱点与局限，认真地总结和吸取他们的经验教训，但却没有任何理由否定前人革新和革命的劳绩，因为他们的工作是百年来祖国解放事业不可缺少的一个阶梯。回顾1903年爱国志士们的言论风采，至今仍然使人感到虎虎有生气。那些以血泪凝铸的诗文，似劈雷闪电震撼着万马齐喑的古老中国，召唤着千百万同胞走上革命救亡的道路。人们在反复吟诵之余，不禁也要再次高呼：

“癸卯年万岁！”

时代·祖国·乡里
——辛亥革命时期社会思潮试探

翻开辛亥革命时期的书刊，讽诵当年仁人志士用鲜血和生命凝铸的诗文，一种强烈的时代紧迫感和历史使命感，有力地叩击着读者的心弦。尽管半个世纪以上的岁月已经流逝，但这些真挚的深情文字，丝毫也没有失去它们的思想光辉。

辛亥革命的酝酿，恰好是开始于19世纪和20世纪交接的年代。那些忧国忧民而又锐意革新的有识之士，在诀别旧世纪和迎接新世纪的时刻，不能不对呼啸而来的新的时代作出应有的判断。

中国的19世纪，自从1840年鸦片战争以来，历经一次又一次抵抗外来侵略的民族战争，终于以帝国主义八国联军血腥镇压义和团而宣告结束。国土人片沦丧，主权旁落殆尽，四亿同胞挣扎在水深火热之中。20世纪，世界又将出现什么样的格局？祖国又将面临什么样的命运？古老的中华民族还有没有复兴的机缘？救亡图存、奋发自强的出路究竟在哪里？这一系列生死攸关的大问题，朝朝暮暮萦绕在千千万万爱国者的脑际。

“二十世纪之支那，于世界上处如何之位置？吾人爱之，不能不思索也。”

“二十世纪之支那，依然支那之支那乎？抑俄国之支那乎？英国之支那乎？德或法之支那乎？美与日之支那乎？吾人爱之，不能不决此疑问也。”①

“呜呼！今日已二十世纪矣！我同胞之国民，其将何以自处也？”②

20世纪已经来了，它到底是一个什么样的时代？

“今日之世界，是帝国主义最盛而自由败灭之时代也。”这是1901年刊登于《开智录》上的一篇题为《论帝国主义之发达及二十世纪世界之前途》的时论文章所作的回答。

帝国主义是中国人民第一个和最凶恶的敌人，中华民族在19世纪受尽了帝国主义的欺凌与损害。先进的中国人在研究20世纪的时代特征时，自然首先要把目光集注于帝国主义。列宁在《帝国主义是资本主义的最高阶段》一书中曾经说过：“在最近十五年到二十年里，特别是美西战争（1898年）和英布战争（1899—1902年）之后，新旧两大陆出版的经济和政治著作，愈来愈多地用‘帝国主义’这个概念来说明我们这个时代的特征了。”③ 如果与欧美这类出版物相比较，中国资产阶级、小资产阶级知识分子用“帝国主义”这个概念来说明新的时代特征，从时间来看可以说是相距甚近，从内容来看也可以说是基本相似。不过，中国人最初并非从英国经济学家约·阿·霍布森的《帝国主义》一书那里吸取新知，而是通过日本人浮田和民的《帝国主义》和幸德秋水的《二十世纪之怪物帝国主义》，获得了对于帝国主义基本经济、政治特点的初步理解。幸德秋水的书，系赵必振所译，出版于20世纪之初。浮田和民的书则系“出洋学生编辑所”译，刊行时间可能稍早一些。作为日本早期著名的社会主义者，幸德秋水的著作“全篇之意，皆以用兵尚武为非，而于列强扩张殖民地之事，排击之不遗余

---

① 卫种：《〈二十世纪之支那〉初言》，《二十世纪之支那》第1期，1905年6月3日。

② 《二十世纪之中国》，《国民报》第1期，1901年5月10日。

③ 列宁：《帝国主义是资本主义的最高阶段》，《列宁选集》第2卷，人民出版社，1972年，第738页。

力”①。备受帝国主义列强宰割之苦的中国人民，自然要把此书引为同调。

在20世纪最初几年，中国的先进人士受到历史的和阶级的局限，对于帝国主义本质的认识，没有可能达到以后列宁那样科学与严整的程度。他们对于帝国主义的考察，多半侧重于它的侵略本性、侵略政策和侵略手段等方面。譬如前面已经提到的《论帝国主义之发达及二十世纪世界之前途》一文，便认为“今世界之帝国主义，实狄塔偏 DickTurpin 主义，即强盗主义也”。又说：“如北亚美利加洲所行之帝国主义，乃膨胀主义也，扩张版图主义也，侵略主义也。”稍后，刊登于1903年初出版的《新世界学报》第十号上的《帝国》一文也惊呼说：“拔剑而起，环顾四空，横风暴雨，森气逼人。危乎！危乎！今日之时代，帝国主义最发达之时代也。”“帝国主义者，军国主义之变名也。施之威力相当之国，则名为军国主义，加之人少力弱之国，则变为帝国主义。”这些议论虽然颇能耸人听闻，但多少有些不着边。对帝国主义认识得比较深刻的，要数同年出版的杨笃生编写的《新湖南》一书。它明确地区分了近代的帝国主义与前资本主义时代的“帝国主义”，说是“民族主义之前固已有所谓‘帝国主义’矣，顾其为此主义之原动力者，或出于世主一人之野心，或出于武夫健将一二人之权略……故其末路往往丧败不可收拾。民族主义变而为帝国主义则异是，其为此主义之原动力者，非出于政府一二人之野心也，国民生殖蕃盛之力之所膨胀也；亦非出于武夫健将一二人之权略也，国民工商业发达、资本充实之所膨胀也”。又说：“若夫列强所以施行此帝国主义之方针，则以殖民政略为主脑，而以租界政略、铁道政略、矿产政略、传教政略、工商政略为眉目，用以组织此殖民政略，使达于周密完全之地。”这就比较全面地揭露了帝国主义的侵略本性及其殖民主义的各种手段，并且或多或少从经

① 沈兆祎：《新学书目提要》，上海通雅书局，1903年。

济背景上揭露了帝国主义的社会实质。尽管他在分析前资本主义时代某些强国的对外扩张时，过于强调了个别“世主”“健将”的野心权略，而忽视了当时这些侵略活动也有其特定的经济动因。但无论如何，把帝国主义的瓜分世界与前资本主义时代的侵略扩张区别开来，毕竟是20世纪初年中国革命民主派的政治认识的一大进步。

如果说，在上述这些作品发表十多年以后，列宁的《帝国主义是资本主义的最高阶段》一书，在着力批判考茨基的资产阶级社会改良主义与和平主义观点的同时，还明确肯定了霍布森1902年的旧著“对帝国主义的基本经济特点和政治特点，做了一个很好很详尽的说明”。那么，我们就没有必要过多责备当年的中国志士对帝国主义本质缺乏深刻的科学的分析。恰恰相反，必须看到，资产阶级革命派对于帝国主义的认识，已经由感性阶段向理性阶段发展。他们所主张的民族主义或祖国主义，具有鲜明的新的时代特征。

正是由于对帝国主义的认识不断深化，资产阶级革命派才有可能对20世纪初年的世界局势具有比较清醒的估量。特别是对于帝国主义列强加紧争霸世界，将给中国带来何等严重的后果，具有较高的警觉。

他们认为，对于20世纪的国际局势，千万不可抱有和平主义的幻想。“今天下人士之想望二十世纪文明者，必曰：二十世纪乃精神的文明之时代，全是自由与公义之世界也；又战争之事，虽或不能绝迹，而亦必几希。此不过梦拟之想耳。实际二十世纪之自由与公义之腐败，必过于十九世纪之末。何则？十九世纪末之狄塔偏主义，未如二十世纪之盛；所以自由与公义，二十世纪不如十九世纪之末，十九世纪之末又不如其前半期也。”①

他们认为，中国的民族危机将随着20世纪的到来而更趋严重，远东这个老大帝国将继续成为帝国主义列强争夺的焦点。“呜呼！今日之世界，非竞争风潮最剧烈之世界哉？今日之中国，非世界竞争风潮最剧

① 自强：《论帝国主义之发达及二十世纪世界之前途》，《开智录》第2期，1901年。

烈之漩涡哉？俄虎、英豹、德法貔、美狼、日豺，眈眈逐逐，露爪张牙，环伺于四千余年病狮之傍。割要地，租军港，以扼其咽喉；开矿山，筑铁路，以断其筋络；借债索款，推广工商，以朘其膏血；开放门户，划势力圈，搏肥而食，无所顾忌。官吏黜陟，听其指使，政府机关，使司转捩。呜呼！望中国之前途，如风前烛、水中泡耳，几何不随十九世纪之影以俱逝也。”①

但是，他们绝不是无所作为的悲观主义者。他们对时代，对世界，对中国，都充满着希望。可以这样说，中华民族是一个饱经忧患的民族；但是，更应该这样说，中华民族是一个经得起忧患的民族。在千百年深重忧患的磨炼下，我们的民族不仅冶锻出一身不屈不挠的钢筋铁骨，而且孕育出一种穷而弥坚的韧性战斗风格。20 世纪初年的先进的中国人，正是具备了我们民族这种优良的素质。他们依据中国人民长期反抗斗争的切身体验，同时也借鉴世界各国盛衰荣辱的历史轨迹，逐步领悟出一条历史的辩证法：“物极必反，否尽泰来。”他们认为，尽管几个帝国主义大国之间的争霸，闹得世界很不安宁，仿佛是“乌天黑地，云黯风号”，“山摇岳动，木拔海翻”。但是盛极必衰，物之常理，“彼帝国主义安可长盛乎？”他们看到了帝国主义国内社会矛盾的日益尖锐，并且模模糊糊地觉得这种内部冲突可能导致帝国主义的覆亡。《浙江潮》杂志从第 3 期开始连载的《最近三世纪大势变迁史》一文，便颇有见地地指出：“物质的进步，乃轰出平民主义之爆烈药线也。试问，近世社会党蔓布列国，忽而同盟罢工，忽而集会演说，每年秘密出版之劳动杂志数百万册，抗贵族求平等自由之血泪数百斛，非有昔日之压制，安有今日之炸烈？吾视十九世纪之末，二十世纪之初，纯乎社会主义之世界矣。”正是从这一信念出发，他们认为 20 世纪的历史不仅不会“退化”，而且一定要比 19 世纪进步。这是因为，“自由与公义之腐益甚，则人之想望也益渴，而提倡也益力。如中世君权之专压，实足以

① 李书城：《学生之竞争》，《湖北学生界》第 2 期，1903 年 2 月。

开近世之民权而已。故二十世纪末之自由与公义之发达，必与十九世纪之民权等焉”。作为被压迫民族的爱国者，他们所说的“自由与公义”，主要是指国家的独立与民族的解放。“今亚、非二洲，正当非、杜事后，将来 Independence（自由，又译曰独立——原注）与帝国主义之大争，其猛烈必百十倍于欧洲列国之革命也。所谓鸟无声兮山寂寂，夜正长兮风飒飒，魂魄结兮天沉沉，鬼神聚兮云幂幂，非二十世纪之大战场耶！非即亚、非二洲之大陆耶！”① 当年中国仁人志士的心，是与亚、非各国人民的心连在一起的。

无产阶级革命和民族解放运动，是相互伴随的两大时代潮流。先进的中国人，在 20 世纪刚一到来的时候，就比较清晰地看出这两大潮流必将蓬勃发展的历史趋势，这不能不说是具有真知灼见。他们一方面为民族危机的更趋深重而忧虑，一方面又为祖国如何才能赶上时代潮流而企盼。他们面向世界，正视现实，憧憬未来。他们豪情满怀地预言：“文明之潮流所倾注者，太平洋也；进步之气运所推移者，太平洋也。”“二十世纪之大舞台，舍太平洋其谁与归也。”② 所谓“文明之潮流”和“进步之气运”，主要是指民族民主革命。他们迫切希望二十世纪之中国，也能重演法国大革命的威武雄壮活剧。“西谚有言：‘法兰西，革命之产地也。’今我中国二十倍于法，受祸之极亦数十倍于法。民权之运已渡太平洋而东，日本既稍受其福。我中国不愤不发，斯亦已耳。如睡斯觉，如梦斯醒，于二十世纪而效法人十九世纪之所为，吾知风声所向，全球震惊。始而虎俄之专制为之倾覆，继而自由平等之实幸转移欧美，世界和平之极点将起点于东方，二十世纪之中国为民权之枢纽矣。”③

---

① 自强：《论帝国主义之发达及二十世纪世界之前途》，《开智录》第 2 期，1901 年。所谓“非、杜事”，指菲律宾独立战争的失败，与杜兰斯哇儿之被击败，用以说明帝国主义压迫愈深，殖民地、半殖民地人民反抗愈烈。

② 慧僧：《二十世纪之太平洋》，《浙江潮》第 2 期，1903 年 3 月 18 日。

③ 《二十世纪之中国》，《国民报》第 1 期，1901 年 5 月 10 日。

20世纪已经来了！中国将何以自处？正是这种经过深思熟虑而产生的时代紧迫感，驱使着千千万万仁人志士奋不顾身地投入辛亥革命的斗争潮流。

怎样认识自己的祖国？怎样对待自己的祖国？这也是20世纪初年先进的中国人认真考虑的重大问题。

祖国和民族一样，是一个历史的范畴。从秦汉以来早已形成的汉民族，具有共同语言、共同地域、共同经济生活和共同文化中的共同心理素质，其民族意识、民族感情和祖国观念产生已久。因此，中国人民的爱国主义传统源远流长。20世纪初年的仁人志士自问：中国可爱吗？答复是：非常可爱！“夫支那为世界文明最古之邦，处世界最大之洲，为亚洲最大之国，有四千年引续之历史可爱，有三千年前迄今之典籍可爱，有四万万之同胞可爱，有二十行省之版图可爱，有五岳四渎之明媚山川可爱，有全国共用之语言文字可爱。”尽管20世纪初年的中国，号称“东亚病夫”，是那样的贫穷，那样的落后，那样的衰弱，受尽世界上所有帝国主义国家的损害与凌辱；但祖国毕竟是自己的亲生母亲啊，中国人民对自己的民族和祖国的热爱仍然有增未已。当年的爱国者深情地呼唤：“支那乎！支那乎！吾将崇拜而歌舞之，吾将顶祝而忭贺之，以大声疾呼于我国民之前曰：支那万岁！”①

但是，祖国和民族一样，又是一个特定的历史范畴。从严格的意义上说，近代的民族不是一般的历史范畴，而是资本主义上升时代的历史范畴。正如列宁所说的那样，“在全世界上，资本主义彻底战胜封建主义的时代，是同民族运动联系在一起的”。但从广泛的意义上来说，不同时代的民族运动，则有着不同内容的祖国观念，有着不同范畴的爱国主义。因此，作为20世纪初年民族资本主义有所发展的产物，资产阶级革命派提倡的民族主义和爱国主义，便与以往封建时代的民族意识和爱国思想存在着明显的区别。他们不再着眼于宗庙社稷，也不再单纯眷

① 卫种：《〈二十世纪之支那〉初言》，《二十世纪之支那》第1期，1905年6月3日。

恋民族的往昔，而是面向时代、世界和民族的未来。他们认为，仅仅夸耀过去的光荣，“惟列举我支那美点以自豪，如卖药之功能书，备陈其功德之数”，是不足以振起同胞真正的爱国心的。必须勇于揭露一切阻碍祖国走上近代化道路的惰力因素，才能使全国人民觉醒和奋发起来，为振兴中华而踊跃投身于民族解放事业。

爱之深而责之切。他们特别痛恨自己民族处于封建君主专制淫威下的奴隶般的过去与现在。邹容的《革命军》第五章“革命必先去奴隶之根性”，即曾指出：“中国黄龙旗之下，有一种若国民，非国民，若奴隶，非奴隶，杂糅不一，以组织成一大种。谓其为国民乎？吾敢谓群四万万人而居者，即具有完全之奴颜妾面，国民乎何有？尊之以国民，其污秽此优美之名词孰甚？若然，则以奴隶畀之。吾敢拍手叫绝曰：奴隶者，为中国人不雷同不普通独一无二之徽号。”1903 年暮春创刊的《江苏》杂志，它的《发刊词》也用的是类似的语调：“我爱支那者，请得而大声呼曰：我支那无所有，所有者惟腐败。我爱江苏者，更请得而垂涕道曰：我江苏无所有，所有者惟腐败。且更纵言以明之曰：我江苏者，支那之支那；而腐败者，我江苏之特色。……而谈腐败者，又我《江苏》杂志之特任。”显然，这些言词决非是玩世不恭的冷嘲，更不是悲观失望的慨叹，而是“去其陈，谋其新”，用以激励整个中华民族起来反抗外侮和走向新的生活。《革命军》的年轻作者邹容以诚朴恳挚的语言向自己的祖国陈诉：“吾愿我同胞万众一心，支体努力，以砥以砺，拔去奴隶之根性，以进为中国之国民。法人革命前之奴隶，卒收革命之成功。美洲独立前之奴隶，卒脱英人之制缚。此无他，能自认为国民耳。吾故曰：革命必先去奴隶之根性。”20 世纪初先进的中国人对自己民族弱点的无情揭露，使我们联想到 19 世纪中叶大俄罗斯民主主义者车尔尼雪夫斯基在小说《序幕》中的一句警言：“可怜的民族，奴隶的民族，上上下下都是奴隶。”列宁对于这句话的评价极高，他说：“大俄罗斯人中的公开和不公开的奴隶（沙皇君主制度的奴隶）是不喜欢想起这些话的。然而我们认为这是真正热爱祖国的话，是感叹大俄罗斯人民群众缺乏革命性而倾吐出来的热爱祖国的话。”① 我认为，这种评价的尺度，对于辛亥革命时期的中国革命民主派，同样是适用的。

为了唤醒蕴藏在人民群众中间的革命性，20 世纪初年先进的中国人并没有停留于揭露民族的弱点，他们还努力为自己的民族灌注新的时代精神。用当年的习惯用语，这种精神被称为“国民新灵魂”，或简称“国魂”。在一些颇有影响的进步书刊中，人们用悲怆的声音为祖国招魂。“中国之国魂安在乎？”“吾中国国民之魂安在乎？”“国魂乎！盍归来乎！”“国有魂，则国存；国无魂，则国将亡矣！”……透过这些感人肺腑的呼唤，可以看出这些先进人士渴望寻找一种精神武器，用它来教育人民、鼓舞人民、组织人民，把整个中华民族的战斗力量团结和凝聚起来，从而推翻帝国主义和封建主义的暴虐统治，“建民族之国家，立共和之宪章”。经过艰苦的探索，他们终于找到了这样的精神武器，找到了“国魂”。他们高兴地宣布说：“欲达此莫大之目的，必先合莫大之大群；而欲合大群，必有可以统一大群之主义，使临事无涣散之忧，事成有可久之势。吾向欲觅一主义而不可得，今则得一最宜于吾国人性质之主义焉。无他，即所谓民族主义是也。”② 也有人把这种主义称为祖国主义，并且解释说：“祖国主义者何？根于既往之感情，发于将来之希望，而昭之于民族的自觉心。”作为《民报》前身的《二十世纪之支那》杂志，则干脆称之为爱国主义，强调要把爱国心当作“伦理的观念”，把祖国当作家庭父母一样来热爱。他们强调：“然则今之爱国观念，非昔之爱国观念；而今之支那，亦非昔之支那。”③ 这就明确地规定了，辛亥革命时期的爱国主义是属于资产阶级民族主义的历史范畴。

---

① 列宁：《论大俄罗斯人的民族自豪感》，《列宁选集》第 2 卷，人民出版社，1972 年，第 610 页。

② 竞盦：《政体进化论》，《江苏》第 3 期，1903 年 5 月。

③ 卫种：《〈二十世纪之支那〉初言》，《二十世纪之支那》第 1 期，1905 年 6 月 3 日。

在辛亥革命的酝酿阶段，许多爱国志士曾经对资产阶级民族主义，对严格意义的近代民族运动，从理论上和历史上作过认真的探索。1903年在《浙江潮》上连载的《民族主义论》一文，就是这种探索的重要成果之一。作者强调指出："民族主义者，十九世纪之产物，而亦其主人翁也。维也纳会议成一民族主义与自由主义之大过渡，及法国第二革命起，而全欧之机大动，而奥意战，而德奥战，而奥匈战，而德法战，而东方问题，而爱尔兰自治。及其将终，而英阿之役，美西之役，日本之维新，义和团之扰乱。落落诸大事，无一非由是民族主义者磅礴冲击而成，故一部十九世纪史，即谓民族主义发达史可也。"这篇文章还把19世纪的"民族主义发达史"以图解示意，将欧洲的民族主义发展过程区分为胚胎时代、过渡时代、成立时代、膨胀时代。至于亚洲的民族运动，图解只列有胚胎时代，举例则仅限于"日本维新"和中国义和团运动。这种图解虽然未必完全符合历史实际，特别是亚洲部分显得过于简略而不全面。但是，把发生在两个世纪交接年代的义和团运动看作民族主义的胚胎，或直称之为民族主义的萌芽，却是当年资产阶级革命派当中颇有代表性的论调。

他们肯定义和团的反帝斗争属于民族主义范围，但又指出它还处于萌芽状态，其主要原因就是由于义和团的"扶清灭洋"，未能摆脱封建主义的精神枷锁。实际上，这种笼统排外主义很难与封建统治者历来提倡的忠君爱国思想划清界限，因而又容易被地主阶级当中的顽固势力所蒙蔽和利用。资产阶级革命派指出："不观夫载漪、刚毅之徒乎，以忠义激励其士民，振臂一呼，扶清灭洋之裹红巾者连踵骈肩于都下。彼辈方掀髯色喜，以为尊君亲上之效果显而有征；即有识之士，论东亚民族胚胎之迹者，亦且屈指及之。试问，扶清者尊亲之大义，灭洋者民族之观念，我不敢谓其不似，何以十万神拳，围攻使馆两月不下？……则所谓尊亲者何物？而民族者又何在？"① 在这些评论中，虽有过于夸大义

① 《箴国民》，《苏报》，1903年5月8日。

和团落后面的毛病，却能表明当年的中国革命民主派力图与封建君主专制制度决裂，把自己鼓吹和信奉的民族主义与建立民主共和国的目标结合起来。他们用西欧资产阶级革命时期的自由、平等、博爱观点来考察民族问题，认为“自由天则”是民族主义之所由产生的“根蒂”，而“民族建国主义”又必须“个人权利主义”为之“辅翼”。因此，他们提倡人人要做“民族的国民”。国民是与奴隶相区别而言的，由具有独立人格和个人权利（民权）的国民组成的民族国家，只能是民主共和国而不能是君主专制国。关于这个问题，前面已经提到的《民族主义论》一文解释得很清楚。它明确指出：“吾言民族主义，何以必推源于法国大革命？曰：民族主义与专制政体不相容者也。民族主义之大目的，在统一全族以立国。然兹所谓统一云者，志意的统一，非腕力的统一也；共同的统一，非服从的统一也。……若专制政体，则何有矣。”20 世纪初年的爱国志士，把自己看作法国大革命的学生，他们提倡的民族主义不再承认国家是一家一姓的私产，并且进而将政府与国家区别开来。在他们看来，国家主权应由国民“独掌”，而政府无非是一种秉承国民旨意的“奉行之委员”。“是故国家之土地，乃人民所根著之基址也，非政府之私产也；国家之政务，乃人民所共同之期向也，非政府之私职也；国家之区域，乃此民族与彼民族相别白之标识也，非政府之所得随意收缩裂弃也；国家之政治机关，乃吾国民建设大社会之完全秩序，非政府之所得薮逋逃而凭狐鼠也。”① 他们强调，只要人人都认识到自己是国家的“一分子”，是公同社会的“一质点”，而“公德”日益发达，“公权”日益巩固，那么祖国就一定可以“突飞于地球之上”。

当然，由于资产阶级世界观和政治立场的制约，辛亥革命时期的民族主义和爱国主义的宣传，不免掺杂若干民族偏见以至封建性的大汉族主义糟粕。资产阶级作为人类社会最后一个剥削阶级，作为私有制的顽固维护者，他们不仅不可能消除阶级之间的不平等，更不可能消除民族

① 湖南之湖南人：《新湖南》第四篇。

之间的不平等。正如列宁所说的那样，“在资本主义制度下，要消灭民族的（和一般政治上的）压迫是不可能的”。在他们所建立的民族国家“理性王国”中，自由、平等、博爱只是对于资产阶级而言的，特别是对于统治民族中占支配地位的资产阶级而言的。广大劳动人民，特别是被压迫民族的劳动人民，仍然无从摆脱横遭压榨的苦难生活。但是，就20世纪的具体历史条件而言，从国际关系来看中华民族是被压迫民族，从国内民族关系来看汉族又是被压迫民族，而民族资产阶级则是被压迫的阶级，在这种情况下，他们用资产阶级的民主主义和民族主义思想作为武器，起来反抗帝国主义的奴役和封建专制主义的压迫，便是历史上一个巨大的进步。马克思主义从来都是这样认为的：“反对一切民族压迫是绝对正确的。”我们必须承认民族主义20世纪初年在中国出现的历史必然性与历史合理性。

无论如何，当年革命先行者们为振兴祖国而献身的那种炽烈的情怀，是值得后世尊重和发扬的。1905年夏天，孙中山在东京富士见楼中国留学生欢迎大会上的演说，至今读起来仍能使人感奋不已。这位真诚的爱国者用朴素的语言直抒胸臆：“中国土地人口，为各国所不及，吾侪生在中国实为幸福。各国贤豪，欲得如中国之舞台者利用之而不可得。吾侪既据此大舞台，而反谓无所借手，蹉跎岁月，寸功不展，使此绝好山河……至今无有能光复之而建一大共和国以表白于世界者，岂非可羞之极者乎？”这些掷地作金石声的文字，应该作为我国人民的爱国主义教材。

在20世纪初年流行的进步书报杂志上，充满着描绘和赞誉故乡山川形胜的美好语言。人们对乡土家园的一往情深，绝不是出于一般浪迹异国的游子抒发乡情，而是表现出中国人民获得了新的民族觉醒。乡里之所以可爱，因为它是伟大祖国不可缺少的一个组成部分。描述故土的山川形胜，主要是为了激发广大人民的爱国之心，指明各省府州县以至乡镇对祖国应尽的责任。

1903年《江苏》杂志创刊号上发表的《哀江南》一文，比较明白地说明了祖国与乡里之间的血肉联系。“支那为全体，江南为一部。支那为支那全体人之支那，我即为支那全体中之一分子。江南为江南一部人之江南，我又为江南一部中之一分子。言江南一部即可知支那之全体，我尽我一分子之言，即可见江南之全体。”但是，把这种认识和振兴中华的壮怀表露得更为酣畅的，还是刊登于《浙江潮》杂志创刊号上的《浙江文明之概观》一文。“披我国地图而观之，见夫背山面海，左江淮而右闽粤，中贯以钱江、瓯江两河流域者，非我浙江乎？其间人民一千数百万，地方七千数百里，物产数十万种，高原平原，大河细流，无所不有，动物、植物、矿物，无所不备，江山诚耐人留恋哉！”“其兴也，则且将挟其一切哲理，一切艺术，乘此滚滚汩汩飞沙走石二十世纪之潮流，以与世界之文明相激、相射、相交换、相融合，放一重五光十色之异彩，以灌溉我二十一行省之同胞。浙江者，文明之中心点也。吾浙人岂果能担任此言乎？抑将力不胜任，徒为历史羞乎？”其中诚然颇多溢美之词，但毕竟能够说明人们是以国家主人翁的自觉态度，来看待故乡在祖国复兴大业中应有的地位和作用的。

在东京的中国留学生界，各省同乡会的纷纷建立，正是这种新的爱国意识的具体体现。中国是一个版图辽阔、人口众多的落后大国，如果没有各个地区人民的觉醒振作和齐心协力，是很难求得整个国家的独立和富强的。成立得较早的浙江同乡会，即曾表白自己的创立是为了“眷念故国”。“岁（壬寅）十月，浙江人之留学于东京者，百有一人，组织一同乡会。既成，眷念故国，其心恻以动。”“西望葱茏，碧天万里，故乡风景，历历心头。我愿我青年之势力如浙江潮，我青年之气魄如浙江潮，我青年之声誉如浙江潮。”① 稍后成立的江苏同乡会，则从一开始就着重说明了结小群以成大群和爱乡为爱国之始的道理。“国之亡也，亡于不能群，而唯爱力足以救之。虽然，人未有不爱其亲而能爱乡党邻

① 《浙江潮发刊词》，《浙江潮》第1期，1903年2月17日。

里者，即未有不爱其乡党邻里而能爱国者。今之人竞言爱国矣，而吾言爱国，必自爱乡始。无他，事之由小以成大，自迩以及远，亦必至之势，无可如何者也。今同人以爱江苏者爱中国，各省亦竞以爱其本省者爱中国，驯至齐心一致，以集注于爱国之一点，则中国之兴也，吾欲于江苏及他省同乡会卜之。"① 这些同乡会大多创办以地区命名的杂志作为鼓吹爱国救亡和地方自治的喉舌，如《湖北学生界》《直说》《浙江潮》《江苏》《云南》《四川》《河南》《关陇》《夏声》《江西》等。同时，许多同乡会还设立调查部（会），并在自己的刊物上辟有"调查录"或"调查会稿"之类专栏，对本省政治、经济、文化等社会情况进行调查，作为推行地方自治和策划革命活动的依据。如湖北调查部即曾说明其成立的宗旨："湖北者，湖北学生演其输入之文明之舞台也。湖北调查部者，测量此舞台而辨其所以利用之方针也。学生界中人，越在异国受外界之激刺而动其内部之感情，其脑质中无人不印有一中国在，且无人不思有所以效其力于中国者在。夫岂有捐弃大局，偏亲故乡，甘使天下人士，谓吾楚人皆沐猴而冠者乎？吾辈既为湖北人，则以湖北人谋湖北，亦自有说。"② 由此可见，这些地域性的社团和刊物，从一开始就是把故乡的革新看作振兴整个祖国的基础与起点。

当年的爱国者既然以革新志士自居，他们对故乡腐败的憎恶便一如他们对祖国腐败的憎恶。他们以揭露故土的腐败为己任，而用意则在于振聋发聩，唤醒同胞去故求新，为祖国的独立和富强而奋斗。发表在《江苏》杂志创刊号上的《哀江南》一文，满怀悲愤地陈诉："江南之历史，则腐败也；江南之地理，则破裂也；江南之政法，则苛酷也；江南之军事，则委靡也；江南之教育，则顽固也；江南之实业，则窳惰也。""举目河山，苍凉落日，对此粉碎寸裂之余，谁不起洛水伊戎之痛哉！"对旧事物的不满，是历史进展的年轮。这些爱国志士为了挽救

---

① 《江苏同乡会创始记事》，《江苏》第1期，1903年4月27日。
② 《湖北调查部纪事叙例》，《湖北学生界》第1期，1903年1月29日。

祖国的危亡，或则游学海外，努力追求新知，并且向国内介绍新的科学知识和进步思潮；或则就读于国内的通都大邑，然后回到故乡兴办教育，出版报刊，创立实业，组织社团，把革新和革命的种子播植在乡梓之地。他们这些勤勉的然而又是平凡的工作，与那些炸弹爆裂、鲜血倾洒的悲壮场面相比较，自然不会是多么震惊中外。但正是由于他们的辛勤劳作，促进了各地民族民主革命思想蓓蕾的萌发。

由于具有强烈的振兴中华的历史使命感，先进的人们不仅自觉地承担挽救祖国危亡的艰巨职责，而且极为关心故乡为民族解放事业作出贡献。他们以先进地区的榜样激励家乡，并且为乡梓之地不够尽力而感到内疚。譬如，在上海“拒俄”运动中，旅沪四川人士参加甚少。一个名叫谢健的荣昌人立即发表《敬告四川寓沪诸君书》，热切地指出：“今日之势迫矣！法人干预我广西乱事，俄人据我东三省悍不交还，累卵之形已见，瓜分之祸即来。海上爱国之士特开议会于张园，初会议拒法事，再会议拒俄事，三会则议联合中国国民总会，设义勇队以拒外侮为目的。三次到会均不下数百人，中以广东、江苏为最多，而我蜀则一二人而已。联合国民会时，各省分簿签名。鄙人签名之时，不禁陨涕，盖我四川簿中，除健而外，仅巴县邹君（指邹容）一人而已。呜呼！我蜀人其尚鼾睡未醒乎？”“吾敢大声疾呼以告我蜀人曰：二十世纪，中国过渡之时代也。国民总会，中国自强之起点也。成则存，否则亡。死生争，阴阳荡，覆巢之下无完卵，亡国之民无孑遗。诸君念之！鸡既鸣矣，天将曙矣，我蜀人其将醒矣！”① 又如，在东游运动中有的地区比较落后，当地的有志之士也为此感到羞愧。吴江的留日学生致书“本邑人士”说：“现在乘日本邮船而来者，络绎不绝。稽之册籍几有千五百人，可谓盛矣，然而吾邑人士仅仅五六。”“窃思上海、无锡等县，其游学人士，类皆出于地方公费，以致人竞于学，来者纷纷。总其人数，均在三四十内外，无怪志气发扬，学业精进。……苏省学生之新至

① 谢健：《敬告四川寓沪诸君书》，《苏报》，1903 年 5 月 11 日。

东邦者，叩以家乡近事，辄曰：无他，惟灯会甚盛耳，赌风甚炽耳。仆等闻之，每为汗下。”①

当然，他们更为家乡能够在祖国解放事业中作出贡献而感到自豪和欣慰。江苏常熟的爱国志士殷次伊悲愤国事投水自杀后，当地进步知识分子缅怀烈士在家乡兴办教育、组织社团、鼓吹革新的劳绩。“吾虞学界，新机怒发，同时有开智会、通学会、体育会之建设。一隙曙光得照耀于虞山峰顶者，次伊影响学界之功，至大且伟也。”他们固然为战友的早逝而悲伤，但是他们更为故乡能为祖国奉献出这样的好儿女而感到自豪。他们满怀激情地赞美说：“美丽哉！吾虞方百里锦峰琴水明媚之山川。瑰玮哉！吾虞三千年南方文学秀灵之历史。学界风潮日簸荡，自由钟声日震撼，一跃而登二十世纪之新舞台，演四万万同胞悲壮义愤之活剧，生为人豪，死为国雄，以振起一乡之社会，感奋全国之社会者，有之，自殷次伊始。”② 20世纪初年，先进的中国人就是这样把时代、祖国、乡里和自己联系在一起，以天下为己任，视危难若坦途，表现出高尚的革命情操。以后，作为《民报》增刊的《天讨》，把这种乡土感情和历史使命感结合起来，刊布《四川革命书》《江苏革命书》《河南讨满洲檄》《安徽讨满洲檄》《直隶宣告革命檄》《山东讨满洲檄》《广东人对于光复前途之责任》《云南讨满洲檄》等激昂文字，分别号召各省志士继承和发扬当地的光荣爱国传统，迅速投身于民族民主革命潮流。诸如：“吾蜀今日固惟有一死耳，尚何言哉！虽然，吾人岂甘坐以待死，必于死中以求其不死。何以得不死？则革命之策是也。”③ “为问七百余里之长江下游，其势力范围尚属我江苏乎？而可以不革命？二百三十余里之沪宁铁道，其主权尚属我江苏乎？而可以不革命？”④ “枕戈击楫，恢复河山，吾山东之实力，必不逊于他省，定见有

① 《日本留学生吴江陈佩君等与本邑人士劝游学书》，《苏报》，1903年4月20日。
② 初我：《常熟殷次伊传》，《江苏》第4期，1903年6月25日。
③ 相如：《四川革命书》，《天讨》，1907年4月。
④ 素子：《江苏革命书》，《天讨》，1907年4月。

会朝清明之一日矣。”① “我广东人傀杰子弟，若洪秀全、杨秀清，均能振大汉之声名，故吾广东必相继而兴，始不愧神明之胄。”② ……这些语言，在今天看来自然不免陈旧，但在当时却曾产生很大的动员力量。

不过也应该看到另外一面，在一个半殖民地半封建的社会里，人们的乡土感情中又难免会掺杂着程度不等的封建地域观念。热爱乡土的宣传，只有作为爱国主义教育的一部分，把桑梓之地看作伟大祖国千千万万细胞之一，这样才能起积极作用。封建地域观念往往使人模糊从祖国整体利益出发的全局观念，只看到本乡本土的局部利益，只强调本乡本土的特殊地位，甚至产生排斥其他省区人士的狭隘地方主义，对革命阵营的团结产生严重的危害。这种消极落后的乡土观念，很容易走向爱国主义的反面。20世纪初年的某些有识之士，已经看出这个问题。1903年春季出版的《浙江潮》第3期，刊登了一封《寓江西陈君致浙江同乡会书》，即已指出：“侧闻诸君联订此会，省界甚严，此省不能参与他省。浙江留学生最多，而气最盛。广西、云南、江西人甚寥寥，惴惴顾影，惟孤立是惧。夫同是支那之人，同具亡国之忧，此疆彼界，意何为者？况在日留学诸君，各省统计仅此千数百人，团之犹恐不固，乃自分之，亦非共图保国新民自立之本意。”这位陈君主张“破除省界”，提倡“人人心忧国之心，人人事忧国之事，脑电所达，目炬所照，但有国界，不有省界”。《浙江潮》编者对这封读者来信非常重视，特地在同期刊物上发表了题为《非省界》的专论。文章进一步指出“省界”的危害：“分泾渭于一饮食一书报之间，至岸然不能假借，怫然相诋曰：‘汝浙人自有浙界，吾楚人自有楚界。’又或一语言之微，一嘲谑之细，哄然群哗曰：‘彼闽人辱吾粤人，彼浙人谩吾吴人。’其色汹汹，几有号同乡会诉冤之势。”作者认为，破除省界必须要有“建设”。所谓“建设”，就是把各省的“精华”或“尤雄杰者”集合起来，组织“中

① 观鲁：《山东省讨满洲檄》，《天讨》，1907年4月。
② 退思：《广东人对于光复前途之责任》，《天讨》，1907年4月。

国本部统一会”，设立中央机关与各省分部，“扩张其势力线，挟风雷而走之”，使整个民族成为一个强大的团结战斗的队伍。

在革命高涨时期，在强烈的爱国热诚的驱使下，同时又鉴于严酷的阶级斗争的迫切需要，多数革命者要求团结和统一起来。所以，在《非省界》一文发表的同时和以后，以同盟会命名的形形色色的爱国团体在许多地区相继发起和建立，如常熟教学同盟会、大湖南北同盟会、中国学生同盟会、国民同盟会等，其目的都是为全国国民同盟奠定基础。从某种意义上来说，1905 年 8 月中国同盟会的成立，就是体现了这种意愿和趋向①。正如孙中山以后所回忆的那样：“及乙巳之秋，集合全国之英俊而成立革命同盟会于东京之日，吾始信革命大业可及身而成矣。于是乃敢定立中华民国之名称，而公布于党员，使之各回本省，鼓吹革命主义，而传布中华民国之思想焉。不期年而加盟者逾万人，支部则亦先后成立于各省；从此革命风潮一日千丈，其进步之速，有出人意表者矣。”②

但是，在旧中国，封建地域观念的影响是如此之深，民族资产阶级所能利用的思想武器又是如此之弱，他们没有可能彻底排除诸如“省界”“县界”“乡界”之类削弱革命者内部团结的消极因素。许多华兴会员参加同盟会以后，在“精神上仍存吾团体”，光复会的领导人则大谈什么“粤人好利而无兵略，湘中朴气衰矣”，必须“自靖自献”。这不同程度上反映出封建地域宗派观念的潜在能量，同盟会组织的涣散以及后来的某些分裂倾向，与这种消极的思想因素滋长蔓延有关。1912 年初，南京临时政府成立以后，尽管孙中山强调“民族之统一”“领土之统一”“军政之统一”“内治之统一”“财政之统一”，但软弱的民族

① 据《宋教仁日记》1905 年 7 月 28 日条称，孙中山在同盟会成立之前曾说：“中国现在不必忧各国之瓜分，但忧自己之内讧。此一省欲起事，彼一省亦欲起事，不相联络，各自号召，终必成秦末二十余国之争，元末朱、陈、张、明之乱。此时各国乘而干涉之，则中国必亡无疑矣。故现今之主义，总以互相联络为要。”

② 孙中山：《建国方略》，《孙中山选集》，人民出版社，1956 年，第 176 页。

资产阶级是不可能消除半殖民地半封建旧中国那种濒临分崩离析的局面的。只有以中国共产党的坚强领导为核心，以马列主义、毛泽东思想为准绳，以社会主义道路为依归，并且建立了人民民主专政（实质上就是无产阶级专政）的新中国，中华民族才实现了空前的革命大团结，才有可能战胜内外各种敌人和各种困难，以崭新独立的英雄姿态自立于世界民族之林。

然而，任何一个郑重的马克思主义者，都不会轻浮地嘲弄那些民主革命前驱者的挫折和失败，因为他们的奋斗经历是历史发展不可逾越的一个阶梯。他们为祖国的独立和富强，已经作出了在当时历史条件下难能可贵的贡献，并且在中华民族发展的历史长河中融入了自己的劳绩。我们应该继承和发扬他们的爱国主义精神，并且从他们的挫折和失败中吸取经验教训，不断改进我们今天的工作，努力为伟大的社会主义祖国的“四化”建设奋斗，这才是对于辛亥革命七十周年的最好纪念。

辛亥革命与江浙资产阶级

20世纪初年的江浙，曾经是民族民主革命思潮最为鼓荡发达的地区，是辛亥革命在国内最重要的策源地之一。当年江浙的爱国人士，因此自豪地把桑梓之地称为“中国文明之制造厂”或“文明之中心点”。但是，江浙毕竟又是半殖民地半封建旧中国的一部分，而且是“先为外人之根据地以困我全中国之同胞者也”，帝国主义与封建主义的反动同盟在这里保持着强力的统治。所以上述人士又曾愤怒谴责江浙地区是“中国不适于天演之弊害之制造厂”①。先进的社会因素与反动的黑暗势力在这里对峙，历史的现象充满着自我矛盾：江浙联军攻克南京和临时政府建立，既是辛亥革命高涨的顶点，又是转向全面妥协与失败的起点。江浙地区的政治活动分子曾经把临时大总统的桂冠奉献给伟大的革命家孙中山，然而几乎就在同时，他们又迫使同盟会的领导人把权力移交给袁世凯。这些奇特现象的出现，不应归咎于某些人的品德缺陷，而是由于他们所依附的那个经济结构和所从属的那个阶级的矛盾性质使然。

因此，本文试图对江浙资产阶级与辛亥革命的关系，侧重从社会背景的角度作若干剖析。

---

① 参见铁生：《江苏改革之方针》，《江苏》第1期，1903年4月27日；公猛：《浙江文明之概观》，《浙江潮》第1期，1903年2月17日。

一

首先需要考察一下辛亥革命时期江浙地区民族资本主义的发展状况，看看当地的资产阶级究竟具有多大经济实力。

从 1895 年到 1913 年，全国历年设立厂矿共 549 个，资本共 120 288 000元。其中，上海 83 个，杭州 13 个，无锡 12 个，三地合共 108 个，即占在此期间全国设立厂矿总数的 1/5 弱。如果从资本额来加以考察，则上海为 23 879 000 元，杭州为 1 552 000 元，无锡为 1 422 000元，三地合共 26 853 000 元，即占在此期间全国设立厂矿资本总额的 1/5 强①。

1911 年，全国华商纱厂纱锭总数为 497 448 枚。其中仅上海一地，即有 165 696 枚，占全国总锭数的 33.3%；如果再加上南通 40 700 枚，无锡 16 172 枚，则三地共 222 568 枚，占全国总锭数的 44.8%②。

从 1895 年到 1910 年，全国华商纺织厂共 19 家，资本共 10 454 000 元。其中江浙有 16 家，资本共 8 415 000 元，占全国华商纺织厂资本总额的 80% 以上③。

从 1895 年到 1913 年，全国华商缫丝厂共 97 家，资本总共 11 584 000元。其中江浙有 40 家，资本共 10 137 000 元，占全国资本总额将近 90%④。

如果从对外贸易来看江浙资本主义经济发展的优势，则情况更为明

---

① 据汪敬虞：《中国近代工业史资料》第二辑下册，科学出版社，1957 年，第 654 页数字计算。

② 据汪敬虞：《中国近代工业史资料》第二辑下册，科学出版社，1957 年，第 655 页数字计算。

③ 据汪敬虞：《中国近代工业史资料》第二辑下册，科学出版社，1957 年，第 892、893 页数字计算。

④ 据汪敬虞：《中国近代工业史资料》第二辑下册，科学出版社，1957 年，第 906—909 页数字计算。

显。从1901年到1903年，仅上海一港即占全国对外贸易总值的53.1%；1909年至1911年期间比重虽有所降低，但仍占44.2%①。与此相关连的则是江浙内河轮船航运业的兴起。从1872年轮船招商局的创办，到1912年中华新裕恒记内河轮船有限公司的建立，全国历年设立资本在五万元以上的轮船公司有30家，资本额可稽考者约16 000 000元。其中江浙有12家，资本额可稽考者约2 600 000元，约占全国可稽考之资本总额的1/6②。但实际上，江浙一带资本不满五万元的小轮船公司为数更多，也有若干小公司由于业务发达资本逐渐超过五万元，但没有陈报或未经列入上述统计者。例如，据江苏留日学生调查：1901年开始经营沪、苏、杭、镇之间航运的利用轮船公司，到1902年资本即已增至四万两，拥有轮船11只（内租借8只）。此外还有泰昌、升和、萃顺昌、老公茂、华胜、申昌、丰和、永吉祥等小轮船公司，资本从五千两到二三万两不等③。浙江经营内河航运的小公司，也有王升记、永顺、裕顺、永安、永益利（由永公、美益、利润三家合并组成）等④。当时江浙铁道实际通车的线路还为数不多，所以内河航运的兴起也能在一定程度上反映出资本主义工商业和农村商品经济的发展。

由于清末统计工作的极端落后，手工业和农业方面都缺乏起码的数字可资比较⑤。但就凭上述那些不甚准确且很不完整的统计数字，已足以说明江浙地区资本主义经济的显著发展以及它在全国的地位和作用。与此相伴随的是，江浙地区已经出现了相当活跃的工业和商业的资产阶

---

① 据严中平等：《中国近代经济史统计资料选辑》，科学出版社，1955年，第69页数字计算。

② 据严中平等：《中国近代经济史统计资料选辑》，科学出版社，1955年，第223、224页数字计算。

③ 《江苏内河之航业》，《江苏》第3期，1903年5月。

④ 参见《钱江轮业情形》，《商业杂志》第1号，1909年2月；《添设奉化轮船》，《竞业旬报》第20期，1908年7月；《绍兴公报》宣统二年三月二十一日等。

⑤ 民国初年工商统计略有进展，例如第一届《江苏实业行政报告书》记载，1912年全省有工厂（绝大部分为手工工场、作坊以及个体手工业户）1 225户，总产值69 048 211元；有电灯厂10个（省办1、商办9）；电话局7（部办2、商办5）；注册航轮有165艘。

级，而其中有一批人的经济实力更为当时中外人士所瞩目。

声名最为显赫的首先要数南通状元张謇。他从 1899 年创办大生纱厂开始到 1911 年为止，直接创办与参加投资的企业已经达到 27 个，资本额（累计）总共 45 544 000 元①，范围包括纺纱、面粉、榨油、垦牧、轮船、肥皂、盐业、渔业、瓷业、电灯等等，地区则从南通延伸到崇明、徐州、海州、镇江、上海、吴淞、景德镇，甚至还一度打算楔入武汉。

其次为浙江慈溪人严信厚，到 1911 年为止，他创办或参与投资的企业，包括银号、轧花、药房、纺纱、煤矿、垦务、造纸、麻袋、饼油、瓷业、银行等等，地区也从上海延伸到宁波、政和、海州、景德镇、锦州等，资本额共 8 064 000 元②。

与张謇关系密切的江苏东海人沈云沛，则俨然独步于徐州、海州，企业范围包括纺织、面粉、皮革、玻璃、饼油、肥皂、农林，资本额共 4 118 000元。

另一与张謇关系也相当密切的绅商许鼎霖，是江苏赣榆人，企业范围包括瓷业、玻璃、笔铅、垦牧、轮船、铁路等，资本总额 5 547 000元。

以丝商起家的浙江吴兴人庞元济，企业遍及上海、杭州、政和，范围包括缫丝、造纸、煤矿、保险诸业，资本额共 2 912 000 元（内一厂缺资本数字）。

崛起于五金业的江苏无锡人周廷弼，企业范围包括五金、纺纱、缫丝、锑矿、典当、银行，地区遍及上海、无锡、苏州、开化，资本额共 1 440 000元（内两厂缺资本数字）。

---

① 据汪敬虞：《中国近代工业史资料》第二辑下册，科学出版社，1957 年，第 1069 页数字计算。

② 自严信厚至朱志尧，均据汪敬虞：《中国近代工业史资料》第二辑下册，科学出版社，1957 年，第 1091—1095 页数字计算。其中有些人在企业活动中是相互交叉者，因此统计各有重复，但亦有若干企业缺资本数额。

以领导抵制美货运动知名的曾铸，原籍福建，占籍上海，企业集中于上海、镇江、景德镇三地，范围包括造纸、瓷业、保险，资本额约两百万元。

最早的近代企业家之一祝大椿也是江苏无锡人，他的经营范围涉及五金、碾米、面粉、纺纱、缫丝、造纸、打包、电灯等，地区包括上海、苏州、无锡、扬州，资本额将近三百万元。

上海人朱志尧，也在上海、北京等地设立榨油、造船、航运、呢革、纺纱、面粉等企业，资本额约三百万元（内一厂缺资本数字）。

从以上情况可以看出，江、浙两省从行政区划来说虽分别隶属于两江总督和闽浙总督，但在经济上却已相互联结，关系颇为密切。同时，资本主义近代企业虽然集中于已经拥有上海、无锡、南通三个基地的江苏，但实际上却又是浙江资产阶级占据着经济上的优势。除已经提到的严信厚、庞元济外，还必须注意到浙江镇海人叶澄衷。他在上海先后设立五金、缫丝、火柴等企业，据说死时“家资约八兆”①。以后，叶氏家族经营的新顺记、老顺记、新顺泰三家五金店，资金各在一百万两内外，可见其财力的雄厚②。这些浙江资本家，不仅在上海控制了五金、生丝、砂糖、海产、铜锡、铁业、航运、绸缎、药材、银楼等行业，而且对全国许多地区都具有举足轻重的影响。如严子均（严信厚之子）的企业活动范围已经遍及上海、北京、天津、河南、汉口、广州、福州、香港、汕头、厦门、杭州、宁波等地③。另一浙江资本家宋炜臣则以火柴业崛起于汉口，成为当地举足轻重的实业界巨子。

这些浙江资本家的籍贯大多属于宁波、绍兴两府，其次为湖州。自上海开埠以后，随着中外贸易的迅速增长，浙江商人来到上海首先多半经营丝业和沙船业。据小野忍《无锡的制丝业》一文称：“上海出现丝

---

① 《中外日报》，1899 年 9 月 4 日。

② 满铁上海事务所：《浙江财阀》，1929 年 10 月。

③ Arnold Wright, “Twentieth Century Impressions of Hongkong,” *Shanghai and other Treaty Ports of China*, pp. 540-544。

厂，是光绪六年以后的事，最初为湖州人独占（《江浙皖丝厂茧行同业录》载，江浙皖丝厂茧业总公所的首脑人物全部为湖州人）。”① 再如闻名沪上的镇海李家、慈溪董家，都是以沙船业起家，继而经营钱庄，很快成为江浙地区屈指可数的巨富。

这些浙江资本家的经济实力之所以雄厚，也正与他们热衷于经营钱庄有关。据《上海钱庄史料》第十一章所列九家钱庄资本家家族集团资料，浙江人居其六，而大多籍隶宁、绍两府。如镇海方家，以经营洋货、洋布起家，先后开设四十余家钱庄，兼营糖业、沙船、银楼、绸缎、棉布、药材、南货、渔业、书业、地产业等，地区遍及上海、杭州、宁波、绍兴、汉口、南京、沙市、宜昌、湖州、镇海等地。镇海李家，以沙船业起家，先后开设钱庄九家，兼营沙船、地产、垦牧，企业活动集中于上海，垦牧则伸入东北。慈溪董家，以沙船业起家，先后开设钱庄十余家于上海、杭州、宁波、汉口等地。镇海叶家，以经营五金起家，开设钱庄十余家，兼营缫丝、纺纱，企业遍及长江各埠，资产累积至八百万两。此外还有湖州许家、宁波秦家等，都是活跃一时的钱业资本家。据说上海钱庄业大体可分为绍兴、宁波、苏州、镇扬、广东、上海、松江、南浔、安徽、颜料、潮州土行、洋布等十余帮，其中以宁、绍两帮实力最强。正如以后有人所评述的那样：“浙人性机警、有胆识，具敏活之手腕，特别之眼光。其经营商业也，不墨守成规，而能临机应变，故能与票号抗衡，在南中别树一帜。其营业区域，在长江南北，且利用交通之便，浸而蔓延各地。其大本营在上海、汉口二处，而南京、镇江、芜湖、九江等处，亦在势力范围。”②

钱庄是一种旧式金融行业，但到 20 世纪初年已经发生许多变化。首先是对工业投放大量信贷，据人们回忆：“清末民初，新式银行开设不多，亦不做商业往来，工商业资金融通完全依靠钱业，如李裕成先生

① 《满铁调查月报》第 21 卷第 10 期，1941 年 10 月。
② 王孝通：《中国商业史》，商务印书馆，1936 年，第 22 页。

在聚生钱庄为营业员，对无锡籍实业家唐晋斋、祝兰舫、荣宗敬、周舜卿等所办实业均有大量信用放款。后来李裕成先生充任祥生庄经理，仍继续贷放巨额款项，因此对那时方在生长的民族工商业发展起了一定的扶助作用。”① 又如恒隆钱庄，开设头几年的工业放款，即以大生纱厂及达丰染织厂两家数字为大。该庄经理陈子壎任大生一、三两厂董事，大生纱厂的经理、财务亦系陈所推荐②。也有些钱庄主在经营过程中把注意力转向于直接投资工业，如著名的镇海李氏家族成员之一李云书，即认为开钱庄不如兴办实业和垦牧。

钱庄与银行的关系极为密切。在中国通商银行档案中至今还保存着一件该行经理陈淦与总董严信厚等于 1897 年 5 月 25 日致盛宣怀的函稿，内称“前收户部存款 100 万两，商局股银 80 万两，以及零星收股者约 7 万两，20 日止共有 1 812 827 两。俱经淦分存南北各钱庄代为拆息”③。实际上，陈淦本人就是咸康钱庄经理，而继陈接任中国通商银行经理的谢纶辉，也是上海钱庄业中绍兴帮的著名人士④。此外，1906 年由浙江铁路公司创办的浙江兴业银行，1908 年由朱葆三、李云书等发起创办的四明银行，1909 年官商合股创办的浙江银行，都大大增强了浙江资本家的金融实力。

浙江资本家虽然尚未形成正式的财团组织，但是以地域观念为纽带，以公所、会馆为据点，已经表现出很大的团聚力。譬如 1909 年春宁绍商轮公司派人到汉口招股，浙籍商人约 300 人集会于汉口宁绍会馆，当场演说签名认定 15 350 股⑤。不久，浙江旅沪学会又在上海四明公所召开五千余人的特别大会，议定由钱业、参业、洋货业以及渔、果

---

① 钱远声、王仰苏访问记录，引自中国人民银行上海市分行：《上海钱庄史料》，上海人民出版社，1978 年，第 170 页。

② 陈春雩回忆，引自中国人民银行上海市分行：《上海钱庄史料》，上海人民出版社，1978 年，第 171 页。

③ 中国人民银行上海市分行：《上海钱庄史料》，上海人民出版社，1978 年，第 53—54 页。

④ 中国通商银行编：《五十年来之中国经济》，第 71、75 页。

⑤ 《浙商对于认集商轮股款之热心》，《绍兴公报》宣统元年四月十四日。

等业给宁绍商轮公司以减价津贴，使之能与其他轮船公司竞争，并且发起成立了航业维持会。会上，宁波帮的头面人物还发起宁、绍两府以地价购股，保证杭甬线铁路开工，也得到多数赞成①。此外远处海外的浙籍侨商也很关心故乡的经济发展，或筹建浙省矿务公司，以谋开采金、衢、严、处四府煤铁锑铅诸矿②；或“纠合同志组织农业公司，倡导农学新法”；或捐助大笔款项以扶持浙省商舰协会③。这也在一定程度上壮大了浙江资产阶级的声势，特别是增强了宁波工商业者的经济地位。正如《浙江潮》杂志所说：“吾浙人之能以社会雄者，则惟宁、绍两府人。宁波通商最早，其人也，工于计，富于团结力。今宁人相率为海外事业者，各埠不绝其踪迹，其次亦能于本省商界上占势力焉。”“吾浙江十一府之通都名会，其绝大之商场之势力圈，孰非宁人执其牛耳；而宁波一邑，富家至数百万者不少概见。”④

为了进一步考察浙江资产阶级，特别是钱业资本家的潜在势力和影响，还有必要回顾一下晚清几次大的钱庄风潮。

早在1883年因丝栈亏折而引起的倒账风潮中，浙江头号绅商胡光墉开设的阜康银号、钱庄的倒闭即已产生巨大的反响。“光墉所营以丝店为巨擘，专营出口，几垄断国际市场。其所恃以作金融上周转者，为上海阜康银号、阜康雪记钱庄，杭州阜康银号、泰来钱庄，宁波通裕银号、通泉钱庄，福州裕成银号，汉口乾裕银号，北京阜康福记银号。各省公款与达官贵人私蓄，多存以上各庄号。光绪九年，光墉与外国丝商竞争失利，杭州泰来钱庄为光墉事业之始基，先于十月六日倒闭。……至十一月二日上海阜康银号亦倒闭，而各埠号庄继之，遂为光墉事业之总崩溃。”⑤ 据同年12月7日李慈铭《越缦堂日记》称：“闻恭邸、文

---

① 《浙江旅沪学会特别会启事》，《绍兴公报》宣统元年七月初四日。

② 《浙江官报》第36期，宣统二年九月初十日。

③ 《关于商航协会之要牍》，《浙江白话新报》宣统三年六月十二日。

④ 《浙声》，《浙江潮》第1期，1903年2月17日；匪石：《浙风篇》，《浙江潮》第4期，1903年5月16日。

⑤ 秦翰才自藏手稿《左宗棠与朋僚》，引自中国人民银行上海市分行：《上海钱庄史料》，上海人民出版社，1978年，第48页。

协揆（煜）等皆折阅百余万……今日闻内城钱铺曰四大恒者，京师货殖之总会也，以阜康故，亦被挤危甚。”江浙一家钱庄的倒闭，竟使京师出现金融危机，而且连声势显赫的亲王和大学士都遭到巨额损失，这就可以想见以胡光墉为代表的江浙资产阶级的气焰之盛，同时也说明江浙资产阶级对于整个国内市场影响的日益增长。

再如1910年7月爆发的“橡皮股票风潮”，使得上海正元、谦余、兆康几家钱庄同时倒闭，随后严信厚家族开设的规模巨大的源丰润银号也因此倒闭，造成市面更大恐慌。据当时人记载：“上海源丰润银号，局面宏大，为中外所信用，其分号之设于各省城及商埠者，计十七处。今年六月间，上海市面骤起倒账之风潮，银根日紧。源丰润亦露竭蹶之象，至是月（9月）初六日，势遂不支，即时倒闭，全市震动，共亏公私款项二千余万。某银行复又宣布二十一庄之庄票概不收用，于是恐慌益甚。商务总会急于初七日召集各业领袖开临时特别会议，旋定议电告军机处、度支部、农工商部及两江总督、江苏巡抚。略谓：‘沪市日来庄汇不通，竟如罢市，上海工厂数十家，工人二三十万，一经停工，于商业治安均有关系，事机危迫，应请代奏，敕下大清、交通两银行，迅速筹款五百万两，交由商会散放，以挽危局’云云。”① 为了挽救危局，上海道蔡乃煌与两江总督张人骏先后出面向汇丰等外国银行借350万两和200万两，可见其重视的程度。

最后一次是1911年秋武昌起义前后上海的钱业恐慌，开头是合肥李氏家族开设的义善源票号（有支店27家遍布全国）以1 400万两负债而破产，接着就是承大、志大、瑞大、余大、衍庆、晋和、敦和、慎德、升大、大庆等钱庄的同时倒闭，还有四明、兴业、信成三家银行“公议暂闭七天”，更加闹得人心惶惶②。后来虽经督抚商借大量新币稍事缓和信用危机，但杯水车薪毕竟无济于事。江浙地区钱庄的歇业和北

① 问天：《中国大事记》，《东方杂志》第7卷第10期。
② 中国人民银行上海市分行：《上海钱庄史料》，上海人民出版社，1978年，第88—90页。

京、天津、汉口等地的钱业与其他各业的一片倒闭风联系在一起，迫使这些地区的资产阶级走投无路，终于为形势所迫半推半就地趋向于革命，这不啻又为清王朝的死亡多敲了几记丧钟。

二

用现在的眼光来看，当年江浙资产阶级这些经济实力似乎微不足道，但在当时历史条件下却足以为革命运动提供起码的物质基础。

海外有的学者认为，20 世纪初年的中国，资本主义的发展还不足以产生一次名副其实的资产阶级革命。但他们可能忘记了作为世界上最早一次的资产阶级革命，16 世纪后期尼德兰人的民族起义的时候，号称经济比较发达的北部诸省，无非是商业、捕鱼业、航海业、造船业比较兴盛，以大商人为首的新兴资产阶级只不过拥有一批手工工场，其财力和规模都十分有限。具有世界历史意义的 17 世纪中叶的英国资产阶级革命，其物质前提也不过是采矿、冶金、金属加工、制盐、玻璃、造纸、制硝、啤酒等行业中的资本主义手工工场。所谓“基督教国家中最富有的帝国”，财富的来源主要还是靠海外贸易和殖民掠夺，而且主要集中在一批伦敦大商人手中，工业资产阶级的力量是很有限的。至于促使英国工业高度发展的“产业革命”，却是发生在这次资产阶级革命的一个世纪以后，而且它在早期所使用的机器还是用木头做的。在 18 世纪后期，北美大陆“一次伟大的、真正解放的、真正革命的战争”（借用列宁的说法）开始的时候，资本主义的物质基础也无非是造船、酿酒、锯木、制革、面粉、制铁等行业中一些雇佣几个以至十几个工人的小型手工工场。美国拥有第一座使用机器的棉纺织厂，是在著名的《独立宣言》发布 14 年以后；而即使到华盛顿正式就任美利坚合众国第一任大总统之后 10 年，也不过建立了八个棉纺厂，纱锭还不到两万枚；至于铁道，那是在建国半个世纪以后才建成 36 公里的线路。如果说美国独立战争是发生在经济比较后进的殖民地土壤上，那么接踵而起的法国资产阶级革命的经济背景也并无根本差异。工业革命尽管在个别新兴企业中开始，但分散生产的手工工场仍占优势；集中生产的手工工场虽增至五百余家，但规模一般不大，只有少数拥有工人数百名以至数千名。直到拿破仑最后被流放到圣海伦岛的前一年，法国的生铁产量不过11 万吨，而到七月革命发生一年以后法国才建成 31 公里铁路。

我丝毫无意渲染辛亥革命的西方前辈们当其筚路蓝缕之日未免也有几分寒碜，而只不过是提醒人们无需对辛亥革命的物质前提作过分的苛求。且不说当时中国已有 193 家纺织工厂、100 家食品工厂、72 家矿冶工业以及 150 多家其他工厂，资本总额已远远超过一亿元，平均每家厂矿资本约 30 万元，从当时的历史条件来说可谓粗具规模。在 1911 年至 1912 年期间，全国华商厂矿有 49 万多枚纱锭，年产煤 900 余万吨（内机械开采 500 余万吨），铁矿 70 余万吨（内机械开采 20 余万吨），生铁 17 万吨（内机械冶炼 7 000 余吨）；全国铁路通车 9 000 余公里（内属自主铁路者 600 余公里），并拥有机车 600 多辆，客车 1 000 余辆，货车8 000余辆；近代邮政、电信业务不仅遍及国内各大中城市，而且也畅通海外。此外，还有两百万家以上手工业户，1 000 万职工，产值达四亿以上，其中资本主义成分亦占相当比重。就是从江浙地区来看，也有 108 个华商工矿企业，资本共 2 600 多万元，平均每家厂矿资本约 25 万元。在这里，有近 30 万枚纱锭在运转，有 600 多公里铁路联结沪宁、沪甬之间，有大小数十家轮船公司航行在内河。此外，还有 3 000 家以上手工工场和手工作坊，职工人数近 10 万①，也应属于民族资本主义经济范畴。只要稍加对照，便可发现辛亥革命所拥有的新的物质前提并不逊色于他们当年的欧美前辈。

① 此处系根据彭泽益：《中国近代手工业史资料》第 2 卷，生活·读书·新知三联书店，1957 年，第 433—447 页所载全国 25 种手工业（按地区分）数字计算。这些数字来自农商部《第一次农商统计表》《第二次农商统计表》，只要稍加考察便可发现统计既不完整又不准确，必然有许多漏报、少报之处，所以这里的估算数字显然偏低。

马克思主义有一条基本原理，就是存在决定意识。江浙资产阶级既然拥有这样不容忽视的物质力量，他们就必然要在社会生活中有一番表演。

商会，这是早期江浙资产阶级社会活动最重要的舞台。

1898 年以后，各省虽已设有商务局，但那毕竟是准官方机构，仍然近乎一种管理工商事务的衙门。这种机构只能适应初期那些极端幼弱而缺乏独立阶级意识的资本家的需要，而各地商务局总理也大都是由那些能够“通官商之邮”的绅士来担任的。到 20 世纪初年，随着民族资本主义的初步发展，资产阶级日益迫切要求建立能够维护切身利益的社会团体。1901 年秋，上海首先建立商业会议公所，由严信厚任公所总理，周金箴（曾任华洋人寿保险公司总董）任提调。这可以看作从商务局向商会的过渡，但也不是正规的资产阶级社会团体。直到 1904 年初清政府才谕令各省设立商会，上海首先在公所基础上创设，然后苏州、杭州也相继成立商务总会。据第一回《中国年鉴》记载，到 1911 年江浙地区商会已达 130 余所。

在全国影响最大的是上海商务总会，而浙江资本家又在其中处于明显优势。严信厚、周金箴任首届总、协理。第二届总理虽由本地商人曾铸接任，但协理仍为宁波帮领袖朱葆三。第三届总理为镇海李氏家族成员李云书，亦属宁波帮。第四、五、六届总理均由周金箴连任，第四届协理李云书，第五届协理严子均，亦属宁波帮头面人物。

商会的成立，明显地增强了资产阶级在社会生活中的地位和作用。用他们自己的话来说：“商会者，联商情，开商智，以扩商权者也。”①商会总、协理改由会员推举，任职一年；商会每年正、七两月为年会时间，会员联合十人以上可要求总理在七日内召集全体会员举行特别会议。这些都使商会具备一些近代特征。商会与地方官员之间，至少在公

① 《余姚商务分会简章》，《商业杂志》第二年第 1 号。这家杂志由绍兴商学会于宣统二年正月发刊，汤寿潜为其题刊名。

文来往上逐渐改用了“照会”“移请”“径启者”之类约略对等的字眼。商人由于有商会的支持而更形活跃起来。至今我们还可以看到一张绍兴商学会同人庚戌新年会的摄影，其背景竟是并排交叉的代表皇室权威的黄龙旗与这个小小群众团体的会旗。如果沿袭过去那种“抑末”的封建陈腐观念，就难以思议了。

但是，这些无非是表象的变化；通过商会团聚起来的资产阶级，逐步控制了一些大中城市的市政机构，才是问题的更为本质的方面。

上海的情况最为典型。1895 年以前上海本无所谓市政，“所有清道、路灯、筑造桥路、修建祠庙、举办团防等事宜，悉由地方慈善机关同仁辅元堂经办”①。1895 年 12 月，为了兴建南市马路，经奏准设立上海南市马路工程局。1897 年第一条马路建成后，该局改称上海南市马路工程善后局。随后，督办吴淞开埠工程总局创办于 1898 年，闸北工程总局创办于 1900 年。这些机构虽然职能较诸筑路有所增添，而且渐有地方绅商参与其事，但基本上是上海道的下属衙门，算不上什么完备的市政机构，更谈不上什么地方自治。及至 1905 年清政府筹备立宪，地方自治呼声愈来愈高，上海本地绅商姚文枬等乘机接收南市马路工程善后局，改组为上海城厢内外总工程局。改组后，总工程局的主要负责人须经选举再由沪道委派，并设有 32 个议事经董组成的参事会，下分户政、警政、工政三科。该局主要办了三件事：一是招商建立电灯有限公司；二是添辟城门马路；三是收回自办自来水公司。同时，派学生赴日考察市政，创办政法讲习所，附设裁判所、平粜局、平价处，并实行禁烟等，职权范围显然较以前扩大。但是，称得上粗具规模的市政机构的出现，还是在 1909 年 1 月清政府颁布城乡自治章程以后。所谓地方自治的范围，包括学务、卫生、道路工程、农工商务、善举、公共营业、财政，以及其他循例向归地方绅董办理的事宜。同年 6 月，总工程局改组为上海城厢内外自治公所，设议事会与董事会，议员由辖区选民

① 蒋慎吾：《上海市政的分治时期》，《上海通志馆期刊》第 2 年第 4 期。

互选，议长由议员互选，董事由议事会选举，仅总董须选正、陪各一人以便督抚遴选委任。1911 年 11 月上海独立以后，公所总董李平书更以民政总长名义，将该所改组为上海市政厅，继续办理地方自治事务①。

在上述市政机构发展过程中，江浙资产阶级显然处于支配地位。例如，历任总工程局与自治公所总董的李平书，曾先后当过通商银行总董、华成保险公司总理、轮船招商局董事、上海自来水厂商股总董，还曾参与创办昆新垦牧公司、闸北水电公司等企业，是本地绅商界的领袖人物。曾任总工程局议事经董的姚文枬，争取地方自治权利最为积极，是米业公所的董事，属于本地“新派”绅商。历任总工程局办事总董、自治公所副总董、市政厅市长的莫锡纶是中区商团团长（副市长顾履桂是永慎和米行经理）。总工程局三个办事总董，朱佩珍是四明公所（宁波帮）董事，郁怀智是商余学会会长和洋布业商团团长，曾铸是上海商务总会第二届总理，并曾投资镇江造纸厂、江西瓷业公司。其余可考知身份的议董，林曾赉是先春公所董事，干城是木业公所董事，程鼎是花业公所董事，沈功章是典业公所董事，张嘉年是米麦杂粮业公所董事。此外，参药业商团团长苏本炎、豆米业商团团长张乐君、四铺商团团长毛子坚等，也曾在这些地方自治机构中任名誉董事或议董。

还有两个市政研究团体，可以看作上述地方自治机构的支柱。一是地方自治研究会，由商界知名人士参加的，除前已提及的郁怀智、顾履桂以外，还有信成银行董事长、立大面厂等企业的董事王一亭，源昌、源丰号主叶逵，中西大药房号主顾征锡，阜丰面粉厂经理孙多森，华通水火保险有限公司总经董李厚祚，上海制造绢丝公司经理李厚祐，胜利公司经理刘树声，以及原大生纱厂“通沪六董”之一、江浙渔业总公司总董樊棻等。二是地方公益研究会，其会员据说“亦多为商界中人”②。

---

① 以上情况参见蒋慎吾：《上海市政的分治时期》；《市政讲话》，《上海研究资料》；《清季上海地方自治与基尔特》，《上海研究资料续集》，上海书店出版社，1984 年。

② 《清季上海地方自治与基尔特》，《上海研究资料续集》，上海书店出版社，1984 年，第 153—157 页。

在此前后，江浙资产阶级势力迅速渗入其他各种社会团体。如李平书等于1904年建立医学会（1912年扩大为中华国医学会）；姚文枬、沈恩孚等于1905年建立教育研究会（1908年与沪学会合并为上海县教育会）；江苏教育总会设立于1906年，张謇任会长，王同愈（苏经、苏纶纱厂总经理、苏州商务总会创始人）为副会长，1908年又增添许鼎霖为副会长；上海书画研究会成立于1910年，李平书是总理。此外还有救火联合会、体育会、商品协会等，也为资产阶级所控制。至于工商业者自己组织的各种团体则为数更多，如上海商余学会、商余补习会、浙江旅沪学会、绍兴商学会、山阴劝学所商学公会、苏州广货公所同业研究会、杭州商学公会、尚武会、浙江商舰协会等等①。有些资产阶级头面人物，正是通过这些团体和广泛的社会活动，赢得了很高的社会声誉。张謇自然是公认的东南实业领袖。即以李平书而言，也被赞誉为："凡政界、学界、实业界以及慈善各事业，无不力任艰巨，殚心经营。海内外人士识与不识皆翕然称之。"②

江浙资产阶级实力增长的另一标志，则是逐步掌握了一支准武装或正式武装。

1905年抵制美货运动以后，上海工商界在"军国民教育"宣传的影响下，先后成立了沪南沪学会体操部、商业体操会、沪北商余学会、沪城商学补习会、沪西士商体操会，当时被称为"五体育会"。除体育训练外，还加入兵式操练内容，因而为以后商团武装的建立奠定了最初的基础。1907年，由于革命党人在广西、安徽连续发动起义，长江中下游动荡不安，上海地方官员在禁烟过程中害怕激起事变，便经由总工程局负责人李平书、曾铸等出面，由"五体育会"组织临时商团，"设司令部，分区驻扎，出队梭巡，历三昼夜，地方安谧"③。于是正式成

① 据《商务杂志》《绍兴公报》《浙江白话报》等报刊记载，名目繁多，不胜列举。
② 《沪绅李君平书小影》，《图画日报》第五册，上海环球社，己酉七月初五。
③ 《上海县续志》卷十三"兵防、商团"，南园志局，1918年。

立南市商团联合会，李平书任第一届会长，以后由曾铸、苏本炎、王一亭等先后继任。临时商团由沪道拨给枪械150支，自置60支，可以说是资产阶级掌握的一支准武装。从此，各业纷纷效法，到1911年春，商团已发展到一千余人。3月，南北商团公会发起成立全国商团联合会，推李平书为正会长，信成银行经理沈缦云、志成（杂货）商团团长叶惠钧为副会长，宁绍轮船公司创办人、荷兰银行买办虞洽卿任名誉副会长。商团全国联合会虽属空名，但却促成了上海商团的统一，到上海独立前夕，它已经成为一支训练有素的正式武装力量了。

苏州商团的建立过程与上海相仿佛。1906年，本地绅商倪开鼎等集合众商创设体育会，“其后由体操而试习兵操”①。到1910年、1911年间，由体育会改组的苏州商团已经成为一支辅助性的治安力量。“平时各营本业，有警则戎服巡逻。计城内及附郭共有十二部，乡镇三部，均以公会（指商团公会）为总机关。其公会经费由总商会按月补助，分部各归自筹。”② 江苏其他府州县商团的建立，与此大同小异。

浙江商团的建立迟于沪、苏。如宁波商团到1911年7月才正式成立，定名为宁波商团第一团，总办是四明银行经理费冕卿，名誉团长是招商局坐办顾元琛，正团长是点锡业领袖余润泉③。同时，杭州实力雄厚的丝绸业也发起成立商团公会。据宣统三年闰六月初十日《浙江白话新报》记载：“丝绸业各董于会议整顿丝绸漏税余暇时，即由丝绸二业董丁君、周君发起讨论，谓各省尚武会均已陆续提倡，浙省尚武会初具萌芽，商团体操会亦无人组织，若我等首先发起，不患无同志之维持云云。大家赞成，即拟择日开会，集议进行方针，以为各业界之提倡云。”其余绍兴等地也都陆续建立起商团组织。

辛亥革命前夕，在苏州还出现一种名叫“市民公社”的社会基层

① 《吴县志》卷五十四“兵防考二”，苏州文新公司，1933年。

② 《吴县志》卷三十“公署三”，苏州文新公司，1933年。

③ 秦企唐：《宁波商团始末记》（未刊稿，存浙江省政协文史资料办公室）。

组织，也完全为资产阶级所掌握。初步检阅苏州市档案馆有关卷宗，除《吴县志》所载观前公社、阊门下塘桃坞公社、渡僧桥四隅公社、道养公社四处外，还有金阊、临平临南、胥江娄江盘溪齐溪、金阊下塘东段等处市民公社。其中以观前公社建立最早。据《渡僧桥市民公社缘起》称："光绪己酉夏，苏州城内元妙观前大街商民，援光绪三十三年十一月宪政编查馆、民政部会奏结社集会律，合众联结公会，因尽出自商民，故曰市民公社。"又据宣统元年五月订立的《观前大街市民公社简章》，市民公社系按街道（一段、一条或数条）为行政区划，如所谓"观前"即指"观前大街，东至醋坊桥，西至察院场口"。其宗旨是："联合团体，互相保卫，专办本街公益之事。"市民公社的职能最初限于公共卫生（清洁街道、凿井、通沟等）和保安消防（如修理水龙、添置水缸等），但随后逐渐扩大到道路工程、平粜平价以至金融、税务等许多方面。领导机构设正、副干事，由社员选举产生，另设评议、经济、书记、调查等部，职员清一色是商人。他们把市民公社看成是自己的"独立社会之起点"，并且希望"合无数小团体成一大团体，振兴市面，扩张权利，不惟增无量之幸福，更且助宪政之进行"①。其他市民公社情况与观前大体相同。如果说，上海商会主要是通过总工程局、自治公所之类机构逐渐控制市政建设和管理的权力，那么苏州商会则主要是通过市民公社把势力和影响渗透到城市生活的许多领域。

马克思和恩格斯曾经说过："现代资产阶级本身是一个长期发展过程的产物，是生产方式和交换方式的一系列变革的产物。""资产阶级的这种发展的每一个阶段，都有相应的政治上的成就伴随着。"② 应该承认，上述这些情况，也正是与江浙资产阶级发展过程相伴随的某种相应的成就。历史也真有这样的巧合。法国市民还未能从封建领主那里争

① 《观前大街市民公社第一届报告册》弁言，《苏州观前大街市民公社相关档案》，藏于苏州市档案馆。

② 马克思、恩格斯：《共产党宣言》，《马克思恩格斯选集》第1卷，人民出版社，1972年，第252页。

得地方自治和“第三等级”的政治权利以前，就已经把自己的新兴城市称作公社。他们的东方后继者，也是在向封建统治者争取地方自治权利的过程中，把自己有限的地盘插上公社的界牌。当然，历史决不能简单地类比。旧中国的社会结构具有自己的传统和特点，城市历来是封建主义统治的中心，而不是像西欧一些新兴城市那样，从一开始就与封建主义统治的农村相对立。同时，中国资产阶级早期的政治成就又是有限的，他们既未能组成独立的城市共和国，又未能形成强大的纳税的第三等级，而只能在更为狭小的范围内组织自治团体。

情况就是如此，尽管20世纪初年中国资产阶级革命的物质基础，从绝对数量来说已经超过他们17世纪乃至18世纪的欧美前辈，但是他们却难以取得英法资产阶级革命当年那样辉煌的成就。这是由于中国民族资产阶级处在一个半殖民地的恶劣环境，当它产生的时候外国资本主义已经在中国市场占据支配地位，因此它在资金、设备、技术、原料等方面对外国资本存在着很大的依赖性。同时，中国又是一个封建主义根深蒂固的古老大国，外国垄断资本利用封建主义作为其殖民统治的社会支柱，更大大增强了反动保守势力的顽固性。中国民族资产阶级不仅有很大一部分是从封建性的官僚、地主、商人转化而来，就是在产生以后也继续与城市及农村中的封建主义保持着千丝万缕的联系。这些特殊的历史条件决定了这个阶级的软弱性格，而畏怯与动摇则是它在政治上的基本特征。江浙资产阶级虽然相当活跃，但仍然具有中国民族资产阶级的共性。

如果进一步剖析这个阶级的内部结构，人们将会更清楚地看到它的弱点。根据戊申年《上海华商行名簿》附编所列名号，可以作出分类统计：1. 银行、汇票、钱业319户（绝大部分为钱业）；2. 各种商号7 381户；3. 工厂、作坊2 842户；4. 交通水电业（包括轮船、铁路公司）约70所；5. 当铺典押业282户①。另据民国初年出版的《苏州总

① 这个统计，由于原来名号分类不太明确，同时还包括少量外商，所以不很确切，但大体能说明上海资产阶级内部结构。其中工厂、作坊2 842户中，大部分为手工工场和手工作坊。

商会同会录》所列名号，可以作出分类统计：1. 银行、钱业、典当业79户（银行仅4户）；2. 各种商号377户；3. 公司厂所（以工厂为主）16户；4. 手工工场、作坊255户①。再就是民国二年江苏省实业司编辑的第一届《江苏省实业行政报告书》，也提供了1912年调查的几个统计数字：1. 银行15家，资本共5 922 000元，存款总额10 134 000元，纸币发行总额2 150 000元（数字不全）；2. 典当业431户，资本共13 945 455元，一年当出金总额17 735 699元，一年赎入金总额15 895 593元，各户存款总额6 560 561元；3. 钱业共194户，资金总额3 422 350元，各户存款总额2 427 200元，纸币发行总额163 080元，公积金总额218 200元；4. 工厂1 225户，工徒94 891人，产品价值69 048 211元（除386户为20人以上之工厂外，绝大部分为小作坊或个体手工业户）。以上三种统计数字虽然既不准确也不完整，但大体上可以看出，辛亥革命时期江浙地区民族资本的总体布局和全国一样，也是以商业和钱庄典当业占绝对优势，而真正的产业资本所占比重是较小的②。商业高利贷资本本来是封建主义经济的从属品，即使进入近代与资本主义市场发生密切关系以后，也仍然带有浓厚的封建性（鸦片战争以后又增加了买办性）。这种落后的资本布局，使早期江浙资产阶级和整个中国资产阶级一样，缺乏足够的革命素质。

马克思曾经说过："在商业资本仍然支配着的地方，腐朽的状态就会支配着。"③ 20世纪初年的江浙地区，甚至具有近代特征的商会，也要受到许多落后因素的制约。正如苏州商务总会民国元年六月五日《呈工商部条陈》所说："组织商会，大都以各业公所、各客帮为根据。"就连资本主义最为发达的上海，封建性相当浓厚的会馆、公所也长期与

---

① 此处名号分类亦不明确，手工工场、作坊绝大多数都是生产日常生活消费品。

② 浙江的资本分布情况，还没有找到全省的可靠数字，不过癸卯八月二十日出版的《浙江潮》第8期，刊有《绍兴全府当业架本调查表》，绍兴府八县共有典当121户，存架资本总额3 327 000元。其中仅山阴县即有典当43户，架本总额1 096 000元。由此可见其实力之雄厚。

③ 马克思：《资本论》第3卷，人民出版社，1975年，第404页正文及脚注。

商会并存，而且有增无已。据《上海县续志》记载，清末共有会馆公所73个，或以行帮相联结，或以乡谊为纽带。始建于康熙、乾隆、嘉庆年间者，有商船、鲜肉、钱业、药业、成衣、浙绍、四明、潮州、泉漳等14所；建于道光、同治年间者，有洋货、豆饼、布业、丝茶、珠宝、花业、广肇、潮惠、江西等22所；还有建于光绪、宣统年间者，有水果、参业、金业、纱业、丝绸业、报关、蛋业、江宁、湖南、楚北、山东、常州等37所。这些会馆公所的建立，虽然也从一个侧面反映出国内外贸易的增长和资本主义工商业的发展，但是它们那些规约章程却保存着许多中世纪的行会意识和妨碍自由竞争的封建陋规。即以各馆所供奉神像可稽考者而言，祀关公者有14所，其余分别奉祀天后、财神、履祖、罗大真人、天曹府君、鬼谷先师等神灵①。这种情况不仅说明当时民族资本主义的不成熟，而且说明封建传统势力顽强地桎梏着新的经济的生长。

作为新的经济的代表，江浙资产阶级未尝不想摆脱这沉重的封建桎梏，他们特别憎恶清朝政府强加于民族工商业的各种封建压榨。但是，他们的封建因袭太深，而且又不愿以自己的巨大财富来承担“叛上”的风险。他们正像恩格斯所嘲笑的19世纪40年代中叶的那些德国资产阶级一样，“便宁肯保持自己那古老的安宁的神圣罗马粪堆，而不要人民那种勇敢地摆脱奴隶制的锁链并向一切暴君、贵族和僧侣挑战的令人颤栗的行动了”②。因此，从总体上来说，江浙资产阶级在政治上比较稳健，其上层人物甚至流于保守，他们宁肯苟全于清朝政府腐朽统治之下以谋求缓慢的革新，一直要到为客观形势所驱迫，他们才蹒跚地走上与封建统治者决裂的道路。

当然，以上这些情况只是问题的一个方面。由于江浙资产阶级还存在着与帝国主义、封建主义相矛盾的一面，他们在辛亥革命前夕毕竟进

① 《（民国）上海县志》卷六“商务下·商业团体”，瑞华印书，1936年。

② 恩格斯：《德国状况》，《马克思恩格斯全集》第2卷，人民出版社，1972年，第635页。

行过各种形式的斗争，而且在政治生活中还显得越来越活跃。

三

江浙资产阶级从20世纪初年开始以独立的姿态登上政治舞台。

上海张园，在一定程度上可以看作20世纪初年中国政治的晴雨表，也是江浙资产阶级初期政治活动的一个重要会场。自从1900年自立会在这里召开“国会”以来，拒俄、拒法，集议不断。“国家之观念，锲之而愈深，恢之而弥广。”① 资产阶级的人们，渴望使张园享有美国“费城独立厅”那样的历史荣誉。

辛亥前十年间，江浙资产阶级参加了三项大的活动：一是反帝爱国运动；二是收回利权运动；三是请求立宪运动。

民族资产阶级是“拒俄”“拒法”运动的积极参与者。早在1901年3月15日、24日张园两次集议阻止签订中俄约款，抗议俄军强占东北，即已有不少工商业者参加。1903年春，“拒俄”运动全面展开之始，4月27日张园集议传单特别提到，“辛亥春间两次至张园集议之人仍请同临为荷”②。这次到会者有千余人，演说者数十人，已经颇有点声势。4月30日，《苏报》刊登《中国四民总会知启》，附言也特别强调：“本会既为地方议事厅之先声，上海一埠为通商最盛之地，商家居住最繁。以各国由多数举代表人之例言之，凡我商人宜发爱国之热诚，本爱国之天良，届期多来，聚议办法，勿失体面为要。”可见此事主动显然出自工商业者。而且《知启》中提出：“广西者，非独广西人之广西，而为我全中国人之广西；东三省者，非满洲人之东三省，而为我全中国人之东三省。”这更说明江浙资产阶级已经逐渐具有近代民族意识和国家观念。

① 《论国民公会》，《苏报》，1903年5月3日。

② 《苏报》，1903年4月27日。

4 月 30 日，张园再次集议，到会者千余人，经商定将四民公会改为国民总会。5 月 1 日《苏报》报道这次会议情况说："爱国、育才诸学社学生戎服齐队而来，务本、爱国诸女校学生亦皆入座。先将开会入座次序及提议各事榜于台上及左右墙壁，每省立题名册一本，分际表明，各请一人司之。"演说之后，齐诵《爱国歌》，"千人同声，音节甚壮。既而争先题名，'中国万岁'之声震屋壁"。显然，这是既不同于封建士大夫救亡活动，又不同于旧式农民反帝斗争的，一种新式形态的资产阶级民族运动，而且进步知识分子和工商业资本家是直接携手合作的。

但真正能够体现资产阶级已经成为独立政治力量的事件，还是 1905 年的抵制美货运动。

1905 年 5 月 10 日，上海商务总会为抗议美国排华苛律，决定以抵制美货作为斗争手段，并通电各地商会，要求"传谕各商知之"。运动很快从 21 个通商口岸扩展到全国许多中小城市以至集镇。在上海，首先响应的是广帮和建帮，因为这两省在美国的侨民最多；接着就是人镜学社、沪学会、商学会、四明同乡会、文明拒约社、纱业商会、公忠演说会、商业求进会以及其他许多行业的公所、会馆等。江苏省除苏州外，还有南京、南翔、镇江、嘉定、江阴、扬州、无锡、常熟、通州、常州、松江、太仓、宜兴等地的商会、会馆、公所、拒约会、抵制美约会等团体纷起响应，盛泽的绸业公所和同里的抵制美约会，尤为集镇商界团体中的佼佼者。浙江省除杭州外，则有嘉兴、湖州、宁波、绍兴、定海、海盐、金华、乍浦、嘉善、平湖、桐乡等地的商会、公所、会馆、拒约社、演说会等团体起而响应①。此次运动的普及程度和高涨声势，在江浙地区是前所未见的。

在抵制美货运动中，江浙资产阶级公开表现出对清廷的不满和对立态度。他们明确指出清朝政府具有奴隶性质："夫专制国体其政府有压制吾民之权力……彼外人遂利用我政府之压制而迫使吾民以服从，往事

① 据苏绍柄：《山钟集》，广东省中山市图书馆，1958 年。

之已然，真使我同胞隐忍吞声痛哭流涕者也。夫蓄之久则其发也必锐，怨之极则其敌也必勇。屈极求伸，无往不复，遂于今日而发其端焉。”① 他们还提出：“鼓我之民气”，“结我之民力”，“广开会议，联络全国，可为异日自治自立之基础”。这些都表明此次反帝爱国运动具有新的时代特征，资产阶级自己已经提出争取政治权利的要求了。

资产阶级上层人物虽然从一开始就表现出妥协动摇，而且终于游离以至退出反美运动，但他们却凭借中小资产阶级和工农群众的坚持斗争，通过运动取得很多好处。可以很清楚地看出，这次运动具有争夺国内市场的性质。有些民族资本家雄心勃勃地宣称：“今为抵制美约，不用美货，办法文明，民志齐一，正我制造家改良土货，杜绝外货之机会。倘能及此振作，事事改良，则中国商业之发达，借此一举。”② 美国对华出口贸易额也确实因此大幅度下跌，1905 年为 5 700 万元，1906 年为 4 400 万元，1907 年为 2 600 万元。与此形成对照的，则是民族工商业，特别是纺织、面粉、纸烟等业，在 1905 年以后有一个短暂的发展。据《国风报》1910 年第 1 号刊登的一篇调查报告称：“自光绪二十九年注册局设立以来，至光绪三十四年末，凡五年间，其报部注册之公司数二百六十五，资本额合计一万三千八百三十三万七千六百六十六元。……其百万元以上之大公司，则工业四，交通业三，金融、保险业各二，农业、商业无之。而五万元以下之小公司，约居百分之四十九而弱。……此五年中，则光绪三十二年最多，其数五十七；三十三年次之，其数四十。”这个调查虽不尽准确，但大体上还能反映出民族工商业在与外资竞争中成长的趋势。

斯大林有一句名言：“市场是资产阶级学习民族主义的第一个学校。”③ 当时中国资产阶级的人们，也确曾把抵制美货运动看作“中国

---

① 《时报》，1905 年 6 月 6 日。

② 《伦章纸局启事》，《时报》，1905 年 8 月 4 日。

③ 斯大林：《马克思主义和民族问题》，《斯大林全集》第 2 卷，人民出版社，1953 年，第 302—303 页。

民族主义发达之第三期”①。但从更广泛的意义来说，中国资产阶级学习民族主义最初的学校，还应该包括矿山与铁路。在江浙地区，收回沪宁铁路与沪杭甬铁路权利的斗争，表明资产阶级已经有了更为明确的民族主义新觉醒。

1906 年 6 月 19 日苏省铁路公司正式成立，王清穆、张謇分别担任总协理，极力规划江苏全省铁路工程，抵制英国银公司对于江苏路权的侵夺。沪杭甬铁路的争夺更为激烈。早在 1905 年 8 月，浙江即已组织商办铁路公司，公推汤寿潜为总理。浙江筹股十分踊跃，1906 年集股即达 400 余万元，到 1909 年集股实数为 9 254 086 元。苏路在 1909 年集股实数亦达 4 098 715 元②。苏路南线沪嘉段 1909 年通车，与浙省公司修筑的杭嘉线相联结，取得明显的进展。但是好景不长，正当张謇全力经营北线，雄心勃勃地推行其“徐州建省”计划，梦想把他的企业王国从通海扩大到整个江淮地区时，1910 年 8 月，清政府命盛宣怀复回邮传部右侍郎本任，显然意味着将更大规模地推行“借债筑路”，出卖苏浙以及其他各地路权。汤寿潜愤懑不平，立即电军机处抗议：“盛宣怀为苏浙路罪魁祸首，不应令其回任；请收回成命，或调离路事，以谢天下。”清政府恼羞成怒，严旨斥责说：“措词诸多荒谬，狂悖已极，朝廷用人，自有取衡，岂容率意妄陈。……汤寿潜着即革职，不准干预路事。”清廷的蛮横压制，引起浙江资产阶级的极大义愤。浙路全体股东经由巡抚增韫代奏，为汤寿潜作全面申辩，并认为将汤革职系不合法：“惟就法律言之：商律、公司律，公司总理规定任期选举及开除，由全体股东同意之公决，朝廷绝无制限之明文。”一般商民态度更为愤激，“茶寮酒肆以及衢巷之间，所谈者无非路事。有三两成群窃窃私语者，有对众扬言大声疾呼者；甚且谓现在情形，实系政府强迫我人民暴

① 《论中国民气之可用》，《时报》，1905 年 7 月 15 日。

② 据《交通史·路政篇》数字，引自宓汝成编：《中国近代铁路史资料》第三册，中华书局，1963 年，第 1008 页。

动，我人民亦不能再守秩序云"①。路权问题集中地扩大了包括上层在内的资产阶级与清政府之间的利害冲突。

除了铁路问题以外，苛扰商民的厘金问题也是一触即发的爆炸性因素。从光绪三十四年浙江全省收支简明总表来看，岁收之中以厘金所占比重最大（40%），约合三百五十万元；而过去列为大宗的田赋、盐课均各合二百万元以上，分别只占 18% 和 17%。全省厘卡总数 250 余处，而且主要集中在工商业比较发达的杭、嘉、湖、宁、绍五属（合共 182 处，占 73%）；仅湖墅镇即有厘卡 16 处，南浔、乌镇、菱湖等镇分别为 9 处、8 处、7 处，厘卡吏役的敲诈勒索，使商民的负担远远超过实缴之数，而即令实缴之数也大多转而报效帝国主义。光绪三十四年浙江全省支出之中，以"解还洋款"一项为最多，合银三百万两以上；"解还赔款"一百七十一万余两，两者合计近五百万两，超过全省岁支总数 1/3②。所以，即使像张謇这样持重稳健的人，在 1906 年也不能不愤地说："故尝以为，过捐卡而不思叛其上者，非人情；见人之酷于厘卡，而非人之欲叛其上者，非人理。"当然，这些大资本家起初是不敢"叛其上"的，而且还唯恐劳苦群众起来"叛其上"；所以他们无非是用厘捐可能激起反抗来警告清廷，并且认为只要"尽裁厘捐，则可以回已去之人心，留未去之人心"③。他们正如俄国的资产阶级自由派一样："拿革命来恐吓沙皇，设法避免革命，奴颜婢膝、低三下四地乞求实行小得可怜的改良来为改良主义道路打下基础。"④ 而二十世纪初年革命风潮的兴起，清政府的虚伪维新姿态，更驱使他们走上追求君主立宪政体的道路。

---

① 支南钰一郎：《浙路风潮汤寿潜》，永川会社发行。

② 《浙江官报》分类汇编，调查类，1905 年。

③ 张謇：《答南皮尚书条陈兴商务改厘捐开银行用人材变习气要旨》，《张季子九录·实业录》，中华书局，1931 年。

④ 列宁：《社会民主党在民主革命中的两种策略》，《列宁选集》第 1 卷，人民出版社，1972 年，第 542 页。

早在1903年5月至7月，张謇在日本访问期间，即已对君主立宪和向工商业提供“国家补助”两事印象极为深刻。1904年春，日俄战争正式爆发，张謇更是感慨万端，在日记上写道：“日本全国略与两江总督辖地相等，若南洋则倍之矣。一则致力于实业教育，三十年而兴，遂抗大国而拒强国；一则昏若处瓮，瑟缩若被絷。非必生人知觉之异也，一行专制，一行宪法，立政之宗旨不同耳，而无人能举以为圣主告也。可痛！可恨！”为此，他不仅为两江总督魏光焘、湖广总督张之洞起草立宪奏稿（前后修改10次），而且还与直隶总督袁世凯消除宿嫌，在君主立宪问题上取得默契。同时，他自行翻译刻印了日本出版的《宪法义解》《日本宪法》《日本议会史》等书，分送各方面重要人士，甚至托人秘密送入清宫，张謇随即成为国内立宪派的领袖之一。1906年9月清廷谕令“预备立宪”，东南绅商立即在上海响应，于12月在上海成立预备立宪公会，推定郑孝胥为会长，汤寿潜、张謇为副会长。其主要成员大多是江浙工商业者和一些具有维新倾向的东南名士。据《预备立宪公会报》卌四年第廿期所载选举董事名单，除郑、汤、张三位会长外，还有许鼎霖、李云书、李平书、周廷弼、周金箴、王一亭、王清穆等，以及与他们关系非常密切的一些名流文士，如张元济、高梦旦、孟昭常、孟森、杨廷栋等；另外一些江浙资本家以及与工商界关系密切的知识界的头面人物，如叶惠钧、王同愈、刘垣、刘树声、沈同芳、狄葆贤等，也是会中的骨干分子。

预备立宪公会不仅是江浙以至东南地区立宪运动的核心，而且对全国立宪运动也起着主导作用。他们通过马良、雷奋、狄葆贤等与康、梁领导的政闻社取得联系，并且出版立宪书刊向全国发行。如孟昭常写的《公民必读》初编，再版至27次，河南一次就订购一万部；二编，广西一次订购十万部；各地商会订购者亦多。孟森、杨廷栋等人撰写的普及立宪知识的读物，在全国各地也很流行。

1907年，预备立宪公会发起调查商业习惯，拟订商法草案。这年冬天，应邀派代表来上海开会讨论者，有新加坡、三宝垅、长崎、海参崴华商总会，以及吉林、烟台、营口、广州、汕头、福州、厦门、建平、湖南、正阳关、芜湖、庐州、徽州、歙县、绩溪、江宁、清江浦、淮安、六合、泰兴、镇江、泰州、宿迁、宝应、苏州、松江、常州、通崇海、崇明外沙、常昭、盛泽、平望、溧阳、东灞、川沙、青浦、浏河、昆新、奉贤、泗泾、南翔、丹阳、朱泾、周浦、杜行、如皋、金坛、丰利、梅里、金山松隐、吴江震泽、嘉定、宜荆、锡金、莘庄、昆山箓溪、罗店、河南、杭州、拱宸桥、湖州旅杭商学公会、嘉兴、湖州、湖州孝丰、衢州、宁波、镇海、诸暨、余姚、定海、慈溪、山会、石门、瑞安、湖州武康、乍浦、硖石、奉化、江西、抚州等88个商务总会、商会、分会、分所。还有以书信与议者如黑龙江商会凡三十余埠。“众议以预备立宪公会主讨论编纂之任”①，可见它在全国资产阶级当中具有多么大的号召力。

还有1908年底经由两江总督端方倡议的南洋劝业会，也是以江浙资产阶级为原动力。端方自任会长，虞洽卿任会办，上海商务总会总理周金箴等积极参与其事。劝业会于1910年开幕，展品包括各省各类工农业产品，参观交流者有20万人以上，实际上已经成为全国性的大型经济展览会。在此前后，张謇乘机发起成立劝业研究会、全国农会，各省又有展品协会之类团体，更加扩大了南洋劝业会的影响。日本实业团在参观包括制造、染织、土木、探矿冶金、应用化学五部分的工艺馆以后，曾发表评论说：“清国工业现已进入工业革命时期，由手工业、家庭工业逐渐向工厂机械工业发展。”② 可见给外人的印象也是深刻的。

1909年以后，江浙资产阶级势力更大量渗入省谘议局和地方自治机构。如张謇任江苏省谘议局议长，许鼎霖、沙元炳、王同愈、雷奋、穆湘瑶、姚文枬、孟昭常、孟森（兼任秘书长）、狄葆贤、马良等当选

① 《预备立宪会公报》宣统元年第五册。

② 《南京博览会各省展品调查书》第200页，转引自野泽丰《辛亥革命与产业问题》一文。

为议员。吴馨、孟森、杨廷栋、雷奋、沈恩孚、孟昭常等则是江苏苏属地方自治筹备处的参议①。浙江省谘议局正、副议长陈黻宸、陈时夏、沈钧儒，都是具有明显资产阶级倾向的知识分子；议员情况虽然不大清楚，但从其115人通讯处来看，商号、钱庄等39人，学堂、劝学所、报社等25人②，可见资产阶级势力亦具相当比重。此外，在1910年资政院“互选议员”选举中，江苏藩司曾通过苏州商务总会造册呈报宁、苏两属纳税最多者20人，其中较著名的有周廷弼（115 000元）、祝大椿（86 000余元）、唐鉴章（40 000余元）、蒋维城（34 000余元）、于恩绂、张謇、尤先甲等③。随后，周廷弼作为“纳税多额议员”，许鼎霖、孟昭常、雷奋作为“民选议员”，都进入了刚刚建立的资政院。这些既说明江浙资产阶级政治活动能量的增强，又说明清政府的立宪措施多少为他们干预各级政府事务提供了若干渠道。

江浙资产阶级又是国会请愿运动的主要发起者。1909年10月，张謇、许鼎霖等首先说通了曾经合作创办过景德镇江西瓷业公司的江苏巡抚瑞澂。由瑞澂出面联络各省督抚，要求组织责任内阁，由张謇出面联络各省谘议局要求从速召开国会。随后，汤寿潜又把张謇邀到杭州，共同说服浙江巡抚增韫，江浙两省采取一致行动。

到1909年年底，已有16省谘议局代表50余人齐集上海，成立33人的国会请愿代表团。起初，江浙资产阶级对请愿寄予莫大期望，在苏州商务总会档案中至今还保留着许多与代表团之间的来往函件。他们拟议由直、苏、粤、鄂四省商会发起，通告各省商会派代表到汉口举行大会，再由汉口到北京配合国会请愿代表团向清廷上书④。张謇《送十六省议员诣阙上书序》说得更为恳切：“秩序秉礼，输诚而请，得请则国家之福。设不得请，而至于再，至于三，至于四，至于无尽。诚不已，

① 见《江苏苏属地方自治筹备处职员表》，《江苏自治公报》第二期。
② 《浙江谘议局第一次开会议员写真录》。
③ 《布政司陆照会苏州商务总会》，宣统二年二月初五，原件存苏州市档案馆。
④ 《国会请愿代表孙洪伊等致苏州商务总会函》（庚戌二月），原件存苏州市档案馆。

则请亦不已，未见朝廷之必忍负我人民也。”① 但清廷并未被“诚”所感动，第一次请愿毫无结果。

1910年五六月间，在张謇和江苏谘议局的推动下，各省谘议局、商会和华侨商人联合发动第二次国会请愿运动，号称有30万人参加，颇有一些声势。但清廷仍然坚持九年预备立宪原议，并警告各省代表“毋得再行渎请”。代表团仍不死心，于1910年10月又发动了第三次国会请愿运动。同时，经过雷奋等“民选议员”的慷慨陈词，资政院居然通过了要求速开国会的议案；各省督抚为形势所迫，也联名请求立即召开国会。清政府面临各方面压力，虽曾于11月4日宣布“提前”于宣统五年开设议院，并且预行组织内阁；却又命令民政部及各省督抚立即解散请愿代表，并将东三省请愿代表十余人押送回籍，将天津学界请愿同志会会长温世霖发配新疆。国会请愿代表团被迫解散，不少地区（如川、鄂、湘、直、晋、赣、闽等）的代表于绝望之余转而与清廷决裂，有的甚至趋向于革命。

但是，与其他经济落后地区比较起来，江浙资产阶级上层人物的政治态度反来得比较温和。何以如此？原因有三：1. 他们投资的范围很广，并非集注于铁路；在路权上虽有所失，在纺织、面粉等其他方面却得到更多的补偿。如张謇经营的大生一、二两厂，到1911年为止，纯利累积共达370余万两，资本总额也增加到近200万两。再则，清廷路政重点是川汉、粤汉两大干线，对此顽固坚持“国有”；而对沪宁、沪杭甬等线的态度稍为灵活，至少在名义上承认商办，这样也相对地使矛盾有所缓和。2. 清朝政府对江浙资产阶级的首脑有意加强了拉拢。1911年初，张謇、汤寿潜相继入京，清廷经由盛宣怀、端方出面做了不少软化工作。如命张謇出任中央教育会会长，且拟荐为农工商部侍郎，并允诺开复汤寿潜一切处分，等等②。这些伪善姿态，都暂时维系

---

① 张謇：《张季子九录·文录》，中华书局，1931年。

② 参见宣统三年《郑孝胥日记》及盛宣怀行述等。

了江浙资产阶级一部分上层人士对清廷的幻想。3. 张謇此时系由沪、津、粤、汉四地商会公推为代表，进京与美国大资本家达赉率领的“东方商团”谈判，拟议的合办项目有中美银行（资本一千万两，中美各半）、太平洋轮船公司（华资过半）以及东三省开发等。这本来是美国垄断资本加强楔入中国市场的一个野心勃勃的侵略计划，可是虚幻的丰厚利润的远景却迷住了张謇等人的眼睛，使他们暂时疏远了尖锐的政治斗争。甚至到9月底，革命已成山雨欲来之势，他们仍在上海商讨赴美报聘计划。

10月4日，张謇专程赶到武昌，与他的老搭档瑞徵一起庆祝大维纱布厂（系承租原湖北纱、布、麻、丝四厂）的开工。酒宴频繁，醉眼朦胧，直到10月10日晚八时登船离汉的时候，他才发觉武昌江边已经燃起了革命士兵作为起义信号的火焰。“舟行二十余里，犹见火光熊熊上烛天也。”张謇所最害怕的革命终于爆发了，他一回到南京就劝说江宁将军铁良、两江总督张人骏出兵镇压湖北革命。但铁、张等已经自顾不暇，根本无从“援鄂”。于是他又偕同雷奋、杨廷栋为程德全起草《奏请改组内阁宣布立宪疏》，主张解散皇族内阁、严惩盛宣怀、提前宣布宪法以“收回人心”，但是也未取得任何效果。革命形势的飞跃发展和清廷的束手无策，终于迫使张謇转而采取依附共和的对策，以谋在变通的格局中维护和发展自己的企业利益。

自然，并非所有江浙资本家都像张謇转变得这样缓慢，上海自治公所和南市商团联合会那一批人，就比较迅速地与革命党人挂上了钩。在两者结合的过程中，沈缦云和陈其美起了重要的触媒作用。

沈缦云（名懋昭）是上海资本家中最先倾向于革命的，据说1909年即已与于右任结交并向《民吁日报》投资万余元，以后对《民立报》也有所资助。但更为明显的转向，恐怕还是1910年他以上海商务总会代表名义进京劝说清廷速开国会碰壁以后。他很快就与陈其美建立了联系，随后更成为中国同盟会中部总会最密切的合作者。1911年6月他在上海发起成立中国国民总会，到会者五千人，并被公推为会长，叶惠钧为坐办，成为同盟会的外围组织。

陈其美出身于湖州商人家庭，14 岁开始习典当业，1903 年到上海同泰丝栈佐理会计。1904 年入理科传习所学习并倾向革命。1906 年赴日本学习军事，是年冬参加同盟会。1908 年回国从事革命活动。1909 年接办上海天宝栈作为革命机关。中部同盟会成立后任庶务，地位相当重要①。他的湖州籍贯以及与钱业、丝业的深切渊源，成为联络南市一带工商业者极为有利的条件。武昌起义爆发以后，沈缦云立即介绍李平书与陈其美秘密晤谈，同时把王一亭、叶绍钧、沈恩孚、吴馨、莫锡纶等工商界拥有实力的人物都拉到革命方面来。可以这样认为，上海独立是革命党人与商团共同浴血奋战的结果。

上海资本家是中国资产阶级当中最为活跃的一部分，他们比较清醒地看到革命浪潮已经无可阻止，因而确定了“上海先动，苏杭应之”的方针，积极促成了江浙两省的独立。接着便是协助组织江浙联军攻取“辫帅”张勋盘踞的南京，上海商团不仅负责筹集运送军械粮饷，还派出义勇队直接参与攻宁战役。据说，连虞洽卿也曾出面劝说沪宁路当局通车，并亲自运送弹药到天堡城下。张謇虽然还未剪去辫子，但已俨然以“共和主义”姿态出现。他不仅以江苏省议会名义送牛五十头、酒千瓶，还以通海实业公司名义送六千元、面千袋、布千匹，犒赏攻克南京的江浙联军②。应该承认，江浙的独立和南京攻克，江浙资产阶级也是有贡献的，他们理所当然地与革命人民一起分享了胜利的欢乐，并且进入了光复后的各级政权。

以沪军都督府为例，李平书任民政部长，几乎包揽了除军事以外的全部地方官职责，不久又被任命为江苏都督府民政司长，还兼任江南制造局总理。沈缦云任财政部长，以后由朱葆三继任，并由张静江、郁屏

① 何仲箫：《陈英士先生纪念全集》，（台北）文海出版社，1970 年，第 77 页。
② 张謇：《张謇函稿》第 27 册，中华书局，1931 年。

翰（怀智）任副部长，周金箴任顾问。张静江兼具老同盟会员和湖州富商双重身份，他的出马显然是为了谋求在经费上得到江浙资产阶级更大的支持。商团司令李显谟（英石）任军务部副部长。王一亭任交通部长，后改任商务部长。姚文枬任劝学长。此外，李显谟、叶惠钧任参谋，虞洽卿、沈恩孚任顾问官。闸北民政总局成立以后，虞洽卿又出任该局民政长。上海市政厅市长莫锡纶、副市长顾履桂，上海县政府民政长吴馨（怀疚）、司法长吴涵之、警务长穆湘瑶（抒斋），也都是原总工程局、自治公所的老班底。

沪军都督府的财政开支显然是仰给于江浙资产阶级。信成银行实际上履行了政府银行的职能，所以都督府成立伊始就完全担保它的钞票流通。以后革命党人相继创办了中华银行和中华实业银行，也是以沈缦云等上海资本家为主要依靠①。根据沪军都督府财政司借款一览表，可以看到它曾向上海十几家钱庄以及金业公所、祥泰布庄、兴业银行、四明银行等企业借款，其中宁绍公司为16万两，中华银行为65万两。此外还曾向三井洋行借款35万两，也是王一亭等经手办理的。总之，江浙资产阶级对沪军都督府是能起相当支配作用的。

1911年冬天，江浙资产阶级的政治动向大体上是三步棋：第一步是参加起义并以上海为基地；第二步是扶植程德全，借以控制整个江苏；第三步是协调陈、程、汤政治步伐，凭借江浙的经济实力和政治影响以左右全国局势。而在各省代表会议与南北和谈的地点之争中，更显示出他们的潜在势力与活动能量。这场争夺表面上是在上海与武昌两个政治集团之间进行的，但背后却隐藏着江浙与湖北两个地区资产阶级之间的经济利益的冲突，政治中心的争夺实际上就是市场、利润的争夺。江浙独立以后，张謇集团不仅乘机把持了垂涎已久的“两淮盐政”，而且还要插足于朝思暮想的汉冶萍公司以及张之洞兴办的其他企业，其野

① 据沈云荪《中华实业银行始末》称：该行以沈缦云为筹备主任，筹备员中有王一亭、周金箴、周廷弼、李厚祐、张静江、顾履桂、苏本炎、郁怀智等。

心之大简直是想囊括整个长江流域。以蔡辅卿等为代表的湖北资产阶级自然不甘退让，他们以“首义之区”为资本，以“鄂省命脉”为借口，不仅起而争夺已被张謇承租的湖北纺织四局，以及兴国、马鞍山等矿产，还经由省议会作出没收汉冶萍公司财产的决议，并千方百计打破淮盐垄断局面。他们甚至不惜以地方税作抵，亟谋向美国达赉公司借款350万镑作为“建筑新都”的经费，雄心勃勃地想把武昌变成全国的政治、经济中心。当然，他们远远不是江浙资产阶级的对手。张謇一伙通过陈其美、陈陶遗等老同盟会员的关系，把黄兴、宋教仁等“革命元勋”逐步争取到自己这一边，以抑制武昌集团居功自傲的气焰。同时，由于他们早已与袁世凯声气相通，所以能够及时利用汉阳失陷和攻克南京以后的局势变化，轻而易举地把各省代表会议和南北和谈的地点都转移到上海。张謇的密友赵凤昌的寓所惜阴堂，狄葆贤经营多年的时报馆息楼，都成为南北政治势力讨价还价的交易所。中华国民联合会最初草拟的发起人名单至今还保存在《赵凤昌藏札》中，地区包括江浙、两广、湘赣，却偏偏没有首义之区湖北，这显然不是因疏忽而遗忘。随后又在联合会的基础上成立统一党，也是以张謇、赵凤昌为代表的江浙绅商占主导地位。江浙资产阶级的上层人物就这样一步一步地控制了拍卖革命的主动权。

12月25日，孙中山到达上海，受到广大人民其中也包括江浙资产阶级的热烈欢迎，李平书特地派商团前来护卫并且恭送到南京。作为商团司令的李显谟，甚至献给孙中山如此美好的颂词：“两仪合撰，五服归心。民族、民权、民生三主义，天维地纲；教宗、道宗、学宗三权舆，人豪物杰。”① 不能说这一切都是虚情假意。因为孙中山为民族独立和国家富强艰苦奋斗近二十年，理所当然地赢得了全国人民的崇敬和爱戴，何况孙中山和南京临时政府采取的一系列政策措施都是维护民族资产阶级利益的。不过以江浙资产阶级上层人物的眼光来看，更为重要

① 李显谟：《上大总统祝辞》，《共和时代大文章》初编。

的问题是：如果没有孙中山这样一个德高望重的革命领袖，谁也难以把各自为政的南方独立诸省拢合到一起，而北方的袁世凯就缺少一个可以代表整个南方谈判的对手。所以，1912 年 1 月 10 日，张謇在给袁世凯的密电中说出了内心衷曲："南方先后独立，事权不统一，秩序不安宁。暂设临时政府，专为对待独立各省，揆情度势，良非得已。"① 对于江浙资产阶级上层人物来说，无论是建立南京临时政府还是进行南北和谈，目的都是让袁世凯来结束革命并且在共和的形式下统一中国。

历史上常常有这样的情况，一个新兴的剥削阶级，并非在任何时候都能够识别代表自己的根本和长远利益的先进人物，他们容易用眼前利益来取代宏伟的政治目标。江浙资产阶级在袁世凯与孙中山之间的选择，与其说是出于个人好恶，倒不如说是出于利害的权衡。张謇在 1912 年 1 月 4 日，也就是被南京临时政府任命为实业总长两天以后，曾与孙中山就政策问题作过一次长谈，结论是四个大字："未知涯畔。"② 换句话说，就是觉得孙中山缺乏统一中国的实力——包括财力、兵力特别是帝国主义的支持，而袁世凯恰好具备了孙中山所缺少的东西。袁世凯正是凭借相对强大的北洋实力，并且以"统一"、"秩序"等美好诺言迎合了一般工商业者希望国内市场稳定的"喁喁望治"心理，诱使越来越多的江浙资产阶级加入了"非袁不可""非袁不能收拾"的大合唱。"甲日满退，乙日拥公；东南诸方，一致通过。"③ ——张謇代表包括江浙在内的南方资产阶级对袁世凯所作的保证，就是在这样的历史背景下形成的。

马克思曾经说过："不管资产阶级社会怎样缺少英雄气概，它的诞生却是需要英雄行为、自我牺牲、恐怖、内战和民族战斗的。"④ 从中

① 此电收于《赵凤昌藏札》，国家图书馆藏。

② 张謇：《张謇日记》辛亥十一月十五日，江苏人民出版社，1962 年。

③ 张謇：《劝告袁世凯速决大计电》，《张季子九录·政闻录》，中华书局，1931 年。

④ 马克思：《路易·波拿巴的雾月十八日》，《马克思恩格斯选集》第 1 卷，人民出版社，1972 年，第 604 页。

国的情况来看，很难要求资产阶级本身作出自我牺牲和英雄行为，需要由小资产者（包括知识分子）、农民、工人以及其他下层群众挺身而出，履行那些本来应当由资产阶级自己完成的职责。以孙中山为首的中国革命民主派的殊死战斗，实际上是代表着资产阶级社会诞生时所必须经历的巨大阵痛；但是鼠目寸光的江浙资产阶级却难以承受这样的暂时苦楚，他们宁愿背弃孙中山以取悦于袁世凯，幻想在北洋军阀的统治下逐步谋求他们在清末所未曾获得的政治、经济权益。他们冷漠地容忍着袁世凯对共和国的肆意蹂躏，甚至对孙中山领导的1913年的“二次革命”完全持否定态度。袁世凯对于资产阶级这样柔顺的态度自然十分欣赏，所以“二次革命”全部失败不过五天之后他就通令嘉奖说：“各地商界烛其奸邪，绝其资助，遂使逆谋无由大逞，乱事得以速平，曲突徙薪，功匪鲜浅。”① 但是，江浙资产阶级很快就不得不自食拥袁的苦果。嗜权如命的大地主大资产阶级政治代表决不容许任何人分享他们的军政权力。上海资产阶级头面人物李平书等虽然抵制过“二次革命”，但也由于在辛亥革命期间曾与革命党人一度合作而受到牵连，他们在北洋政府的通缉下仓皇流亡大连、日本。不久，上海商团也奉命缴械解散，袁世凯随后更下令撤销上海和其他各地一切自治机构和民意机构，资产阶级在清末争得的一点自治权利反而丧失殆尽。当然，包括张謇在内的江浙资产阶级多数人，仍然利用欧战期间列强无暇东顾的时机，在苦难的条件下继续忙于利润的追逐，经济的收益在很大程度上弥补了他们在政治上的失意。“圆滑素性，多方敷衍。”② 陈其美流亡日本期间对周金箴、朱葆三等商界大亨的八字评语，颇为形象地说明江浙资产阶级是如何委曲求全周旋于帝国主义列强与各派军阀之间的。

第一次世界大战结束以后，西方垄断资本卷土重来，民族资本主义的所谓“黄金时期”转瞬即逝。他们经不住外资的强力竞争，更经不

① 徐有朋：《袁大总统书牍汇编》卷七，广益书局，1920年。
② 1914年1月陈其美致沈缦云函，原件藏沈云荪处。

住军阀混战导致的市场紊乱、苛捐杂税以至公开的烧杀淫掠。“吁嗟吴与越，动受四面牵。幸哉一隅地，假息得苟全。太平在何时？今年待明年。呜呼！覆巢之下无完卵，野老洒泪江风前。”这不仅是张謇走到人生尽头的绝望叹息，也是民族工商业者在北洋军阀统治下走投无路的生动写照。江浙资产阶级在严酷的局面下出现新的分化，不仅为数众多的中小资本家纷纷歇业闭户，就是像张謇这样封建性比较浓厚的实业元老也迅速陷于破产的困境。代之而起的是具有更多买办性并且以金融业为主体的所谓江浙财团。他们能够较多地分享帝国主义的残羹剩汤，同时也更善于迎合帝国主义的政治意愿。他们很快就舍弃了腐朽透顶的旧军阀，转而利用乡谊以及与陈其美等人的历史关系，与帝国主义刚刚物色的新军阀蒋介石握手言欢，在拥蒋反共的新格局中谋求自身的经济、政治权益的发展。他们支持蒋介石建立了全国统治，其中有些人以后还加入了以“四大家族”为代表的国家垄断资本主义体系。

但是，江浙资产阶级的大多数人，包括那些多少还具有民族性的上层分子，在蒋介石统治下走的仍然是一条崎岖坎坷的苦难道路。他们与以“四大家族”为首的官僚资产阶级存在着深刻的矛盾，因此仍然具有某种程度反抗以至革命的要求，不少人甚至先后加入了共产党领导的新民主主义革命的行列。当然，这也需要一段漫长的时间，需要经历切身利害的反复感触，需要共产党的正确政策与争取教育，才能使他们逐步分清敌友并走上正确的道路。不过在新的历史条件下，他们再也没有可能充当革命的决定力量和指导者了。

要加强对辛亥革命期间社会环境的研究

新中国成立三十二年来，辛亥革命史研究取得了很大的成绩。但是，如果从总体上来看，进展还不够快，水平也不够高。原因之一，可能是由于研究工作过分集中于少数历史人物和政治事件，而对整个社会环境的考察剖析却非常不够。

人物和事件，都是社会运动的产物，而运动又总是在特定的环境中进行的。所以列宁有一句名言："马克思的方法首先是考虑具体时间、具体环境里的历史过程的客观内容，以便首先了解，在这个具体环境里，哪一个阶级的运动是可以推动社会进步的主要动力。"① 同时，列宁每当谈论如何用"历史的态度"来分析任何一个社会问题时，总是强调要把这个问题放在一定历史范围（环境）之内；并且批评那些"脱离具体的历史环境"而提出问题的人，"不懂辩证唯物主义的起码要求"。

活跃在辛亥革命期间的那些先进人物，可以说没有一个是马克思主义者，他们更不知道列宁说过的这些话。但是，革命的先行者们既然决心要在中国这个大舞台上演出一幕威武雄壮的"输入文明"的新剧，也就自觉或不自觉地要对周围环境做一番调查研究。用他们自己的话来

① 列宁：《打着别人的旗帜》，见《列宁全集》第21卷，人民出版社，1958年，第121页。

说，就是需要“测量此舞台而辨其所以利用之方针也”①。如果用我们今天的眼光来看，这种工作就叫了解国情，尽管不同的阶级对于国情的理解总归相互歧异。

20 世纪初年，在东京中国留学生中间流行一种说法，就是爱国必先爱乡，而治乡又是治国之始。各省留学生纷纷成立同乡会，其中湖北、浙江、江苏等省同乡会还成立了调查部或调查会，提倡并组织对于故乡社会状况的考察。这些调查会的具体活动已难稽考，但从《湖北学生界》《浙江潮》《江苏》等杂志上刊载的调查纲目和一些调查报告来看，他们的主观愿望是想用比较宽阔的视野来观察自己生活于其间的社会环境。即以《浙江潮》第二期刊载的调查纲目为例：社会方面——户口、民智、人民强弱、地方贫富、人民生计、风俗、望族、富户、地方自治、家族自治、善堂义举、乩坛、寺院庵庙、秘密会社、客民、盗伙、地棍、洋烟室、妓院、赌博场等；工业方面——工人组织、手工制造、机器制造、改良制造、新式制造、女工制造、工厂等；经济方面——地丁、漕粮、厘金、杂税、加捐、摊赔、民间各种公积之实数、一乡富户之家财等；商业方面——商务组织、市场、盐商、盐务、丝茶、浙商海外贸易情形、会馆规则、大庄号、鸦片烟等。此外还有政法、军事、教育、交通、民族以至外人在浙势力等方面，这里无需一一罗列其细目。尽管上述纲目的分类存在着许多明显的缺点，甚至连它的拟订者也说：“上所排类未足以尽事物之赜”，但毕竟反映了当年有志之士努力研究社会环境以谋求挽救祖国危亡之方略的巨大热情。

作为半个多世纪以后的辛亥革命史研究者，看到上述调查纲目不能不感到有些惭愧；因为我们对于其中许多问题至今还不尽了解，有的问题则几乎是毫无所知。社会存在决定社会意识，这是我们常常说的一条基本原理，但辛亥革命史的研究却长期未能给社会存在以全面的切实的

① 程明超：《湖北调查部纪事叙例》，《湖北学生界》第 1 期，1903 年 1 月 29 日，第 1 页。

注意。特别是对于近代中国社会的经济结构和阶级结构的研究，至今仍然是比较薄弱的环节。过去，我们的研究非常明显地偏重于少数历史人物和若干政治事件，而对于这些人和事的分析又往往流于空泛的议论。其所以如此，恐怕就在于我们对于这些人、事所处的社会环境缺乏比较切实的考察与剖析，因而对于隐藏在人物和事件后面的社会动因难以作比较贴切的判断和说明。有的论著之所以只能局限于史事罗列，其病根或亦在此。

人人都说辛亥革命是一次资产阶级革命，可是并非人人都重视对于这个阶级的内部结构和外部环境的调查研究。我们对于中国早期资产阶级的研究方法往往是“一揽子”式的，而且多少有些满足于买办阶级、民族资产阶级、上层和中下层之类现成的结论。以往为数有限的若干专题性论著，也多半限于近代工矿企业和交通运输业方面的考察，对于手工业、商业、农业中的资本主义成分和资产阶级的研究是很不够的。

研究社会环境要对具体问题进行具体分析，这是要费很大力气的。即以分别行业研究而言，仅据宣统元年出版的《上海指南》的粗略记载，就有六十多个；以工商业者为主体，具有地域性和行帮性的会馆、公所，也将近六十个之多。苏州的工商业发展虽然远逊于上海，但据民国初年出版的《苏州总商会同会录》统计，各种行业亦在三十个以上；另据民国《吴县志》记载，当地会馆、公所共六十四个。20 世纪初年，这些会馆、公所仍然保留着许多封建传统，但随着资本主义的发展也出现了程度不等的变化，各地商会就是在这些行帮组织的基础上建立的。资产阶级绝不是一个空空洞洞的概念，他们是一群活生生的人，是一个在社会生产体系中占据独特地位的集团。如果我们不去研究他们经常活动于其间的那些会馆、公所的状况，那么对于中国资产阶级的探讨就很难获致比较完整和充实的结果。

由于许多经济史学者的努力，我们已经掌握了许多有关 20 世纪初年民族资本主义发展状况的统计数字。数字可以说明辛亥革命时期民族资产阶级的经济实力，但是却很难全面反映他们在社会生活中的实际活动能量。60 年代中期以来，一些欧美以至日本学者之所以低估或完全否定辛亥革命的资产阶级革命性质，一个原因是片面夸大绅士作用而未作具体分析，没有看见其中有相当一部分已经、正在或愿意向资产阶级转化；另一个原因，也许还是更为重要的原因，则是由于他们仅仅抓住个别绝对数字，而且是很不完整、很不准确的数字，便轻率地作出了结论。譬如，有的外国学者根本未曾对江浙资产阶级的企业活动作比较全面的探讨，便武断地认为他们影响所及的范围最远没有超过湖南，这自然不符合当时的实际情况。因此，我们要坚持科学的态度，用更为广阔的视野来考察资产阶级产生与发展的整个社会环境，特别是考察那些虽然重要却又容易被忽略的领域，这样才有可能获致对于辛亥革命时期资产阶级状况比较全面和深入的理解。

以 20 世纪初年出现的许多形形色色的商人团体为例，比较容易引起人们重视的是商会，它们在城市（也包括盛泽、震泽那样一些繁荣的集镇）社会生活中的作用，已经有了日益明显的增长。但是，对于资产阶级在其他社会团体中的作用，我们的研究却非常不够。近年来，有些同志重视了商团问题的研究，这当然是一个可喜的进步。不过似乎还需要加强研究资产阶级与“工程局”“自治公所”之类市政管理和地方自治等等机构之间的关系，还有体育会、尚武会、救火会、教育会以至书画、医药等团体，也有资产阶级活跃其间，都是值得我们认真考察的对象。根据大量文献资料可以看出，这些在不同程度上为资产阶级控制的各类团体，范围已从经济、公益扩大到文教、卫生以至政治等许多方面。在城市生活的各个角落里，人们都可以感受到资产阶级的潜在势力。此外，辛亥革命前夜，资产阶级与新闻出版的关系也日益密切。以上海为例，除《时报》《中外日报》早已与资产阶级立宪派形影相随以外，影响很大的《申报》与《东方杂志》，也或为江浙资产阶级出资购买，或者是处于他们的直接影响之下。至于业已称雄国内出版行业的商务印书馆，更是几乎成为资产阶级立宪派的印刷所。过去，我们往往浮光掠影地强调当时中国资产阶级的不成熟，却不能深入探究它作为一个社会群体到底是怎样在那里活动，因而无论是对革命运动还是对立宪运动所作的阶级分析和功过评论，便往往因为论证不足而缺乏足够的说服力。

有的同志总是把上述研究中的缺陷归咎于资料的匮乏，其实情况并非如此。与清末资产阶级有关的历史资料非常丰富，用汗牛充栋一语恐怕也不足以形容其数量之多。问题是我们自己的指导思想是否对头。只要把研究的视野扩大到整个社会环境，许多有价值的史料便可以不断发掘出来。譬如过去一直没有受到人们注意的苏州市民公社，是清末出现的一种街路组织，据民国《吴县志》卷三十公署三的记载，只不过“成立于清季者共四处”寥寥数语，根本无从了解其内容和性质。但由于它被县志编辑者列在商团公会与会馆之间，显然可知与工商业者有关。根据这个线索再去查阅苏州商会档案，便不难发现竟有大量有关市民公社的卷宗。这些尘封多年的资料，充分说明市民公社是一种以街道为区划的社会基层组织，它完全被苏州商人所掌握，而且职能范围还有从公益事宜向地方自治发展的明显趋势。令人感兴趣的是，市民公社的领导人对于苏州商务总会有着一种本能的亲近之感，而对本地官府则持敷衍和疏远态度。商务总会也俨然把市民公社看作自己下属的基层组织。虽然封建官绅把持的苏属地方自治筹备处一再抗议，强调“应属自治公所管辖”，商会也丝毫未作让步。

最近，我在查阅辛亥革命时期报刊的过程中，感到上面刊载的大量金融、物价新闻和商业广告未能得到充分利用，也是研究资产阶级的一个不足之处。举一个小例子，宣统元年四月十二日《绍兴公报》刊载一则《俞源兴新到各货广告》，内容是：“汽油纱罩自来火灯，能比十盏灯光。手摇脚踏缝衣新机，家用极其快（快，下同）便。男女飞轮脚踏快车，一时能行百里，尺式戏片大号机器，声音比前清爽。天字头号照相镜头，远近快慢能照。大中小号照相机器，传教照相方法。新到头等金银各表，坚固走准勿修。异样新式大小钟表，绍河初次运到。修整机器家伙作料，购买自己能修。脚踏车机器戏出贳，价照上海公道。套花胜家缝衣机器，照公司式出租。花色甚多，如蒙光顾，货真价实保用。”这则广告看来似乎平淡无奇，但却包括了百货商店的货源、品种、运货路线以及经营项目、营业方式等方面的内容，反映了像绍兴这样的中小县城商业状况的一个侧面。当然，在实际研究工作中，决不能仅凭这些零星的、个别的史料就轻率作出结论。我举上述两个例子，目的无非是反复说明，即使是在搜集资料的过程中，也需要尽量扩大研究视野。

多年以来，我经常思考一个问题——究竟是什么原因妨碍了我们研究视野的扩大？在辛亥革命史研究中，是否仍然有某种封建“正史”格局的消极影响束缚着我们的思路？这种陈旧的格局，概括起来就是：以个人为中心，以政事为主体，以褒贬为笔法，以劝善惩恶为宗旨。它适应于维系封建宗法制度的需要，而且以封建伦理观念作为评价标准，因而严重地阻碍着人们去全面、客观、科学地认识社会历史。长期以来，这种落后的史学格局并未得到彻底的清理和摒弃，因而仍然在某种程度上散发消极影响，有时甚至在一定气候下以新的形式重现。当然，应该肯定，新中国成立三十二年来辛亥革命史研究的主流是好的，大多数论著都体现了认真运用马克思主义的历史观和方法论以研究历史的主观努力，从总体上来看，我们的工作已经从根本上区别于封建主义的和资产阶级的史学。但是，不可忽视，我们的研究布局还有重大缺陷，对少数历史人物的研究和人物评价问题的讨论所占比重太大，相形之下对社会环境的研究则又显得太少。人物评价主要注重于政事方面，并且习惯于把道德标准放在第一位，甚至看作决定一切的关键。这就不能不使人产生一种感觉——至今仍然存在着彻底清理和摒除封建史学消极影响的必要性。

重要的问题仍然是必须遵循马克思主义的原理，把社会运动真正看作服从于一定规律的客观存在的自然历史过程。历史诚然是由人的活动构成的，但它绝不是个人活动的简单堆积，而是由许多相互关联的群体（阶级、阶层、政党、社团等）组成的一种社会运动。这些群体不是自由的任意的相互结合，而是直接或间接受着特定生产关系的制约。说到底，许多活跃在历史舞台上的显赫人物，究其实质无非是经济范畴的人格化。马克思主义在考察历史合力的时候，其所以不断强调经济动因的重要性，原因就在于此。我们之所以不厌其烦地呼吁，必须加强辛亥革命时期社会环境的研究，根本亦在于此。我们不仅承认包括意识形态在内的上层建筑能动的反作用，也注意到经济因素以外的其他社会诸因素以至某些自然条件对于历史发展的影响。也正是由于这个缘故，我们更加需要不断扩大自己的学术视野和研究幅度，同时也要不断提高自己对于各种社会历史现象的认识能力。只有这样，我们才能从更为广阔的社会背景出发，不仅深刻地剖析主要的人物和事件，而且科学地说明辛亥革命的全局，说明当时整个的中国。也只有这样，全部辛亥革命史研究，才能称得上真正是马克思主义的历史科学。

论辛亥国魂之陶铸——辛亥革命时期社会思潮试析之一

研究辛亥革命时期的进步社会思潮，有必要对20世纪初年先进的中国人所提出的国魂问题作一番考察。

我所见到的当时比较集中地论述这个问题的文章有两篇。一是《国魂篇》，连续刊载于《浙江潮》杂志（1903年）第1、3、7期，包括“国魂之定义”“论铸国魂之法”“中国之国魂安在乎！祖国主义！”“道德问题”诸节，但可惜未能终篇。另一是《国民新灵魂》，刊载于《江苏》杂志（1903年）第1期。作者署名壮游，文中自称金一，可知即吴江著名革命文学家金天翮，也就是宫崎滔天《三十三年落花梦》最早的中译者之一。他的热情奔放的诗文，曾在当时广大爱国知识分子中间引起强烈共鸣。

两篇文章都把“灵魂”一词与封建迷信的鬼神之说区别开来。作者所说的魂，实际上就是民族精神，而且是积极进取的民族精神。前者阐明国魂的定义说：“一民族而能立国于世界，则必有一物焉，本之于特性，养之以历史，鼓之舞之以英雄，播之于种种社会。挟其无上之魔力，内之足以统一群力，外之足以吸入文明与异族抗。其力之膨胀也，乃能转旋世界而鼓铸之；而不然者，则其族必亡。兹物也，吾无以名之，名之曰国魂。”后者的解释则更为具体：“是故特殊之灵魂足以代

表一群，多数之灵魂足以代表一国。有华美高尚樱花之魂，而日本以之名其国也；有凌厉鸷鹜荒鹫之魂，而俄罗斯以之名其国也；有高掌远跖神奇变化猛狮之魂，而英吉利以之名其国也。夫国而无魂，乃以陈死之人而充国民之数矣，可乎哉？”

20世纪初年，在海内外进步报刊上，充塞着诸如此类的悲怆呼唤：“中国之国魂安在乎？”“吾中国国民之魂安在乎？”“国魂乎？盍归来乎！”这绝不是一般文人骚客无病之呻吟，而是仁人志士在国家生死存亡之际的奔走呼号，于慷慨悲歌声中孕育着一个伟大的古老民族的觉醒。

一

把国家和民族人格化，用灵魂比喻国家和民族的精神，以招魂寄托眷恋和复兴宗国的情思，这是中国文学史上一个古老的传统。远在两千多年以前，《楚辞》“招魂”篇已经发出“魂兮归来，反故居些”的千古绝唱；“国殇”篇的“身既死兮神以灵，子魂魄兮为鬼雄”，也成为世代流传的感人佳句。其后，庾信《哀江南赋》所吟咏的“魂兮归来哀江南”，也每每在民族危难之际激动着历代爱国人士的心潮。所以，《国民新灵魂》的作者自称：“学湘累大夫①之吟，招之使复。升屋以呼，焚符以降，曰：中国魂兮归来乎！”南社诗人则悲歌：“国魂乎！盍归来乎！抑竟与唐虞姬姒之版图以长逝，听其不复返乎？”（《南社启》）还有发表在《江苏》杂志创刊号上的《哀江南》的慷慨陈词：“举目河山，苍凉落日，对此粉碎寸裂之余，谁不起洛水伊戎之痛哉！”这些都表明，20世纪初年国魂问题的提出，是继承了我国历史上悠久的爱国主义传统。

但是，岁月流逝，时过境迁。辛亥革命时期的国魂讴歌，绝不是古

---

① 屈原赴湘死，故曰湘累。

老“招魂”篇的低沉回音。它已经突破宗庙社稷之思的陈旧格局，注入了新的时代的和阶级的内容。换言之，所谓国魂，已经成为近代国民精神的同义词。

早在戊戌维新时期，中国的先进人士已经根据西方近代社会学观点，倡言“鼓民力，开民智，新民德”乃是变法图强的根本。他们呼吁不仅要改善民族的身体素质，而且要改善民族的精神素质，用近代科学技术和资产阶级的政治思想、道德观念来武装民族成员的头脑。对于这个问题，谭嗣同在《仁学界说》中阐明得最为精要。他认为灵魂是“智慧之属也”，即属于高级精神范畴，并且提出“通则必尊灵魂”的重要命题。“通”包括四义，即“中外通”“上下通”“男女内外通”“人我通”，而“通之象为平等”。这就是要求冲决一切妨碍中外、上下、男女、内外、人我之间平等交往的封建网罗，说到底，也就是要从封建专制主义统治下求得个性解放，树立以“自由、平等、博爱”相标榜的资产阶级国民精神。

戊戌变法失败以后，资产阶级改良派继续探索这个重要课题。1901年梁启超在《清议报》上发表的《过渡时代论》一文，其中有“过渡时代之人物与其必要之德性”一节，强调冒险、忍耐、别择（明辨方向）三性，并且主张“过渡时代之人物，当以军人之魄，佐以政治家之魂”。1902年梁氏又以“中国之新民”的笔名，在《新民丛报》上发表《新民说》一文，再次提出改善民德、民智、民力之急不可缓，并且从公德、权利思想、自由、进步诸方面具体论证了新的国民精神。梁氏认为：“凡一国之能立于世界，必有其国民独具之特质，上自道德法律，下至风俗习惯、文学美术，皆有一种独立之精神，祖父传之，子孙继之，然后群乃结，国乃成，斯实民族主义之根底源泉也。”需要保持这种固有的“特质”，并且不断加以淬厉、濯拭、锻炼、培浚，以求岁岁有新芽之茁，息息有新泉之涌。同时，还需要“采补所本无以新我民之道”，即“博考各国民族所以自立之道，汇择其长者而取之，以补我之所未及”。只有把“因材而笃”与“变化气质”两条途径结合起来，才能培育出自立于20世纪的一代新的国民。

改良派这些议论，曾经起过开拓风气的启蒙作用，但终究受到君主立宪主义政治方案的局限。正如革命派所批评的那样，“新民说”把国家衰亡归罪于国民而不归罪于政府，这是倒果为因。因为在腐败政府和不肖官吏的统治下，决不容许“民间有所改革，有所兴起”。“故自理论上言，则有新民固何患无新政府；而自事实上言，则必有新政府而后可得新民也。”① “新民说”无非是一纸空洞的议论而已。

20世纪初年，资产阶级革命派鼓吹的国魂说，继承了改良派倡导的近代国民精神，而又使之与共和国方案及革命手段结合起来，这就进入了一个更高的思想境界。

譬如，梁启超的《新民说》虽然提倡自由，认为“自由者，奴隶之对待也”；要求得真自由，必须自除“心中之奴隶”，但是他却不敢把自由与推翻清朝暴虐统治联系起来，反而劝人们学习曾国藩的克己自胜。这就把自由引向内省式的修身养性，模糊了它的战斗目标。革命派的旗帜要鲜明得多，早在1901年发表于《国民报》的《说国民》一文，即已公开把自由同反帝反封建以至夺取政权联系起来。他们毫不含糊地说：“何谓自由？曰：粗言之，则不受压制即谓之自由焉耳。压制之道不外二端：一曰君权之压制，一曰外权之压制。脱君权之压制而一旦自由者，法国是也；脱外权之压制而一旦自由者，美国是也。故凡受君权之压制而不能为法国人之所为者，非国民也；凡受外国之压制而不能为美国人之所为者，非国民也。”而且他们还认为，摆脱君权、外权的压制，只能算是“自由之形体”；必须摆脱“数千年来牢不可破之风俗、思想、教化、学术之压制”，才算真正实现“自由之精神”。

又如，革命派鼓吹的国魂，包括冒险魂（山海魂）、宗教魂（魔鬼魂）、武士魂（军人魂）、游侠魂、平民魂（社会魂）等，显然与改良

① 飞生：《近时二大学说之评论》，《浙江潮》第8、9期连载。

派所说的“民德”，特别是梁启超着力宣传的冒险性、忍耐性、别择性等，具有思想上的渊源或共鸣关系。但梁启超所侧重考虑的，是“破坏而不危险”“自由而不乱暴”“独立而不轧轹”①，它们会极力束缚民众的手脚。革命派则不然，他们鼓吹国魂的目的，是在于“而后可以革命，可以流血，可以破坏，可以建设，可以殖民，可以共产，可以结党，可以暗杀恐怖，可以光复汉土驱除异族，生则立憧于世界，死则含笑以见我神圣祖宗黄帝于地下，告厥成功焉”（《国民新灵魂》）。当然，梁启超所论析的十种德性相反相成之义，包括独立与合群、自由与制裁、自信与虚心、利己与爱他、破坏与成立，其中也具有若干合理因素；而革命派对国魂的解释，则难免夹杂着一些青年学生的狂热和不切实际之处。但从总体上来看，毕竟是革命派的国魂说蕴含着极为昂扬的革命民主主义的战斗精神。

“今索诸中国，为精神之战士者安在？有作至诚之声，致吾人于刚健善美者乎？有作温煦之声，援吾人出于荒寒者乎？”（《摩罗诗力说》）有的，而且为数不少。新的世纪瞩望于中国革命民主派，他们宣传的国魂就是20世纪初年的时代精神。

二

国魂问题的提出绝不是偶然的，它是民族矛盾与阶级矛盾交相激化的产物，是革命形势迅速发展的迫切需要，是中华民族获得新的觉醒的标志之一。

革命不仅需要刀剑，而且更需要精神；御侮不仅需要枪炮，而且更需要国魂。

革命派认为，在封建专制主义长期暴虐统治下，特别是在腐败透顶

---

① 梁启超：《十种德性相反相成义》，《清议报全编》第1册，（台北）文海出版社，1966年，第107页。

的清朝政府的残酷奴役下，作为立国精神的可贵国魂已经消磨殆尽，而弥漫于中国大地的则是种种愚昧怯弱的旧灵魂。“梦餍于官，词吃于财，病缠于烟，魔着于色，寒噤于鬼，热狂于博，涕縻于游，痞作于战，种种灵魂，不可思议。而于是国力骤缩，民气不扬，投间抵罅，外族入之，铁鞭一击，无敢抗者，乃为奴隶魂，为仆妾魂，为囚虏魂，为倡优魂，为饿殍待毙一息之魂，为犬马豢养摇尾乞食之魂。而籀其府，而徘徊其都市，则商黯其色，工悴其容，农喘其息，士淹其气。悲风吹来，四山落叶，晚景袭人，灯烛无光，暮气入床，沈冥石室，乃魂之房。耗矣哀哉！中国魂，中国魂！”（《国民新灵魂》）在这样落后困顿的情况下，如果不洗刷旧思想，不灌输新精神，祖国是很难有复苏振兴之望的。革命派因此以陶冶熔铸新的国魂为己任，他们豪迈地宣言：“于是上九天下九渊，旁求泰东西国民之粹，囊之以归，化分吾旧质，而更铸吾新质。吾使孔子司炉，墨子司炭，老子司机，风后力牧执大革，运气以鼓之，而黄帝视其成。彩烟直上，纠蟠空际，天花下降，白鹤飞来。而国民乃昭然其苏，呆然其如隔世，一跃而起，率黄旗以与他种战。国旗翻翻，黄龙起舞，石破天惊，云垂海立，则新灵魂出而中国强矣。”（《国民新灵魂》）

值得注意的是，召唤国魂的呼声，是与反映新兴资产阶级意愿的政治议论相应和的。早在 1903 年初，《新世界学报》第 9 期刊登《中国商界》一文，已经明确指出：“民者，国之元也；财者，民之所由生也；而商者，又财之所由出也。”作者认为，中国商务不振的重要原因之一，就是商人缺乏自立精神。为了适应商战激烈的时代，必须提倡勇于竞争的进取精神。在 1905 年遍及全国的抵制美货运动中，人们也是把“鼓民气”“结民力”与振兴商业紧密结合起来①。次年，苏州资产阶级追慕“尚武好侠，三吴古风”，愤于今日“柔懦不武，屡衄于外”，

① 《时报》，1905 年 7 月 8 日。

发起苏商体育会。他们呼吁同胞“淬厉精神”，“孔武有德”①，并且极力提倡爱国心和公德心。甚至连上海水木工业公所，也发出了类似的呼声：“团体者，自强之妙用也。……精神何在？在捍御外侮，而爱护其同类；命脉何在？在联合心志，而切劘其智识才能。”② 这说明，资产阶级人们在极力发展自身经济、政治利益的时候，也认识到精神武器的作用。可以看出，在20世纪初年的国魂召唤中，明显地打上了这个阶级的烙印。

资产阶级革命派鼓吹的国魂，内容甚为庞杂，解释也颇不一致，大体上有以下几种：

一曰山海魂，或称冒险魂。提倡勇于探索、不畏险阻、一往直前的进取精神，学习张骞、班超通西域，玄奘入印度，郑和下西洋，郑成功收复台湾，哥伦布发现新大陆，麦哲伦倡导环球航行……“夫气登云梦，口吸西江，指现须弥，胸蟠五岳，山海魂之谓也。吾欲以此铸我国民之魂，发挥而光大之。”（《国民新灵魂》）

二曰军人魂，或称武士魂。提倡军国民精神，严守纪律，强毅坚壮，同仇敌忾，学习赵武灵王胡服骑射，穆罕默德鼓吹战死登天堂。“处帝国主义之世界，其国家必以军人之精神组织之，进则齐进，退则齐退，盖非是不足以立于大地也。”（《国魂篇》）这种看法与当时到处宣传的军国民教育是一致的。

三曰游侠魂。提倡重然诺，轻生死，急国难，卫国权，反对儒者空言、柔懦、因循、自私等痼疾。“共和主义、革命主义、流血主义、暗杀主义，非有游侠主义不能担负之。吾欲以此铸吾国民之魂，吾先溲儒冠、裂儒服以为国民倡，国民其从我游哉！”（《国民新灵魂》）

四曰宗教魂。提倡忠于信仰，牺牲一身以为众生，忍苦耐劳以排

① 《苏商体育会举行首次开幕仪式时之演词》，《清苏州商会档》，原件藏苏州市档案馆。

② 上海博物馆图书资料室：《上海碑刻资料选辑》，上海人民出版社，1980年，第108号碑文。

万难。

五曰魔鬼魂。提倡秘密运动，严守机密，使革命潜势力遍布于中国。

六曰平民魂，或称社会魂。提倡自由、平等，革命必须注重平民。“美之独立，法之革命，英之改革，十九世纪演种种活剧，皆是魂之产出物也。”（《国魂篇》）

而所有这些新魂（国民精神），都与“爱国心”紧密联系在一起。革命派认为：“夫未有国民不自爱其国，而国乃能存者也；夫未有国民脑质中无一点国魂在，而爱国心能发达者也。呜呼！璀璨哉！庄严哉！吾若闻爱国者之言。其言曰：‘吾不自知其何从，吾不自知其何从。惟吾祖国能使我歌，能使我悲，能使我泣。吾不知彼何以具此一种魔力，能移我若是之甚也。吾游矣，吾思吾国，吾足不知其何为而自止。吾望矣，吾思吾国，吾目不知其何为而无所见。’……使非其脑质中有一点国魂在，以煽之鼓动之，而何以至此，何以至此！”（《国魂篇》）所以，当年有些人干脆就把种种新的国魂统称为爱国主义或祖国主义。他们解释说：“祖国主义者何？根于既往之感情，发于将来之希望，而昭之于民族的自觉心。”（《国魂篇》）这种见解，已经接近于十三年以后，列宁在《皮梯利姆·索罗金的宝贵自传》一文中，对爱国主义所作的简括说明：“爱国主义就是千百年来巩固起来的对自己的祖国的一种最深厚的感情。”①

各个时代各个阶级的爱国主义，都有自己特定的社会实质。20世纪初年，在进步报刊上腾跃一时的国魂、爱国主义、祖国主义，都属于资产阶级民族主义历史范畴，而与中世纪及其以前时代的爱国思想有别。最重要的一点，是它已经明确提出近代风貌的“民族建国问题”。当年的爱国志士自问自答：“民族建国问题者何？曰：凡同种之人务独立自治，联合统一以组织一完全之国家是也。其在德意志，其在伊大

① 《列宁全集》第28卷，人民出版社，1956年，第168—169页。

利，则所谓祖国主义是也。若曰：日耳曼，吾祖国也，吾誓守之；罗马，吾祖国也，吾誓守之。其在俄罗斯则所谓斯拉扶司统一主义，其在美所谓美人之美洲，其在日所谓大和民族万世一系。凡兹诸说，其始不过一二人言之，一二人信之。而其究竟也，乃为其爱国心之源泉，自尊之种子，统一之原动力。虽刀刃迫于身，弹丸迫于目，而彼脑质中终有一'誓死以守祖国'之灵魂在。"读者不难看出，以后同盟会发布的军政府宣言，所谓"中国者，中国人之中国也……敢有为石敬瑭、吴三桂之所为者，天下共击之！"与此显然是出于同一思想源流。说到底，"民族建国"就是夺取国内市场，就是建立最能满足发展资本主义的各项要求的民族国家。革命派要求熔铸的各种新魂，归根到底是为这个目标服务的。

正如《二十世纪之支那》发刊词所说的那样："吾人将以正确可行之论，输入国民之脑，使其有独立自强之性，而一去其旧染之污，与世界最文明之国民有同一程度，因得以建设新国家，使我二十世纪之支那，进而为世界第一强国。是则吾人之主义，可以大书而特书曰：'爱国主义！'"当年千千万万仁人志士，高举爱国主义旗帜，为陶铸新的国魂而倾注全部心力，甚至奉献出自己的鲜血和生命。

三

怎样陶铸新的国魂？尽管当时的进步报刊言人人殊，但大体上还是有不少相近的说法和做法。

《国魂篇》第三节"论铸国魂之法"，着重阐明作为陶铸国魂之准备的三件事："其一曰察世界之大势，其二曰察世界今日之关系于中国者奚若，其三曰察中国今日内部之大势。"简言之，就是把中国局势放在时代潮流和世界全局中来考察，以激发时代紧迫感和历史使命感，并将之作为陶铸国魂的思想基础。这也就是当年鲁迅所倡言的"国民精神之发扬，与世界识见之广博有所属”（《摩罗诗力说》）。

爱国知识分子对新的时代和国际局势的极端关切，首先表现在以“二十世纪”命题的文字日益增多。除《二十世纪大舞台》、《二十世纪之支那》两种杂志先后创办以外，在各报刊发表的文章有：《论帝国主义之发达及二十世纪世界之前途》（《开智录》，1901 年）、《二十世纪之中国》（《国民报》第 1 期，1901 年）、《二十世纪之新鬼》（《清议报》，1901 年）、《二十世纪之太平洋》（《浙江潮》第 2、3 期，1903 年）、《最近三世纪大势变迁史》（《浙江潮》第 3、6、7 期，1903 年）、《论童子为二十世纪之主人翁》（《童子世界》第 5 号，1903 年）、《二十世纪之中国》（《童子世界》第 25 号，1903 年）、《二十世纪之新主义》（《政艺通报》第 14 号至第 16 号，1903 年）、《二十世纪开幕绝东战事之预测》（《游学译编》第 8 册，1903 年）、《〈二十世纪之支那〉初言》（《二十世纪之支那》第 1 期，1905 年）等。人们放眼四望，上下求索。最重要的课题就是观察和预测刚刚到来的 20 世纪，探讨新的时代特点和世界变局，研究中国的地位、命运和向何处去，从较前广博的“世界识见”中去寻求振奋国民精神和救亡自强之道。

“今日之世界，是帝国主义最盛而自由败灭之时代也。”① “危乎！危乎！今日之时代，帝国主义最发达之时代也。”② 这几乎已经成为当年先进知识分子的一致认识。他们对于帝国主义虽然还没有达到科学的本质的理解，但对它的侵略本性、侵略政策、侵略手段却已经作了许多淋漓尽致的揭露与说明。他们不胜焦虑地看到，由于帝国主义列强争霸世界日趋激烈，中国的民族危机必将随着 20 世纪的到来而更趋严重。“呜呼！今日之世界，非竞争风潮最剧烈之世界哉？今日之中国，非世界竞争风潮最剧烈之漩涡哉？俄虎、英豹、德法貔、美狼、日豺，眈眈逐逐，露爪张牙，环伺于四千余年病狮之傍。割要地，租军港，以扼其

① 《论帝国主义之发达及二十世纪世界之前途》，《开智录》，1901 年。
② 《帝国》，《新世界学报》第 10 号，1903 年。

咽喉；开矿山，筑铁路，以断其筋络；借债索款，推广工商，以朘其膏血；开放门户，划势力圈，搏肥而食，无所顾忌。官吏黜陟，听其指使；政府机关，使司转捩。呜呼！望中国之前途，如风前烛，水中泡耳，几何不随十九世纪之影以俱逝也。”①

面临生死存亡关头，中华民族应该何去何从？“今日已二十世纪矣，我同胞之国民，其将何以自处也？”这是当年爱国志士时时刻刻萦绕脑际的头等重要问题。他们毫不悲观消极，对时代、世界和祖国的未来充满希望。他们懂得“物极必反，否尽泰来”的永恒哲理，敏感地觉察到，在世界被列强搅乱得“乌天黑地，云黯风号”的背后，隐藏着帝国主义盛极必衰的契机。他们高兴地看到西方国家社会主义运动的欣欣向荣，看到亚、非民族解放运动的蓬勃兴起，深信“自由与公义”在20世纪必将比19世纪发达。而这种世界的变局又必然深刻地影响中国，“文明之潮流”和“进步之气运”将越过太平洋倾注于这个老大帝国。“世界和平之极点将起点于东方，二十世纪之中国为民权之枢纽矣②。但是“不竞争则不进”，光明的前途不会自行到来，必须靠“我同胞之国民”觉醒过来并奋起战斗。

革命派认为，“民族建国”是一个伟大的目标，为了达到这个目标必须先结合“大群”；而为了结合“大群”又必须寻找一个“可以统一大群之主义”。这就是民族主义，或称为爱国主义、祖国主义。他们废寝忘食，呕心沥血，努力发掘并宣扬那些曾经在几千年的漫长岁月里凝聚、团结、鼓舞、振奋整个民族的经济、政治、文化以至心理素质方面的各种因素，以此来唤起“我同胞之国民”的民族觉醒和爱国心。

用“寻根”式的方法，标榜华夏胤裔、炎黄子孙以激发民族感情，是当年革命派爱国主义宣传教育的重点之一。1903年夏天，在“排满”声浪日趋高涨之际，刘师培以“无畏”署名发表《黄帝纪元论》一文，

---

① 李书城：《学生之竞争》，《湖北学生界》第2期，1903年2月。

② 《二十世纪之中国》，《国民报》第1期，1901年5月10日。

力主以黄帝纪元来取代清朝正朔。他认为："凡一民族，不得不溯其起源。为吾四百兆汉族之鼻祖者谁乎？是为黄帝轩辕氏。是则黄帝者，乃制造文明之第一人，而开四千年之化者也。故欲继黄帝之业，当自用黄帝降生为纪年始。"他毫不讳言这是学习日本立国以神武天皇纪年，用以唤起同胞的民族自觉①。几乎就在同时，《江苏》杂志第3期刊登了"中国民族始祖黄帝像"，并公开改用黄帝纪年。稍后，又有《黄帝魂》一书的辑录刊行和《黄帝传》在《中国白话报》的连载。广泛流传的陈天华的《猛回头》《警世钟》，也高呼黄帝为"始祖公公"，并且较早地刊登了黄帝肖像。1905年，宋教仁即将此像采用于《二十世纪之支那》杂志，并撰写《纪年之意义》《中国新纪年》等文章和书籍。黄节也在《国粹学报》连载《黄史》，力主"黄帝第一甲子纪年"之说。尽管当时人们对纪元起始时间众说纷纭，但是对民族祖先的景仰与缅怀却是完全一致的。宋教仁的黄帝像题词："起昆仑之顶兮，繁殖于黄帝之浒。借大刀与阔斧兮，以奠定乎九有。使吾世世子孙有啖饭之所兮，皆赖帝之栉风而沐雨。嗟吾四万万之同胞兮，尚无数典而忘其祖！"这正抒发了当年人们所共同具有的深厚的民族感情。

当然，更为重要的还是利用中华民族悠久的历史和丰富的文化遗产来进行爱国主义教育，用章太炎的说法就是："用国粹激动种性，增进爱国的热肠。""古事古迹，都可以动人爱国的心思。"②

辛亥革命时期爱国志士所提倡的国粹，与民国以后顽固势力宣扬的"国粹"有所区别。还是用章太炎自己的话来说："为甚提倡国粹？不是要人尊信孔教，只是要人爱惜我们汉种的历史。这个历史，是就广义说的，其中可以分为三项：一是语言文字，二是典章制度，三是人物事迹。近来有一种欧化主义的人，总说中国人比西洋人所差甚远，所以自甘暴弃，说中国必定灭亡，黄种必定剿绝。因为他不晓得中国的长处，

① 无畏：《黄帝纪元论》，《国民日日报汇编》第一集，1968年影印版，第275页。
② 章太炎：《演说录》，《民报》第6号，1906年7月25日，第14页。

见得必无可爱，就把爱国爱种的心，一日衰薄一日。若他晓得，我想就是全无心肝的人，那爱国爱种的心，必定风发泉涌，不可遏抑的。”①当年一批进步知识分子，探幽索微，抉剔爬梳，或讲述历史，或整理国学，或研究语言，或品评人物，目的都是反对一味迷醉于欧风美雨的奴化思想，激发“我同胞之国民”的民族自信心和自豪感。

在爱国主义的宣传教育活动中，革命派特别注意利用人们最熟悉和最有亲切感的乡土历史素材。大至于一省，小至于一县，各种以地区命名的报刊如雨后春笋。人们缅怀本乡本土的光荣历史、豪杰贤哲以及先民在政治、经济、文化各方面的贡献，以一往情深的笔触描绘与赞颂故乡的山川形胜，目的都是把爱乡与爱国联系起来，从而振奋民气和陶铸新的国魂。譬如1904年初夏在浙江金华出版的《萃新报》，刊登了一篇题为《论处、金、衢、严四府之关系及其处置之方法》的文章，该文从地球源起谈到亚洲，谈到中国和浙江，再谈到浙东和浙西。其结论是：“我民族缺点之所在，则不在于无爱乡思想，而在于无爱国思想；不在于无族民资格，而在于无国民资格。救时之君子宜如何祛其爱恋故乡之心，而灌以牺牲祖国之志，使人人具爱国思想乎？宜如何由家族制度而铸为人格结为法团，成一完全统一永世无极之公同体，使人人具国民资格乎？”当年的人们把爱乡看作爱国的基础和起点，把爱乡心看作爱国心的源泉，这不能不说是颇有见地的。

但是，这些爱国志士决不故步自封和讳疾忌医，他们对故乡和祖国爱之深而责之切，因而勇于揭露乡梓之地的腐败落后以谋去故求新。他们最为痛恨的是臣服于中外反动势力暴虐统治的奴隶心理和奴隶状态。他们愤懑地抨击：“且也今日之中国，报馆有禁，出版有禁，立会演说又有禁，倡公理则目为邪说，开民智则诬为惑人。坐是种种，而中国国民之种子绝，即中国人求为国民之心死。故父以戒子，师以率徒，兄以诏弟，夫妇朋友之相期望，莫不曰安分、曰韬晦、曰柔顺、曰服从、曰

① 章太炎：《演说录》，《民报》第6号，1906年7月25日，第10页。

做官、曰发财。故卒举一国之人而无一不为奴隶，即举国之人而无一可为国民。”① 他们认为，为了改变这种愚昧落后的状况，必须以祖国为“国民之田”，以如同孟德斯鸠、伏尔泰、卢梭那样的有识之士为“国民之农夫”，以自由平等学说为“国民之种子”，著书立说，一倡百和，辛勤耕耘，才能收获丰硕的“国民之果”。

革命派把有无“国民”，看作“二十世纪之一大问题”。他们说：“中国而有国民也，则二十世纪之中国，将气凌欧美，雄长地球，固可跻足而待也。中国而无国民也，则二十世纪之中国，将为牛为马为奴为隶，所谓万劫不复是也。”② 因此，他们批判旧思想、旧道德，提倡新思想、新道德，特别是对维护君主专制和宗法制度的封建纲常名教展开了猛烈的攻击。同时，他们还十分重视风俗习惯的改革，反对吸毒、缠足、纳妾、赌博等颓风恶习，提倡文明、卫生、剪辫、易服等新的风尚。他们的抱负是：“激来太平洋上之潮，洗净陈陈脑髓；树起昆仑山顶之旆，招归渺渺国魂。他日者，民德日新，百业蔚起，内足以巩国基，外足以御强敌。”③ 一个由数亿健全国民组成的新中国，将以雄伟的姿态自立于世界民族之林。

四

综上所述，可以看出，当资产阶级处于上升的革命的时期，它也深知建设新的精神文明的需要，并为此付出巨大的努力。正如马克思所说的那样：“不管资产阶级社会怎样缺少英雄气概，它的诞生却是需要英雄行为、自我牺牲、恐怖、内战和民族战斗的。”④ 因此，他们就必须

① 《说国民》，《国民报》第 2 期，1901 年。
② 《说国民》，《国民报》第 2 期，1901 年。
③ 《云南杂志发刊词》，《云南》第 1 期，1906 年。
④ 《政治经济学批判大纲》，《马克思恩格斯全集》第 1 卷，人民出版社，1956 年，第 604 页。

从中外历史遗产中寻找“把自己的热情保持在伟大历史悲剧的高度上所必需的理想、艺术形式和幻想”。可以说，20世纪初年的国魂召唤，就是这种“理想、艺术形式和幻想”的表现。很难设想，如果没有这样弥漫海内外的革命鼓吹，没有这样广泛、持久、深入的爱国主义的宣传教育，辛亥革命能如此迅速地一举推翻封建帝制，建立东方第一个共和国。当年爱国志士的奔走呼号，慷慨陈词，以至他们的鲜血、生命、精神，都已经熔铸到辛亥国魂之中，这是以孙中山为代表的一代革命先行者留给我们的宝贵精神遗产。

当然，由于历史条件的限制，当年革命派所宣传的国魂或爱国主义，其理论基础和指导思想只能是民族主义。他们用资产阶级的世界观来看待国内和国际民族关系，因此在狂热的“排满”宣传中不可避免地夹杂着大汉族主义以至种族复仇主义等消极因素。同时，他们所反复阐明的国民精神和国民道德，又是以资产阶级的个性解放为依归，其终极目的是以资本主义私有制取代封建主义私有制。“自由、平等、博爱”的口号尽管在当时曾经具有巨大的吸引力，但归根到底无非是雇佣奴隶制的美丽外衣。他们真诚地反对封建君主专制下的奴隶状态，但却没有意识到随之而来的将是资本主义统治下的奴隶状态。他们的国魂召唤声浪虽然极为壮美，但并不能为广大劳动人民带来真正的平等和幸福。

由于资产阶级的软弱和革命的夭折，辛亥国魂的陶铸不仅弱点甚多，而且其自身也流于半途而废。在帝国主义时代和半殖民地的国度里，中国资产阶级没有足够强大的思想武器战胜封建文化。他们在利用历史遗产进行爱国主义宣传的过程中，不可能完全区别民主精华和封建糟粕，比较容易流于保守主义以至复古主义。譬如有些人就把已经长期为封建统治者所改造制作的孔学，毫无批判地看作“国学=国粹=国魂”。这说明资产阶级在思想战线和在政治战线一样，也具有极为明显的妥协性。南京临时政府成立以后，以孙中山为首的革命派曾经企望利用国家政权的力量，来建设资产阶级共和国所需要的精神文明，颁布了一系列进步的方针政策。如提倡德、智、体、美、世界观和谐发展的国民教育，命令剪除发辫，禁止鸦片、缠足、蓄娼、赌博、迎神赛会，革除陋俗恶习，并且在礼仪方面也作了若干必要的革新。这些措施都产生过良好的影响，但由于南京临时政府的迅速收场而未能认真贯彻下去。加以国民教育程度很低，特别是农村人口文盲极多，也大大局限了这些精神文明建设的实效。及至袁世凯登台和各派军阀混战时期，各种旧文化、旧思想、旧道德、旧风习又复卷土重来，成为桎梏中国人民的层层精神枷锁。

孙中山辞去临时大总统职务以后，在继续鼓吹民生主义的同时，曾经片面地认为只有振兴实业才是“立民国国家百年根本之大计”，并且宣言“十年不预政治”，愿以在野之身修筑二十万里铁路，使中国成为“世界第一富强之国”。他除主张设立铁路公司以外，还兼任中华银行总董、铁路协会名誉会长以至永年保险公司董事长等职。但曾几何时，袁世凯刺杀宋教仁的枪声惊醒了“实业救国”的美梦。经过其后讨袁、护国、护法诸役相继失败的教训，他深深感到：对于中国的革命和建设来说，思想战线在任何时候都和政治、经济战线一样重要，丝毫也不能忽视精神的作用。因此，他在 1917 年至 1919 年期间写成的《建国方略》一书，便把“心理建设”放在第一位，而把物质建设、社会建设（民权初步）放在第二位和第三位。孙中山说：“夫心也者，万事之本源也。”这当然是颠倒了意识与存在的关系，过分强调了精神的决定作用。但是他渴望振奋全党革命精神，挽救名实已不相符的民国，并且进而建设适应世界潮流的新的精神文明，这种恳挚的心情则是应该给以尊重和理解的。

辛亥革命时期那一辈革命者，始终未能完成在中国建设新的精神文明和物质文明的艰巨任务，未能实现“一跃而登中国于富强之域，跻斯民于安乐之天”的良愿宏谟，多少仁人志士为此而遗终天之恨。但是，他们那种真诚的不惜为革命而赴汤蹈火的献身精神，永远值得我们继承和发扬。他们努力从事爱国主义的宣传教育，留下了许多经验教训可以供我们吸取。他们讴歌国魂的恳挚声音，将世世代代回响在海内外每一个炎黄子孙的心间。而建设一个现代化的、高度民主的、高度文明的社会主义富强祖国，则是我们对于所有那些为祖国解放与社会进步而奋斗终生的革命先辈的最好纪念。

从离异到回归——孙中山与传统文化的关系

传统文化与现代化的关系问题，今天已经成为人们极为关注与热烈讨论的重要课题。本文试图剖析孙中山与传统文化的关系，目的也是在于探讨传统文化与现代化的关系这个总课题。孙中山是推动中国现代化的伟大先驱，他对传统文化的认识与态度，至今仍然可以作为我们有益的借鉴。

一、曲折的历程

孙中山对于中国传统文化，有一个从离异到回归的曲折历程。

先说离异。

孙中山在《复翟理斯函》中，对于自己少年时代的思想变化，曾有简括而又生动的回顾："幼读儒书，十二岁毕经业。十三岁随母往夏威仁岛（Hawaiian Islands），始见轮舟之奇、沧海之阔，自是有慕西学之心，穷天地之想。是年母复回华，文遂留岛依兄，入英监督所掌之书院（Lonlani College，Honolulu）肄业英文。三年后，再入美人所设之书院（Oahu College，Honolulu）肄业，此为岛中最高之书院。初拟在此满业，即往美国入大书院，肄习专门之学。后兄因其切慕耶稣之道，恐文进教为亲督责，着令回华，是十八岁时也。”①

檀香山靠近中途岛，位于西经 160°，与国际日期变更线相距不远，正好处在东半球亚洲大陆与西半球北美大陆中间，可以说是东西文化交接之地。1875 年，美国通过所谓“互惠条约”控制了夏威夷群岛的政治与经济，1899 年更进而加以吞并。孙中山恰好于 1878 年到檀香山，从 1879 年 9 月至 1883 年 7 月，先后在英、美基督教会主办的初、高中就学。一个只受过两年多村塾教育的农家子弟，骤然接触到西方近代文明（尽管是它的边缘地区），不能不产生仰慕之情。如果说，西方的船坚炮利曾经把一部分地主阶级开明人士吸引到洋务事业，那么，太平洋上的轮舟之奇则驱使这个乡村少年立即倾心西学。他认真学习英语，学习自然科学与西方社会政治学说的基本知识，也热心地阅读圣经并参加宗教活动。从十二岁到十八岁，是人的一生中可塑性最强的岁月，近代基督教文明的潜移默化，使他逐渐成为一个从传统文化圈游离出来的西化中国人。其结果便是对于基督教的趋近皈依，而在偏向保守的哥哥孙眉看来，这乃是对于祖国古老传统的决裂。他害怕弟弟将会成为背祖忘宗的家族叛逆，所以扮演了海外卫道士的威严角色，立即把孙中山强行遣返故土。

但是珠江三角洲毕竟是开放已久的地区，即使是穷乡僻壤如翠亨，气氛也要比内地某些闭塞的城市宽松得多。回乡以后，父母对孙中山“亦无所督责，随其所慕”。因此，对传统文化的离异过程便依然继续，其骇俗惊世之举便是公然捣毁村庙北极殿中的菩萨。守旧势力不能容忍这种悖逆行为，孙中山被迫再次离乡前往香港，随即正式受洗成为基督教徒。此后是一系列继续西化的学历：香港拔萃书室、中央书院（Queen's College）、广州南华医学堂（美国长老会举办）、香港西医书院，直到 1892 年以最优异成绩在西医书院毕业。这时孙中山已是 26 岁的青年，在顽固的守旧势力看来，他仿佛是一个外来人。

① 《孙中山全集》第 1 卷，中华书局，1981 年，第 47 页。

早年在檀香山的生活经验，给孙中山留下难以磨灭的印象。1905年8月，在东京中国留学生欢迎大会上，孙中山的演说特别提到檀香山百年来的变化："与外人交通，由野蛮一跃而为共和。"所谓"与外人交通"，就是接受西方资本主义文化。孙中山反对故步自封，主张以檀香山为鉴，自觉地努力学习西方。他说："我们中国先是误于说我中国四千年来的文明很好，不肯改革，于今也都晓得不能利用，定要取法于人。若此时不取法他现世最文明的，还取法他那文明过渡时代以前的吗？我们决不要随天演的变更，定要为人事的变更，其进步方速。"① 作为革命运动的带头人，孙中山更为注重的是引导人民与中世纪的野蛮诀别。

从1894年檀香山兴中会盟书提出"创立合众政府"，到1911年回国前在巴黎宣称："倘用北美联邦制度最为相宜"②，都可以看作是对于传统文化离异过程的继续，多少留有早期全盘西化倾向的痕迹，也表现出久处海外的孙中山对于国情与传统文化的明显隔膜。所以，国内立宪派领袖张謇与孙中山接触以后便产生一个印象："知其于中国四五千年之疆域、民族、习俗、政教因革损益之递变，因旅外多年，不尽了澈。即各国政治风俗之源流，因日在奔波危难之中，亦未暇加以融会贯通。"③ 这种批评，不宜单纯看成是立宪、革命两派之间的党同伐异，它多少还是指出了孙中山当时确实存在的不足之处。

但是从总体上来看，又不宜把这种离异程度估计过高，孙中山一生的革命事业终究扎根于本国土壤。作为热爱祖国的海外游子，他对于中国传统文化又日益增长着回归的倾向。

---

① 《孙中山全集》第1卷，中华书局，1981年，第281—282页。

② 《与巴黎〈巴黎日报〉记者的谈话》，《孙中山全集》第1卷，中华书局，1981年，第562页。

③ 张謇：《张季子九录·文录》卷一八。张謇对传统文化的绻恋正好表现出他的保守倾向，其《国粹保存会第三年祝典征诗》云："秦火光中有伏生，遗经收拾汉承明。谁能战栗绵周社，尚借哀弦慰鲁城。世变九州三古绝，国魂千劫一丝轻。维持自系吾曹事，辛苦丛残已得名。"

现在再说回归。

首先，我们不能忘记，孙中山童年的生活环境，仍然是封建农业宗法社会，而且还受过两年传统的村塾教育。尽管他对这种教育方法表示怀疑，但不能排除儒学对童稚孙文的薰染。

其次，孙中山在檀香山虽受资本主义教育，但仍然生活在华人传统文化圈中；随着美国排华政策的推行与当地土著居民排华情绪的滋长，夏威夷华人社会中的保守倾向更有所增强。这种特定的生活环境，必然对于少年孙中山离异传统文化的过程有所制约。

孙中山不同于一般归化外国的海外华人。他不仅热爱祖国而且决心改造祖国。他对传统文化的离异，其实质是与野蛮诀别而趋向文明，丝毫也不意味着对于祖国的背弃。因此，回香港以后，特别是在中法战争刺激下萌发反清思想以后，他逐渐察觉自己对于本土的历史与文化了解甚少，遂受教于曾在柏林大学教授汉文数年的区凤墀牧师。习医期间，又请汉文教师陈仲尧授读。正如他自己回忆的那样："于中学则独好三代两汉之文，于西学则雅癖达文之道，而格致政事亦常流览。"① 孙中山对中学的补课是有成效的，至少是使他的革命宣传增添若干民族色调。1899 年在横滨与章太炎讨论土地问题时，孙中山已经能够结合中国历史阐明自己的平均地权主张。以一代传统文化宗师自命的章太炎，在"善哉"的赞许声中表明来自内地的先进知识分子对于孙中山的开始认同②。而到 1903 年，在黄中黄译述的《孙逸仙》一书中，章太炎更把孙中山推崇为刘邦、洪秀全式的领袖人物，"外来者"的印象在他们的心目中已经逐渐淡薄。

革命不能输入。革命不仅必然具有本土的社会根源，而且必须具有本土的民族形式。如果说，简单的"反清复明"宣传，已经表现出孙中山对于会党传统心理的辨认与利用；那么，当他把自己宣传的重点从

① 《孙中山全集》第 1 卷，中华书局，1981 年，第 48 页。
② 章太炎：《訄书·定版籍》，上海人民出版社，1981 年，第 269 页。

会党转向国内知识分子时，他就必须更为精心地把自己的民族主义披上"夷夏之辨"的古朴外衣。因为，如果没有传统文化方面最起码的共同语言，他就很难赢得那些曾经熟读经书的爱国志士的尊敬与信任。但是，更为明显的文化回归，还是在回国创建南京临时政府以后。这不仅是由于施政必须洞悉国情，而且还由于他面临着为数更多的另外一种类型的知识分子群体，孙中山渴望得到他们的理解与支持。在这些人的心目中，孙中山仍然是一个与国情及传统文化格格不入的"外来者"。

创建同盟会，主要是依靠聚集在东京的那些中国留学生，这是崛起于二十世纪初年的一代新式知识分子。他们中间的先进分子，对于西方近代文明与美、法共和制度的仰慕，几乎达到如痴如狂的程度。他们或则自我标榜："民约服卢梭，强权伟斯宾，潜心观天演，愿从达尔文。"① 或则反复吟诵："娶妻当如韦露碧，生儿当生玛志尼，得听雄鸡三唱晓，我侬身在法兰西。"② 对于这些热血沸腾的倾向于西化的留学生，孙中山凭借自己比较丰富的西学与革命激情，可以得心应手地把他们争取过来。传统文化素养的差异，不足以构成阻碍两者之间思想交流的鸿沟。

可是，回国以后，他立即生活在一个与海外迥然有别的社会环境，而且由于自己已处于执政地位，更不能不与张謇这样一些立宪派与东南绅商相周旋。这是与古老文化传统保持更为密切联系的一批新旧参半的知识分子，他们保持着比较稳定的传统文化心理结构。辛亥革命爆发与建立民国的现实，促使（甚至是迫使）他们在政治观念上有了新的突破，即从君主立宪转向民主共和。正是由于如此，孙中山的领袖地位才能得到他们有一定限度的认可与尊敬。张謇有一段评述，大体上可以代表这些人对于从海外归来的孙中山的观感："中国以四五千年之君主国

① 金松岑：《今怀》，《江苏》第5期，1903年。

② 金松岑：《陈君去病归自日本，同人欢迎于任氏退思园，醉归不寐，感事因作》，《江苏》第5期，1903年。

体，一旦改为民主，在世界新趋势虽顺，在世界旧观念则逆。况以一二人为之，则因逆而更难。而孙中山不畏难，不怕苦，不耻屡仆屡起，集合同志，谋举革命，千回百折，备尝艰苦。至辛亥年，事会凑合，卒告成功。从历史上看来，中国革命之第一人要推商汤。其后因君主之昏聩，或其他原因，起而革命者，代不乏人；然不过一朝一姓之变更而已，不足为异。孙中山之革命，则为国体之改革，与一朝一姓之更变迥然不同。所以孙中山不但为手创民国之元勋，且为中国及东亚历史上之一大人物。”①

但是，深入到传统文化心理结构的里层，在伦理观念以至所谓道统观念方面，张謇等人对孙中山与革命派则持另外一种评价。民国创建之始，张謇连续撰写《尧舜论》（上、中、下三篇）、《革命论》等文章，显然是有针对性的批评：“使革人之命，而上无宽仁智勇文武神圣之君，下无明于礼乐兵农水火工虞之佐，则政教号令旧已除而新无可布，布者复不足以当王泽而餍民望，其愈于不革者几何？”他把二千年来的革命分为神圣、豪杰、权奸、盗贼四类，并且总结说：“汤武圣贤也，假汤武者豪杰或庶几，其次类皆出入于权奸、盗贼之间，此诚专制之国体有以造之。”这些评论都是以传统伦理观念为尺度，并且把太古的尧舜禹汤作为最高政治道德楷模，显然是拘守儒学的道统规范。

传统是一种无形的巨大的力量，人们到处都可以感受到它的存在。长期流亡海外的革命者一旦回归故土，立刻为传统文化的魅力所吸引，同时又必然要承受传统文化惰力的沉重负荷。血性男儿如黄兴，可以率两百壮士驰骋南疆，视成千上万清军如草芥；但是一旦“骤与立宪派遇，即歉然自以为不如；还视同党，尤觉暴烈者之只堪破坏，难与建设”。因此，他对于具有较深传统文化素养的立宪派人物持亲近与谦抑态度，不仅“引进张、汤（张謇、汤寿潜）为收搢绅之望”，并且着意

① 《追悼孙中山的演说》，《张季子九录·文录》，中华书局，1931年。

延揽杨度、汤化龙、林长民等以争取更多的助力①。胡汉民曾以此为根据，批评黄兴政见“日以右倾”。但是这决不应该仅仅看作是黄兴个人的转向，而是表明强大的传统力量在思想上对整个革命派都产生了影响。1912 年 10 月，孙中山在漫游燕、晋、齐、鲁回到上海以后，曾经发表观感说：“革命起于南方，而北方影响尚细，故一切旧思想未能扫除净尽。是以北方如一本旧历，南方如一本新历，必须新旧并用，全新全旧，皆不合宜。”② 因此，他把政权让给袁世凯的原因之一，就是：“欲治民国，非具新思想、旧经练（验）、旧手段者不可，而袁总统适足当之。”③

此后，特别是在他的晚年，孙中山向中国传统文化回归的趋向更加明显。

1923 年年底，孙中山在一次演说中指出：“大家都知道中国最有名的人是孔子，他周游列国，是做什么事呢？是注重当时宣传尧、舜、禹、汤、文、武、周公之道。他删诗书，作春秋，是为什么事呢？是注重后世宣传尧、舜、禹、汤、文、武、周公之道。所以传播到全国，以至于现在，便有文化。今日中国的旧文化，能够和欧美的新文化并驾齐驱的原因，都是由于孔子在二千多年以前所做的宣传功夫。”④ 紧接着，1924 年初，他在关于三民主义的一次演讲中又强调指出：“大凡一个国家所以能够强盛的缘故，起初的时候都是由于武力的发展，继之以种种文化的发扬，便能成功。但是要维持民族和国家的长久地位，还有道德问题，有了很好的道德，国家才能长治久安。”“所以穷本极源，我们现在要恢复民族的地位，除了大家联合起来做成一个国族团体以外，就要把固有道德先恢复起来。有了固有的道德，然后固有的民族地位，才

① 《胡汉民自传》（台北 1978 年影印版），第 239 页。
② 《孙中山全集》第 2 卷，中华书局，1981 年，第 485 页。
③ 《孙中山全集》第 2 卷，中华书局，1981 年，第 485 页。
④ 《革命成功全赖宣传主义》，《孙中山选集》下卷，人民出版社，1956 年，第 492 页。

可以恢复。”① 孙中山在这里所说的“固有道德”，指的是忠孝仁爱信义和平，以及本来属于道德范畴却又已经发展成为一整套政治哲学的“格物、致知、诚意、正心、修身、齐家、治国、平天下”。

从离异开始，以回归终结，离异之中经常有回归，回归之中继续有离异。这或许可以作为对于孙中山与中国传统文化的关系的动态概括。

二、取中西文化而融贯之

辛亥革命爆发以后，孙中山曾经宣布：“将取欧美之民主以为模范，同时仍取数千年旧有文化而融贯之。”② 取中西文化而融贯之，可以说是孙中山一贯的方针。

从总体上看，孙中山把中国传统文化当作固有的“旧物”，把西方近世文明当作外来的“新物”。他反对守旧，主张“取法于人”，“取法于上”，“对欧洲文明采取开放态度”。但是，自从 1896 年到欧美考察以后，他亲眼看到资本主义的严重弊端，便认为不应迷信西方，更不能把欧美文明“全盘照搬过来”。正确的做法应该是“取法西人的文明而用之”，然后“渐渐发明”，“转弱为强，易旧为新”，“则一切旧物又何难均变为新物”③。

孙中山对中西文化较少偏颇的成见。他认为：固有的文明，只有在对外开放的过程中，通过与其他文明的比较、选择，才能不断向前发展。他把对外开放、取法西方与国内改革紧密联系起来，并且对此充满信心。有人持怀疑态度：“中国此时改革事事取法于人，自己无一点独立的学说，是〔事〕先不能培养起国民的独立性根来，后来还望国民有独立的资格吗？”孙中山回答：“此说诚然。但是此时异族政府禁端

① 《三民主义·民族主义》，《孙中山选集》下卷，人民出版社，1956 年，第 653 页。
② 《在欧洲的演说》，《孙中山全集》第 1 卷，中华书局，1981 年，第 560 页。
③ 《在东京中国留学生欢迎大会的演说》，《孙中山全集》第 1 卷，中华书局，1981 年，第 278 页。

百出，又从何处发行这独立的学说？又从何处培养起国民独立的性根？盖一变则全国人心动摇，动摇则进化自速，不过十数年后，这‘独立’二字自然印入国民的脑中。所以中国此时的改革，虽事事取法于人，将来他们各国定要在中国来取法的。如米（美）国之文明仅百年耳，先皆由英国取法去的，于今为世界共和的祖国；倘是仍旧不变，于今能享这地球上最优的幸福不能呢？”①

孙中山在革新事业中对待传统文化的态度，既不同于康有为的托古改制，也不同于章太炎的国学振兴。他出身于贫农家庭，少年即去海外，是在接受西方基础教育以后，再回过头来补习中国语文、经史等课程。因此，他所受封建传统束缚较少，而取法西方近世文明的决心更大，也具有更多的乐观情绪。同时，他又是一位合格的西医，经过系统的科学理论与方法的训练，在世界观、思想方法、价值观念诸方面都具有更多的时代风貌，所以在中西文化交流融通问题上也就表现得更为冷静、理智与豁达。可以说是择善而从，不拘一格。当然，这并不意味着他完全不受当时人们认识程度的限制。

孙中山对于中西文化的“融贯”，大体上可以区分为三个层次。

第一层次是在辛亥革命以前，其“融贯”主要表现为政治纲领的形成。“驱除鞑虏，恢复中华”，显然是“夷夏之辨”传统观念与近代民族主义“融贯”的产物。“创建民国”则主要是脱胎于西方民权学说与议会政治，但同时也“融贯”了中国固有的民本思想，并且借鉴于传统的监察、考试制度，以五权宪法弥补三权分立的不足。“平均地权”当然是师法亨利·乔治与约翰·穆勒，但同时也与古老的大同思想以及均田、公仓等法有渊源关系。可以说，三民主义就是中西文化“融贯”的产物。孙中山对于自己的做法充满自信，并且批评那些盲目抄袭西方模式的留学生：“其故在不研究中国历史、风俗、民情，奉欧美为

① 《在东京中国留学生欢迎大会的演说》，《孙中山全集》第1卷，中华书局，1981年，第281页。

至上。他日引欧美以乱中国，其此辈贱中国书之人也。”①

第二层次是在辛亥革命、“二次革命”、讨袁、护法相继失败以后，孙中山屡遭挫折，反复思索，逐步认识到人们的思想状况与心理建设的重要。他在《建国方略》一书中即已指出：革命之所以一再失败，主要是由于党人对革命宗旨、革命方略信仰不笃、奉行不力。“而所以然者，非尽关乎功成利达而移心，实多以思想错误而懈志也。此思想之错误为何？即‘知之非艰，行之惟艰’之说也。此说始于傅说对武丁之言，由是数千年来，深中于中国之人心，已成牢不可破矣。故予之建设计划，一一皆为此说所打消也。呜乎！此说者予生平之大敌也！其威力当百倍于满清。夫满清之威力，不过只能杀吾人之身耳，而不能夺吾人之志也。乃此敌之威力，则不惟能夺吾人之志，且足以迷亿兆人之心也。”②

孙中山更为深切地感受到传统的巨大惰力，但是他没有屈服于这种惰力，并且勇敢地向传统惰力挑战。

孙中山这一层次认识的特点主要表现在三个方面：

第一，物质文明必须与精神文明同步前进：“实际则物质文明，与心性文明相待，而后能进步。中国近代物质文明不进步，因之心性文明之进步，亦为之稽迟。”这就是说，物质文明是精神文明的基础，它制约着精神文明发展的速度与水平。

第二，对中国固有文明不可“一概抹杀”：“持中国近代之文明以比欧美，在物质方面，不逮固甚远，其在心性方面，虽不如彼者亦多，而能与彼颉颃者正不少，即胜彼者，亦间有之。”总之，应该加以具体分析，不可笼统判定优劣。

第三，但是，从总体来说，对于中国传统文化也不可采取迷信保守

① 《与刘成禺的谈话》，《孙中山全集》第1卷，中华书局，1981年，第444页。

② 《建国方略》，《孙中山选集》下卷，人民出版社，1956年，第105页。以下引文，除注明者外，均据此书。

态度，应该加以改良，以求为今天所用。“且中国人之心性理想，无非古人所模铸，欲图进步改良，亦须从远祖之心性理想，究其源流，考其利病，始知补偏救弊之方。”“如能用古人，而不为古人所惑，能役古人，而不为古人所奴，则载籍皆似为我调查，而使古人为我书记，多多益善矣。”

这一层次的主要成果就是知难行易学说。孙中山从饮食、用钱、作文、建屋、造船、筑城、开河、电学、化学、进化等方面，运用西方近世自然科学及人文科学的知识与方法，对宋明理学家宣扬的传统知行观（从知先行后、知易行难到知行合一），作了系统的清理与批判，然后形成了自己的认识论——知难行易。孙中山强调实践在认识过程中的地位与作用，发展了从王充到王船山的行先于知的唯物主义知行观。

同时，孙中山借用西方实验科学中的以太概念，结合星云说、地质缓慢进化说，对宇宙形成作了比较科学的解释，在自然观方面发展了中国古代的唯物主义元气论。此外，在存在与意识、物质与精神的关系等哲学根本问题上，孙中山也结合西方自然科学与社会政治学说，对心性文明与物质文明的关系作了许多合理的解释。当然，其中也包含着夸大精神作用的传统唯心主义倾向，如认为“心也者，万事之本源也”等等。

孙中山对中西文化“融贯”的第三个层次出现于他的晚年。如果我们把第二层次称作哲学“融贯”，则第三层次或许可以称为伦理“融贯”；不过这两个层次相互交叉渗透，时间的间隔也并非十分清晰。

早在1917—1919年撰写《建国方略》期间，孙中山在心理建设方面虽然侧重于知难行易学说框架的营筑，但是已经考虑到伦理道德的重要意义。他认为“社会国家者，互助之体也；道德仁义者，互助之用也；人类顺此原则则昌，不顺此原则则亡”，并且把中国贫弱的原因，归结为“官吏贪污、政治腐败之为害也，倘此害一除，则致中国于富强，实头头是道也”。1919年10月10日，孙中山为纪念辛亥革命八周年，在上海《晨报》发表《八年今日》一文，沉痛指出："今日何日？正官僚得志，武人专横，政客捣乱，民不聊生之日也。追源祸始，则政客实为万恶之魁。……惟政客则全为自私自利，阴谋百出，诡诈恒施，廉耻丧尽，道德全无，真无可齿于人类者。"如果这里讲的还只限于政治道德，那么到了 1924 年春天，他在关于民族主义的一次演讲中，即已更为明确而全面地强调："我们现在要恢复民族的地位，除了大家联合起来做成一个国族团体以外，就要把固有的旧道德先恢复起来。有了固有的道德，然后固有的民族地位才可以图恢复。"

值得注意的是，孙中山公开号召恢复"固有的旧道德"之时，已经是在五四运动发生以后，而且在一定程度上正是对于新文化运动反对旧道德的逆向反应。

孙中山虽然曾对五四运动表示过热情支持，但却并不讳言自己对于新文化运动绝对否定旧道德的不满。他在同一演说中指出："讲到中国固有的道德，中国人至今不能忘记的，首是忠孝，次是仁爱，其次是信义，其次是和平。这些旧道德，中国人至今还是常讲的，但是现在受外来民族的压迫，侵入了新文化，那些新文化的势力，此刻横行中国。一般醉心新文化的人，便排斥旧道德，以为有了新文化，便可以不要旧道德。"

这可以看作是孙中山对于中国传统文化极为明显的回归，但是却不能认为是完全对立于新文化运动的复旧。

需要作两点说明：第一，孙中山并非全盘否定新文化运动，而只是反对新文化运动过程中出现的民族虚无主义倾向。新文化运动的活跃分子，很多是二三十岁血气方刚的青年。他们愤慨于辛亥革命的果实为旧势力所吞没，因此更为增大了对于传统文化的离异的跨度，甚至说了一些诸如主张废灭汉文、不读汉字写的书籍之类过头话。还有一些完全迷醉于西方文化的留学生，简单、粗暴地贬低以至全盘否定本土文化，如说中国"百事不如人""一分象人九分象鬼"等，这样自然要引起许多人的反感，其中也包括具有民族自尊心的爱国者的反感。孙中山对旧道德的维护，正是由于担心民族主体意识的可能泯灭。

第二，孙中山也并非主张全盘恢复旧道德、旧传统，至少从主观愿望来说，他还是力图区分传统文化的精华与糟粕，并且对他认为是应该保留的旧道德也作了许多新的解释。譬如，他在《北伐宣言》中即曾指出："观于袁世凯之称帝，张勋之复辟，冯国璋、徐世昌之毁法，曹锟、吴佩孚之窃位盗国，十三年来，连续不绝，可知其分子虽有新陈代谢，而其传统思想则始终如一。"① 这里所说的传统思想，自然是指帝王思想、专制思想之类糟粕，这些反动成分理应加以摒弃。再如，他主张保留固有道德的"忠"，但却对其加以新的阐释："我们做一件事，总要始终不渝，做到成功，如果做不成功，就是把性命去牺牲，亦所不惜，这便是忠。""我们在民国之内，照道理上说，还是要尽忠，不忠于君，要忠于国，要忠于民，要为四万万人去效忠。"② 此外，他还把正宗儒学提倡的内省式的修身，解释成为自重、自律与文明行为，并且强调需要向西方人学习："假如大家把修身的工夫做得很有条理，诚中形外，虽至一举一动之微，亦能注意，遇到外国人不以鄙陋行为，而侵犯人家的自由，外国人一定是很尊重的。所以今天讲到修身，诸位新青年便应该学外国人的新文化。"③

不仅如此，孙中山晚年的中西文化"融贯"，还萌现了一个更高层次的趋向，那就是企图把中国传统的大同、王道思想，同列宁所宣传的全世界无产阶级与被压迫民族联合起来以反对帝国主义的伟大思想汇合起来。1923 年，他在《致犬养毅书》中，即已把苏维埃主义（即列宁主义）概括为"受屈人民当联合受屈人民以排横暴"。并且引申说，"夫苏维埃主义者，即孔子之所谓大同也。……苏俄立国之主义，不过

① 《孙中山选集》下卷，人民出版社，1956 年，第 873 页。
② 《三民主义·民族主义》，《孙中山选集》下卷，人民出版社，1956 年，第 650 页。
③ 《三民主义·民族主义》，《孙中山选集》下卷，人民出版社，1956 年，第 655—656 页。

如此而已，有何可畏!”次年冬，他在神户高等女学校演讲《大亚洲主义》，又把这种思想与中国传统的王道文化主张结合起来。孙中山解释说：“东方的文化是王道，西方的文化是霸道；讲王道是主张仁义道德，讲霸道是主张功利强权；讲仁义道德，是由正义公理来感化人；讲功利强权，是用洋枪大炮来压迫人。”并且特别恳挚规劝日本：“你们日本民族既得到了欧美的霸道的文化，又有亚洲王道文化的本质，从今以后对于世界文化的前途，究竟是做西方霸道的鹰犬，或是做东方王道的干城，就在你们日本国民去评审慎择。”从道德观而言，这也进入一个更高的层次，即把传统的王道观念与当代的国际主义结合起来，作为处理国与国之间关系的最高道德准则，以求在世界范围内形成合理的格局与秩序。这种对于传统文化的回归，已经注入了崭新的时代内容，并且闪耀着理想主义的光彩，因而与复古主义不可同日而语。

孙中山逐渐把自己敏锐的洞察力集注于十月革命以后的俄国，对于新兴的“苏维埃主义”寄予很大希望，并且已经表现出引进这种新型西方文化的某些意愿。只是由于不幸过早病逝，未能亲自开创一个中西文化“融贯”的崭新局面。

三、历史的启示

对于传统文化的离异与回归，在人类历史上不是个别的、偶然的现象，它带有相当的普遍性。在从中世纪野蛮进入近世文明的转变时期，情况尤其是如此。

在文艺复兴的发源地意大利，新的社会力量的知识界代表，为了与中世纪的旧制度、旧观念决裂，曾向古老的希腊、罗马文明汲取精神力量。他们不仅通过世界的发现达到人的发现，并且向那些用羊皮纸抄写的希腊文、拉丁文典籍，向那些精美绝伦的艺术珍品，直至向那些历史遗址的断壁残垣，寻求建设新社会的理想与激情。这些近世文明的先驱们，仿效古典文化已经如痴似狂。他们不仅以西塞罗、普林尼作为楷模而勤勉地学习书写拉丁文信札，甚至连每一次演讲都仿佛是古罗马元老院雄辩家们的幽远回声。为了反对当今旧传统的权威，不得不借取更为遥远的古老传统的权威。正如路德曾经穿过使徒保罗的服装，克伦威尔曾经借重旧约会书中的先知哈比谷那样。还是马克思说得好："使死人复生是为了赞美新的斗争，而不是为了勉强模仿旧的斗争。"① 回归古典文化的热潮，反而促使地中海沿岸成为抚育资产阶级文明的摇篮。

在彼得大帝厉行改革后的俄国，离异与回归两种趋向曾经表现为两个派别。西化主义者代表彼得一世以来的革新潮流，他们认为要想摆脱俄罗斯的野蛮与落后就必须全盘西化，特别是仿效实行君主立宪制的英国。为了与旧传统决裂，他们使用了极端的语言，甚至认为俄罗斯对于人类文明进步一直只起玷污作用，而从未作过任何贡献。这些民族虚无主义的言论严重地伤害了许多俄罗斯人的感情，于是又产生了斯拉夫主义一派。斯拉夫主义者自命为俄国历史遗产的卫士，他们主张尽量发掘民族固有的美德，激发人民的爱国思想，反对西方影响对俄国文化的腐蚀。不过斯拉夫主义者并不反对自上而下的改革，在这个问题上他们与西化主义者没有根本的分歧。

近代资产阶级文明的发展，从世界趋势而言，可以用"西潮东渐"四字概括。东方国家，包括地跨欧亚的俄国，近代化过程一般都是从学习西方开始。如果说，俄国的革新者只是主张背离本民族的陈旧传统，那么日本的倾慕西方进步文明的维新志士，则是进而主张与整个亚洲的陈旧传统脱钩。福泽谕吉在1885年发表的《脱亚论》，便是这股思潮的代表作。但是，由于面临着强大的西方势力的冲击，害怕丧失固有民族精神的忧患意识有增无已，所以"和魂洋才"主张依然颇有影响。国

① 《路易·波拿巴的雾月十八日》，《马克思恩格斯选集》第1卷，人民出版社，1972年，第605页。

学派的三宅雄次郎，志贺重昂等固然是提倡保全国粹，宣扬“日本主义”①；就连享有“东方卢梭”美誉的中江兆民，也对“崇外卑内主义”的流行，怀有深沉的忧虑，也认为不可一切模仿西方。

西学东渐，经由日本冲击中国，在中国也曾引起开放与排外两种反应，曲折地表现在对待本民族固有文化的态度上，则有离异与回归两种倾向。上述孙中山从离异到回归的曲折过程，无非是这种近代文化发展总形势的一个侧面。

中国的古老传统文化，既具有极大的魅力，又具有深沉的惰性。为了向西方近世文明学习，首先需要与陈旧传统决裂，至少是动摇其绝对的权威。离异的趋向从十九世纪中叶即已开始，然而旧传统始终阻碍着新制度的诞生。从冯桂芬的“以中国之伦常名教为原本，辅以诸国富强之术”，到洋务派奉行的“中学为体，西学为用”，都可以看出前进是何等步履艰难。有识之士不满于这种表层的离异，他们认为本与术、体与用是不可分的，因而呼吁推动本体的更新。严复说：“体用者，即一物而言之也。有牛之体则有负重之用，有马之体则有致远之用，未闻以牛为体而以马为用者也。中西学之为异也，如其种人之面目然，不可强谓似也。故中学有中学之体用，西学有西学之体用，分之则两立，合之则两亡。”② 这种见解诚然是深刻的，然而曲高和寡，先驱者的哲理之言，并不一定能为民族既定的心态所容纳。即令是披着托古改制外衣的戊戌维新，很快就被顽固派残酷扼杀，接踵而至的则是全面排斥新事物的“扶清灭洋”运动。就与陈旧传统的离异而言，辛亥革命与五四新文化运动，都可以说是继承戊戌维新的未竟之业。

新的社会制度大多是在旧社会的母体中孕育诞生的，然而正如婴儿必须剪断脐带，脱离母体才能赢得自己的独立生命，新制度也存在着一个如何冲破旧势力网罗的严重课题。需要很大的力量，包括阶级的、经

① 黄节：《〈国粹学报〉序》，《国粹学报》第 1 期。
② 《与〈外交报〉主人论教育书》，《严复诗文选》，人民文学出版社，1959 年。

济的、政治的、意识形态的力量，更需要许多世代的不懈努力，才能逐步解决这一课题。而首要的任务是推倒旧传统的绝对精神权威。在西方是通过赞誉古代文明的辉煌以揭露中世纪的黑暗落后，从而以人性取代神性，否定旧宗教的腐败统治。在东方则是通过与西方的对比以揭露自身的愚昧野蛮，从而动摇正统文化的权威地位，在中国就是否定儒学的神圣道统。从别林斯基《给果戈里的信》，车尔尼雪夫斯基的《序幕》，福泽谕吉的《文明论概略》，中江兆民的《一年有半、续一年有半》，以至辛亥革命前夜《江苏》《浙江潮》等书刊中的许多诗文，都可以看到这些作者通过东西文化的对比，强烈地鞭挞了自己国家的亚洲式的野蛮与愚昧。孙中山在1897年春发表的《中国的现在和未来》一文，也是论述同一内容。

与水流之由高趋低相反，人类在多种文明的对比选择中，一般都是背离低级而趋近高级。因此，在近代东西文化的交流碰撞过程中，东方国家出现的与传统文化离异并趋向西方文明的现象，乃是历史的必经阶段，也是一股进步的潮流。但是由于两方差距过大，东方国家在冲突与竞争中通常处于弱者与失败者的地位，因而在学习西方的过程中又容易产生民族自卑感，即中江兆民所厌恶的“崇外卑内主义”。这种倾向发展到极端便是主张全盘西化，彻底背离本民族的固有文化。物极必反，作为全盘西化的对应产物，必然是重新强调回归传统文化，甚至公开倡言保存与复兴古学。这种回归，从其积极方面言，是对于民族精神可能沦丧的担心；但从其消极方面而言，也容易产生近代化的逆向反应。

在日本，除国学派的排外论调以外，1890年颁布的《教育敕语》，还要求“完善道德力量”以及人民生活方式中西化与传统双轨并存，都表现出努力保存“和魂”的强烈愿望。在中国，二十世纪初年兴起的国粹主义思潮，也公开宣称：“昔西欧肇迹，兆于古学复兴之年，日本振兴，基于国粹保存之论。前辙非遥，彰彰可睹。”① 国学大师章太

① 《拟设国粹学堂启》，《国粹学报》第26期。

炎则声明自己提倡国粹，正是为了反对欧化主义者的“自暴自弃”①。孙中山对于传统文化的大幅度回归，与辛亥前的国粹主义思潮虽然相距有十年以上，但是他担心丧失民族主体意识，并且把发扬“中国固有的精神”与恢复“固有的民族地位”联系起来，其基本思路与章太炎等自有相通之处。

道德是传统文化的核心部分，也是民族文化心理结构最为稳定的层次之一，它渗透到社会生活的各个方面，并且成为维系民族与国家的强大凝聚力。西潮东渐对于传统文化的冲击，最为令人焦虑的也是在于道德观念方面，因为它可能引起整个社会的巨大震荡。正如中江兆民在《一年有半》中所描绘的日本明治维新以后的情况那样：“日本和欧美各国，互相交际往来，把这些国家的货物，以及制度、文化、习惯、风俗、服装一起传入到日本的时候，日本的固有文化，陡然烟消云散，整个国家一齐闯进了新的世界。”结果便是唯利是图，损人利己，骄奢淫逸，道德沉沦，以致“教育家、社会事业家、政治家，一开口没有不谈论腐化堕落问题”。于是主张恢复神道者有之，主张阐扬儒学者有之，主张推广佛教者亦有之。众说纷纭，但谋求恢复固有道德之用心则一，向传统文化回归的趋向亦同。类似的趋向在1906年以后的章太炎思想中也有明显的滋长，他认为道德堕废是亡国灭种的“根极”，也是“革命不成之原”。因此以知耻、重厚、耿介、必信四德要求于革命队伍，并且深以早年过于鄙薄传统道德为悔②。

章太炎的道德说教带有明显的守旧色彩，并且把重建传统道德作为“文学复古”的组成部分，但是他的忧虑并非没有客观依据，而且在革命阵营内部也并非没有应和者。南京临时政府成立以后，由于政治地位的变化，同盟会骨干以及其他军政官员腐化现象日渐增多，要求注意道德品格的呼声愈加强烈。胡汉民曾经说过：“时各省军人往来苏沪者，

① 《演说录》，《民报》第6期。

② 《革命之道德》，《民报》第8号，1906年。

颇纵情声色，以为英雄本色。当尔剪发易服，而社会渐趋奢侈，政客之猎官热亦骤盛，故精卫与吴、蔡、李（汪精卫、吴稚晖、蔡元培、李石曾一引者）诸人思力矫之，‘进德会’、‘六不会’皆由此起。”① 这与中江兆民所描述的明治维新后的日本社会风习变化颇相类似。孙中山晚年对于传统文化与固有道德的回归，可以看作是辛亥革命前后这种力图矫正精神弊端的继续。

人们在道德方面的忧心忡忡是可以理解的，但是却很难说是接近于科学的认识。

因为，“资本来到世间，从头到脚，每个毛孔都滴着血和肮脏的东西”②。资产阶级生来就是为了赚钱，它是用一种公开的、无耻的、直接的剥削来取代由宗教幻想、政治色彩和道德外衣掩盖着的剥削。资产阶级在自己统治的地方，如果不无情地斩断形形色色的包括宗法的和道德的封建羁绊，它就没有可能创造出前所未有的巨大生产力。章太炎在1906年发表的《俱分进化论》一文，曾对人类文明发展作过某些精辟的论述。他说：“进化之所以为进化者，非由一方直进，而必由双方并进。专举一方，惟言智识进化可尔。若以道德言，则善亦进化，恶亦进化。若以生计言，则乐亦进化，苦亦进化。双方并进，如影之随形，如罔两之逐景。”③ 这已经相当深刻地接触到上述历史命题，然而他是以小资产阶级伤感的眼光来看待近代文明，因此向传统文化的回归就容易走向复旧。我们不难发现，包括孙中山在内的这些旧民主主义者，都不同程度地受着传统思维模式的制约，即以三王为政治理想，以伦理为教化依归，以内省为修养根本。因此，他们对于传统文化的回归，往往侧重在道德方面。

但是，日本明治维新时期的若干思想家并不如此重视旧道德的堕

① 《胡汉民先生自传》，台北影印版，1978年，第246页。
② 《马克思恩格斯选集》第2卷，人民出版社，1972年，第265页。
③ 《民报》第7号，1906年。

废。福泽谕吉认为："文明的根本并不在于私德一方面"，"文明与否是不能单纯以坏人的多寡来判断的"。如果一味用劝善惩恶的"德教"来笼络天下人心，可能"反而使人们天赋的智力衰退"，"阻碍人的天性的发展"。甚至使现代回到太古，都市转为乡村，成人返归儿童，人类变成猿猴。因此，他提倡"智德"，实际上是强调建立在近代科学知识基础上的"智慧"。他反对迷信传统道德，并且认为后人在道德上虽然无法超过既往的圣贤，但今人的智慧则远远超过古人。如果就智慧而言，古代圣贤只不过是今天三岁儿童的水平。同时，后人智慧的发展也不是由于听到圣人所讲的道德而实现的①。中江兆民虽曾规劝"各个阶级的人，都应该稍稍加强自己的品德修养"，但是他也能以进化的乐观的眼光看待明治时期社会风气的变化，认为"大概是时势决定的，是自然的历程，是必然的程序"。他更为强调的也是发展文教、繁荣科学，而"物质的美"可以转化为巨大的精神力量。在他看来，日本的"重大病根"并非缺乏道德，而是没有"独创的哲学"，难以建立伟大事业。所以，"惟一重要的事情就是赶快从根本上改革教育，努力培养活跃的人民而不是死板的学者"②。这些认识显然要比二十世纪初年中国的思想家们深刻一些，说明日本人更善于吸收先进外来文化，而且日本社会也具有较多促进资产阶级文明发展的积极因素。相形之下，与传统文化的离异刚刚开始就困惑于旧道德的沉沦，这正说明中国的资产阶级革命还很不成熟。

通过以上粗略的比较论析，或许可以获致以下几点认识：

第一，在从封建社会向资本主义社会演变的过程中，创造新制度的先驱者对于传统文化大都曾有离异与回归两种倾向。资本主义发展最早的西欧是一种类型。那里的离异，主要表现对于中世纪腐败宗教的批判与背离，那里的回归，主要表现为从古代精神文明中寻求人文主义的力

① 参见福泽谕吉：《文明论概略》，北京编译社译，商务印书馆，1959 年。

② 参见中江兆民：《一年有半、续一年有半》，吴藻溪译，商务印书馆，1979 年，第一章。

量源泉。或许可以说，这是一种跨越时间距离的离异与回归。长期沉睡于中世纪落后状态的东方又是一种类型。这里的离异，首先表现为向西方近代文明模仿、学习与趋近；这里的回归，则主要表现为从传统文化中寻觅本民族的主体意识，以求避免被先进的外国文明同化。或许可以说，这是一种跨越空间距离的离异与回归。

第二，就东方国家而言，表现为趋向于西方近代文明的对于传统文化的离异，从总体上来说是进步的历史潮流。然而由于强弱富贫差距悬殊，也很容易产生缺乏自信的民族自卑感，产生全盘西化主义和民族虚无主义。至于向传统文化的回归，情况则相当复杂。顽固派的复古守旧，对抗新的潮流，自然是一种倒退倾向。一批新制度的创造者往往也向传统文化回归，则主要是由于担心丧失独立的民族精神，预防被西方所全盘同化。这种回归自然是合理的、必要的，并且具有积极意义。然而由于旧传统根深蒂固，惰力太大，新的社会力量在有限的离异之后便容易经由回归趋向复旧。因此，在东西文化交流过程中，离异与回归都需要适度。或许可以说，离异不可忘本，回归不可返古。

第三，孙中山主张取中西文化而“融贯”之，兼容并包，择善而从，既珍惜本土文化的精华，又勇于汲取外来文化的先进部分，这些主张都应该给以很高评价。但是，也应该看到，他并没有妥善解决离异与回归两者之间的关系。他是一个伟大的实践家，频繁而紧张的革命活动不容许他以更多的时间从事理论探讨，自然也就无从付出更多的精力用以研究如何对待传统文化。他并非来自旧的传统文化营垒，这可以说是他趋向西方进步文明的有利条件，然而对中国文化理解不深，却又成为他“融贯”中西文化的难处。医生的专业训练与职业素养，使他具有科学头脑并且重视实践，然而却缺乏更高水平的哲学思想与抽象思维。他的理论著作喜欢列举大量事实例证，然后加以归纳并略作理论概括，因此难以形成严密而又深刻的思想体系。即以对于中西文化的“融贯”而言，也大多限于概略的比较与论析，缺乏应有的深度与力度。这样，他就没有可能比较完满地解决对于传统文化的离异与回归的问题。离异既缺乏应有的彻底性，回归又显然受到旧传统某种程度的束缚。孙文主义之所以在其身后比较容易地被向右发展，歪曲成为戴季陶主义之类亚种，其原因即在于此。

然而决不可轻浮地鄙薄先驱者，应该尊重前人为祖国近代化而奋斗的劳绩，何况孙中山又是在政治上、思想上、文化上都曾深刻地影响过近代中国社会的一位巨人。他的成功的经验与失败的教训，都是我们民族的一笔珍贵财富。他所未完成的事业，包括在“融贯”中西文化的基础上创造本民族现代文明的伟大理想，需要我们为之继续努力奋斗。我们既没有理由骄傲自满，更不应该妄自菲薄。历史赋予我们的使命是：正确地总结前人的历史经验，科学地更新我们的观念形态与思维方法，以更加开放的态度引进国外先进文明，同时也以更加宽容的态度妥善处理本国优秀文化遗产，兼容并蓄，择善而从，博采众长，融会贯通，努力创造当代中华民族辉煌灿烂的精神文明与物质文明。

张謇与中法劝业银行

张謇在1913年出任农商总长以后，曾积极参与筹建中法劝业银行。但是，有关此事的中文文献至今尚甚少重大发现，《张謇未刊函电》中也只有寥寥数语："近法人有与中国合资建劝业地产银行之议，订限六个月成立。缔合之法，为不动产抵押长期借款。"另据当年曾任北洋政府驻外财政官员的老人回忆："法国资本家原来就在北京、天津、上海、汉口等处设有房地产贷款公司，凡持有房契、地契者皆可向该公司抵押借款，过期不赎即由公司将抵押品变卖补偿。中法劝业银行于1914年10月9日经农商部批准成立，这时张謇尚在农商总长任内。"

最近，在白吉尔教授为我复印的一部分法国外交部档案中，偶然发现若干有关中法银行的资料，记载较为翔实可靠。由于时间与精力的限制，本文只能作概述式的介绍，或许可以有助于研究者了解张謇参与筹建中法劝业银行一事的来龙去脉。

一

根据法国外交部档案记载，此事发端于清朝末年。

早在1905年12月13日，法国外交部即已发出《关于东方汇理银行和兴办一家法中银行的通知》，对东方汇理银行的经营状况表示极端不满，拟议另外设立一家逐步与该行脱钩的法中银行。

原来，东方汇理银行凭借法国政府给予的发行特权，在法属印支殖民地获得极为丰厚的利润。但是，根据法国外交部的调查，该行的经营管理存在着严重弊端。如西贡分行为当地一些大高利贷者提供大量贷款，使之更为放肆地盘剥本地平民与小公务员，而另一方面却拒绝贷款给正当商人，甚至也拒绝借款给法国商人。同时，东方汇理银行还以“国家银行”为借口，拒绝为法国商人的存款提供应有的合理利息，妨碍了这些商人的正常业务活动。外交部调查的结论是：“我国和我国国民在这个国家的普遍利益，没有得到东方汇理银行应该提供的支持。”

1898年，在法国外交部的强烈要求下，东方汇理银行在中国建立第一个分行，即上海分行，以后又陆续建立广州分行与汉口分行。这些分行的风格同总行一模一样，它们热衷于通过买办“做中国式的高利贷生意”，但却拒绝给批发商开往来账户，并且不做票据汇兑、商号证券买卖等金融业务。最令法国外交部不满之处是这些分行没有一个总体规划，既不积极参加法国在华的企业投资（如法商长江航运公司），又不给法国一些重要的在华企业、事业以支持与通融（如东方新闻社、蒙通南货行等）。

法国外交部认为，尽管东方汇理银行利润尚称丰厚，但却不符合法国对华经济扩张的整体利益，甚至还会产生消极后果，使法国继续落后于英、俄等国。为此，外交部以法国政府名义，发出《政府对东方汇理银行的要求》这一文件。文件包括两个部分：1. 联合审查小组，2. 创办一家“法中银行”专门负责中国业务。第一部分的内容是重申对于东方汇理银行在华业务状况的批评，第二部分则明确提出应该建立一家具有总体规划的“法中银行”。

文件为拟议中的“法中银行”明确规定了两条原则：1. 它应当是法国金融整体利益的在华代表，2. 它应当为在华法商的特殊利益与法侨的公众利益服务。法国政府希望这家银行将能向自己的竞争对手（如汇丰银行、德华银行、华俄道胜银行等）学习，真正成为法国资本的在华总代表，以求有助于实现法国通过各种条约获得的在华特殊权益。文件还对该行新章程及业务改进提出许多具体意见。

但是，根据法国政府各部门的分工，印支殖民地事务不属外交部管辖范围，因此东方汇理银行亦不归外交部直接领导。东方汇理银行已经成为一个实力相当雄厚的海外既得利益集团，它对法国外交部的批评与筹建新的在华银行的拟议极为反感。1905 年 12 月 21 日，东方汇理银行行长室以斯塔尼斯拉斯·西蒙名义，给法国外交部部长办公厅副主任贝特罗发出一封公函。他明确宣布，该行董事会经过讨论一致通过决议，无论在任何情况下该行都不参与法国外交部通知中拟议的新银行的创办，属于该行董事会的各信贷机构也拒绝给新银行提供资金与人才的帮助。西蒙不仅以外交口吻回答："从今以后我已无权讨论这个由我们董事会表决最终了结的问题"，而且还以尖刻的言辞向外交部进行反击："在你们的两份通知中，你们曾三番两次地提到东方汇理银行的小业主思想和不精明，何以你们又那么特别希望恰恰是由东方汇理银行来创办一家法中银行呢？我觉得这似乎很不符合逻辑。"此外，东方汇理银行还在法国外交部的通知上作了反驳性的旁批，并附有长达 16 页的按语，对通知中列举的各项批评进行辩解。

法国外交部对于东方汇理银行的傲慢态度极为恼火，因此又发出一个文件：《就东方汇理银行对 1905 年 12 月 13 日通知的意见所作的答复》。外交部的答复纯粹是说理的，但态度则是异常明确的，并且对于设立法中银行的意图作了更为具体的阐明。《答复》指出："部长的希望，是在中国建立一个作为法国资本代理人的坚强的金融地位，它在这个国家里有它的基础和很大范围上的领导职能。印度支那银行（即东方汇理银行——引者）的名称本身，它享有的特权，将永远是引起中国人怀疑的原因，使中国人老是把它看作一个外国政府的工具。"在列举东方汇理银行种种弊端与不足之后，《答复》的结语是："中国目前正处于彻底改革之中。由于它要建造铁路，它便需要用国外借来的钱财建立符合新需要的金融机关。所以从现在起，法国就应该注意要在中国拥有一个精明得足以了解新的形势和灵活得足以利用这个形势的金融代表。”

在此以后，法国外交部再次发出一个《关于可能在远东创办一所法国商业银行的通知》。这个文件分为“概述·引论”“新银行即将开展的业务性质，它的行动范围”“应在新银行和东方汇理银行、华俄道胜银行之间建立密切的关系”“总行所在地的选择，应授予远东总经理的职权”“董事会或‘管理委员会’的组成”“法国贸易在中国的特殊地位，法国向远东输出资本可能带来的利益”“远东总行长或常务董事的选择”等方面，更为详尽地论证了建立一所法中银行的必要性、可能性，以及该行的业务范围、组织机构、领导体制等等。

从以上这些文件可以看出，以印度支那为主要基地的东方汇理银行，其传统的经营思想与工作方式已不再能够适应帝国主义最后瓜分世界以及在中国激烈争夺势力范围的新形势。法国政府急于另行建立一所有“总体规划”的法中银行，不仅是想把在亚洲扩张的重点转移到中国，而且还想通过这一战略转移进一步加强对于泰国、朝鲜乃至日本的经济渗透。所以，《关于可能在远东创办一所法国商业银行的通知》野心勃勃地说：“由于资本已经成为我们向远东输出的几乎是唯一的商品，现在显然应是考虑在另一种形式下恢复平衡（指与其他列强抗衡——引者）的时候了。那便是建立必要的金融机构，以便在这个地区，用法国的钱，产生在欧洲甚至在美洲都已变得很难获取的收益。”

二

根据我们现在所能见到的法国外交部档案，最先提到张謇参与筹建法中银行一事的文件，是 1908 年 4 月起草的一份合同稿本，题目是《为建立一所中国劝业银行的联合会》，全文如下：

“为建立一所劝业银行，参加签订合同的张季直大人和他的中国合股人为一方，德·马尔托（De Marteau）先生和维·霍夫曼（W. Hoffmann）先生为另一方，双方一致同意拟定下列条款，以留作将来的证据。

一、殿试进士出身张季直大人及其他中国股票发起人，承认外国股票发起人德·马尔托先生和霍夫曼先生已于1907年6月1日与伦敦著名金融家佩吕吉亚（Perugla）先生规定了的外国资本为五百万法郎。

二、鉴于此种情况，中国股东发起人宣布，愿将他们的资金与外国股东发起人的资金合并，以创办上述的劝业银行。本合同之目的即在于认可这一一致意见。

三、该银行的资金交付后，殿试进士出身张季直大人（如有意外事故，当为另一中国合股人）的董事长资格将得到承认，张大人应向中国政府陈报该行宗旨为帮助中国的工商企业，凡此类事务必将事先与他们（指中国政府——引者）探讨磋商。

四、中外股东发起人将各交付资金总额为一千万法郎的半数。在向欧洲寄出本契约的十星期后，外国股东发起人将通过华俄道胜银行在上海交纳五百万法郎，即他们应交付的份额。在拨出这笔外国基金15天后，中国股东发起人应将一百万法郎存入华俄道胜银行。其余部分，即四百万法郎，将于上述一百万法郎交付三个月后全部存入华俄道胜银行。

五、已议定上述银行的名称为‘中国劝业银行’。它将在中国的农工商部登记注册。同中国人的讼端将按中国商事法典处理，同外国人的讼端将按外国法典解决。

六、上述银行的主要目标是把外国资本引进中国，以帮助中国的工商企业。所以，上述银行将能给此类企业以基金贷款。

七、上述银行业务首先应在中国处理。它的主要机构将设在上海，一些分行将同时在伦敦、巴黎和维也纳建立。

八、资本的外国部分五百万法郎一经在上海交付，本合同即将正式生效。

本合同只是临时合同，万一爆发战争或非常事件，本合同即不能作为依据。

本合同已以外国合股人的名义和中国合股人的名义宣读和通过。

副本与原文无误。（S. 德·马尔托）”

合同之后还附有《未来的劝业银行的中国合股人名单》，第一名就是张季直，并且还简略地介绍了他的官爵与事业。此外则有许久香（鼎霖）、曾少卿（铸）、蒯礼卿（光典）、汤蛰仙（寿潜）等东南著名绅商，还有李经羲亦签认十万两股金。

关于这个合同，在张謇自己的日记、函件中缺乏具体记载，但他在1908年以后非常热心于对外开放，包括以引进外资为主要内容的“国民外交”，所以法国外交部档案的有关记述应当是可信的。在中法合办劝业银行议定合同（实际上只能看作是意向书）两年之后，张春又以中国绅商代表身份与美国大来商团商讨合办银行及外海航运等事。张謇在1910年10月8日的日记中曾有简略记载：“达（大来）、华（华尔特）与我南北商会协议共营银行、开航业、设商品陈列所、置商品调查员四事。银行资本一千万，各半；太平洋商轮，华资过半云。与之言，则注重奉、吉、黑垦事。主客之意，尚能周浃。”大来的日记则写得更为具体详细：

“1. 银行。资本中美各半。

资本的一半，三百万两由中方承担。我们的银行委员会同意向我方银行家们提供一个报告。

2. 在中美两国举办展览。

此点业经取得协议，并将提交我们商业协会在（明年）一月举行的会议。

3. 1915年在旧金山举行博览会。

决定由中国商会要求北京政府付诸实施，并要求我们政府同意在太平洋沿岸举行。

4. 互惠。

互惠原则已经讨论并完全明确。双方必须互相进口货物。贸易利益不能只限于单方面。

5. 两国商人互相访问。

着眼于上述目的，两国商人必须互相访问，增进了解，以推动贸易发展。

6. 建造轮船，资本中美各半，悬挂中国国旗。

建造一艘货船，资本中美各半，悬挂中国国旗。商会将依法呈报商部，并咨询邮传部可能采取何种奖掖措施。

7. 中国商会联合。

据商会代表报告，昨晚已成立全国商务总会，会所设于上海。来自满洲、直隶等各省人士联合起来并步调一致，这还是第一次。此事已引起强烈反应。”

大来日记系于当年 12 月 25 日在旧金山出版，原名 Private Diary Of Robert Dollar—On His Recent Visit to China，由于是当时所记，比较翔实可靠。这里介绍的若干情况，可以作为张謇参与筹建中法劝业银行的背景材料。

但是，无论是中法合资或是中美合资创办银行，筹议的方案都未能付诸实现。主要的原因是辛亥革命的爆发，这一“非常事件”使原来的合同或意向书因此失效。再就是中方股东发起人集资困难，民间资本已是捉襟见肘，官方赞助更是纸上谈兵，自然谈不上为引进外资提供比较优良的环境。

因此，民国成立以后，法方又旧事重提。但是很可惜，我们现在所能见到的法国外交部档案，与此事直接有关的文件仅只有一件，即 1912 年 1 月草拟的《在中国建立银行的计划》。

这个计划实际上只是一个以个人名义提供咨询的备忘录。它一共有十一个要点，并附有详细的注释。拟议中的银行包括两个孪生银行，“一个中国银行甲和一个法国银行乙”，两个银行的经营管理互为补充，但甲乙两行的集资办法、领导成员与业务范围均有所区别。

甲行的资本来源是："三分之一由中国政府提供，三分之一由个人或中国股东们提供，三分之一由法国资本家提供。"该行行长由中国政府任命，副行长从另两类投资者中选出。该行的宗旨是为中国政府、各种集团以至个人提供贷款，包括购买国库券与短期债券，开设往来账户，发放抵押贷款等等。

乙行的资本来源是："三分之一由中国人提供（个人或政府），三分之一由英国（或外国）资本家提供，三分之一由法国人提供。"行长必须由法国人担任，副行长则可由中国人或其他外国人担任，亦可由中国政府任命的监察官担任。乙行的宗旨是：1. 通过发行有关欧洲市场的贷款，引导需要的发展，使将由该行负责的中国政府流动债务逐步变成固定债务。2. 普遍地保证中国政府同外国金融界尤其是其中最重要的巴黎金融界的接触。3. 逐步发行与合并抵押债券，并保管作为典押的产业证书。

现在还弄不清楚，这个计划或意向书与以后正式筹建的中法劝业银行之间有何等程度的关联，但它至少能够说明法国政府与商人为建立一所规模较大的中法合资银行而进行的策划，在十年之间是坚持不懈的。同时，法方的每次策动都在中国的绅商界引起强烈的反应。

三

中法劝业银行从商讨到筹建的十年间，从世界范围而言，资本主义已经确定地发展到帝国主义阶段。资本主义国家的对外经济扩张，其主要方式也已经从商品倾向转为资本输出。所以，法国政府在其内部文件中明确指出："资本已经成为我们向远东输出的几乎是唯一的商品。"而建立一家法中银行的主旨，便是与英国汇丰银行、俄国道胜银行在中国市场上争雄角逐。

面对外资加强涌入的新形势，中国方面的反应是多种多样的。袁世凯在清末北洋大臣任内，曾派杨士琦专程南下，就是否可借外债问题征询郑孝胥、汤寿潜、张謇三人意见。郑孝胥“绝端主张借”，汤寿潜则“绝对主张不借”。处于两者之间的是张謇的持平之见，“风气未开，国人常识不足，不尽知实业、交通之利益，有力者徘徊观望，无力而徒知者不足济事。故外债可借，但借时即须为还计。用于生利可，用于分利不可，而用之何事，用者何人，用以何法，尤不可不计”。（《张季子九录·实业录》）所以当时有“南方借外债分三派”之说。

张謇对于引进外资的认识是逐步加深的，他在出任北京政府农商总长之后，明确宣布自己的政见：“加以自今而后，经济潮流，横溢大地，中外合资营业之事，必日益增多。我无法律为之防，其危险将视无可得资为尤甚，故农林工商部第一计划即在立法。（《实业政见宣言书》，《张季子九录·政闻录》）这就是说，引进外国资本与引进外国科技同样为发展本国经济所必须，至于如何维护民族主权与国家利益，关键在于独立自主而又有完善健全的经济立法。他在农商总长任内制定的许多政策法令，大体上都未离开这个主旨。从上述有关中法劝业银行的档案亦可看出，张謇所参与拟定的合同或意向书，是比较注意维护平等互利原则的，如股金比例的分配、领导成员的任用、业务范围以至讼事处理等等。张謇自信在引进外资的过程中未曾损害或牺牲民族利益，他最强调的是贷款或投资条件，“今以条件公布，请国人评之，请我之资本家观之，丧主权否？涉国际否？至于忌者嫉者或爱我者之任作何语，吾不暇恤也”。（《张季子九录·实业录》）

张謇生前对于引进外资确曾表现出极大的热心，除上述引进法资、美资的努力外，他还曾经试图引进其他国家的大宗资金。譬如，1920年他曾一度打算与比利时政府合资筹办中比航业贸易公司，开辟中国往来西贡、新加坡、法国、比利时、德国各大商港之间的海洋航线。预计：“航业公司股本定为一万万佛郎；比国占五十五份，计五千五百万佛郎，中国占四十五份，计四千五百万佛郎。贸易公司股本定为一千万佛郎，中比各半入股，计中国方面占五百万佛郎，合计中国应任股资五千万佛郎。”（《为中比航业致大生纱厂董事诸君函》，《张季子九录·实业录》）此事梁启超等亦曾参加，而且显然处于倡议与主动地位，他们是通过刘厚生与张謇联络的。同年 5 月 14 日张嘉璈为中比公司招股问题致书梁启超，即曾提到：“顷得厚生电，南通（指张謇——引者）已允担任百八十万两，嘱即电北京，尚缺七十万两，即由此间凑集。”（《梁启超年谱长编》第 9 册）所谓“即由此间凑集”，就是由张謇断然决定以大生一、二两厂上年积存余利全部拨充。5 月底，刘厚生又通知梁启超，说是即将在南通召开华股创办人谈话会，可见张謇与大生资本集团对于引进外资兴味之浓。

但是，中法、中美、中比合资经营银行、航业的庞大计划，任何一个也未能实现。其原因有客观方面的，也有主观方面的。从客观方面而言，主要是外资方面并未落实，徒然以文字、语言相周旋。从主观方面而言，则是心有余而力不足，确实难以在短期内筹集如此巨额股金。而归根到底，则是由于当时缺少一个可供中外正常合资发展中国工商企业的社会环境。情况正如张謇所慨叹的那样：“同室引外寇，大声张六拳。章贡有传檄，闽蟜无安眠。吁嗟吴越地，动受四面牵。幸哉一隅地，假息得苟全。太平在何时？今年待明年。鸣呼覆巢之下无完卵，野老洒泪江风前。”（《有人归自京师，述所见闻，慨世乱之未已，悲民生之益穷，成诗一篇，寄比弧愤》，《张季子九录·诗录》）

然而，张謇这些目的在于富国富民的引进外资的努力，毕竟是值得尊敬的，他所留下的经验教训也不乏可供今天借鉴之处，我们应该认真加以研究。

对外经济关系与大生资本集团的兴衰

关于大生资本集团与外国资本主义之间的关系，严中平的《中国棉纺织史稿》专著与林刚题为《试论大生纱厂的市场基础》的论文①，已有许多深入的剖析。本文是在他们研究的基础上，结合我自己在撰写《张謇传稿》过程中的一些收获，对于这个问题试作进一步探讨。

一、刺激

大生资本集团的所在地南通，位于长江口北岸，东北滨海，南面临江，属于江海冲积平原。这里的土壤、温度、雨量、霜期都宜于植棉。通棉不仅产量高，而且色地洁白并富于弹性，很早即以“沙花”著称，盛销于东南沿海地区，张之洞筹办湖北棉纺织厂时即曾预定要采用通棉。南通的手工棉纺织业素称发达，至少有三百年以上的历史，除销售于本省邻近州县以外，还在东北形成了传统市场，特别是可供包装货物、裱糊油篓、制作船帆之用的“稀布”颇受商户欢迎。

通海地区僻居江北一隅，从总体上来说经济、文化发展都落后于苏南，所以它的手工纺织业虽然具有悠久的历史，而且商品化已经达到引

① 载于《历史研究》1985年第4期。

人瞩目的程度，但是这大都是中世纪个体经济性质，未能超越自给自足小农经济范畴。严格地说，它还没有达到18世纪英国西部地区“家庭工业制度”（Domestic Manufacture）那样的水平①。通海地区手工纺织业的保守状况，正是整个中国封建社会经济发展的一个缩影。

法国历史学家保尔·芒图（Paul Mantoux）在他的名著《十八世纪产业革命——英国近代大工业初期的概况》中曾经说过：“这是旧经济组织的标志，虽经内部的缓慢演进而逐渐改变，但仍保存其累世旧习所维持的旧形式，毛纺工业太保守了，太受到特权和偏见的压制，所以不能通过自己的技术革新来自行完成自己的变革。因此，产业革命要在毛纺工业以外着手。”② 所谓“毛纺工业以外”就是商业，亦即海外市场的急速扩大及其对工业品需求的大幅度增长。这也就是马克思和恩格斯在《共产党宣言》中早已说过的道理：“市场总是在扩大，需求总是在增加。甚至工场手工业也不再能满足需要了。于是，蒸汽和机器引起了工业生产的革命。”

南通的棉纺织工业也是一种“太保守”的旧经济组织，它同样需要来自市场的巨大推动力量才能完成自己的变革，不过这个迅速扩大的国内外市场，并非专属于自己的民族，而是日益明显地控制在外国资本主义手中。由于南通的棉纺织业由家庭手工业进入工厂大工业，其时已在欧美资本主义国家已经完成产业革命并且侵入亚洲与中国之后，这就决定它的发展过程是一条畸形的坎坷道路。

首先应该看到，棉纺织品市场的扩大，其主要动因并非来自国内经济的自然发展，而是由于外国资本主义入侵加速中国自然经济的分解。1871—1873年，进口棉布价值32,013,727元，棉纱37,791担；1891—

① 《受命考察英格兰毛纺工业状况的特别委员会报告》，1806年，第1页称：“在约克郡的家庭工业制度中，工业是掌握在许多老板兼工匠的手中。他们每人都有很小的资本。他们从商人手中买进羊毛，在自己家里得到妻儿的帮助，还有几个工人，在必要时他们也把羊毛染色，使羊毛经过制造上的种种演变，直至成为未整饰的呢绒为止。”

② 中译本，商务印书馆，1983年，第64页。

1893 年，进口棉布价值 44,911,705 元，棉纱 704,877 担①。这些进口棉纺织品，大部分集散于邻近南通的上海，到 1890 年汇聚于上海的外洋棉纺织品即达三千万关两以上。

外洋棉纺织品大量输入的结果，首先是引起农村家庭手工业纺与织的分离。大约是在中法战争前后，洋纱开始经由上海销往南通。由于洋纱色泽光洁，条干均匀，不易断头，而且价格低廉，逐渐为织布农户所乐于采用。他们用洋纱为经、土纱为纬，织成质量较佳的“大尺布”，在东北市场颇为畅销。到甲午战争期间，通海两地每天可销洋纱 20 大包（每包重 400 磅），每年农村购买洋纱掺织土布，价值约达 40 余万两。甲午战争以后，洋纱进口增长更快。1894—1898 年，洋纱平均每年从华北四口输入 315,278 担，从长江中上游七口输入 211,935 担，分别占华北、华中两大市场的 93.7% 和 86.4%②。这样，对通海地区传统手工棉纺织业的冲击自然更大。

洋纱倾销不仅在客观上为大生纱厂开拓了市场，而且激发了大生纱厂创办者的危机感与紧迫感。可以这样说，大生纱厂就是在洋纱倾销的强烈刺激下诞生的。关于这层道理，大生纱厂的《厂约》本身已经说得很清楚：“通州之设纱厂，为通州民生计，亦即为中国利源计。通产之棉，力韧丝长，冠绝亚洲，为日产所必需。花往纱来，日盛一日，捐我之产以资人，人即用资于我之货售我，无异沥血肥虎，而袒肉以继之。利之不保，我民日贫，国于何赖？”③

《马关条约》允许外国资本在内地设厂，这是对于中国第一代机器棉纺织企业家们更大的刺激。据 1895 年上海口海关报告：“按马关所订之和约，华洋各商，俱可任便购运，兴作各项工艺。本埠已建有纺织、缫丝等厂，将来中国所产纱布诸货，势必与印度来者相争衡。其新创之

① 严中平等：《中国近代经济史统计资料选辑》，科学出版社，1955 年，第 74 页。
② 严中平：《中国棉纺织史稿》，科学出版社，1955 年，第 145 页。
③ 张謇：《张季子九录 · 实业录》，中华书局，1930 年。

丝厂，前幅已经论及，而所设之纺织等厂，官商合股者，先有五家。此五厂计共有十二万锭子，八百五十机张。每年能出纱九百包，每包重四百磅；布能出二十五万匹，每匹重十四磅，长四十码。”① 显然，甲午战争与《马关条约》激起上海一股兴办纱厂的热风，而邻近的南通很快便作出积极的反应。

中国第一代企业家不同于西欧早期的资本家，他们创办企业不单纯是由于利润的刺激，其中有些人甚至主要不是由于利润的刺激，而反抗外来侵略的爱国思想与民族情绪也具有很明显的刺激作用。因此，中国初期民族近代工业的兴办，从动机到集资、兴建、经营，都有明显的政治因素在起作用，单纯从经济规律的角度是很难给以全面与合理的解释的。

二、引进

中国早期资本主义发展的道路与西欧不同，它不必重复西欧经由工场手工业阶段然后再进入产业革命那样的历史常规。无可讳言，它们在设备与技术等方面一般都是直接从外国引进。

大生纱厂的兴办，尽管曾有洋行买办参加，却没有引进外国资本。它的倡导者是具有浓厚忠君爱国思想的士大夫，张謇当时的心理状态不容许这样做。但是，大生纱厂的机器则必须来自外洋，因为中国还没有自己的纺织机器制造工业。

由于集资极端困难，大生纱厂无法自行购买外洋机器，只得求助于清朝官府。1897 年，张之洞与刘坤一议定：将原先湖北南纱局向地亚士（Diers）购买的“官机”40,800 枚纱锭，折价 50 万两对半平分，由盛宣怀与张謇“合领分办”，在沪、通分两厂，这就是所谓“绅领商办”，而机器折价则作为投资于两厂“官股”，这批“官机”，纺制细纱

① 《关册》，1895 年，中文本，上海口，第 32 页。

机器系英国直林登厂制造，其他则分别购自德、美、日诸国。机器从上海进口以后，曾于1895年运湖北，由于南纱局停办而折往南京，随后又回到上海。从此搁置在杨树浦江边，任凭风吹雨打，整整三年无人过问。及至运到南通，机件断烂者已达十分之三、四，所以折价25万两而实际上只值17万两左右。

大生纱厂创办初期，在技术上亦全属引进，主要是靠洋工程师汤姆司带同洋匠忒纳主持一切；至于工厂用件及机料的配制、添购，也完全由瑞记（Soy Chee）、怡和（Jardine）、地亚士等洋行承办。张謇并不满意于这种纯粹依赖外洋的局面，他曾经回忆当年的情况说："缘欧人之设厂于上海始。欧人之设厂，辄募我十数不识字之工人供其指挥。久之，此十数工人者，不能明其所以然，而粗知其所知其所受指挥之当然。由是我之经营纺织厂者，即募是十数工人者为耳目，而为之监视其工作者，都不习于机械之学，强半从是十数工人而盗其绪余。工人曰左，左；工人曰右，右。或否之焉，而工人仍瞪目不知所对，则又不得不延欧人以习其命。夫如是则安足以望自树立之一日哉！"① 他以后之所以创办南通纺织专门学校以及其他各类技术职业学校，用意都在于谋求技术自立，并且取得一定的成效。

大生纱厂创办初期虽然没有求助于外国资本，但随着企业管理经验的增加与大生集团谋求发展的需要，张謇逐渐认识到引进外资也不失为可以采用的一种手段。特别是1903年访问日本以后，张謇的思想更趋开明通达。1910年，他曾经联络沪、津、粤、汉四地商会，与美国大赉财团筹议"共营银行，开航业，设商品陈列所，置商品调查员四事"②，甚至还打算与美方合作在奉、吉、黑三省举办垦务。只是由于辛亥革命爆发，这一庞大中美合营计划，不得不半途而废。民国成立以后，张謇一度出任北京政府的农商总长，热衷于在全国范围大办工矿、

① 《南通纺织专门学校旨趣书》，《张季子九录·实业录》。
② 《张謇日记》《啬翁自订年谱》，庚戌8月、10月。

农林等近代企业，也即因此更加感到资金匮乏，更加企望寻求外国资本的合作。他曾不顾社会舆论的强烈抗议，向美国提供导淮借款与开采延长建昌油矿的优惠权益，并且正式组织游美报聘实业团，以谋实现以前与大赉财团达成的协议，大举合办金融、航运、农垦等事业。同时，他还与法国签定中法劝业银行合同①，对于矿业则主张“开放主义”，也曾经拟订过利用外资“振兴实业”，提出合资、借款、代办等三种借重外资的方式。甚至连垦荒都主张由外人代办，认为：“中国人能为地主而资力不足，外国人有资力，又有技术，而不能为地主，非合并而利用之，无以收化荒成熟之效。”②

当然，更为雄心勃勃的还是1920年拟议中的中比航运贸易公司筹建计划。这个公司打算开辟中国往来西贡、新加坡、法国、比利时、德国各大商埠之间的海洋航线，然后再向其他各种企业大量投资。预计：“航业公司股本定为一万万佛郎，比国占五十五份，计四千五百万佛郎；中国占四十五份，计四千五百万佛郎。贸易公司股本定为一千万佛郎，中比各半入股，计中国方面占五百万佛郎，合计中国应任股资五千万佛郎。”③ 当时，中国民族工商业还比较景气，大生资本集团正处于鼎盛时期，所以张謇对于这个合资方案兴味甚浓而又信心十足。他认为：“此事与国际贸易有极重要之关系，有此机会若不组织加入，恐吾国将来永无海外直接贸易之事。”④ 他除承诺组织、筹股等事之外，独任入股20万两，并决定以通、崇两厂积存余利70余万两，“一并拨入中比

---

① 在法国外交部档案中，1905年12月13日《关于印度支部银行和兴办一家法中银行的通知》以及同日《就印度支那银行对1905年12月3日通知的意见所作的答复》等件，说明法国政府早在二十世纪之初始即已想在中国创办“一个专门负责法国在华金融业务的银行”。1908年4月题为《为建立一所中国劝业银行的联合会》的临时合同，记录了张謇与法方代表德·马尔托（De Marteau）等达成的初步协议，预定中法双方各投资五百万法郎，并由张謇出任董事长。合同后附有预定中方合股人名单。列名者有张謇、汤寿潜、许鼎霖、曾铸等，李经羲亦签认十万两，参加中方股东会。这些文件可以弥补有关张謇的中文文献记载不足。

② 《黑龙江代垦合同之大概呈总统文》，《张季子九录·政闻录》。

③ 《为中比航业致大生纱厂董事诸君函》，《张季子九录·实业录》按：《梁启超年谱长编》，第9册，1920年4月23、28、29日亦有相关记载，此事系由梁启超、徐新六等倡议推动。

④ 《为中比航业致大生纱厂董事诸君函》，《张季子九录·实业录》。

合办之航业贸易公司作为股本”。

张謇在引进外资开发国土资源方面表现出远见卓识与宏伟气魄。他认识到当今的中国经济“决非可以闭关自了之时”，因此在平等互惠条件下引进外资实属紧迫必要之举。早在 1911 年初，袁世凯曾托人询问张謇是否可借外债，张回答说：“借自可，但问用于何事？用于何法？用者何人？当则借，不当不借。”① 他并非对主权的沦丧漠不关心，曾极端愤慨于：“查中国江海河面，失主权而丧民心，无过洋商领单运货内地，华船愿挂洋旗一事。华民畏官，官虐船户，盖数百年积成之习俗。自外势日张，关卡官吏慑而媚外。于是同一民船也，此受雇于华商，则刁难需索，节节阻滞，彼受雇于洋商则否。今日受雇于洋商，则理直气壮，处处畅行，明日受雇于华商则否。”② 但是，他认为只要政府有独立自主与完善健全的经济立法，便可以创造正确引进外资的前提。他一接任农商总长便宣告：“加以自今而后，经济潮流，横溢大地，中外合资营业之事，必日益增多。我无法律为之防，其危险将视无可得资的为尤甚，故农林工商部第一计划即在立法。”③ 同时，他认为在实地引进外资时必须注意“条件”：“夫借债视条件，无内外一也。条件刻酷，内亦不可，条件平恕，外胡不可？条件拘束，以能还本息为止耳，此易知者。其尤要则借外债不可丧主权，不可涉国际，吾诚懔焉若履虎尾若涉春水也。”④

平心而论，张謇对于引进外国资本与科技的见解，既顺应时代潮流又维护民族权益，不失为当时比较高明的经济思想。可惜由于历史条件与自身实力的限制，上述各项庞大计划都未能实现，而大生集团也始终未能摆脱半殖民地半封建社会中民族近代工业的悲惨命运。

---

① 《啬翁自订年谱》，宣统三年正月，张謇晚年又重申此说，“故外债可借，但借时即须为还计。用于生利可，用于分利不可，而用之何事，用者何人，用于何法，尤不可不计”。

② 《为商航复商部文》，《张季子九录·实业录》。

③ 《实业政见宣言书》，《张季子九录·政闻录》。

④ 《拟发展盐垦借款成立后宣言》，《张季子九录·实业录》。

三、竞争

洋纱进口由来已久，而且与日俱增。1895 年《马关条约》签订以后，外商纷纷在中国开设工厂，仅 1897 年一年即有怡和纱厂（英商）、老公茂纱厂（英商）、协隆纺织局（英商）、鸿源纱厂（美商）、瑞记纱厂（德商）五家相继设立，资本一般在 100 万元左右，而且都集中在上海。相形之下，资金短绌、先天不足的大生纱厂，便成为棉纺织工业竞技场上的后来者与弱小者，从开办之日便面临着强有力的挑战。

张謇是精神上的强者，他以勇敢的态度迎接各种挑战。或许可以说，大生纱厂的创办，正是向垄断中国棉纺织品市场的主动反击。张謇不同于一般追逐蝇头小利的市侩商人，他从筹建纱厂之始就是从争夺国内市场以至世界市场的全局来权衡民族工业的进退利弊，规划积极进取的发展方略。

他把自己的战略思想称为棉铁主义。这种主义的形成，正如他自己所曾生动地回忆："宣统二年，南洋劝业会开幕。謇既与各行省到会诸君子，发起联合研究会，乃哀光绪一朝之海关贸易，参考其大略。如寐始觉，如割始痛。如行深山，临悬崖，榛莽四出，披而始识无路。如泛雾海，见一岛屿，若隐若见，而始得所趋。则以我国实业，当从至柔至刚之两物质，为应共同注意发挥之事。……至柔惟棉，至刚惟铁，神明用之，外交内治裕如，岂惟实业。"① 以后他又曾重申："謇于棉铁，固向持积极主义者。"重工业强调钢铁，轻工业强调纺织，可以说是抓住了发展民族工业的关键。

对于钢铁工业，张謇自称是"未涉津涯"，虽然知其重要，曾始终无力举办，充其量也只创设了一个小小的资生铁厂聊以自慰。张謇的一生事业主要在纺织，与外国的竞争主要也在纺织。还在第一次世界大战

① 《海关进出口货价比较表序》，《张季子九录·实业录》。

前夕，他就试图策划在棉纺织业范围内与外国资本“悍战”：“自我国奖励植棉条例公布后，各国颇为重视，而日尤甚。日本与印度有十年内在中国地方增设纺机一百五十万锭之约。其在日本本国，上冬今春，已增锭三十万，在我上海已增锭十万。悍战可畏，果如所计，我国棉业岂复有申战之余地?”① 离开北京政府以后，他便利用西方列强暂时无力东顾的有利时机，大力扩展棉纺织工业及大生集团的其他企业、事业。

但是，这毕竟是一场对抗双方实力悬殊的“悍战”，在早期（1913年以前）中外纺织工业竞争中，大生纱厂是唯一的幸存者。严中平曾考察 1896 年至 1910 年期间创办的 19 家华商纱厂，结论是：“我们找遍上述十九家纱厂，发现未经改组、出租、出卖、而能继续增机增资者，只有南通大生纱厂一家，其余十八家莫不曾经失败易主。”② “悍战”之说，绝非危言耸听。

大生纱厂之所以能在激烈竞争中幸存，原因之一就是它的地理位置，厂址设于不在上海而又靠近上海的南通。由于不在上海，加以僻处比较落后的江北，它暂时还可以避开外国纱厂的直接竞争与排挤。又由于靠近上海，大生在沪设有办事处，进货出货与经济信息都有莫大的方便。同时，南通本身在市场方面也为大生纱厂提供了比较优越的环境。正如张謇自己所说的那样：南通是“棉产最优，销纱最多之区，亦即收棉较廉，售纱较胜之区”。其有利之处在于：“棉产则供多于求，纱市则求多于供。”据粗略估计，1897 年机纱日销 80 大包，年销值 200 万元左右，大生纱厂的产品不愁没有销路。“当沪上各厂积纱如山之时，而通厂之销独旺。”到二十世纪初年，通、崇、海三地每年上市棉花约 40 万包，而大生纱厂每年用棉不过 10 万包，原料供应也绰绰有余。加以就地购棉节省了长途运费，价钱也比较便宜，有利于大生纱厂降低成本以增强竞争力。

---

① 张謇：《呈总统》，见《张謇未刊函电》（稿本）。

② 严中平：《中国棉纺织史稿》，科学出版社，1955 年，第 141 页。

此外，通海一带农家素习手工纺织，大生纱厂就地招收工匠，不仅可以压低工价，而且其中许多人还有一定技术水平。据统计，大生纱厂的平均工资要比上海纱厂的平均工资低 10% 到 20%。大生纱厂还利用当地农民把纺纱织布看作家庭副业，以及把妇女儿童的收入看作家庭经济辅助性收入的传统心理，以更为低廉的工价招用季节工、女工与童工，日工资有低至一角多甚或五六分钱的。廉价劳动力与廉价原料一样，也有利于大生纱厂压低成本以增强竞争力。

当然，大生纱厂张謇等人的主观努力，经营管理比较得法，以及关键时刻的一些正确决策，对于企业在竞争中幸存并得到较快发展，也起了重要作用。经过他们的多年艰苦努力，大生资本集团成绩斐然。据日本人驹井德三调查，到 1902 年前后，张謇已身兼南通实业、纺织、盐垦总管理处总理，大生第一、二纺织公司董事长，通海、新南、华成、新通等盐垦公司董事长，大达轮船公司总理，南通电厂筹备主任，淮海银行董事长，交通银行总理，大生第三纺织公司董事长等职务。驹井生动地描绘说：“是故张謇在实业上之努力，以南通江北一带为根据。在上海之地，以金融之关系，在九江路设事务所，掌南通关系各银行、公司交涉事务及生产品之交易。又于黄浦江沿岸法租界邻接地之十六铺，建立巨大之仓库及埠头，以大达轮船公司之名，营仓库及航行之业。在吴淞商埠所有之地产，占该埠形胜之区，现正建设埠头，进行都市之计划。”①

张謇对吴淞开埠特别寄予厚望，公开宣称将尽最大努力使它“与世界名埠之先进者争辉誉于地上”②。其潜台词则是企望建成一个能够保持民族主权独立完整的新国际“名埠”，以取代租界蟠居、洋行林立并为帝国主义列强所控制的上海。

张謇时时事事不忘与外国资本竞争。

---

① 驹井德三：《张謇有关事业调查报告书》（油印本）。

② 《万用航业伦敦大会报告书序》，《张季子九录·文录》。

四、衰落

但是，正如前面所已说过，这是一场实力悬殊的竞争，纵观大生资本集团三十年的发展史，人们不难发现，它多半只是在外国资本主义向中国不断扩张的某些空隙中得到若干发舒。大生纱厂创办之始，日纱在其政府资助厂家联合倾销的推动下，刚刚挤进印纱历来占优势的华中市场，所以南通机纱市场并未感到很大威胁，张謇的事业得以初步站稳脚跟。1900 年至 1902 年期间，日本纱业连续呈现萧条景象；1903 年初刚有复苏景象，又因日俄战争而重趋消沉，到 1908 年日纱输入华中市场的数量跌落到最低点，同一期间，印纱在竞争中受到日纱的严重冲击，逐渐失去传统优势，在华中市场上几乎踏步不前。而大生纱厂正是在这些年得到从容展布的机会。正如张謇以后所曾回忆：大生纱厂 1899 年开办时只有二万纱锭，1904 年增加二万锭，1905 年又增加二万六百锭。1902 年以前日产纱从 45 箱增加到 58 箱，1904 年以后又从日产纱 108 箱增加到 110 箱，1905 年由于纱锭总数增加到六万六百锭，日产纱箱数亦“同时递增”。至于营业赢利，从 1899 年开工到 1916 年，股东得正息 1,657,000 余两，得余利 2,733,000 余两，合共 439 万余两①，这样的成绩在当时自属难能可贵。

但是，大生系统发展最快还是在 1918—1921 年期间。截至 1921 年，大生一厂的资本增加到 250 万两，历年纯利总额累增到 11,608,499 两。大生二厂的资本也增加到 1,194,390 两，历年纯利总额累增到 5,011,674 两。两厂合计，资本共增加到 3,694,390 两，历年纯利累增总额共为 16,620,174 两；应该说明，在这些历年纯利累增总额中，有三分之二以上是在欧战期间获得的，而在 1919 年大生一、二两厂的纯

---

① 《大生纺织公司二十年纪念开会词》，《张季子九录·实业录》。

利竟分别为各该厂资本的106.08%和113.02%[①]。这样丰厚的利润在民族近代工业发展的历史上确实罕见。

其所以出现这个“黄金时期”，就是因为欧战爆发后西方列强对中国的棉纱倾销迅速减少。日本和印度（实际是英国）由于正在国内大力发展织布业，也相应减少了棉纱的外销数量。因此，中国棉纱进口总额大幅度下降。在1909—1911三年之间，棉纱进口总额已经高达1,320,197公担；而在1919—1921这三年之间，棉纱进口总额却下降到807,249公担[②]。这样就为中国机器棉纺织业的增长留下了一定的空间，上海、无锡许多华商纱厂也都获取极为丰厚的利润。

欧战结束四五年之后，外国资本主义恢复并加强了对中国的经济扩张。以棉纺织工业为例，外商在华设立的纱厂纺锭总数，1921年为631,466枚，1922年增加到879,674枚，1924年更增至1,183,244枚[③]。其中以日商在华纱厂发展最快，如果以1913年日商纱锭、布机总数作为基数100，那么到1922年其纱锭总数即增至542.31，布机总数亦增至447.79%[④]。外国资本主义从商品倾销转向在华设厂，就地利用廉价劳动力和原料，并凭借其充足财力、先进技术设备与各种优惠特权，其产品具有更大的竞争力。因此，表面上进口洋纱数量较诸欧战以前大为减少，而实际上在华外商纱厂所生产的机纱却空前泛滥于中国市场，使华厂产品销路日益缩减。同时，外国资本主义还逐步加强控制中国的棉花生产、原料供销，以至纱、布的运输与销售。这样便把中国民族棉纺织工业逼得走投无路。

正是在1922年，上海华商纱厂全部赔累不堪，大生一厂也结亏为39万多两，二厂结亏为31万多两；一厂负债总额达到12,428,720两，二厂负债总额也达3,520,004两。对于大生资本集团来说，1922年是一

① 根据《大生资本集团史》（初稿）提供数字计算。

② 严中平等编：《中国近代经济史统计资料选辑》，科学出版社，1955年，第74页。

③ 严中平等编：《中国近代经济史统计资料选辑》，科学出版社，1955年，第134、135页。

④ 《民国经济史》，银行周报社，1948年，第137页。

个重大的转折点，从此结束了它的鼎盛时期，迅速走向衰败破产的道路。到 1925 年，大生资本集团的情况愈益恶化，仅一厂负债已高达资本总额的 258.89%。张謇罗掘俱穷，曾致力于向日、美商借大笔贷款，虽允以苛刻条件也无所获。这年 7 月，由上海方面的中国、交通、金城、上海四行和永丰、永聚钱庄组成债权人团，全部接办了大生各厂。

“生已愁到死，既死愁不休。”张謇终于在生前亲眼看到自己的企业王国的崩溃。

大生资本集团失败的原因是多方面的。客观方面除抵敌不过外国资本主义的经济扩张以外，还有军阀混战、苛捐杂税等，国内缺乏一个可供民族工业健康发展的良好环境。主观方面则是缺乏一个科学而切实的总体规划，张謇想办的事情太多，摊子过大，战线过长，已经远远超过大生资本集团的资金承荷极限。所以一旦盐垦事业遇上巨大风潮灾害，立即严重牵动全局，动摇根本，造成整个大生系统的溃败。同时，在经营管理上也有许多陈旧的不合理弊端，特别是“官利”制度与任意调拨企业资金的作法危害最大。所谓“官利”，即一经入股便按年利八厘起息，无论企业是否已经开工或盈亏如何，这八厘“官利”都需照付不误，如果延付以供周转还得利上加利。这样，股东实际上便是商业高利贷者，他们的着眼点主要在于提取“官利”（或称“正息”）完全不顾折旧等公积的提存，自然更谈不上对于技术设备更新的关心。至于任意调拨资金，则主要是张謇本身的毛病。勇于任事与积极进取是他品格中可贵之处，但严格说来他还不完全具备现代企业家的素质，也不完全习惯遵循现代企业合理的规章制度。例如，为了创办大生纱厂，他一次即从一、二两厂调拨公积金各 20 万两。大生八厂创办之始资金即极端短细，竟至从一厂强行抽拨 80 万两作为“收并”资金。为了筹办中比航业贸易公司，一次即截留大生一、二两厂余利 72 万两。至于属于大生系统的十几个盐垦公司，资金周转也主要靠大生纱厂调拨或代为在外挪借，所以前后拖欠纱厂债务达到 130 多万两。这种缺乏计划性的东拉西扯式的资金调拨，不仅严重地抽空了作为大生系统台柱子的一、二两厂的家底，而且造成整个大生系统的恶性信用膨胀，从而最后成为以江浙财团为代表的金融资本重利盘剥与蚕食鲸吞的牺牲品。

从市场的角度来考察，大生集团也有一个根本性的弱点。前面已经说过，大生纱厂的诞生及其发展，主要是适应于当地农村家庭手工织布业对于机纱日益增长的需要。这既是大生纺厂优势之所在，也是它的局限之所在。说是优势，是因为大生纱厂可以在一段时间（特别是早期）借此抵御外界的激烈竞争，站稳脚跟并取得发展。说是局限，是因为这毕竟是一个带有相对封闭性的落后市场，它的荣枯主要取决于农村家庭手工织布业的命运。这种市场的经济基础是落后而又脆弱的，它在一定时间内的发展靠的是农村个体经济对于外来资本主义抗拒的顽强性以及某种程度的适应性。而小农经济和家庭手工业的顽强性与适应性毕竟是有限度的，它终究不能抗拒从纺、织分离到农工分离的总趋向。正如手工纺纱业幻灭于洋纱价廉于土纱之时一样，只要洋布有朝一日比土布便宜得多，农村家庭手工织业也不可避免地要走向衰败，只不过其时间较诸农村家庭手工纺纱业延续得更久罢了。到 1922 年，随着国内新设中外机器织布厂的增多与洋布在市场上的强力竞争，南通土布的销路日益减缩，加以技术落后与质量下降造成信誉低落，当年关庄布销沪总额较之前年竟减少三分之一，这也是直接影响大生纱厂从严重亏损到全面衰败的重要原因之一。

农村家庭手工织布业养育了大生纱厂，然而它对后者却缺少强有力的刺激与推动，因为土布对机纱的质量规格本来没有什么很高的要求。这种相对封闭型市场机制的落后性与保守性，使长期依赖于它的大生纱厂减少了技术与管理革新的紧迫感，因而在国际市场上便不可能具有真正的竞争力。一旦土布业萧条，大生纱厂便只有随之俱枯，而不可能在南通以外的广阔市场上开辟新的出路。

五、结语

从对外经济关系的角度观察大生资本集团的兴衰过程，可以初步获致以下几点认识。

第一，外国资本主义的侵入，促使农村手工织业与手工纺业分离，促使手工纺业迅速衰落，从而加快了机纱市场扩大的节奏。这些都在客观上为大生纱厂的创办提供了条件，大生纱厂在技术与设备方面早期也全靠引进。

第二，大生纱厂与外国纱厂之间的竞争，大生纱厂只能在外国资本主义暂时放松对华经济扩张的间隙中得到某种程度的发展，一旦外国资本主义卷土重来并加强排挤华商企业，大生纱厂便必然要从市场角逐中败下阵来。

第三，农村家庭手工织布业与土布市场的长期存在并维持较大的比重，说明农村个体经济抗拒外国资本主义，既有顽强性的一面，又有适应性的一面。从总体上来看，这既说明中国资本主义发展的不足，又说明农民的极端贫困，他们必须以高度强化的副业劳动来添补辛勤耕作的微薄收入。大生系统与土布市场俱荣俱枯，说明中国当时缺乏可供民族近代工业健康发展的正常投资环境。

第四，张謇曾寄望于借助国家的力量来改善这种投资环境。他认为中国政府应该取法于日本政府："日本凡工业制造品运往各国，出口时海关率不征税，转运则以铁道就工厂，又不给则补助之，国家劝工之勤如是。……与世界竞争文明，不进则退，更无中立，日人知之矣。"①他出任北京政府农商总长期间制定的一列政策、法令，主旨都在于发挥国家政权的作用以扶植涵育幼弱的民族近代工业，以期进而"与世界竞争文明"。但是，他的这些善良愿望都落空了，包括他自己精心制作的

① 张謇：《东游日记》，《张季子九录·节录》，中华书局，1931年。

众多政策、法令都流于一纸空文。在处理对外经济关系的过程中，旧中国的政府不仅不能维护民族的主权与独立，反而从多方面压榨摧残民族近代工业。

最后的结论应该是：如果不改变半殖民地半封建社会制度，就没有建立独立、开放、平等、互利的对外经济关系，就没有可能从根本上改善民族近代工业发展的社会环境。

对于张謇的再认识

中国早期著名的企业家之一，张謇离开人世已有61年了，但是他的事业及其影响至今仍然绵延不绝。半个多世纪以来，人们都承认他是名人，是大实业家和教育家，但实际上褒贬不一，评价歧异甚多。中国人总爱说盖棺论定，其实许多历史人物都是盖棺而不能论定，至少是盖棺而难以论定，只有通过若干世代历史的验证和众多论者的争辩驳难，然后才能获致比较一致和近乎实际的结论。“青史凭谁论是非”，历史人物评价之难，岂独张謇一例。

当然，张謇并不怎么重视后世对自己的评说，他曾为生塘墓门自拟联语：“即此粗完一生事，会须身伴五山灵。”五山即南通南郊的狼、剑、军、马鞍、黄泥诸山，是张謇生前喜爱的自然景观；自己要做而又能做的事情大体都做完了，而且死后能与秀美的五山永相伴随，这就可以心满意足、安眠地下。同时，张謇对于历史人物评价，也有自己独到而较为通达的见解。他曾说：“若孙中山者，我总认为在历史上确有可以纪念之价值。其个人不贪财聚畜，不自讳短处，亦确可以范式人民。今中山死矣，其功其过，我国人以地方感受观念之别，大抵绝不能同。然能举非常大事人，苟非圣贤而贤哲为之左右，必有功过互见之处。鄙人愿我国人以公平之心理、远大之眼光对孙中山，勿爱其长而因护其短，勿恨其过而并没其功，为天下惜人才，为万世存正论。”[①] 张謇并

① 张謇：《追悼孙中山演说》，《张季子九录·文录》第17卷，中华书局，1931年，第12页。

不是马克思主义者，他甚至曾将共产主义学说视为异端，但在历史人物评价问题上却颇有与历史唯物主义相通之处。他认为对前人功过评论之所以众说纷纭，是由于后世人们所处社会地位与感受观念都有许多差别，因此特别强调评论者应该具有“公平之心理、远大之眼光”。我想，这种见解，即令是今天用于评价张謇自身，也是可以作为借鉴的。

回想新中国成立以来，张謇在历史研究园地曾被冷落多年，尽管在50年代后期曾经出版过刘厚生写的《张謇传记》，但并未引起多少人的注意，这自然是与当时的政治气候有关。但是出人意料，1961年纪念辛亥革命50周年学术讨论会却曾引起一度小小的“张謇热”。徐崙同志提交会议的论文激发了人们研究张謇的兴趣，一是由于他比较深入地探讨了张謇对于辛亥革命的政治态度，二是由于他初步利用了《近代史料信札》（即《赵凤昌藏札》）中丰富而饶有兴味的有关史料。会后的争论仍然是相互关联的两个方面，一是张謇的阶级属性，二是张謇的政治立场，特别是张謇与袁世凯的关系。以今天的认识来检讨，当时的众多论著一般都失之于简单、片面与偏颇，少数作者虽然主观上希冀持平立论，但也难免有苛求之处。这是强调“以阶级斗争为纲”以后史学界的通病，而即令如此，多数张謇研究者在“史无前例”的持续“大批判”狂潮中仍然是在劫难逃。

历经多少年的忧患风雨，现在终于到了可以用“公平之心理、远大之眼光”来重新认识张謇的时候，许多研究者已经发表了许多精辟的新见。我自然不甘于沉默，也向关心张謇研究的同志们略陈心得，意在参加讨论并欢迎批评。

一

对于张謇其人，不宜给以简单的阶级定性，因为他是过渡性时代、过渡性社会中的一个过渡性人物。

早在1901年，梁启超在《清议报》上发表《过渡时代论》一文，即曾以恳挚而又热切的笔调呼唤“过渡时代之英雄”。他说：“英雄之种类不一，而唯以适时代之用为贵。故吾不欲论旧世界之英雄，亦未敢语新世界之英雄，而唯望有崛起于新旧两界线之中心的过渡时代之英雄。”可以说，张謇就是一位“适时代之用”“崛起于新旧两界线之中心的过渡时代之英雄”。

以甲午中日战争为界，在此前40年，很难说张謇是一个英雄，顶多只能说是为成为一个英雄准备了若干条件。尽管他高高取中状元，但如果不办工厂，或办工厂而无成效，他也成不了英雄。由于是状元办厂，彻底突破了“学而优则仕”的陈旧传统格局，而且居然办成中外驰名的大生纱厂，开“实业救国”一代风气之先，顺应了发展社会生产力的时代要求，这就使张謇成为名噪一时的英雄。大生纱厂建成于1899年，作为张謇另一实业大项目的通海垦牧公司则动工于1901年。这恰好是两个世纪交接的年代，张謇的企业群体恰好成为中国旧世纪终结与新世纪发端的众多标志之一，因此确实可以称之为“崛起于新旧两界线之中心”。

“崛起于新旧两界线之中心”，除了时代的含意之外还有营垒的含意。19世纪末到20世纪初，是中国知识分子弃旧趋新的重要转折年代，以学堂的勃兴与科举的废止为标志，传统的封建文士群体走向衰亡，新兴的近代知识分子群体则逐渐成长。在转折的初期，新群体的成员大多来自旧群体，这就是人们习惯称之为“转化”的社会现象。由于“转化”大多是渐变，甚至是相当缓慢的渐变，旧式文人的转化过程又往往与新式学生的成长过程形成部分的组合。张謇没有读过新学堂，更没有正式出国留学，他的弃旧趋新便是一个相当缓慢的渐进过程。甲午战争以前，也就是他在40岁以前，基本上是一个具有爱国心的封建士大夫，完全属于旧营垒。甲午战争以后，也就是他在40岁以后，外来侵略的强烈刺激与西方文化的浸润潜移，促使经世致用的传统形式增添了

“实业救国”“教育救国”等新的内容。他经由官绅队伍跨进企业家群体的门槛，也就是从旧营垒游离出来并且趋向于归属新营垒。由于已经具有“大魁天下”的声名，而且又经由翁同龢接近新旧党派斗争的核心，所以真正是“崛起于新旧两界线之中心”，使他的转化产生一般人难与比拟的深远影响，其辐射作用绝非限于“倾动东南”而实际上是波及全国。不过，这又是一种藕断丝连式的转化，也可以说是新旧相互包容式的转化，在转化过程中缺乏具有足够力度的冲突与决裂。

中国早期的企业家群体通常被人们称作绅商，这意味着他们大多具有过渡阶段的双重品格。当然，情况总归是复杂的。有些人是由绅而商，有些人是由商而绅；有些人是以绅为主，有些人是以商为主。而其共性则是，双重品格并存的状况大多维系甚久，甚至连它们的主人也往往难以辨认自己究竟是绅抑或是商。张謇也不例外，而且双重品格保存更久，“言商仍向儒”便是最好的自我表白。直到最后停止心脏跳动，他始终未能摆脱绅的地位，也未能排除绅的意识。在一系列社会活动中，他总是扮演“通官商之邮”的中介角色。

当然，从总体上来把握，张謇一生最后30年的社会身份主要还是商。大生纱厂与通海垦牧公司的兴办，标志着张謇跨出了决定性的一步，他从此把自己的事业与命运与新兴资产阶级紧密联系在一起。张謇在病逝前一年，曾经回顾生平这一最大转折：“张謇农家而寒士也，自少不喜见富贵人，……而以读书励行取科名守父母之命为职志。年三四十以后，即愤中国之不振。四十年后，中东事已，益愤而叹国人之无常识也，由教育之不革新。政府谋新矣而不当，欲自为之而无力，反复推究，当自兴实业始。然兴实业则必与富人为缘，而适违素守，又反复推究，乃决定捐弃所恃，舍身喂虎。认定吾为中国大计而贬，不为个人私利而贬，庶愿可达而守不丧。自计既决，遂无反顾。”① 用“捐弃所恃，

① 张謇：《大生纱厂股东会宣言》，《张季子九录·实业录》第8卷，中华书局，1931年，第34页。

舍身喂虎”形容自己的弃儒从商，说明“轻商”传统观念是何等根深蒂固，也说明张謇当年的思想斗争是何等艰苦激烈。同时，儒学正宗的“义利之辨”依然严重束缚着人们的思想，爱国而又开明的知识分子在投身实业以前依然需要为自己的行为作道义上的辩护。他们不愿也不敢公开声明从事实业是为了个人私利，而必须打出“中国大计”的旗帜才能求得心灵的平安。这些都是中国第一代企业家中许多人共有的思想特征。

二

张謇的主要事业是实业与教育，而“实业救国”与“教育救国”则是他终身服膺的宗旨。

记不清楚是从哪一年开始，大约总是与简单、片面地强调“反修”有关，“革命”遂成为涵盖一切的历史内容，而“实业救国”“教育救国”便属于“改良主义=修正主义”的范畴。张謇是“实业救国”“教育救国”热诚的倡导者与推行者，因此便理所当然地受到种种非议与贬抑。

对于社会制度的根本变革来说，革命诚然是一种促其实现的重要手段，因为代表旧制度的反动统治阶级决不会轻易退出政治舞台，那些抹煞革命作用以致完全否定革命必要性的论调都是极端错误的。然而革命毕竟不是最后目的，也不是社会发展的根本动因，它更不能涵盖历史的全部内容。只有社会生产力的发展，才是社会发展的根本动因，也是革命为之奋斗的终极目的。因此，对于那些真诚地谋求国家富强，亦即切实谋求社会生产力发展的“实业救国”“教育救国”论者，切不可给以简单的贬抑以致否定，应该结合当时的历史实际给以科学的分析与评价。

诚然，在革命高潮到来之际，统治者及其御用政客有时也高唱“实业救国”、“教育救国”，其目的在于否定革命、欺骗人民、转移人民的视线，借以抵制革命思潮与革命运动的蓬勃发展。对于这种挂羊头卖狗肉的“实业教育救国论”，我们应该揭露其反动实质，肃清其恶劣影响。但是，在中国近代史上，确实有许许多多爱国的实业家、教育家，他们深明世界大势，理解只有发展经济才能使国家臻于富强，只有发展教育才能提高整个民族素质，因此用自己的毕生辛劳为祖国的近代化添砖加瓦。我认为，对于他们的历史劳绩应该给以充分的肯定，即令是他们的思想与言论中存在某些不足或谬误，也需要从当时的历史条件加以理解。因为无论如何，这些在祖国大地上踏踏实实营造近代化大厦的有志之士，总比那些只唱高调而无实绩的空头政治家们要可贵得多。

同时，也不可认为张謇不关心政治，他并没有（也从来没有）把实业、教育与政治割裂开来。恰恰相反，政治、教育、实业三位一体乃是他一贯宣传的主张。他在 1903 年访问日本时，曾对已参观的日本各种企业、事业单位作总体评估，结论是：“就所知者，评其次第，则教育第一、工第二、兵第三、农第四、商最下，此皆合政、学、业程度言之。政者君相之事，学者士大夫之事，业者农工商之事。政虚而业实，政因而业果，学兼虚实为用，而通因果的为权。”（《东游日记》）所谓“政”，主要是指政策、立法与政府的管理指导，因此属于“君相之事”。正是由于不满清朝之“政”，他才参加并领导了全国范围的立宪运动，以后又顺应共和潮流放弃了君主立宪方案，先后参加了南京和北京的民国政府。他反对袁世凯称帝，反对军阀混战，反对巴黎和会、华盛顿会议不合理的议案，坚决主张废除不平等条约。凡此种种，都说明他并非不主张政治变革，不关心社会制度的从落后进步到文明。

张謇的政治思想诚然有其保守与落后的部分，但从总体上来考察，至少在 19 世纪末与 20 世纪初他是顺乎时代潮流前进的。1903 年应邀到日本参观访问，表面上注意力似乎全部集中于教育与实业，但实际上却蕴含着政治思想乃至政治实践的重大转折。因为他考察教、工、兵、农、商各种企业、事业单位，都是把“政、学、业”三种因素结合在一起分析评估，并且把“政”放在第一位来研讨琢磨。通过实体考察，他认为日本“以予为取”的奖励补助工商业政策之所以迅速取得巨大成效，“其命脉在政府有知识，能定去向；士大夫能担任赞成，故上下同心以有今日”（《东游日记》）。而对比之下，中国之所以贫穷落后如故，“抉其病根，则有权位而昏惰者当之矣”。至于如何除去“病根”，他总结戊戌维新的历史经验，特别是从日本获得有益的借鉴，对于政党政治与健全立法两方面都有进一步的认识。随后，他组织预备立宪公会、调查商事习惯、讨论起草商法，都是试图把这种新的政治认识付诸实践。

人们习惯于在清末立宪之前冠以“虚伪”一词，但这主要是指清朝政府的虚应故事，至于张謇等人的要求立宪则大多是非常真诚的。他领导的江苏谘议局，不甘心处于“宪政花瓶”的陪衬地位，力争成为具有相对独立性的立法机构，并且与愚昧专断的两江总督张人骏发生激烈冲突。由这个咨议局发起的全国范围的国会请愿运动，是一次具有近代格局的民主运动，其声势之浩大与影响之深远更是史无前例。

总之，不应将张謇看成是单纯埋头从事于实业与教育，他是把政治、教育、实业三方面的革新作为一个总体来认识并为之奋斗的。当然，张謇的业绩，即令仅仅局限在教育与实业两方面，其贡献也是令人钦佩的。因为，在当时的历史条件下，我们很难发现另外一个人，在另外一个县，能够办成这么多企业、事业，而且如此深刻地改变了这个地区的经济、文化面貌。

三

近几年来，有些研究者开始注意到，张謇在谋求南通地区经济、文化发展的过程中，具有相当自觉的总体协调（也可以称之为整体性）

的特点，这是一个极为可喜的现象。

早在甲午战争以前的10年间，张謇即已开始“经营乡里”的活动，但无非是办理通海花布减捐、改良蚕桑事业、倡议设立社仓以至恢复溥善堂等局部的改良和慈善事业，而且由于缺乏实力作为后盾，成效也极为有限。以至甲午战争以后，特别是在大生纱厂创办成功之后张謇的认识水平与社会地位及经济实力三者同步增长，他终于提出了以“村落主义”相标榜的地方自治方案。现时的地方自治与昔日的“经营乡里”有明显的区别，重要的一点就是他已经把地方自治与整个国家的革新（首先是政治体制改革）紧密地联系起来。他把地方自治看作“立宪基础”“立宪之根本”，而地方自治则包括实业、教育、慈善三大部类。张謇所说的“慈善”一词含义甚广，具有社会救济、社会保障、公益事业以至某些市政建设等多方面的内容。

地方自治表面上是清末宪政的一个组成部分，因为清朝政府在宣布预备立宪以后已经颁布《城镇乡地方自治章程》，并且还责成各省督抚奏报办理地方自治情况。但是仔细考察起来，张謇等人倡导的地方自治又超越了《城镇乡地方自治章程》所限定的范围，他们不甘心只是作为“官制”的辅助，不满足于仅仅协助地方政府管理一些道路、卫生、慈善、治安之类公益事业。如果说，《城镇乡地方自治章程》强调的是“渊源国权”与“官制”的主体地位，那么，张謇等人强调的则是以“自存立、自生活、自保卫”为基础的“民治”。他们认为：“地方自治之中，亦有行政、代议之别”，力求把资产阶级议会政治的模式推行到基层政权，为国家实行立宪奠定切实的基础，甚至到处于军阀混战之中的晚年，张謇仍然对“村落主义”坚信不移，强调：“治本维何？即各人抱村落主义，自治其地方之谓也。今人民痛苦极矣，求援于政府，政府顽固如此；求援于社会，社会腐败如彼。然则直接解救人民之痛苦，舍自治岂有他哉！”①

---

① 张謇：《苏社开幕宣言》，《张季子九录·政闻录》第3卷，中华书局，1931年，第1页。

当然，由于张謇离开了人民民主革命的主流，以个人的力量孤军奋战去经营地方自治，其挫折与失败是不可避免的。但是，他在南通地区的30年苦心经营，毕竟在两方面给我们留下了宝贵的历史经验。

一是他经营的虽是南通一县的经济、文化建设，但用心则在于探索一条适合于中国国情的近代化道路。

张謇在南通经营的地方自治，有自己的思路，有既定的序列。他"以为举事必先智，启民智必由教育；而教育非空言所能达，乃先实业；实业、教育既相资有成，乃及慈善，乃及公益"①。在三者之中，实业不仅是首先着手的部类，而且处于地方自治的"根本"的重要地位。道理很清楚，没有财力就办不成任何教育，更谈不上兴办任何"慈善"事业，经济毕竟是其他一切事业的基础。

在实业方面，他结合南通的县情，决定从兴办纺织工业入手。因为南通既盛产质美价廉的纱花，又有较为发达的家庭手工纺织业，且已通行用机纱作为轻纱织布，形成了有相当规模的机纱市场，这些都是就地创办新式纱厂的有利条件。再则，棉纺织业是关系国民生计最为重要的工业部门之一，也是当时帝国主义侵略危害最为严重的工业部门之一。只有自己设立纱厂，奋起竞争，才能逐步改变"花往纱来，日甚一日"的不利局面。"通州之设纱厂，为通州民生计，亦即为中国利源计。"这就是当年张謇的高见卓识之处。

接着就是创办通海垦牧公司，把资本主义经营方式引进农业，企图以大农业来解决大生纱厂的原料问题。随后又以大生纱厂为轴心，围绕发展纺织工业的各方面需要，创办了一系列其他辅助工业，形成一个初具规模的地方性企业网络，这就是以后称之为大生纱厂资本集团的主干。

通州师范学校的创办与大生纱厂的建成，其间相隔不过4年。因

① 张謇：《谢绝参观南通者之启事》，《张季子九录·自治录》第4卷，中华书局，1931年，第2页。

此，张謇的兴办实业与教育，只是开始着手稍有先后的差别，实际上可以说是同步进行。师范是教育之母，师范教育的主要成果便是国民教育的发展，而专科以上的高等教育才有依托与基础。南通的教育发展模式是合乎教育的内在规律，与清朝中枢及各省疆吏首先忙于创办有名无实的高等学堂（大学），正好形成鲜明的对比。南通的专科与职业教育首先是在师范学校附设开班，然后再逐步分离自立，并经由若干专科合并成为南通大学。顺理成章，脉络井然，而且由于密切配合工、农、商业发展的需要，智力投资很快就转化成为新的生产力，因此办学效益极为显著。如纺织、印染之对于大生纱厂，测绘、农科之对于通海垦牧，河海工程之对于水利交通，都及时满足了各种企业、事业对于科技人才的迫切需要。这是大生资本集团迅速发展的原因之一，也是张謇高明于其他许多企业家之处。

张謇非常重视提高整个民族的文化素质，他的思路是很清晰的："世变亟矣，不民胡国？不智胡民？不学胡智？"而他所说的"智"不仅限于文化知识，还有思想品质与身体素质等方面的要求。除兴办各种类别、层次的学校以外，他还非常注意社会教育，设立博物苑、图书馆、更俗剧场、伶工学社、体育场以至公园等等，目的都在于提供良好的环境和有效的渠道，使市民素质不断得到陶冶与提高。张謇有很大的抱负，他渴望能在通海地区"建设一新新世界雏形"，因此其视野与规划都是很广阔的。

张謇是一个务实主义者，他既与空想无缘，更痛恶以大言欺世，其旨趣主要在于脚踏实地尽量做有益于社会的实事。他的访日之行就充分表现出这种求实的风格。当日方接待人询问"东来调查宗旨"时，张謇回答说："学校形式不请观大者，请观小者；教科书不请观新者，请观旧者；学风不请询都城者，请询市町村者；经验不请询已完全时者，请询未完全时者；经济不请询政府及地方官优给补助者，请询地方人民拮据自立者。"（《东游日记》）他事事都从国内以至通海本地的实际情况出发，在学习外国先进事物时总是首先考虑自身的财力、物力和接受消化能力，寻求收效最快、最大的引进之道。譬如参观学校，他着重考察的是师范与中小学、幼稚园，因为普及国民教育乃是中国的当务之急。在利盐技术方面，则宁愿学习日本简易的改良工具。而不引进更为精巧的美国生产方法，因为后者距离当时中国的经济基础太远。

当然，张謇也有自己的严重弱点，那就是晚年对南通地方自治缺乏正确的宏观指导，不仅没有严格控制各种企业、事业发展的规模与速度，反而在没有经过科学论证的情况下匆匆忙忙上了许多不该上或应缓上的项目，以致战线过长、摊子过大、资金全面短绌、信贷恶性膨胀远远超过了大生资本集团自身的承受能力。1925 年以后的全线崩溃，固然与洋纱的强力排挤以及垦牧遭到严重灾害有密切关系，但作为最高领导人的决策失误也是极为重要的原因之一。

尽管存在着这样或那样的失误，而且由于中国各个地区经济文化发展的千差万别，张謇在南通的经验也不一定适合其他州、县，但是他在毫无先例可以遵循的情况下勇于探索，力求闯出一条具有本地特点的走向近代化的道路，这种披荆斩棘的开拓精神永远是值得尊敬的，而且确实给后人留下了许多有益的东西。

四

在中国的传统观念中，“士、农、工、商”似乎是一种凝固的定位序列。19 世纪末年，尽管“商战”“工战”的口号已经喧腾一时，但士大夫轻商、鄙商的陈腐观念仍然根深蒂固，并未受到何等有力的冲击。所以当张謇决心投身实业之际，思想斗争极为激烈，甚至有“舍身喂虎”、溷于秽浊的酸楚感想。但是，他毕竟迈出了可贵的第一步，不顾一切世俗偏见而毅然走进企业家行列，并且义无反顾地为发展中国近代工业与教育事业奋斗到生命的最后一息。

守旧营垒是有形的惰性力，守旧意识则是无形的，甚至是更为可怕的惰性力。他们拘守“义利之辨”，骨子里则是寓利于义、借义谋利。他们视科举为正途，实际上就是走“学而优则仕”的老路，借功名以博取飞黄腾达。他们知识穷乏，缺乏能力，却自视甚高，鄙薄他人，清议空谈，飞短流长。张謇弃仕从商就吃尽这种苦头，他在晚年曾经沉痛地说：“夫今世何世乎？韩昌黎所谓小人好议论人，不乐成人美之世也。此非谓世无君子也，为君子少而伪君子多。议论人者，恒以不肖之心测人。一人也，一事也，事先测之云：言若此，意不若此也；事后验之，言果若此也，意果不若此也。不自私，固私也；不自利，固利也。”① 大生纱厂艰难创业，张謇为之呕心沥血，但并没有得多少人的真诚赞助，而泼冷水、看笑话的所谓冷眼旁观者则甚多。工厂筹建未久，“厂终不成之谣”即已四起。即使在厂房已经建成、机器已经安装完毕之际，也有些人散布怀疑空气：“厂囱虽高，何时出烟？”甚至在试机运转一切正常之后，仍然有人持鄙薄态度大刮冷风说：“引擎虽动，何时出纱？”张謇意志坚强，丝毫不受流言蜚语的消极影响，他以更加勤奋的工作与纺织厂正式开车的事实，来回击这些伪君子、真小人的挑战。中国第一代企业家的处境是艰难的，而由士大夫投身企业者的处境更为艰难。张謇的可贵之处就在于知难而上，知难而进，顺乎时代之要求，适乎国情之需要，为实业与教育的发展，乃至为全中国的近代化都做了极大的贡献。

南通模式固然不一定适用于今日，但张謇的勇于开拓、探新务实、坚毅顽强的精神，则仍然值得我们尊敬并作为借鉴。这就是我们何以需要继续加强张謇研究的原因之所在。

---

① 张謇：《大生纱厂股东会宣言》，《张季子九录·实业录》第8卷，中华书局，1931年，第34页。

中外近代化比较研究浅说

在中国实现现代化的进程中，历史学理应发挥自己的作用，作出较大的贡献。

我们的老前辈，司马迁早就说过："史学家应该就天人之际，通古今质变，成一家之言。从学科分工而言，史学家虽然侧重研究过去，但是更应该立足现实，面向未来。"

"人事有代谢，往来成古今"。过去、现在、未来，总是前后连续的，而且如果作更为超越的宏观考察，三者又都是相对而言的。历史学者不仅应该积极参与现实生活，而且应该成为把现实与过去及未来连接起来的桥梁，应该用自己的研究成果丰富和影响现实生活，并且与人民一起追求光明的未来。

中国如何实现自己的现代化？中国应该实现什么样的现代化？当前已经成为全国乃至全世界各方面人士共同关心的问题。对于这样的重大问题，应该做多学科的综合研究，并且对当前的实践及时作理论性的总结与探索，这样才能得出比较确切而有益的结论。历史学不能代替其他学科，更无法涵盖一切，但它有自己特定的功能，而且本身就有多学科相互渗透的需要，因此应该而且能够在中国现代化问题的研究中发挥较大的作用。中外近代化比较研究目的正在于从历史学的角度，对中外近代化进程作多方面、多层次的比较研究，力求在辨别各国近代化的共性与个性的基础上，寻求某些带规律性的经验教训，作为现今"四化"

建设的借鉴。

从历史本身来说，前后连续的过程是很难一刀两断的。特别是所谓近代化与现代化，由于它们都承担了工业化、民主化这样一些基本任务，因而更难作严格的断限。概略地说，作为研究对象的近代化，大体相当于罗荣渠教授在《建立马克思主义的现代化理论的初步探索》一文中所说的“早期现代化”，时间可以断限在晚近现代化之前。早期现代化与晚近现代化的历史主题与基本内容是前后相联贯的，但却有各自的阶段特征。与晚近现代化相比较，早起现代化的社会结构及其机制、效应，具有发育尚未成熟、还不完全的特点。然而也正是由于这个原因，它又具有相对单纯与易于比较、辨析的特点。这也就是我们把这套丛书，作为承担整个国家社会科学研究项目——中外现代化比较研究——的起点与基础的理由之一。

正如早期现代化与晚近现代化难以一刀两断一样，历史与现实也很难截然分开。我们在研究中外近代化的历史进程时，必然要牵扯到国内外许多重大现实问题。因为，社会结构尽管在其早期显得相对简单，但它的许多机制与社会效应，却往往是在发育成熟以后，才能作出更为完整、深刻、清晰的判断。历史考察的时段，其所以需要有较大的时间跨度，原因也正在于此。由于社会文化背景的差异，对若干重大现实问题作出自己的解释与评论，有的外国作者其见解难免有与我国习见的观念相距甚远乃至正好相反之处。我认为，学术上的见解分歧是正常的现象，不同观点的相互辩证驳难，乃是学术发展繁荣的必经之途。对于中外近代化比较研究这样的大课题，更应该超越于民族情绪与意识形态的局限，以人类文化的总体观念来综览全局，我们深深感到，中外现代化比较研究是一个难度极大而又工程浩繁的科研项目。而说到底，难就难在知己知彼。

很难设想，如果对己对彼都知之甚少或知之甚浅，还能作出任何有意义的比较。即令有的作者运用了较为优越的比较方法，而如果他对中外历史与现状缺乏必要的了解，甚至缺乏有关中外学术文化的起码素养，那也很难获致较有意义的研究成果在这里，有必要借鉴晚清思想解放运动的经验教训，因为它也是以中外比较，特别是中外文化比较，作为思想理论基础的。作为这次运动的领袖之一，梁启超在《晚清学术概论》一书中曾经作过坦率的检讨："晚清西洋思想运动，最大不幸者一事焉，盖西洋留学生殆全体未尝参加于此运动。运动之原动力及其中坚，乃在不通西洋语言文字之人。坐此为能力所限，而稗贩、破碎、笼统、肤浅、错误诸弊，皆不能免。故运动垂二十年，卒不能得一健实之基础，旋起旋落，为社会所轻。"梁氏强调了语言文中的阻隔，但问题又不仅仅限于语言文字的阻隔。因为，语言文字固然是通向西方文化的桥梁，但如果仅仅满足于西方语言文字的掌握，而不去认真研读西方的重要典籍文献，不去深入地了解西方的社会结构与风土人情，则仍然说不上是通晓了西方的学术文化，当然也说不上是通晓了西方的历史与现状。正如过去一般八股士人，尽管文笔娴熟，制艺成篇，但也不等于是通晓了中国的文化、历史与现状一样。

梁启超具有相当丰富的中国传统学术文化素养，又曾在日本住过一段时间并曾周游欧美诸国，对日本与欧美的学术、文化、历史、现状都曾下过很大功夫去了解，尽管不免有生吞活剥、饥不择食之饥，但其治学之勤与涉猎之广，至今仍然使我们为之惊叹心折。以他这样的条件，尚且以"稗贩、破碎、笼统、肤浅、错误诸弊"自责，我们现在进行中外近代化比较研究，岂可不在知己知彼方面更为扎扎实实地做一些工作。

中国是世界上屈指可数的大国之一，虽然是长期比较统一的中央集权国家，但各个地区经济、文化发展很不平衡，沿海和内地、南方和北方，东部和西部，乃至于相邻各省之间，都有很大差异。中国又是一个民族众多的国家，各民族都有自己的经济、文化乃至社会结构方面的特点。汉族文化虽然处于主导地位，但长期兼收并蓄，吸收涵蕴，其中已包含许多国内兄弟民族文化以及外国文化的因素与影响。迄至今日，各少数民族虽然越来越多地受到汉族文化影响，但同时又保持许多本民族的文化特点。

中国也是世界上屈指可数的文明古国之一，历经沧桑，活力犹存，其漫长的发展诸阶段又各有自己的特点。儒学由于统治者的提倡，曾经长期处于统治地位，对民族文化产生深远的影响。然而它在不同阶段又与墨、法、道、佛诸家碰撞渗透，形成儒学本身的演化流变。及至鸦片战争以后，情况更为复杂，中学与西学既相冲突，又相融合。“五四”以前有进化论与西方资产阶级社会政治学说的传入，“五四”以后有马克思主义与其他社会主义流派的传入，这些外来思想都曾在不同时期与不同程度上与中国固有文化结合，并且以不同地位包摄在中华文化之中。因此，时至今日，已经很难说还有什么纯粹的、一成不变的中国传统文化。我们只有认真地、具体地辨析中国文化的历史与现状，并且与外国文化的历史与现状作多方面的比较研究，才有可能获致某些切合实际的有益结论。如果不是从详尽了解历史与现状的实际出发，而是匆匆忙忙急于作简单的定性、立论、构架，则很难避免主观武断的毛病，其“稗贩、破碎、笼统、肤浅、错误诸弊”可能更甚于晚清思想界诸先驱。

研究中国近代化的历史进程，需要客观，需要超脱，需要尽量排除某些不必要的政治的、感情的乃至意识形态的干扰。“不识庐山真面目，只缘身在此山中。”对自己国家的历史与现状之所以一时看不清楚或产生错觉，并不一定都是由于立场、观点的错误，倒是往往由于视野的局限与视角的差错。因此，我们既着眼中国，又要走出中国；既立足现实，又要超越现实。这就需要具备世界的眼光，世界的见识，力求从世界全局来观察中国，而不仅仅是从中国来环顾四周的世界。我们之所以需要做中外现代化比较研究，原因即在于此。

钟叔河先生办了一件大好事，他编辑出版了一套《走向世界丛书》，帮助我们了解世界的形象如何在中国人的眼光中逐渐发生变化，而这些世界形象的变化又如何逐渐影响着中国的变化。但我觉得这还不够，还缺少一项与此相对应的大工程。为此，应该编辑一套《走向中国丛书》，通过那些曾经到过中国的旅行者、学者、教士、商人以至外交官的日记、游记、通信、回忆录等等文献资料，帮助我们了解中国的形象如何在外国人的眼光中逐渐发生变化，而这些变化又是如何影响着中国乃至世界。把上述已经做的和尚未做的两项大工程结合起来，一定可以有助于增强我们的世界眼光与世界见识。

今年夏初，我利用频繁的外事活动的间隙，在美国新港（New Haven）小住三周，每天到耶鲁大学宗教学院图书馆（Yale Divinity School Library）的善本室（Special Collects）查阅有关档案文献。在我过去的老师贝德士（Dr. Miner Searle Bates）的百余余档案中，发现有一部他晚年尚未完成的大书手稿，题目是《新教徒在华五十年》（*Protestant Effort In China 1900-1950*），内容极为丰富有趣。我循着他所引用的众多文献线索，又发现这个图书馆收藏着卷帙浩繁的到过中国的众多外国传教士的档案、手稿与著作，相当详细而又如实地记录了他们在中国的经历、见闻与感想。其中当然夹杂了不少宗教色彩、种族歧视与政治偏见，但也保留着大量比较客观、平实的原始记录。仿佛是一面面镜子，从不同侧面、角度、层次，反映出中国的形形色色；难免有所扭曲，但从总体上来说，毕竟可以帮助我们加深对自己国家的理解。因为这些文献正好弥补了我们所缺少的东西，即从外在世界来观察中国。

以上主要说的知己难，下面再讲一点知彼之不易。

梁启超说西洋留学生“全体未尝参加”晚清思想启蒙运动，这段话显然有一个漏洞，因为作为运动领袖之一的严复就是西洋留学生，尽管是官派的而且学的是海军。但即令通晓西学之深且富如严复，他最熟悉的也无非是英国的学术、文化、历史与现状，充其量也只能说是对于作为西方文化主要代表的西欧（包括英、法、德）了解较多。至于在辛亥革命时期与法国有同等影响的美国，严复就不大熟悉。真正说得上“美国通”的是容闳，但可惜他虽然写了一本著名的《西学东渐记》，但并未着力于美国学术文化的介绍。所以，梁启超的话从总体上看评判也没有错，“晚晴西洋思想运动”所大谈特谈的“西洋思想”，主要还是靠“东洋留学生”从日本人那里零零星星贩来的“二手货”。

所谓西方文化或西方文明，其包含内容之广泛与内部差异之悬殊，与所谓中华文化相比较，只能是有过之而无不及，因为中国毕竟是一个国家，而西方则包括几十个国家，甚至包括好几个洲。各洲之间和各国之间固然差别很大，一个国家内部的不同地区之间的差别也很大。我们研究鸦片战争史，常说西方进步、开放而中国落后、封闭，殊不知当时西方也有落后、封闭的国家和地区。正如恩格斯所曾指出，直到1847年，“欧洲有两个地方还保持着最原始的古基督教德意志式的野蛮，几乎还以橡实为食料，这两个地方就是挪威和阿尔卑斯高山地区即旧瑞士”①。特别是“旧瑞士”，“它简直像牲畜一样顽固地坚持与整个世界隔绝，死守着地方习惯、装束、偏见以及全部地方狭隘性和封闭性”。我举这样的例子，绝非是想在鸡蛋里挑剔骨头，而无非是想说明，即令是同属于所谓西方现代化模式的欧洲众多国家，其历史进程也是很不平衡的，而且各有自己的特点。因此，所谓四方模式，其统一性便是相对的，它蕴含于许多国家的千差万别之中。如果忘记了这一点，就可能把这一模式简单化、绝对化，以致闭塞自己的视野，堵住自己的思路。现时一些人所津津乐道的西方文明，大抵都是指美国文明或美国式的文明。美国虽然得天独厚，经济发展水平极高，但它的文明并非西方文明的原型，而是英、法文明在新大陆的支脉，也是各国移民带来的形形色色文明的综合。真正说得上是属于美洲本土的印第安人文化，由于殖民主义、种族主义的猖獗，已经几乎被赶尽杀绝，只能作为博物馆的陈列

① 《马克思恩格斯全集》第4卷，人民出版社，1958年，第385页。

品或旅游景点的装饰。美国东北地区，特别是所谓新英格兰诸州，受英国文化影响较深而西部地区则受西班牙文化影响较多。至于北方与南方之间差异之明显，则即令是初到美国者，一眼也可以看出。但是这些话早已成为陈词滥调，因为20世纪70年代以后情况已经并且正在发生急剧的变化。按照《大趋势》作者奈斯比特（John Naisbitt）的判断，北部的衰落和西南部的兴盛，即经济重心由北向南转移之势已经无可逆转。尽管新英格兰诸州某些古老家族仍然那么矜持傲慢，但加利福尼亚、佛罗里达、德克萨斯三州正在逐渐取代他们传统的主导地位。所以难怪我的学长TK（唐德刚）要批评他的老师胡适，指出“胡氏所终身倾慕的新英格兰和纽约郊区的WASP（White Anglo-Saxon Protestant）阶级生活方式不能代表美国文明的全集。至于WASP幕后还有些什么其他的花样，又怎是胡适当年这批20多岁的中国青年所能体会的呢？也更不是后来一些隔靴搔痒名流学者们所能透彻了解的了”①。TK是历史学家而又旅居美国逾40年，“隔靴搔痒”之讥当非无的放矢。

作为亚洲国家，西化最早而又收效最大的当数日本。但日本向西方学习并走向现代化，也有一个复杂的过程。虽然所谓“脱亚论”（即主张脱离亚洲的陈旧传统）曾经一度颇具声势，但“和魂洋才”（相当于我国的“中体西用”）仍然具有很大的影响，日本并未完全脱离东方儒学文化圈。当然，所谓“和魂”并非单纯是已经日本化的儒学，还包括其本土的神道教之类。在日本，真正堪称大幅度的西化，是在战败并被盟军（主要是美军）占领以后，与土地制度改革及民主观念冲击相伴随，日本社会受到美国文化的极大影响。尽管有人将日本列入“儒教+资本主义”模式，实际情况却是离开传统儒学文化愈来愈远，特别是青年一代。当然，这并不排除日本仍然保留着不少旧的传统的东西，乃至亚洲人民所最为痛恨的军国主义的残余。近些年在现代化问题研讨

① 参见唐德刚编校译注《胡适的自传》第三章注释（4）、（5），收于葛懋春等编《胡适哲学思想资料》（下），华东师范大学出版社，1981年，第56页。

中出现一种倾向，即单纯以经济发展程度和物质生活水平来衡量各种文化的价值，而且往往是只注意眼前却不顾及长远，这当然有很大的片面性。社会结构是一个整体，不能只注意经济发展水平而忽视其他各个重要方面。同时，资本主义经济发展总是不平衡的，某个时期，某个国家，某个地区，经济得到较快发展，但并不意味着这个国家或地区的文化就永远那么先进，社会结构就那么十分合理。如过去的德国和今天的日本，都存在着这样的问题。美国的经济发展，在第二次世界大战以后很长一段时间里，曾经傲视全球并被一些人视为西天乐土，然而曾几何时它也面临着大英帝国趋于颓败的相似境遇。对于美国，我们既不应因为其昔日的兴盛而褒之过高，又不能因为其现今的衰降而贬之过低。对于日本的兴衰浮沉，似乎也可以作如是观。当然，日本人并非都“沉醉于日本自开天辟地就是雄踞世界的一流国家这一幻想之中”，其中始终保持清醒头脑者大有人在，在国内争议甚多的《丑陋的日本人》一书的作者高桥敷，就曾经忧心忡忡地提醒国人：“请看当今日本人的现状——他们满足于名次排列和产品的数量；关于人的意识，仍停留在二千年前的石器时代；他们狂妄自大，以世界一等国民自居。也许，正是这种心理意识的偏颇和落后，竟被当作日本的传统美德而继承着。于是，人们变得像化石一样，冥顽不化。”

与日本一起被列入“儒学+资本主义”模式的，还有新加坡、韩国和中国香港、台湾地区。这表面似乎是过分强调了文化因素的作用，实际上却是在这些国家和地区经济起飞以后才在儒家文化方面寻求理论解释，或者至少是以这些国家和地区的经济起飞为鼓吹所谓“新儒学”提供事例根据。我曾经多次到新加坡和中国香港等地考察，也曾向这些国家和地区的专家学者广泛求教，试图能多少发现一些儒学对于振兴经济的神奇作用。但是很遗憾，也可能是由于自己的“冥顽不化”，我很难得出“儒学导致经济起飞”的结论。我的初步认识是：这些国家与地区的经济起飞，主要取决于机遇、市场、决策与机制，与儒家文化并没有多少直接关联。一位新加坡学者对我说："与其说儒学导致了经济起飞，倒不如说是经济起飞以后才有条件也有某种需要来提倡儒学。"一位颇有成就而又有较高文化水平的香港实业家则说得更为坦率："儒学吗？在香港只有少数学者热心鼓吹，一般香港人没有兴趣，他们只关心发财与享乐。香港之所以繁荣，就是因为香港容许失业。"语言是冷酷的，然而却隐藏着理智的思考。

以上说的是知彼的困难。也许我把困难说得太多，但从事现代化比较研的学者大多都有同感。长期从事现代化与比较史学研究的布莱克（C.E.Black）教授，就曾感慨系之地喟叹，严格地说，这项大工程必须要有一个大图书馆的资料和百科全书式的大学者才能胜任。但是正如马克思在《资本论》第1卷第1版序言中说过的那样："万事开头难，每门科学都是如此。"我们当然应该正视困难，但我们更应该勇于克服困难，勇于做披荆斩棘筚路的科学新领域的开拓者。

《俱分进化论》的忧患意识

一

章太炎在《民报》第7号（1906年9月5日出版）发表的《俱分进化论》一文，过去常被认为是思想倒退的标志，并且与他此后在政治上的渐趋消极联系起来。近些年，对《俱分进化论》蕴含的合理因素虽发掘日深，但论者又往往将其局限于道德范围。我则认为此文所议颇具有近代忧患意识，内容亦并非仅限于道德，而是阐明了一种涉及范围更广的进步文明观。

首先，需要弄清《俱分进化论》① 的基本思路。

通观全文，此篇乃是对于风靡一时的进化论的深刻反思。甲午战争以后，特别是经过戊戌维新，进化论已经成为爱国救亡、革故鼎新的精神武器，无论是维新派、立宪派还是革命党人，都对这一学说深信不疑，争相传诵，广为演绎。就是章太炎本人，也以进化学说作为自己的立论基础。他在1903年发表的《驳康有为论革命书》，一则曰："人心之智慧，自竞争而后发生，今日之民智，不必恃他事以开之，而但恃革命以开之。"再则曰："人心进化，孟晋不已。……然则公理之未明，

① 以下《俱分进化论》引文均据章太炎：《章太炎全集》（四），上海人民出版社，1985年。

即以革命明之，旧俗之俱在，即以革命去之。”① 但是，经过三年狱中生活，研诵佛学，晨夜冥思，对宇宙、对社会、对文明、对人生都有了更深一层的看法，其中就包括对进化论的反思，也孕育着此后对于公理、惟物、自然乃至代议政治等流行新观念的反思。

章太炎并非全盘否定进化，而是告诫人们不可盲目迷信进化，把进化变成一种绝对的信仰。他认为：1. 进化终极未必能达于“尽美醇善之区”。2. 其所以如此，是由于进化之所以为进化，“非由一方直进，而必由双方并进”。以道德而言，“善亦进化，恶亦进化”；生计而言，“乐亦进化，苦亦进化”。3. 而且，随着经济、文化的发展，随着智识与科技水平的提高，善恶、苦乐亦将不断同步增长。“曩时之善恶为小，而今之善恶为大，曩时之苦乐为小，而今之苦乐为大。”既然如此，章太炎便对进化提出疑问：“然则以求善、求乐为目的者，果以进化为最幸耶？其抑以进化为最不幸耶？”他自己的答案很明确：“进化之实不可非，而进化之用无所取，自标吾论曰：《俱分进化论》。”

尽管当时章太炎正在筹建国学讲习会，并且随即编辑发行《国学振兴社讲义》，但他绝非是站在传统文化的守旧立场上执意排拒外来的进化论。历经甲午刺激、戊戌洗礼、庚子转折，章太炎已经成为一个颇具新知的进步思想家。他强调国粹的地位与作用，但并不墨守成规、因循封闭，而是广泛吸收并传播外来的哲学、社会学、人类学、考古学、民俗学、经济学以及自然科学各方面知识。即以有关进化学说为例，他曾认真研读过日本有贺长雄的《族制进化论》、芬兰韦斯特马克的《婚姻进化史》，达尔文、拉马克的生物进化论以及斯宾塞和吉丁斯的社会进化论，而且经常加以征引、印证、评判、发挥。对于西方哲学，他更是如饥似渴、博览精思，古至希腊伊利亚、斯多葛诸学派以及苏格拉底、柏拉图、亚里士多德、伊壁鸠鲁诸名家，近至康德、费希特、黑格尔、

① 章太炎：《驳康有为论革命书》，《章太炎全集》（四），上海人民出版社，1985年，第180—181页。

叔本华、谢林、尼采、培根、休谟、贝克莱、洛克、莱布尼兹、穆勒、笛卡儿、斯宾诺莎等各家代表性著作，都曾广泛涉猎、咀嚼吐纳。此外，对于印度哲学的吠檀多、婆罗门、胜论、数论各宗以及法华、华严、涅槃、瑜珈诸经，他更是沉潜涵泳、熟谙会通①。他特别重视认识论在近代哲学中的地位与作用，以后曾在《蓟汉微言》中说过："康德以来，治玄学者以认识论为最要。非此所得，率而立一世界缘起，是为独断。"因此，他不仅努力融铸与发展自己的认识论，而且在宏观认识与微观认识两方面都下过刻苦的功夫。大至宇宙天体，小至细胞、原子，乃至声、光、电、化，以及人类社会的整体结构与各个侧面，他都有自己的观察与判断。因此，他对于进化论的吸收与批判，都是建立在严谨而深潜的思考辩证的基础之上，根本不同于一般轻浮新派人士的随风流转、朝三暮四②。

他追溯近世进化论的发展过程，指出黑格尔所谓"世界之发展即理性之发展"，即为进化之说的萌芽。其后达尔文从生物现象、斯宾塞从社会现象加以应用，进化论遂完备形成。而叔本华早就批评黑格尔的发展论，认为世界之成立系"由于意欲盲动，而知识为之仆隶"，盲动不识道途却惟以求乐为目的，追求无已，乐不可得而苦反因以愈多。此外，赫胥黎对进化论亦持异议，认为世运日进，生齿日繁，供给不足以应欲求，则相争相杀必不可已。章太炎对叔本华、赫胥黎之学说亦不尽同意，他锲而不舍刻意求索自己的结论。

他以生物进化为例证：有机物界以哺乳动物为最高级，哺乳动物中又以人类为最高级。人"无爪牙而能御患，无鳞毛而能御寒，无羽翼而能日驰千里"，其智识自然远较其他动物进化，其道德亦较其他动物为善稍大。但是，智识程度愈高，为恶的能力及效果亦愈大，如以武力或

① 参见唐文权、罗福惠：《章太炎思想研究》，华中师范大学出版社，1986年，第147页。

② 章太炎在《箴新党论》中即曾批评那些"是非之不分，美恶之不辨，惟以新为荣名所归"的所谓"新党"，并深切指出，"是中国士民流转之性为多，而执著之性恒少"。

用智谋攻取，其酷烈均远甚于虎豹与太古之人。所以，人类“其善为进，其恶亦为进也”。而从“生计”的角度来比较，人类的生活水平与各种享乐自然也远远高于其他动物，并且随着文明的进化而不断提高。但是，乐之愈多，求之愈苦，且求之而不得者十犹八九，即令得之又不一定能够“摄受”，如能“摄受”则“舍之也愈苦”。所以，“是不亦乐之愈进者，其苦亦愈进乎？”

章太炎认为“生物之程度愈进，而为善为恶之力亦因以愈进”，但不等于说任何个人都是“善恶兼进”。因为从一个人来说，其善力、恶力“互相抵抗”，或者是善“征服”恶，或者是恶“征服”善。不过，章太炎又认为，就一个社会、一个国家的多数人而言，仍必然是“善恶兼进”。例如欧洲各国，从斯巴达、雅典时代以至现今，等级贵贱、上下尊卑的差别“日渐刬削”，人人皆有平等观念，这诚然是社会道德的进步。但是，随着物质文明的发展，金钱又成为新的不平等的表征。“富商大贾之与贫民，不共席而坐、共车而出，诸佣雇者之事其主人，竭忠尽瘁，犹必以佞媚济之。虽无稽首折腰之礼，而其佞媚有甚于是者。”于是见利忘义，惜命苟安，比比皆是。“风教陵迟，志节颓丧，其进于恶也，盖已甚矣。”又如日本，明治维新以后，法治观念胜于往昔，勇于私斗渐转而为国家死难，这诚然是社会道德的进善。但是，现今学术虽胜于前，很少不为权势利用，也很少不受富贵利禄诱动，因而便不再能够看到西乡隆盛那样“刚严直大”的大臣与中江笃介（兆民）、福泽谕吉那样的“东方师表”。这也说明善进恶亦与之俱进。再如中国，情况更差，自宋以后，“善亦愈退，恶亦愈退”。至于清朝为尤甚，“朝有谀佞，而乏奸雄；野有穿窬，而鲜大盗；士有败行，而无邪执；官有两可，而少顽嚣。方略不足以济其奸，威信不足以和其众”。不仅不能为大善，连作大恶的本事都衰退了，这还有什么进化之可言。

章太炎对于进化的再认识，显然带有悲观乃至厌世色彩。他自己并不讳言这一点，但强调厌世观念亦有两种。一种是“决然引去，惟以出此世界为利，亦无余念及于众生”，这自然是彻底解脱而又纯属消极。另一种则有别于此：“以世界为沈浊，而欲求一清净殊善之区，引彼众生，爰得其所，则不惮以身入此世界，以为接引众生之用，此其志在厌世，而其作用则不必纯为厌世。”章太炎内心显然是倾向于后一种，所以他反问：“若是，则何不可厌世之有?”他认为，在现实生活中，早弃斯世以济众生而灭度之“有勇猛大心之士”是罕有的，一般只能是“随顺进化，渐令厌弃”。但即令是“随顺进化”，也“必不可以为鬼为魅，为期望于进化诸事类中，亦惟择其最合者而倡行之，此则社会主义，其法近于平等，亦不得已而思其次也”。决心走出中世纪的黑暗，然而又眼见资本主义文明严重弊端的日益显露，彻底解脱既不可得，于是只能“思其次”，“近于平等”的社会主义不失为一种可行的选择。不过，根据俱分进化的观点，社会主义的发展也不是纯然光明坦途，而必然也是善恶、苦乐俱进。但那毕竟是更为遥远的未来的事情，章太炎没有必要也不可能作进一步的求索。

二

我把俱分进化论的合理核心称之为近代忧患意识。它并非绝对排拒近代文明，而是比较清醒地看到近代文明日益显露的弊病，并且为人类文明发展的前途担忧。如果说这是悲观，那就是一种深沉的悲观；而深沉的悲观比浮浅的乐观，往往在思想境界上要高一个层次。浮浅的乐观易被世俗理解与接受，而深沉的悲观则往往专属于哲人。在这里，我联想起死于本世纪初的日本号称东方卢梭的思想家中江兆民，也就是章太炎在《俱分进化论》中誉之为“东方师表”的中江笃介，他正是怀着对文明发展前途的深沉忧虑离开人世的。他在临终前发表的名著《一年有半》，即曾生动地描述了日本近世文明发展中相互伴随的两种趋向。他把日本封建制度长期统治下的社会结构、等级和家族制度以至生活、行为方式的刻板凝固，比喻为“全国人民几乎一概变成了化石”，中产阶级以下的人“朴素”到常常是过着“非人的生活”。明治维新以后，“日本和欧美各国，互相交际往来，把这些国家的货物，以及制度、文化、习惯、风俗、服装一起传入到日本的时候，日本的固有文化，陡然烟消云散，整个国家，一齐闯入了新的世界”。从善的进化角度来看，官民、上下的严格等级界限，至少在生活方式上逐渐淡化，人们的生活水平迅速提高。但随之而来的便是物欲的膨胀与习俗的败坏。“人人都希望追求超过自己的经济力量以上的娱乐，千方百计想得到它。于是乎做官吏的人，就接受礼品及贿赂以养肥自己。经营工商业的人，就钻营奔走，投靠背景，互相勾结，寻找牟取暴利的机会。再加上日本西部的武士，数百年来，受尽了苛刻死板的法律及制度的束缚，到了日本明治维新的时候，忽然做了大官，参加国家的政治活动，好像放射出去的箭一样，急速地趋向骄奢淫逸，大大地造成和煽起了城市的荒淫和糜烂的风气。成为日本全国的吃喝玩乐的样板；从官僚资本家、富商大亨，到其余的中产阶级以下的人们，也都相继沉沦，以为这是自己的阔气。这就是现代我们日本帝国的官民上下，贵贱贫富，一般人等所以造成了奢侈、淫逸的习惯的历史。”①《俱分进化论》所举日本明治维新以后善恶俱进的例证，很可能受到《一年有半》的某些启迪。中江兆民对于近世文明的弊端并未停留于道德的谴责，而将它看作“是时势决定的，是自然的历程，是必然的程序”。同时，他也没有纯然消极，而是苦心探求“活路”，倡导品德修养，甚至设想将来有朝一日废除国界、消弭战争、统一货币、设立世界统一政府、废除土地私有制及遗产继承权等等，这与章太炎设想无政府、无聚落乃至社会主义，亦有某些相近与相通之处。

实际上，早在一百五十多年以前，卢梭本人在1755年出版的《论人间不平等的起源和原因》一书中即已展示类似“俱分进化”的思想。

① 中江兆民：《一年有半　续一年有半》，吴藻溪译，商务印书馆，1979年，第3章。

他认为，人在自然和野蛮的状态中是平等的，而人的趋于完善化（亦即往前发展）的能力，在促使社会进步的同时却又构成不平等的原因。卢梭没有对不平等单纯作道德谴责，他既把不平等的产生看作一种进步，又指出这种进步是对抗性的，因而它同时又是一种退步。卢梭断言："以后的（越过原始状态的）一切进步同样是表面上走向个人完善化而实际上走向人类的没落的步骤……金属加工和农业是两种技艺，它们的发明引起了这一巨大的革命（把原始森林变为耕地，但是也由于私有制而引起了贫困和奴役）。使人文明起来并使人类没落下去的东西，在诗人看来是金和银，在哲学家看来是铁和谷物。"人民拥立国君本来是为了维护自己的自由，但国君必然成为人民的压迫者，而压迫加重造成的极端不平等，又会转变为自己的反面，成为新的平等的原因。这仿佛"是封闭一个圆圈的终点，它和我们所由出发之点相遇"。暴力支持暴君，暴力又推翻暴君。于是，不平等重新转变为平等，但不是回归到原始人野蛮的、自然的平等，而是高一级的社会契约的平等。至于社会契约的平等又将如何发展，卢梭没有也不可能作明确的预言，而《俱分进化论》在这个问题上竟如同是《论人间不平等的起源和原因》的续篇。

恩格斯高度评价卢梭这种包含着否定之否定的矛盾辩证法思想，并且将之概括为："文明每前进一步，不平等也同时前进一步。随着文明产生的社会为自己建立的一切机构，都转变为它们原来的目的的反面。"① 当然，恩格斯并没有停留于肯定卢梭，也不尽同意卢梭对于不平等起源的解释，所以他稍后在《家庭、私有制和国家的起源》一书中，对于这个问题又有进一层的阐述："由于文明时代的基础是一个阶级对另一个阶级的剥削，所以它的全部发展都是在经常的矛盾中进行的。生产的每一进步，同时也就是被压迫阶级即大多数人的生活状况的一个退步。对一些人是好事的，对另一些人必然是坏事，一个阶级的任

① 恩格斯：《反杜林论》，中共中央马克思恩格斯列宁斯大林著作编译局编：《马克思恩格斯选集》第3卷，人民出版社，1995年，第179页。

何新的解放，必然是对另一个阶级的新的压迫。这一情况的最明显的例子就是机器的采用，其后果现在已是众所周知的了。如果说在野蛮人中间，像我们已经看到的那样，不大能够区别权利和义务，那末文明时代却使这两者之间的区别和对立连最愚蠢的人都能看得出来，因为它几乎把一切权利赋予一个阶级，另方面却几乎把一切义务推给另一个阶级。”①

由此可见，《俱分进化论》所包含的忧患意识，已经不再是传统士大夫那种古老忧患意识的简单重复。它突破了宗庙社稷、王朝统系的狭窄框架，也超越了忧国忧民、愤世嫉俗的固有格局，而是把自己的视野与思路引向更为广阔的空间与更为长远的时间。它关心的不仅仅是自己的民族与国家的命运，而且是整个文明、整个人类，乃至人类栖息于其上的地球、地球运行于其中的宇宙的发展前景。稍后在《五无论》中，章太炎即已自我表白：“今之人不敢为循天之民，随顺有边，则不得不有国家，亦不得不有政府。国家与政府，其界域固狭隘，故推其原以得民族主义，其界域亦狭隘。……夫于恒沙世界之中而有地球，无过太仓之有梯米。今于其间分割疆域，葆为己有，而命之曰国家，复于其间建设机关，区分等级，而命之曰政府。则蛮氏触氏之争，不足喻也。”②正是由于具有这种高度的超越，他才提出无政府、无国家乃至无人类、无众生、无世界。所谓“五无”，貌似虚无荒诞，实则怀有深沉的隐忧，乃是对近世文明深重弊端的悲愤抗议。

如果把《俱分进化论》《五无论》与以后的《四惑论》联系起来考虑，则更可看出这种以否定与虚无来批判现实弊端的积极意义。他把“今人以为神圣不可干者”的公理、进化、惟物、自然视为“四惑”。例如，他肯定“公理”比理学家倡言的“天理”进步，然而“公理”

① 中共中央马克思恩格斯列宁斯大林著作编译局编：《马克思恩格斯选集》第4卷，人民出版社，1995年，第173—174页。

② 章太炎：《章太炎全集》（四），上海人民出版社，1985年，第429—430页。

如果“持论至极，必将尊奖强权”，以强者抑制弱者，或则张大社会以抑制个人，其陵藉个人自主并束缚人“亦与言天理者相若”。而且所谓“公理”往往是“以己意律人”，又“以社会抑制个人”，使之无所逃于宇宙，所以其“惨刻少恩，尤有过于天理”①，理性本来是资产阶级用以反对中世纪蒙昧主义的精神武器，他们正是打着“理性王国”的旗帜来取代封建贵族的统治。可是，当他们取得统治地位以后，“理”之前冠以“公”字，但实际上却是假公济私、以“己意律人”，使更多的个人屈从于“公理”，也就等于是屈从于他们的私利。因此，便出现了《四惑论》中所列举的种种二律背反现象：“幸福增进，一部人类所盲从也，他部人类，则或有反对此者。以善恶言，求增进幸福者，特贪冒之异名。……日进不已，亦惟是扩张兽性。”进化本来是客观事实，可是一旦极端发展成为进化主义乃至进化教，便容易被“主持强权者”（外来的帝国主义和本国的统治阶级）作为奴役与愚弄群众的工具。又如“人之借资于外物者，诚不可乏”，如衣食、居住、医药等，但如单纯凭借物质文明求得幸福，甚至“执鞭为隶于物，以斯求福，其猥贱又甚于向之为隶者矣”。再如“自然”，无非是物的自性以及由其自性而发生的作用，可是人们动辄大言自然规则，甚至以“违背自然规则”抨击异己，这又是很荒谬的事情，因为自然规则并不一定能够给人类带来幸福，“且黠者之必能诈愚，勇者之必能陵弱，此自然规则也。循乎自然规则，则人道将穷。于是有人为规则以对治之，然后烝民有立……以自然规则本无与于人道，顺之非功，逆之非罪云尔”。这显然是对帝国主义“强权即公理”以及“生存竞争、弱肉强食”之类强盗逻辑的有力批判。

综上所述，可以看出理性批判乃是章太炎早期文化思想的重要特色之一。他不仅冷静地、客观地、深刻地批判了封建主义暴虐统治的腐朽，而且还冷静地、客观地、深刻地批判了资产阶级“理性天国”化

① 章太炎：《章太炎全集》（四），上海人民出版社，1985年，第444—449页。

为现实的谬妄。他既敢于傲视古之圣贤，又敢于傲视今之权威，上天入地，俯瞰人间，重新审视与判别一切既有的学说与观念，确实表现出一种前无古人、后无来者的独立卓异的风貌，而这种可贵的学者品格正是一个走向现代化的社会所必不可少的。

三

由于章太炎耽溺于哲理，精研佛学，驰骋老庄，汪洋恣肆，放言无忌，所以往往容易被人视为玄渺荒诞，其合理内核亦因之长期冷置湮没。但是，这也无足为奇，因为历史上并非任何一个学者的一种见解都能在生前或死后短期内被充分确认其价值。也许，将俱分进化学说用以观察当今人类文明的发展，人们可以更清楚地看出它的潜在的精微之处。

底下，我们不妨摘引汤因比与池田大作的两段对话与《俱分进化论》相互印证。

汤因比：“远在人类共同贫困的时代，我们的祖先由于衣食住等生活必需品的不足，生存不断受到了威胁。在那种状况下，朴素被看作美德，奢侈则被看作堕落。但是在产业革命以后，勤俭朴素使得生产者缺乏推销市场，而结果又反过来使工人们失业。因此，消费者方面的节俭，从生产者和被雇佣者的角度来看，就不再是美德，而成了恶德。生产者势必要采取广告宣传这种人为的手段来刺激消费。广告宣传业伴随工业革命同时出现。这绝非偶然。可是，通过刺激消费，一部分生产者和被雇佣者获得的利益，正如您指出的，却违背了整个社会的利益。人类的贪欲性受到宣传的刺激，由此产生了全面的污染，对现代人的健康，乃至于生命都构成了威胁。现代人的贪婪将会把珍贵的资源消耗殆尽，从而剥夺了后代的生存权。而且，贪欲本身就是一个罪恶。它是隐藏于人性内部的动物性的一面。不过，人类身为动物又高于动物，若一味沉溺于贪婪，就失掉了人的尊严。”①

池田大作：“从根本上用长远的目光来看，不能不令人痛切感到现代人在经济方面，犯了多么愚蠢的错误。日本人对 GNP（国民总产值）的信仰，可称之为最。众所周知，第二次世界大战后的日本，把 GNP 的成长视为绝对的东西，以现实赶上欧美发达国家的水平为目标，发挥追求利润的贪欲精神，完成了飞跃的高度经济成长，然而，结果如何呢？人民始终在完全无视人性的条件下劳动，情况一直没有好转的征兆。在狭长的国土上，公害到处像火山的岩浆一样喷发出来。还有，日本产品打入世界市场，最初使人惊叹，可是最近倒不如说在加剧人们的反感。”②

读者不难看出，汤因比与池田大作的议论几乎就是《俱分进化论》某些段落的现代语言的阐释。而且据池田大作记忆，当他询问汤因比希望出生在哪个国家时，这位英国史学大师竟然面带笑容地回答：希望生在“公元一世纪佛教已传入时的新疆”。由此更可看出，尽管时间相隔 60 多年，中英两位思想家之间竟有如此相近相似之处。

当然，我并不认为《俱分进化论》的思想体系已经臻于尽善尽美，至少，它对于俱分进化的成因的解释就是难以为现今人们所能接受的。他认为，作为物质世界与精神世界本原的阿赖耶识（ālaya—vijnāna 或意译为藏识），其中既伏藏着善的种子，也伏藏着恶的种子。“种子不能有善而无恶，故现行亦不能有善而无恶；生物之程度愈进，而为善为恶之力亦因以愈进。”这显然是以佛学瑜珈行派与法相宗所立心法“八识”作为理论依据，并非章太炎自己的什么创造。善恶是一种道德评判，只能在人际关系上得到体现，因此必须从社会结构与群体关系的发展变化中寻求原因。离开近世文明的社会背景，单纯从人心，甚至从更

① 汤因比、池田大作：《展望二十一世纪——汤因比与池田大作对话录》，荀春生等译，国际文化出版公司，1985 年，第 56 页。

② 汤因比、池田大作：《展望二十一世纪——汤因比与池田大作对话录》，荀春生等译，国际文化出版公司，1985 年，第 117 页。

为虚无飘渺的所谓阿赖耶识中寻求终极原因，则不仅使人愈来愈陷于困惑，而且也容易掩盖（至少在客观上）近世文明诸恶产生的真实根源。

同时，章太炎对于近世文明弊病的批判尽管有其精粹之处，但其思想体系仍然未能摆脱伦理中心的传统格局。加以他往往习惯于用某些陈旧的道德观念来评判当代事物，这就更加增添了他的著作中的怀旧情绪与复古色彩。在善恶对立的研究上，恩格斯认为黑格尔比费尔巴哈深刻得多。他曾经说过：“在黑格尔那里，恶是历史发展的动力借以表现出来的形式。这里有双重的意思，一方面，每一种新的进步都必然表现为对某一神圣事物的亵渎，表现为对陈旧的、日渐衰亡的、但为习惯所崇奉的秩序的叛逆；另一方面，自从阶级对立产生以来，正是人的恶劣的情欲——贪欲和权势欲成了历史发展的杠杆，关于这方面，例如封建制度的和资产阶级的历史就是一个独一无二的持续不断的证明。但是，费尔巴哈就没有想到要研究道德上的恶所起的历史作用。历史对他来说是一个令人感到不愉快的可怕的领域。”① 章太炎提出善恶俱进诚然是认识上的一大进展，但善恶对立的历史对他来说也并非一个令人感到愉快的可爱的领域。所以，他在1906年在东京留学生欢迎会上，便提出“用宗教发起信心，增进国民的道德”。紧接着又在《民报》第8号发表《革命之道德》一文，公开表露“道德衰亡诚亡国灭种之根极”的隐忧。他所提出的“知耻”“重厚”“耿介”“必信”，尽管含有希望革命者严于律己的积极意义，但确实带有明显的传统道德色彩。例如，他把“耿介”就解释为“非礼勿视，非礼勿听，非礼勿言，非礼勿动”。而到辛亥革命以后，章太炎由于对革命的失望与对现实的不满，更逐步回归到儒家的道德立场。

如果把章太炎与日本近代思想家福泽谕吉相比较，则后者的近代意识显然更为鲜明。福泽谕吉认为：“文明之为物，至大至重，社会上的

① 恩格斯：《路德维希·费尔巴哈和德国古典哲学的终结》，中共中央马克思恩格斯列宁斯大林著作编译局编：《马克思恩格斯选集》第4卷，人民出版社，1995年，第233页。

一切事物，无一不是以文明为目标的。无论是制度、文学、商业、工业、战争、政法等等，若将它总括地互相比较时，用什么作标准来衡量其利害得失呢？能促进文明的就是利就是得，反之，使文明退步的就是害就是失。"① 他并非没有看到西方文明发展中也有许多不道德行为的伴生，如用欺诈办法营商、用威吓手段谋利、民族不平等与贫富悬殊等等。但他没有因此而对文明的发展丧失信心，认为"文明是指正在不断前进的过程，今天的文明还没有达到路程的一半，岂能遽然要求它尽善尽美"。他没有单纯从道德的角度来批评近世文明的弊病，而是从智与德两方面并且把两者结合起来加以冷静地分析。他一再强调"文明的根本并不在于私德一方面"，"文明与否是不能单纯以坏人的多寡来判断的"。如果一味用劝善惩恶的"德教"来笼络天下人心，可能"反而使人们天赋的智力衰退"，"阻碍人的天性的发展"。发展到极点，将会使现代回到太古，都市转为乡村，成人返归儿童，人类变成猿猴。因此，他提倡新的"智德"，而不是恢复固有的"道德"，实际上更为重视的乃是建立在近代科学知识基础上的智慧②。另一日本近代思想家中江兆民，虽然也为明治维新后社会风气的败坏忧虑，并曾规劝"各个阶级的人，都应该稍稍加强自己的品德修养"；但他认为日本的"重大病根"并非缺乏道德，而是没有"独创的哲学"，难以建立伟大的事业。因此，他主张"惟一重要的事情就是赶快从根本上改革教育，努力培养活跃的人民而不是死板的学者"③。

两相比较，便可以看出明治维新时期的日本思想家更为勇于与善于吸收西方近世文明，而日本社会也具有更多促进资产阶级文明发展的积极因素。

综上可见，《俱分进化论》确实包含着一种进步文明观，其中存在

① 福泽谕吉：《文明论概略》，北京编译社译，商务印书馆，1959 年，第 30 页。

② 以上引文俱见《文明论概略》。

③ 参见中江兆民《一年有半续一年有半》，吴藻溪译，商务印书馆，1979 年，第 1 章。

着明显的合理因素。就中国当时的具体国情而言，它对资本主义文明弊病的批判堪称具有超前意识。然而，20 世纪初年中国的当务之急，毕竟是批判封建主义而并非资本主义。由于资本主义与外来侵略联在一起，而它的内在弊端也确实是日益深化与暴露，因而使一部分先进的中国人在主张引进西方近世文明之际，过早又过多地把注意力集中于它可能带来的文明污染，过犹不及。这种思虑不仅不切中国实际，而且也缺少适合的有力的批判武器，以致他们往往不自觉地又操持着中世纪落后的戈矛。还未走进近世文明，便已经困扰于道德的转型，并且迅速产生对于近世文明的重重疑虑与潜在排拒心理，终于多次失去机遇并大大延缓了近代化的步伐。这是中国的不幸，也是章太炎的悲剧。

孙中山与宫崎兄弟

（1986年10月先后在澳大利亚悉尼大学、菲律宾国立大学、新加坡国立大学的演讲）

辛亥革命失败以后，孙中山曾经在《建国方略》一书中回顾革命党人与日本人士相交之始的情况，其中特别强调："其为革命奔走始终不懈者，则有山田兄弟、宫崎兄弟、菊池、萱野等。"① 研究孙中山与宫崎兄弟的交往，可以有助于对孙中山的国际观念与对外关系的理解。

一

从1897年8月在日本横滨与宫崎滔天结识开始，孙中山很快就与宫崎一家建立起日益深厚的诚挚情谊，患难与共，生死相从，历经20余年而无任何裂痕。这难道是偶然的吗？当然不是。

孙中山自12岁即赴海外求学，很早就有"慕西学之心"②，应该说是属于开放型的新式知识分子。他创立第一个革命小团体是在檀香山，随即又在香港设立兴中会总部，这些都体现了向国外谋求援助的意向。孙中山最初主要瞩目于西方国家，首先是希望得到英国政府与人民的帮助。他策动的第一次起义，即1895年的广州起义，不仅曾经争取香港

① 《孙中山选集》上卷，人民出版社，1956年，第172页。
② 《孙中山全集》第1卷，中华书局，1981年，第47页。

两家英文报纸的支持，而且通过《德臣西报》向英国表示："我们不想重犯太平天国的错误。如果有人愿意前来把现在正趴在绝望的深渊中的中国拯救出来，只要人类的正常意旨得到遵从，外国人的权利得到承认，整个中国向贸易和商业的文明影响开放。"①

当然，在广州起义前夕，孙中山也曾通过日本驻香港领事，企图谋求日本政府的支持。同时，他还对梅屋庄吉说："中日两国是邻国，如果能够牵手互相帮助，并且发展下去，就会使亚洲各民族联合起来，并互相帮助。"② 这几乎可以看作是他以后曾经赞成过的大亚洲主义的发端。不过，他把寻求援助的眼光主要集注于日本，却是在广州起义失败并在欧洲、北美"旷废革命之时日"以后。孙中山自己曾对这一转变作过解释，说是"以其地与中国相近，消息易通，便于筹划也"③。其实，还应该补充两点：一是两国民族文化结构仍有许多相通之处，易于相互了解；二是此后中国留日学生日渐增多，可以充实革命团体的力量。

促使孙中山转向日本的政治思想因素，主要是宫崎滔天向他宣传的大亚细亚主义。

两人结识之始，宫崎就阐明自己的政治主张："中东合同，以为亚洲之盟主。兴灭国，继绝世，用其方新之力阻遏西势东渐之凶锋者，天理人心之所会也。断而行之，今之时为然，一日不可宽。"又说："弟周游贵国，与真士大夫上下议论，先自兴亚之策而入。兴亚之第一着在中东之提携，而欲举中东合同之实，非一洗满清之弊政不可。是故所说无不合也。"④

这两段话包括三层意思：（1）推翻清朝政府，革新中国政治，创造中日同盟的前提；（2）中日合作，以求成为亚洲各国的盟主；（3）

---

① 《德臣西报》（海外版），1895年10月24日。
② 车田让治：《国父孙文与梅屋庄吉》，六兴出版社，1975年，第17页。
③ 《孙中山选集》上卷，人民出版社，1956年，第172页。
④ 《孙中山全集》第1卷，中华书局，1981年，第181、183页。

援助并联合亚洲各个殖民地、半殖民地国家，共同抵抗西方殖民主义的侵略势力。这三点对孙中山都具有很大吸引力，所以他立刻作出积极的反应："极是，极是。惟不可先露其机，以招欧人之忌，则志无不成也，吾合彼亦合，势必然也。惟先合者必胜也。"①

可以这样说，宫崎兄弟所主张的大亚洲主义与孙中山倡导的民族主义首先在"排满"问题上取得了共同语言，然后是在同情与支援亚洲其他被压迫民族问题上产生了共鸣。

他们双方结交以后，最初的协同动作也是在这两方面：一是联络长江流域会党，兴中、哥老、三合三会首领集会于香港，决定联合结成兴汉会，公推孙中山为总会长。一是与菲律宾起义军代表彭西（M. Ponce）达成协议，由孙中山、宫崎等代为购买军械秘密运菲，并派遣兴中会员赴菲助战；菲律宾起义军作为回报，赠送十万日元作为孙中山革命活动经费，并在必要时派志愿人员赴华参加反清斗争。

除大亚细亚主义以外，还有两个因素也促进了孙中山与宫崎兄弟的结合。一是宫崎兄弟在日本属于自由民权主义者，与孙中山的民权主义大体相近；二是宫崎兄弟主张土地复权主义，与孙中山的平均地权思想亦有相通之处。尽管两者的具体内容各有自己的特点，但是都从亨利·乔治那里得到启发，因而便有较多的共同语言。

由此可见，孙中山与宫崎兄弟的结合，其共同的思想基础，是以民族主义为出发点的大亚细亚主义，同时也包括民权主义及主观社会主义等思想因素。这些当然都属于近代思潮，但是孙中山与宫崎结合的全过程却又带有东方传统文化的古朴色调。

这当然是由于中国传统文化对日本影响甚深，即使在明治维新与所谓"脱亚论"（脱离亚细亚）兴起以后，许多日本人士仍然保持着对中国文化的亲近感。在结识孙中山以前，滔天的二兄弥藏曾向副岛种臣请教有关中国前途问题。副岛说："中国的事只在于人。如果有一位人杰

① 《孙中山全集》第1卷，中华书局，1981年，第181页。

奋起，则天下事一朝可定，否则唯有灭亡。”又说：“能担当起目前局面的，恐怕要汉高祖以上的人杰吧？并且，此人更该是一个通晓西洋学问的汉高祖。”弥藏立即表示：“愿以汉高以上的人杰自任。”① 弥藏虽然由于病重早逝，未能实现成为“汉高以上”人杰的愿望，滔天却以虬髯公（隋末东海侠客）的姿态到中国寻找当代的唐太宗。孙中山在《三十三年之梦》序言中曾对此事有所记述：“宫崎寅藏君者，今之侠客也……日忧黄种陵夷，悯支那削弱，数游汉土，以访英贤，欲共建不世之奇勋，襄成兴亚之大业。闻吾人有再造支那之谋，创兴共和之举，不远千里，相来订交，期许甚深，勖励极挚。方之虬髯，诚有过之。惟愧吾人无太宗之资，乏卫公之略，驰驱数载，一事无成，实多负君之厚望焉。”这些话自然不能理解为帝王思想的流露，但宫崎对孙中山的忠诚无二，带有择明君而事与不事二主的传统观念，则是显而易见的。这些语言，作为“同文同种”的两国人士，大都比较容易理解。孙中山对宫崎等日本大陆浪人的结纳，在一定程度上与对中国会党的联络相类似，都是以“救危扶倾”的侠士观念相维系，并且以个人之间的相互信赖（“道义”）为前提。

二

但是，19 世纪中叶以后的国际政治绝不是古朴与单纯的，孙中山与日本友人的接触，从一开始就具有极为复杂的背景。与孙中山的善良愿望相距甚远，日本方面的大亚细亚主义从主流来说则是帝国主义的侵略理论。

当然，大亚细亚主义作为一种思潮也有一个发展过程，而且其内容也比较驳杂，不宜作简单的理解。由于日本也曾经受过西方殖民主义的

① 宫崎滔天：《三十三年之梦》，林启彦译，广州花城出版社、香港三联书店，1981 年，第 60 页。

欺凌，所以一部分自由民权主义者早期倡导的大亚细亚主义，确实带有抗阻欧美列强侵略东亚的意愿。他们从日本自身的民族危机感出发，提出亚洲各民族联合与亚洲解放等主张，具有一定程度的真诚性与积极意义，因而与从一开始就成为侵略理论的泛美主义、泛斯拉夫主义有所区别。但是，19 世纪 80 年代以后，特别是甲午中日战争以后，情况发生了明显的变化。随着日本迅速走上军国主义道路及其国际地位的改变，大亚细亚主义逐渐成为表里不一的政治谎言。所谓亚洲诸民族联合，实际上就是侵略亚洲各国，首先是谋求吞并朝鲜、中国，直至公开提出日、韩、中“合邦”。所谓亚洲解放，则是力争与欧美列强抗衡，企图使整个亚洲成为日本军国主义的一统天下。当时，与大亚细亚主义相呼应的，还有亚洲文明论、同文同种说等，都是宣扬日本应该成为亚洲领导者（实即霸主）的所谓使命观。随着日本军国主义侵略野心的日益膨胀，大亚细亚主义之类理论的反动性也暴露得日益明显。第二次中日战争期间提出的臭名昭著的“大东亚共荣圈”，就是这股反动思潮发展的登峰造极之作，与最初一些民权主义者所宣传的大亚细亚主义已经是名同而实异。

在 19 世纪末年 20 世纪初，鼓吹大亚细亚主义的众多日本人，他们的思想倾向与政治流派也比早期复杂。既有自由民权主义者，也有为数更多的国权主义者；既有真诚援助弱国的侠义之士，也有为数更多的军国主义的鹰犬。而从总体上来说，辛亥革命时期与孙中山关系比较密切的大亚细亚主义者，大多是日本军国主义侵略亚洲其他国家（特别是中国）的尖兵，他们隶属于外交、军事部门的情报系统，并且与声势显赫的财阀也有密切的联系。例如曾经参与同盟会创建活动的内田良平，就一贯主张日本独霸亚洲的“大东合邦”。其具体设想是：首先实行日韩合邦作为示范，继而以朝鲜为依托向满洲与蒙古扩张，最后日、韩、中三国合并，建成“亚细亚联邦”。他公开宣传日本应该效法西方列强，对中国采取高压手段，极力攫取在华权益①。这种露骨的侵略论调，可

① 黑龙会编：《国士内田良平传》，原书房，1967 年，第 501 页。

以看作是1891年山县有朋提出的所谓“主权线”（指日本国境）、“利益线”（指势力范围）主张的进一步发展与具体化。这些日本大亚细亚主义者之所以要作出援助孙中山革命事业的姿态，一是为了拉拢中国的政治势力以加强对抗咄咄逼人的沙皇俄国，一是企望控制革命后的新政权以获得更多的在华权益。

即使是大亚细亚主义者中的自由民权主义者，尽管他们的政治态度比上述国权主义者较为开明，但大多也代表新兴产业资本的利益与意愿。他们确曾给予孙中山以某些同情与支持，但终极目的则是期望在中国革命成功以后索取经济权益作为报偿。至于宫崎兄弟这样的民权主义左翼分子，在日本的大亚洲主义者中为数极少。严格说起来，他们并不是大亚细亚主义的主流，而是以“中国革命主义”相标榜的一个小小分支。滔天曾经如此表白自己的信仰：“我深信人类有同胞之义，故对弱肉强食的现状深恶痛绝。我信奉四海一家之说，故对现今国与国之间的竞争甚为憎厌。深恶之事，不可不除，憎厌之事，不能不去。否则，世界大同的理想就是梦想。于是，我认为不用武力是不行的，所以便以世界革命者自任。”① 这可以说是“中国革命主义”的思想基础，与孙中山信奉的“天下为公”“世界大同”等理想一脉相通。弥藏则曾具体阐明过“中国革命主义”的实施步骤，即以中国革命为起点，逐步争取亚洲各国独立，最终谋求在全世界树立正道：“愿我们能为共同的事业贡献此生，深入中国内地，一心以中国人为念，思想当谋及百世，收揽英雄，以奠定‘秉天义，树正道’的基础。倘若中国得以复兴，伸大义于天下，则印度可兴，暹罗、安南可以奋起，菲律宾、埃及也可以得救。……我认为广泛地恢复人权，在宇宙中建立一个新纪元的方策，才是唯一的出路。”② 中国有句老话，“听其言而观其行”，从宫崎兄弟

① 宫崎滔天：《三十三年之梦》，林启彦译，广州花城出版社、香港三联书店，1981年，自序。

② 宫崎滔天：《三十三年之梦》，林启彦译，广州花城出版社、香港三联书店，1981年，第47页。

的一生的实践来看，他们确实是为自己的理想忠诚奋斗的。尽管带有某些包打天下的“救世主”意味，但这属于昧于世情的青年幼稚的狂妄，与军国主义者的侵略野心有很大的区别。

但是很可惜，像宫崎兄弟这样的人在当时的大亚细亚主义者里面或所谓的大陆浪人中毕竟为数极少。日本已经确定地走上军国主义道路，侵略中国已经成为它的既定国策。只有在反俄的前提下，它才能够容忍某些民间人士对孙中山革命事业的有限援助，但它决不期望中国通过革命将赢得独立与富强。

不能说孙中山对于这些伪善的朋友的真实意图完全没有觉察，但是作为一个漂泊海外的流亡者，急于从多方面寻求同情与援助，也是可以理解的。孙中山与日本大亚细亚主义者的交往，至少在扩大自己的影响，建立同盟会，创办《民报》以宣传革命思想，以及早期的武装起义等方面，都曾起过一定积极作用。然而随着革命的发展，孙中山所主张的大亚洲主义与日本军国主义所宣扬与利用的大亚细亚主义的分歧便日益暴露出来。特别是在十月革命以后，孙中山接受了世界上区分为压迫民族与被压迫民族两大阵线并且实行联俄、联共政策以后，他反对帝国主义的态度更为鲜明，对日本在亚洲推行的侵略政策的批评也更为严峻。1923 年 11 月 16 日，孙中山曾在《致犬养毅函》中指出：“贵国对支行动，向亦以列强之马首是瞻，致失中国及亚洲各民族之望，甚为失策也。”① 此后，孙中山除与日本少数开明的大亚细亚主义者，在反抗欧美列强问题上还有某些共同语言以外，两者之间的裂缝已经无可弥合。

三

亚洲是人类古老文明的发源地之一。亚洲各国和各地区具有长期的

① 《孙中山选集》下卷，人民出版社，1956 年，第 467 页。

经济、文化友好交往的历史。特别是在西方殖民主义侵入之后，亚洲大多数国家和地区都处于被奴役的悲惨地位，因而都具有联合起来共同反抗外来侵略以追求民族独立富强的正当愿望。

孙中山可以说是最早发觉这种共同愿望并为此而真诚地奋斗终生的伟大先行者之一。孙中山所奉行的大亚洲主义，特别是20年代在上述《致犬养毅函》以及1924年11月28日在神户高等女学校所作关于大亚洲主义的演讲，对于亚洲各国的友好合作作了许多最后的、精辟的论述。其中，最重要的有两点：第一，亚洲各国的联合应当是“受屈人民以排横暴”之联合，这种联合虽然具有区域性，但却没有狭隘的封闭性。亚洲各国受屈人民不但应该相互联合，而且还应该与欧洲以至全世界受屈人民联合。联合的目的则是“济弱扶倾，仗义执言”，最终宣布帝国主义死刑。第二，强调“应该用我们固有文化做基础，要讲道德，说仁义；仁义道德就是我们大亚洲主义的好基础”。所谓以固有文化做基础，并不是恢复到古代的传统的文化，而是在仁义道德的传统的旧范畴中增添“求一切民众和平、平等、解放的文化”的新内容。孙中山把这种理想的文化与西方帝国主义对立起来，明确指出：“东方的文化是王道，西方的文化是霸道；讲王道是主张仁义道德，讲霸道是主张功利强权；讲仁义道德，是由正义公理来感化人，讲功利强权，是用洋枪大炮来压迫人。”孙中山以“王道”一词所概括的国际关系准则，不仅是相对于西方的霸道而言，并且也适用于亚洲各国之间的关系。所以他曾再三告诫说：“你们日本民族既得到欧美的霸道文化，又有亚洲王道文化的本质，从今以后对于世界文化的前途，究竟是做西方霸道的鹰犬，或是做东方王道的干城，就在你们日本国民去详审慎择。”可惜，孙中山的忠言在日本很少有人理解，日本军国主义继续陷于霸道的泥坑而不能自拔，他们打着大亚细亚主义的幌子肆意侵略亚洲各国，终于在亚洲和全世界人民的反抗怒火中遭到悲惨的失败。

孙中山离开人世已经有八十多年了，但他终生为之奋斗的王道文化理想却日益赢得各国广大人民的理解与同情。日本军国主义所推行的霸道的大亚细亚主义已经彻底破产，亚洲绝大多数国家已经赢得独立、自由并且日渐富强，它们正在新的时代、新的条件下逐渐形成平等互惠的新型国际关系。一个新的独立、繁荣、富裕、团结、合作的亚洲正在崛起，并将对整个人类作出更大的贡献。因此，我们今天回顾并研究孙中山与宫崎兄弟的真诚友谊以及他们的共同理想，便具有现实的意义。

附记：此文系为 1986 年 10 月在澳大利亚悉尼大学举行的“孙中山的国际思想与国际关系”国际会议而作，同时与会者尚有戴逸、金冲及、林家有，他们从不同角度论析了孙中山的国际思想与对外政策，受到国外与会学者的重视。会后，我们赴堪培拉国立大学作短期访问，与当地学者进行交流，其间还曾访问墨尔本大学。离澳后，我又应菲律宾国立大学邀请前去讲学与访问，本文亦为讲授之内容，因孙中山、宫崎兄弟皆与菲律宾独立运动有密切关系，颇受当地人民尊重。访菲时，正值总统访日，国防部长与反政府势力结合，马尼拉形势紧张，夜间时闻枪声，连我借宿的楼层都有校卫队保护，幸好未遭任何伤害，而菲律宾学者与民间对我国的友好感情则给我留下极为深刻的印象。结束访菲之行后，随即应邀赴新加坡，参加在该地举行的亚洲历史学者国际协会年会，我宣读的论文题为“孙中山与中国国情”。会议结束时，在外交部部长举行的盛大宴会上，我碰巧与来自台北的杭立武先生同席。以前，我在金陵大学读书时，他是董事会主席，因此有校友之谊，欢谈忘年，亦巧遇也。

愤悱·讲画·变力——对外反应与中国近代化

一部近代中外关系史，其主体就是侵略与反侵略的历史。当然其间也有积极的乃至进步意义的文化交流，但即令是文化交流，也往往带有侵略与反侵略的印记。因此，民族情绪便必然使中国人对于外来冲击的反应常带感情色彩，特别是在民族危难关头感情更容易湮没理智。对于被侵略民族的义愤，应该给以历史的理解与尊重。但也应该看到，义愤如果不与理智结合，则又很难把可贵的民心、民气、民力引向正确的道路，甚至会给本民族带来更大的损失与灾难。考察中国人对外来侵略的反应的发展过程，是中国近代史研究一个极为重要的课题。当然，这是一个很大的课题，本文无力作全面论述，仅只就愤悱、讲画、变力三个词语的提出及其内涵，从一个侧面对此试作探索。

一

愤悱与讲画二词出自魏源。《海国图志叙》借用明臣之言："欲平海上之倭患，先平人心之积患。"并且指出："人心之积患如之何？非水、非火、非刃、非金，非沿海之奸民，非吸烟贩烟之莠民。故君子读《云汉》《车攻》，先于《常武》《江汉》，而知'二雅'诗人之所发愤；

玩卦爻内外消息，而知大‘易’作者之所忧患。愤与忧，天道所以倾否而之泰也，人心所以违寐而之觉也，人才所以革虚而之实也。”又说：“昔准噶尔跳踉于康熙、雍正之两朝，而电扫于乾隆之中叶。夷烟流毒，罪万准夷，吾皇仁勤，上符列祖，天时人事，倚伏相乘，何患攘剔之无期？何患奋武之无会？此凡有血气者所宜愤悱，凡有耳目心知者所宜讲画也。”

鸦片战争是近代中国所承受的第一次侵略战争，西方殖民主义的残暴罪行与战争所造成的严重恶果，必然引起整个中华民族的义愤。这种义愤可以激发人们奋起反抗外来侵略，但是却并非所有单纯的义愤都可以转化成为民族“违寐而之觉”的精神驱动力。所以，魏源在强调“发愤”与“忧患”之际，特别提出“愤悱”一词。愤悱出自《论语·述而》，即所谓“不愤不启，不悱不发”。愤悱与启发联系在一起，也就是把感情与理智联系在一起，特别是与民族的觉醒联系在一起。这就构成了世纪中叶中华民族义愤的较高层次。

但是，统治阶级中的绝大多数人，并未达到这样的认识高度。他们在鸦片战争以后的义愤，大多仍然停留于情感激动的层次，而且与传统的“夷夏之辨”的思路紧密联系。中华帝国历来以文明古国自傲，而以野蛮的夷狄鄙视外邦，即令时至已渐衰微的清朝中叶，这种荒诞的陈腐观念仍然根深蒂固。鸦片战争开始打破了他们心目中固有的世界格局与秩序，因而使他们惊呼：“此华洋之变局，亦千古之创局也。”“天地为之震撼，沧海听其横流。爝火争光于曜灵，破獍砺牙于当道。漆室女闻而啜泣，况乃须眉；童汪錡誓以身殉，矧曰壮士？凡有血气者，莫不抚膺浩叹，指发狂呼。”①《江宁条约》订立以后，这些人固然愤慨于割地、赔款，然而更为痛心的还是外国人“与中国官员用平行礼”，认为“国体之沦失以此为最”。他们振振有词地说：“《春秋》所最重者，冠

① 雪中人：《夏燮〈中西纪事〉后序》，转引自阿英编：《鸦片战争文学集》下册，北京古籍出版社，1957年，第813页。

履之分；所最谨者，华夷之辨。成公二年，公会楚公子婴齐于蜀，君子讥其中国诸侯降班失列，下与夷狄大夫会也。今督抚之尊，不止大国诸侯，竟下与犬羊之逆，用平行礼。不特亵渎衣冠，为中外所耻笑，且使各夷闻风效尤，等威莫辨，中国又何恃以为尊乎？……逆夷藐视中国官员，是藐视中国天子。窃恐平行者，争长之阶；争长者，倒悬之渐。”①这些慷慨激昂的悲愤抗议，并未使他们渐趋麻木的中枢神经恢复活力。时人记载说：“和议之后，都门仍复恬嬉，大有雨过忘雷之意。海疆之事，转喉触讳，绝口不提。即茶坊酒肆之中，亦大书‘免谈时事’四字，俨有诗书偶雨之禁。（怡）良奏英夷索还台湾已杀之俘。上曰：‘这个东西，不过又要我找些银子罢了。’盖以其未有大志，唯在图利而已。”②

魏源与这些人不同。尽管他仍然属于这个阶级，仍然没有完全超越“华夷之辨”的传统巢臼，但他反对恪守祖制的泥古不化，主张“变古愈尽，便民愈甚”。他鄙薄那些“徒知侈张中华，未睹寰瀛之大”的愚昧统治者，嘲笑他们：“岛夷通市二百载，茫茫昧昧竟安在？”③连敌国坐落何地都弄不清楚，还有什么资格议战、议和、议守。

鸦片战争与《江宁条约》在民间激起更大的义愤。东南沿海地区劳苦群众纷纷拿起原始的武器，奋勇打击外来侵略者。但是，这些反侵略斗争大多由地主士绅领导，而他们的思想也仍然为忠君、爱国、宗庙、社稷之类陈腐说教所束缚，如《三元里等乡痛骂鬼子词》说：“向来英夷屡不安分，久犯天朝，昔攻沙角炮台，戕害官兵，我皇上深仁，不忍加诛，且示怀柔。乃尚不知感恩，犹复包藏祸心，深入重地，施放火箭，烧害民居，攻及城池，目无大宪。……是以饱德之义士佥助兵

① 沈衍庆：《请罢英夷和议书》，转引自阿英编：《鸦片战争文学集》下册，北京古籍出版社，1957年，第1005页。

② 无名氏：《软尘私议》，转引自阿英编：《鸦片战争文学集》下册，北京古籍出版社，1957年，第838页。

③ 魏源：《都中吟》，中华书局编辑部编：《魏源集》，中华书局，1976年，第677页。

粮，荷锄之农夫操戈御敌，纠壮勇数十万，何怕英逆之义律不可剪除？水战陆战兼能，岂怕夷船坚厚？务使鬼子无只身存留，鬼船无片帆回国。”① 魏源重视民众的力量，特别是通过三元里之战认识到“义民可用”。他认为：“广东岸上力作之人与水中渔贩之人，其技勇皆欧罗巴人所不及，若挑练此等人为兵卒，可谓一等勇壮之兵。”② 但是，他的头脑是清醒的，并不相信这些“义士爷爷”，“每人出钱十文，便足以造船只、修战具，灭尔等（指侵略者）有余矣。”他不仅反对“浪款”，而且也反对“浪战”，反对孟浪地拼命。他只是在“以守为战，以守为款”的前提下肯定“岂特义民可用，即莠民亦可用”，并非指望依靠群众自发反抗就会出现“诛尽英夷”的奇迹。因为他深知，从民族的总体来看，人心仍处于“寐患”之中。广东的“义民”、“义勇”并无明确的国家意识，他们的反抗与否多半取决于自己的家园乡里是否直接遭受损害。魏源曾经生动地记述，由于奕山等人率军抵粤后歧视残害当地人民，“粤民久不平，而英人初不杀粤民，所获乡勇皆释还，或间攻土匪，禁劫掠，以要结民心。故虽有擒斩敌人之赏格，无一应命。当洋兵攻城，居民多从壁上观。”南海义勇甚至因为有人被湘兵诬杀而大举哗变，与湘军相互仇杀。及至英军在广州郊区“日肆淫掠，与粤民结怨”，特别是由于英兵千余自四方炮台回至泥城淫掠，这才激起三元里一带民众愤起倡义报复③。

因此，魏源谋求人心“违寐而觉”，实即整个民族的觉醒。他不仅主张“去伪，去饰，去畏难，去养痈，去营窟”；而且主张向西方学习：“因其所长而用之，即因其所长而制之。风气日开，智慧日出，方见东海之民，犹西海之民。”④ “风气”与“智慧”实即民族的文化氛围与文化素质。愚昧的民族很难实现整个民族的觉醒，也很难有效地抵

① 广东文史研究馆编：《三元里人民抗英斗争史料》，中华书局，1978 年，第 78 页。
② 魏源：《筹海篇》二，《海国图志》卷一，岳麓书社，1998 年，第 19 页。
③ 魏源：《平夷录》三，《海国图志》，岳麓书社，1998 年。
④ 魏源：《筹海篇》三，《海国图志》卷二，岳麓书社，1998 年，第 30—31 页。

抗外来侵略，因此便需要启蒙（“祛寐”）与反思，把人民的觉悟与智慧提高到一个新的水平。“时乎时乎，惟太上能先时，惟智者能不失时；又其次者，过时而悔，悔而能改，亦可补过于来时。”① “过时”就是落后于时代，悔就是醒悟，改就是去弊存利，革故鼎新。这样，魏源从愤悱出发，通过提出“因其所长而用之，即因其所长而制之”这一光辉的命题，已经把对于外来侵略的反应从感情层次提高到理性层次，并且已经接触到近代化这一伟大的历史任务。所谓“亦可补过于来时”，就是希望中国在未来的岁月赶上西方先进文明的步伐。

我们说愤悱通向感情与理智的结合，这绝非是望文生义，因为魏源在《默觚》中提出的“才情”一词，也是主张感情与理智的结合。他认为：“才生于情，未有无情而有才者也。慈母情爱赤子，自有能鞠赤子之才；手足情卫头目，自有能捍头目之才。无情于民物而能才济民物，自古至今未之有也。小人于国、于君、于民，皆漠然无情，故其心思智力不以济物而专以伤物，是鸷禽之爪牙，蜂虿之芒刺也。”② 魏源所说的情不是单纯的感情范畴，尽管他举的是慈母、手足的例子，但已提出“于国、于君、于民”这样的社会责任感前提，而在这一点上“情”与“愤悱”便是相通的，其本身也带有理智的成分，而且已经进入伦理范畴。魏源的这些精彩议论，使我们想起比他晚生 44 年的日本维新思想家福泽谕吉，后者在其名著《文明论概略》中曾提出与“才情”遥相对应的“智德”一词。福泽谕吉认为“智德必须相互依赖才能发挥其功能”，并且更加强调智的重要作用：“智慧不仅能增加道德的光辉，而且还能保护道德，消灭罪恶。”福泽谕吉比魏源离开传统的道德中心主义更远，他的“智德”论与“脱亚论”一同推动了明治维新的进展。由此也可以使我们进一步认识魏源泛释“愤悱”“才情”二

① 魏源：《道光洋艘征抚记》（下），中华书局编辑部编：《魏源集》，中华书局，1976 年，第 206 页。

② 魏源：《默觚下·治篇一》，中华书局编辑部编：《魏源集》，中华书局，1976 年，第 35 页。

词的社会历史意义。

当然，在19世纪40年代，魏源与其阶级本体之间的思想差别还只能说是大同小异，而且当时这些为数极少的维新思想先驱者是相当寂寞的。“月前孤唳为谁哀，无复双栖影绿苔。岂是孤山林处士，只应花下一雏来。”① 他们心灵痛楚的浓郁与深沉可想而知。但是，他们的沉潜思考与孤独呐喊在稍后的岁月里逐渐产生影响，而且引发了中国走向近代化的维新潮流，其结果便是戊戌变法与辛亥革命。关于这一统绪关系，王韬的《扶桑日记》曾有明确表述。1879年王韬访问日本时，著名学者重野安绎称赞他对海外情况的了解比魏源深切，王韬回答说：“然‘师长’一说，实倡先声，惜昔日言之而不为，今日为之而犹袭皮毛也。”重野安绎则认为：“魏默深血性人耳，得先生继起，而后此说为不孤耳。”实际上，继起者也并非只有王韬一人，还有冯桂芬、郭嵩焘、薛福成、马建忠等一批先进知识分子，而对于后起的康有为、严复、梁启超、孙中山等人来说，王韬这一代人也无非是进化序列的中介层。

与魏源、林则徐等发其端绪的进步潮流相对立的，是在朝野都占统治地位的顽固守旧潮流。外来侵略的刺激未能促使他们走向警醒、省悟与革新，而狂热的民族情绪反来淹没了他们有限的理智。以其中代表人物大学士倭仁为例，他在1867年春上奏反对设同文馆，认为国家“所恃读书之士，讲明义理，或可维持人心。今复举聪明隽秀，国家所培养而储以有用者，变而从夷，正气为之不伸，邪氛反而弥炽，数年以后，不尽驱中国之众咸归于夷不止”②。这些守旧势力的指导思想就是：“立国之道，尚礼义不尚权谋；根本之图，在人心不在技艺。”对于他们来说，无论是魏源倡导的“师夷制夷”还是以后流行一时的“中体西用”，都是“变而从夷”之邪说，至于康有为等人提倡的维新变法，竟

① 魏源：《悼鹤》，中华书局编辑部编：《魏源集》，中华书局，1976年，第838页。
② 《筹办夷务始末》（同治朝）第47卷，中华书局，1979年，第24页。

然敢于要求变千百年祖宗之成法，那更是大逆不道。这股顽固潮流，到义和团运动时期更发展到极端，变成仇恨一切外国人和外来事物的笼统排外主义，支配其行动的是狂热的仇外情绪，已经毫无理智可言。早在20世纪初年，有些民主革命的先行者已经看出症结之所在："彼无意识之排外虽甚剧烈，其发念不过从耳目接近之忿恨点而起，而非从爱国心之点起。故虽讲尊亲之学深厚如徐桐，尚不知割台湾、租胶岛、借旅顺广（州）湾为何物，惟使馆市街有侵其府第一寸土者即忿忿不能平。适拳民亦妒教士之势横，两盲同意，二聋联盟，遂决欲铲除东交民巷使馆，及烧毁四牌楼教堂，以为如此外人即可莫予毒。呜呼！此即挟民族主义之国民举动乎？扶清者，仅扶东交民巷及四牌楼，灭洋者，仅灭公使馆及天主堂，如此彼尚知国家国民为何解乎！"① "两盲同意，二聋联盟"的说法虽然过于尖刻，却道出了丧失理智的笼统排外主义的真谛。劳苦群众与统治者本来是对立的阶级，可是在瓜分惨祸迫在眉睫与仇外情绪空前高涨之际，却在一定时期内走上一条道，轰轰烈烈的反帝斗争遭到扭曲的命运。这就是两个世纪之交发生在中国大地上的民族大悲剧，而又从反面验证了魏源半个世纪以前提出的"愤悱"二字的深刻意义。

二

魏源："凡有血气者所宜愤悱，凡有耳目心知者所宜讲画。"愤悱属于感情层次，但含有理智成分并通向理智层次，而讲画则显然应该完全列入理智层次。魏源的思考与讲画并非始于鸦片战争，早在战前他即已"积感"于社会危机的日趋深重，但是，确实是外来侵略与民族危机促使他作更为全面而深入的思考与讲画。正如他在《圣武记叙》中所说的那样："晚侨江、淮，海警飘忽，军问沓至，忾然触其中之所积，乃尽发其椟藏，排比经纬，驰骋往复。"除作40余万言《圣武记》外，

① 《箴国民》，《苏报》1903年5月8日。

又在林则徐《四洲志》基础上编成《海国图志》这部大著作。“钩稽贯串，创榛辟莽，前驱先路”，这可以看作是他的自我写照，也就是以后王韬所说的“‘师长’一说，实倡先声”。

人们常把中国先进知识分子对于近代化的认识过程区分为三个层次或三个阶段，即：器物、制度、心性。这作为总体的大略勾画未尝不可，但如考察个别人物的思想与实践，则很难作如此简单明快的分割，即以魏源首倡的“师夷之长技以制夷”而言，他所说的“技”并非仅限于器物；因为，与“战舰”“火器”并列的“养兵练兵之法”，即涉及军事的管理、训练、教育乃至人员素质的改善。而且，魏源并没有把“长技”狭隘地理解为单纯的技术或技巧，而是从更高的文化层次来求得诠释。他反对传统的“奇技淫巧”成说，公开倡言：“有用之物，即奇技而非淫巧。”“今西洋器械，借风力、水力、火力，夺造化，通神明，无非竭耳目心思之力，以前民用。因其所长而用之，即因其所长而制之。风气日开，智慧日出，方见东海之民，犹西海之民。”① 耳目属于感官，是感性认识的来源，心思属于大脑功能，认识进入较高层次即转化为理性。运用自然能源而达到“夺造化，通神明”的境界，这就绝非仅靠灵巧的手脚所能奏效，所以必须“竭耳目心思之力”来制造器械（包括制造器械的机器）。把“耳目心思之力”与“风气日开，智慧日出”联接在一起，这就已经提出向西方学习的理论问题。

比魏源稍后的冯桂芬，继承并发展了“师夷长技以制夷”思想，他的《校邠庐抗议》一书中，除“制洋器议”而外还有“采西学议”以至“变科举议”“改会试议”诸篇，这就把“师夷长技”扩大到引进西学更为广阔的范围。冯桂芬的“千古名论”（阔普通武语）是：“法苟不善，虽古先吾斥之，法苟善，虽蛮貊吾师之。”② 这里所说的法显

---

① 魏源：《筹海篇》三，《海国图志》卷二，岳麓书社，1998年，第31页。

② 《校邠庐抗议·收贫民议》，中国近代史资料丛刊：《戊戌变法》（1），神州国光社，1953年，第18页。

然是泛义的，绝非只限于器法。因为他还曾指出："人无弃材不如夷，地无遗利不如夷，君民不隔不如夷，名实不符不如夷。"①"四不如"兼包技器、体制、心性三方面的革新愿望，且为30多年以后孙中山《上李鸿章书》所沿用。

推动洋务潮流的先驱者之一郭嵩焘，也是沿着从愤悱到讲画的路线前进。他总结鸦片战争以来反抗外来侵略的经验教训，认为单纯靠义愤与空言无补于艰危："洋人之入中国，为患已深，夫岂虚憍之议论，嚣张之意气所能攘而斥之者？但幸多得一二通知其情伪，谙习其利病，即多一应变之术。"郭嵩焘从总体上来说并未超越"中学为体，西学为用"的框架，但他比同时人高明之处在于认识到西学本身也有本有末，并非尽皆为末。其《条议海防事宜》即曾明确指出："西洋立国，有本有末，其本在朝廷政教，其末在商贸。造船制器，相辅以益其强，又末中之一节也。"把"造船制器"看作"末之一节"，把西方朝廷政教看作"立国之本"，这种认识当然是已经从器物文明层次进入制度乃至心性文明层次。循着这种思路前进，必将导致对于"中体西用"的否定，其后裘作桴把"中体西用"比喻为"牛体马用"，严复又将之发挥为"无异取骥之四蹄，以附牛之项领，从而责千里马固不可得，而田垄之功又以废也"②。这都是把器物、制度、心性视为具有内在联系的一个整体，主张比较全面的革新讲画。

当然，从讲画的实践来说，又确实是从器物层次开始的，因为反侵略战争既然构成了中国近代史的发端，那么中国近代化以国防现代化迈开第一步也就是顺理成章。洋务运动初步的重点是军事工业，而且在历史上曾被称为自强新政。据美国学者亨廷顿考察，这乃是许多落后的传统君主国的共同特点，而国防近代化必然要导致鼓励经济发展与工业

① 《校邠庐抗议·制洋器议》，中国近代史资料丛刊：《戊戌变法》（1），神州国光社，1953年，第30页。

② 严复：《论教育书》，《外交报》1902年1月，第11期。

化，扩大交通运输能力，提高教育质量，改革陈旧风习，促进公共卫生等。器物文明的革新是在特定的环境中进行，它不可能脱离制度、心性文明的相应配套革新，在任何国家，单纯追求器物文明的革新是不可能成功的。

洋务运动虽然不是历史上固有的名词，但它确实是一种社会运动，尽管在广度上与深度上都很有限制。军事工业的建立首先带动了原料（铁）与能源（煤）工业的兴起，继而又带动了交通运输、邮传电讯以及其他工商企业的发展，工业的发展需要科学技术，需要掌握科技知识以及管理现代企业的人才，这又必然要促使教育以及整个文化事业的变革与发展。所以，至少在上海等通商口岸，风气已经率先逐步开化。1880 年傅兰雅曾说及他的在华观感："今在十八省中所有新法新事已见流通，且显沛然莫御之势。要之，西国所有有益中国之学，中国必欲得之，盖华人已有饮泉思渴之心焉。"并且指出：中国人"明知学术一道，不在一国一邦，故虽视西人为夷狄之邦，亦乐学其有益于中国之事，惟必依中国之法以学，否则弃而不取"①。傅兰雅对西学东渐之势估计未免过高，但"必依中国之法以学"的说法则大体符合洋务新政决策层的心态，实际上就是以"中体西用"为前提，"否则弃而不取"。甲午战前的洋务新政，无论是"求强"抑或"求富"，主要还是限于学习西方的物质文明，在制度与心性层次方面的革新则是枝节与零碎的。

较早看出并指出洋务新政的局限与失误的有识者是郑观应。他于 1884 年在《南游日记》中说过："余平日历查西人立国之本，体用兼备，育才于书院，论政于议院，君民一体，上下同心，此其体；练兵，制器械，铁路，电线等事，此其用。中国遗其体而效其用，所以事多扞格，难臻富强。"这已经是对于"中体西用"论者的公开挑战。及至经过甲午战争的失败，洋务新政的内在弱点充分暴露，有识之士对"中体

① 傅兰雅：《江南制造总局翻译西书事略》，张静庐编：《中国近代出版史料》初编，上海出版社，1953 年，第 26 页。

西用”的批判便更加激烈与深刻。1895 年 7、8 月间，谭嗣同在《报贝元征书》中，从哲学高度把长期被颠倒了的道器、体用关系重新颠倒过来，论证了器为体而道为用，“体立而用行，器存而道不亡”，因此，他认为道器不可分离，器变道亦不能不变，中国有道外国亦有道。他深知“中体西用”论者最大的顾虑是怕被西方文明同化，即人们常爱说的“变夷”，所以又痛切陈述：“语曰：‘知己知彼’，先必求己之有可重，而后可以轻人。今中国之人心风俗政治法度，无一可比数于夷狄，何尝有一毫所谓‘夏’者，即求并列于夷狄，犹不可得，遑言变夷者？”① “夷夏之辨”本来是产生于中国文化高于四邻国家的优越感，现在落后到难以自立于世界各国之林，连并列于“夷狄”的资格都没有，还大谈什么“变夷”之不可，岂不是可笑到了极点吗？

因此，维新派便越过洋务新政“求强”“求富”的藩篱，正式提出全面变法的政治主张，从而把救亡图存的讲画推进到一个新的阶段。康有为向皇帝进言：“窃以为今之为治，当以开创之势治天下，不当以一统垂裳之势治天下。盖开创则更新百度，守成则率由旧章，列国并立则争雄角智，一统垂裳则拱手无为。言率由而外变相迫，必至不守不成，言无为而诸国交争，必至四分五裂。”② 这是以更为儒雅委婉的语言表达了谭嗣同的思想，驳斥了“变夏从夷”的迂腐成见。他们比较冷静、客观、准确地把握了国际局势的变化，并且把世情与国情结合起来提出器物—制度、心性联为一体的全面变法主张。这里所说的制度主要还只限于体制，并非整个社会制度的根本变革，但既然是追求经济政治、文教体制的全面变革，那么从逻辑推论来说社会制度的变革也就是必将导致的结果。

有些论者把戊戌变法与辛亥革命都列为追求制度变革的层次，这种说法有所依据但也不尽准确。诚然，戊戌维新要变的法确实是各种制度

① 《谭嗣同全集》，生活·读书·新知三联书店，1954 年，第 390—391 页。

② 《康有为诗选》，广东人民出版社，1983 年，第 423 页。

（体制），包括与此相应的一系列政策法令。康有为撰写的指导维新变法的重要理论著作即以《孔子改制考》为书名，把孔子捧为改制素王、教主；而顽固派叶德辉等攻击维新派，焦点亦在于“康有为之徒，煽惑人心，欲立民主，欲改时制，乃托于无凭无据之公羊家言，以遂其附合党会之私智”①。1897年初，康有为奉诏上疏“统筹全局”，阐明变法全盘部署，强调“能变则全，不变则亡；全变则强，小变则亡”。疏中所陈明治维新要义有三，第三条（关键的一条）即为开制度局而定宪法并具体建议在内廷设制度局，订立各种新章，下设十二局，实际上就是规划改革中央一级的政治体制。这与此前他所编的《日本变政考》《俄大彼得变政记》的思路是一致的。

然而，维新派同样重视物质文明与心性文明，并且理解物质、制度、心性之间的联系。譬如康有为等人的《公车上书》，在敦促皇帝“变法成天下之治”部分中，首先就陈述“富国之法有六”。养民之法有四，其内容大多属于物质文明层次。不过，他们紧接着便提出“教民”问题，着重指出：“小民不学，则农工商贾无才。产物成器，既不能精；化民成俗，迁善改过，亦难为治。”于是，他们要求改武科为艺科，各省州县遍设艺学书院。所谓艺学，实即科学，包括科技与自然科学、人文科学，并将“艺学”的“专门之业”，列为科举考试项目。同时他们还要求“讲求挽救”风俗人心，推广经过革新改造的孔教。至于严复倡言的民力、民智、民德与稍后梁启超鼓吹的“新民说”，无一不表现出致力于制度（侧重政治体制）改革的维新志士对于心性文明改造的热衷。

与维新派相比较，革命派在20世纪初年所要求的制度变革更为全面与深刻，可以称得上全面的社会制度的变革。孙中山从开始倡导革命之日起，便把建立民主共和国作为奋斗目标，而同盟会的纲领又包括了

① 叶德辉：《辅轩今语评》，《翼教丛编》卷四，转引自汤志钧著《戊戌变法人物传稿》下编，中华书局，1982年，第602页。

社会经济制度的变革。同时，革命党人在浴血战斗的岁月，也没有忘记传播新知、改革教育与批判陈旧的封建传统文化。当然，也应该看到，在辛亥及其以前的十年的岁月里，革命派领导人的主要精力在于追求社会制度的变革，而 1912 年初南京临时政府在其短暂存在的时期内更在这方面倾注了大量心血。民国成立以后，孙中山把国民党的主要注意力转移到民生主义，其中当然包括社会经济制度变革方面的含义，但实际上却主要是倡导发展实业，亦即物质文明建设，特别是关系经济命脉与国家存亡的铁路建设。而稍后发表的《实业计划》，更全面制订了中国工业化的蓝图。但是，即令在强调物质文明最甚之际，孙中山也没有忘记心性文明之重要。1919 年春定稿的《孙文学说》，卷一就是“知难行易”，以后编为《建国方略》之一，并题名为《心理建设》。具有讽刺意味的是，原先热衷于用暴力改变社会制度的一批老革命党人，他们曾经激烈抨击梁启超等人的“民智不逮”论，而在多次暴力革命失败之余，现在也以大力启迪民智为己任了。

以上种种情况，说明理智的讲画比单纯的义愤，对于中国的救亡图存乃至近代化，起了更为切实的促进作用。至于物质，制度、心性三种文明层次的讲画，在不同历史阶段虽然各有所侧重，但由于三者之间固有的密切联系，因此必然有互相交叉，重合、渗透之处。这说明社会变革或近代化乃是一个巨大的系统工程，指导革新的决策层必须有宏观的总体规划，然后才能有计划有步骤地推行改革并且取得预期的成效。中国近代百余年来的几代革新领导者，由于民族危机与社会冲突的空前激化，常常在思想、组织、讲画都缺乏充分准备的情况下就被推到历史舞台的前沿，因此往往在实践的全局上没有清晰的章法，在潮流驱动下的随机应变，多于按既有的计划步骤前进，因此不断遭到挫折与失败。当然，历史一般都是在曲折迂回中前进的，不同时期的革新先驱大多走完了自己应走的路程，并且在不同侧面与不同程度上取得或多或少的成就。我们只能在充分尊重这些成就的前提下总结前人的经验教训，把他们的不足与失误化为我们的历史殷鉴，任何简单否定前人成果的做法，都不是马克思主义者应有的郑重态度。

三

至于“变力”，康有为在《进呈〈俄罗斯大彼得变政记〉序》中讲得比较清楚：“呜呼！雷动而草木坼，其变力大者，其治功大。苍萌亿亿，皆草木也，待雷而坼，于以荣华，于以参天，彼得之变力，雷力也哉？宜其坼而荣华，而参天。”① 变革需要力量，更需要力度，所谓雷力，就是特大力度的形象表述。用康有为的话来说，既危又弱的数百年一姓之国“宜鉴于斯”。

当然，追求变力者并非始自康有为。早在半个世纪以前，龚自珍呼唤“九州风气恃风雷”即是对于社会变力的追求，而且也是希望出现具有非凡力度的“风雷”。他在《尊隐》这一名篇中，寄希望于“则山中之民，有大音声起，天地为之钟鼓，神人为之波涛矣”。对于“山中之民”，人们往往给以许多现代意义的解释，其实无非是龚氏寄予希望的某种泛指的社会力量，亦即足以发动并推行改革的力量。在鸦片战争以前。这种力量还是潜在与微弱的，因而其形象也只能是模糊不清的。

很难把龚自珍看作是预言家，但他所呼唤的“山中之民”，却在十多年后崛起的太平军身上得到某种程度的印证。太平天国确曾具有“天地为之钟鼓，神人为之波涛”那样巨大的社会冲击力量，如果与具有明确革新要求的社会群体相结合，未尝没有可能驱动中国比较有效地走上近代化道路。但是很可惜，当时屈指可数的维新思想先驱者对农民起义大都持敌视态度，而他们曾投身依附的洋务集团则是镇压太平天国的主要社会群体。因此，这个凭借广大农民奋起反抗而建立的天朝，仍然是一个未能摆脱农业宗法模式的守旧王朝，并且仍然重复了历次农民战争

---

① 汤志钧编：《康有为政论集》上册，中华书局，1981 年，第 225 页。

悲惨失败的结局。不过，也不能以虚无主义的眼光来看待这次农民大起义。太平天国的历史贡献，主要在于破坏而不可能在于建设。它以雷霆万钧之力冲击中国最后一个王朝，使其根基摇动而此后更易趋于土崩瓦解。也许历史对太平天国的要求正是以风雷狂飙激发神州大地的生气，使浑浑噩噩的人们从沉睡中惊醒。洋务集团利用镇压太平天国的时机开始办起了近代工业，维新派利用太平军的余威敦促皇帝变法图强，而孙中山则公然以洪秀全继承人的姿态发动了辛亥革命。这就是人们所看得见的连锁反应。

由于充当了镇压太平天国的主干力量，洋务集团亦曾充当近代化载体这一历史事实往往容易被人的忽略。前面已经说过，早期的维新思想先驱为数甚少，他们如果不依附一定的政治集团，则只能局限于孤独的呐喊。及至 19 世纪 60 年代初年，农民起义与外来侵略的双重压力，促使清朝统治者不得不图谋有所革新自强，于是洋务便成为一种潮流乃至社会运动。应该承认，走在这个潮流前面的乃是洋务集团，而一些维新思想先驱则是这个集团的成员。在洋务集团内部，大体上可以区分为四个群体。一是曾国藩、李鸿章、左宗棠等督抚群体，他们有兵、有权、有钱、有势，可以影响朝廷决策，并在自己管辖的省区内举办各类大型新式企业、事业。二是郭嵩焘、薛福成、马建忠等思想先驱群体，他们在幕府内外影响幕主，参与决策并鼓动舆论。三是华蘅芳、李善兰、徐寿父子等科技专家群体，由于他们已走出书斋与实验室，并被委以建厂、办厂重任，所以也可以说是技术官僚群体。四是盛宣怀，徐润、唐廷枢等经营管理者群体，这是一批应运而生的颇具开拓型、经营型气质的新起经济官僚。他们的作用极为重要，督抚群体的决策，思想先驱群体的观念，科技专家群体的聪明才智，都要经过他们的组织运营才能熔为一炉，化为分布在各地的近代企、事业实体。

最早注意到洋务派这种集团力量的是容闳，他在 1863 年描述曾国藩幕府盛况说："总督幕府中亦有百人左右。幕府外更有候补之官员、怀才之士子，凡法律、算学、天文，机器等等专门家，无不毕集，几于举全国人才之精华，汇集于此。”① 到甲午战前，洋务集团以及与洋务事业直接间接相联系的各色人等，确已形成一股有相当声势的变力。但是，与庞大的顽固守旧势力相比较，这股变力仍然显得过于弱小，而且其本身又有很大局限。即以在洋务集团中起主导作用的督抚群体而言，真正具备近代头脑的人几乎还没有出现。按照熟知内情的郭嵩焘的说法，甲午战前堪称“洞悉洋务”的督抚只有三人：“合肥（李鸿章）能见其大，沈尚书（葆桢）能得其实，丁中丞（日昌）能得其精。”但是，郭嵩焘又批评他们未能超越“中体西用”框架，“徒能考求洋人末务而忘其本也”。情况很清楚：西方国家的文明进化，涉及社会制度、政治体制、科学技术、文化学术、风俗习惯各方面的革新与进步。如果离开整体环境的变革，孤零零地去考求西洋军火，引进外国军事口令、阵法、条例，乃至办若干工厂，辟几条航线，那就只能造成“桔逾淮而北为枳”的悲剧结局。

甲午战争的惨败证实了维新思想先驱者的远见卓识。于是，康有为明确提出变力问题，即所谓“其变力大者其治功大”，洋务运动之所以失败，就是因为它缺少如同彼得改革那样的“雷力”。康有为不仅强调变革的力量、力度，而且还从文化形态学的角度辨析力的素质。他认为，凡能实现变政者，必然是“才武、志深、力雄、气猛”，所以能锐意改革，推移旋转，举重若轻。而同光新政之所以失败，则由于主其事者“才文、志浅、力薄、气弱”，所以因循苟且，难以成事。

维新派批评洋务派缺乏“才武”的气质，可是他们自己却没有如同洋务派那样能够直接掌握武装。他们把寻求更大变力的希望寄托于两方面，一是皇帝，二是民间。他们仍然是君权主义者，但他们力求把强大的君权化为推动变革的伟力。康有为劝光绪皇帝，要像大彼得那样，做大有为之君，“知时从变，应天而作，奋其武勇，破其千年自尊自愚

① 容闳：《西学东渐记》，湖南人民出版社，1981年，第74页。

之习，排却群臣阻挠大计之说”，这样才能“雷动霆震，万法并兴”①。为了争取皇帝，他们与帝党结成同盟，极力向后党争权。同时，他们又寄希望于民气、民力，努力举办各种学会，出版报刊书籍，借以启迪民智、组织力量，推动变法。平心而论，维新派在宫廷内部与社会动员两方面的工作，都比洋务集团出色，加以他们具有较明确的政治思想与变法纲领，所以从变革的力量与力度两方面都超过了洋务运动，尽管它存在的时间非常短暂。戊戌变法旋起旋灭的原因很复杂，如果仅就变力的角度而言，则主要是没有也不可能与声势浩大的义和团运动结合起来，他们所依靠的民间力量只限于数量有限的开明绅商与刚刚形成的近代知识分子群体；同时，他们所凭借的帝党并无多少实权，特别是手头没有一支可靠的军队，而且也不是什么有严密组织的政治集团，因此在关键时刻便抵敌不住后党—淮系同盟的闪电般反击。

不过，戊戌维新毕竟从思想上、组织上、骨干上，为后起的辛亥革命提供了一定程度的准备，也可以说前者为后者开辟了道路。六君子的血使年轻的革命派醒悟，他们不再对皇帝寄予幻想，决心推翻整个腐败的王朝，因而决心联络人数更为众多的下层劳苦群众，用暴力革命来改变社会制度。孙中山在革命活动的初期，主要是联络华侨与会党，同盟会成立以后则以进步知识分子、新军、会党为主干。用杨毓麟的话来说，就是由“中等社会”（知识分子）“提携下等社会以矫正上等社会”，“破坏上等社会以卵翼下等社会”。在20世纪最初10年，以新式知识分子及其所代表的资产阶级、小资产阶级组成的“中等社会”力量确实有明显的增长。他们组织了革命政党，提出了政治纲领，并且在一部分有组织的下层群众（会党、新军）中做了大量卓有成效的宣传动员工作，所以辛亥革命在民族矛盾与社会矛盾空前交相激化的有利形势下，得以一举推翻清朝、建立民国，推动中国近代化又大大迈前了一

① 康有为：《进呈〈俄罗斯大彼得变政记〉序》，《戊戌变法》（3），神州国光社，1953年，第1—2页。

步。但是，革命派在发动群众方面却主要限于部分会党，新军的联络，而在启动农民伟力的艰巨任务面前踌躇不前。因此，作为变力而言，辛亥革命的力量与力度仍然是有限的，其变革的效果大多也限于表层，而很难掘翻旧社会的根基。这就是孙中山在五四运动以后所认识到的："八年以来的中华民国，政治不良到这个地位，实因为单破坏地面，没有掘起地底陈土的缘故。""我们既经要改造中国，须造成一灿烂庄严的中华民国。像工师建筑伟大房屋一般，须用新的方法去建筑。……所挖出的陈土须远远搬开。"①

当然，孙中山所讲的尽管已深入一步，但实际仍然并未触及中国社会的深层结构，因为他只看到军阀、官僚、政客这些社会集团，而未能辨析产生这些社会集团的根源。只是在中国共产党成立以后，毛泽东等领导者以马克思主义为武器，科学地阐明了中国社会性质以及革命的任务、对象、动力、前途等一系列重大问题，这样才由表及里，更为深刻地弄清了中国的社会结构，同时也找到了彻底变革社会的力量源泉，于是才最终埋葬了旧中国，建立了新中国。

从鸦片战争到现在，已经整整 150 年了。尽管国际局势与中国社会都已经发生了翻天覆地的变化，但是先驱者们反复思考过的愤悱、讲画、变力诸问题，至今仍可作为历史的借鉴。

① 孙中山：《改造中国之第一步》，《孙中山选集》，人民出版社，1981 年，第 474—475 页。

辛亥革命与“只争朝夕”

“多少事，从来急；天地转，光阴迫。一万年太久，只争朝夕。”①这是一首曾经流传甚广的诗词的名句。我认为，它抒发的不仅是作者个人的情怀胸臆，而且是我们整个民族的潜在心态。通常，人们把这种心态称为历史紧迫感，实际上乃是许多心理因素的复合体，诸如忧惧、焦虑、发愤、渴望、急躁乃至世纪末的某些不祥预感等。近代意义的历史紧迫感，萌发于鸦片战争以后，形成于19世纪末20世纪初，氤氲浸淫，绵延积淀，直至于今。这种心态不仅对辛亥革命，而且对辛亥以后的中国历史发展都具有多方面影响。本文试图从这个角度，对辛亥前后的历史重新加以认识。

一

近代意义的历史紧迫感，从根本上说，产生于中西经济、文化发展水平的明显差距以及因此而出现的外来严峻挑战。

中国长期滞留于农业宗法社会，人们对外界情况了解甚少。加以经济、文化水平高于周邻国家，习惯于以“天朝上国”自居。直到19世纪30年代末40年代初，即令是首先睁开眼睛看世界的林则徐，尚且保留着“天朝物产丰盈，无所不有”的盲目自满心态。产生并受制约于

① 毛泽东：《满江红·和郭沫若同志》，1963年1月9日。

这种心态的社会，其发展节奏必然是迂缓的，甚至是板滞的，可以说与“紧迫”二字无缘。

但是，进入 19 世纪 30 年代以后，社会危机深化与外来严峻挑战交织，首先是鸦片流毒造成的兵弱、饷绌，引起一些忧国忧民之士的警觉与焦虑，其中已经流露出若干急切心情。紧接着便是一个绝大多数中国人（包括当政者）还不知道它在世界何方的“岛夷”，居然很快就打败了堂堂“天朝上国”。割地赔款的奇耻大辱，引起一片惊呼——“此乃千古未有之变局”。先进的中国人急于了解这个变局及其出现的原因，于是有《四洲志》《海国图志》等书的编撰出版。他们开始知道在朝鲜、日本、安南、暹罗、缅甸等周邻国家的外面，还有一个更为广袤的世界。这个世界中的一些国家，不仅没有蒙受“天朝”教化的熏陶恩泽，而且还有若干远比“天朝”优胜的东西，其彰明昭著者就是船炮之类“长技”。魏源从“愤悱”与“忧患”出发，主张“师夷之长技以制夷”，并且期望“风气日开，智慧日出，方见东海之民犹西洋之民”。承认差距，主张向西方学习以赶上西方，字里行间已经流露出若干惶急。或许可以认为，这就是近代意义的历史紧迫感的萌发。

但是，这毕竟是少数先行者孤寂的觉醒，他们的主张未能成为整个民族的共识，他们的心情更为绝大多数人所难以感应。从一般民众来看，当英军直接骚扰他们的家园时，他们“志切同仇，恨声载道”，愤怒高呼“若不灭尽尔畜，誓不为人”，并且以血肉之躯与拥有先进火器的侵略者决斗。可是，当战争在远离其本乡本邑地区进行时，他们大多视若与己无关，并无切肤之痛。至于统治集团的多数人，则神经已经渐趋麻木。战争曾经使他们惊惶、震恐、羞辱、悲愤、痛苦，然而不过数年，时过境迁，他们依然是文恬武嬉，昏庸腐败如故。尽管龚自珍发出千古绝唱：“九州生气恃风雷，万马齐喑究可哀；我劝天公重抖擞，不拘一格降人才。”但并未能够挽回“衰世”的“颓心”，中国古老社会仍然缺乏活力与生机。以《海国图志》为例，此书流传到日本，很快就被选刻、选译达 20 多种版本，明治维新的先驱们大多曾受其影响。可是，当一个东邻维新志士于 1862 年来上海访问时，却发现《海国图志》在它的祖国竟已绝版。这个日本人不禁感慨系之：“徒倡僻见，因循苟且，故而衰微。”① 为了使这个古老的民族惊醒，需要有多次具有高强力度的外来的与内在的冲击，需要有几代先进中国人的深沉思考与宣传鼓吹。第二次鸦片战争、中法战争、太平天国就是这一系列外来的与内在的“风雷”，而冯桂芬、王韬、容闳、郭嵩焘、马建忠、薛福成……便是新一代的“人才”。这一代人对外面的世界有更多的乃至直接的理解，发觉中西差距不仅在“器”而且在“学”，甚至还在于“制”（制度），对差距感知的全面增进，意味着学习西方愿望的更加急切。连冯桂芬那样温和稳健的儒士，也果敢地宣称：“法苟不善，虽古先吾斥之；法苟善，虽蛮貊吾师之。”② 郭嵩焘则三分世界：一曰色维来意斯德 Civilized 文明的），二曰哈甫色维来意斯德（Half Civilized 半文明的），三曰巴尔比里安（Barbarian 野蛮的），并且客观而又勇敢地把中国列为第二类国家。他说西方不仅长于科技、工艺，“而政教风俗，欧洲各国乃独擅其胜。其视中国，亦犹三代盛时之视夷狄也。中国士大夫知此义者尚无其人，伤哉！”③ “夷夏之辨”是建立在文化优越感的基础之上的，清朝人一直把其他国家视为“夷狄”，现在却已被划出文明世界，转而被别人视为“夷狄”，这是多么可怕而又可悲的堕落！当时，这种高见卓识与大胆直言仅属于郭氏之类的一二人，并未被一般士大夫所理解，所以郭嵩焘才被骂作汉奸，在抑郁与凄凉中度过寂寞的晚年。但无论如何，19 世纪 60 年代以后的维新思想毕竟有所发展，它们逐渐汇合形成社会思潮，并且产生较为明显的影响。有限度的学习西方与变革图强的主张，终于被一部分中央与地方的高级官员采纳并付诸实

---

① 信夫清三郎：《日本政治史》第 1 卷，上海译文出版社，1982 年，第 331 页。
② 冯桂芬：《校邠庐抗议 · 收贫民议》。
③ 《郭嵩焘日记》，光绪四年三月初二。

施，这就是“自强新政”（或被称为“洋务运动”）。革新者首先是谋求国防现代化，然后延伸到民用工业、能源、交通的兴办，在政府机构与文化教育方面也有相应的然而是微小的变化。

也许可以认为，是历史紧迫感促成了自强新政，但自强新政却未能增进多数人的紧迫感。守旧势力从来没有停止过反对学习西方的自强新政。洋务集团既要与守旧派的公开阻挠以及所谓社会舆论的“清议”反复辩驳较量，又常常困扰于洋务集团之间利益分配的争夺，再加上他们所兴办的又是“史无前例”的大事业，缺乏经验与营私舞弊以及其他各种主客观困难常使主事者心力交瘁乃至垂成而败。所以，他们在殚精竭虑之余也就容易满足于已经取得的进展与成就，甚至断言清朝已经“中兴”。社会上也有不少人误把“同光新政”等同于太平盛世，于是又出现一片浑浑噩噩的苟安情绪。只有少数有识之士看出洋务新政学习西方无非是“袭其皮毛而即嚣然自足”，谈不上是实质性的改革，而各种洋务事业的虚有其表与内在弊端必将酿成更大的灾难。郑观应把自己心血浇注而成的大著作命名为《盛世危言》，体现出这批先进知识分子历史紧迫感的继续增长。

不过，历史紧迫感成为整个民族的心态，还是在甲午中日战争失败以后。这不仅是一场军事实力较量的失败，而且是一场学习西方的比赛的失败，简言之即“明治维新”打败了“同光新政”。日本原来也属于落后的“东海之民”，可是明治维新励精图治，学习西方特有成效，不过25年即已丢掉了“哈甫色维来意斯德”的耻辱帽子，一举击败了一个它曾长期师事与尊崇的大国。此后，中国不仅在世界，就连在亚洲也不足以言强盛了，这是多么难堪的局面！到了1897年冬天，德国抢先占领胶州湾，其他列强纷纷效尤，掀起争夺“势力范围”的瓜分狂潮。同时，群众自发反抗斗争在沿海各省与长江流域迅速发展与蔓延，特别是鲁、豫、皖三省交界地区的义和拳、大刀会的奋起，已经逐渐使政府失去控制能力。用康有为在《上清帝第五书》中的话来说，就是“乱机遍伏，即无强敌之逼，揭竿斩木，已可忧危”。形势已经日益紧急，或则亡国于瓜分，或则崩溃于内乱，自救之道只能是赶紧维新变法。

康有为在此前后不断呼吁：“守旧不可，必当变法；缓变不可，必当速变；小变不可，必当全变。”“能变则存，不变则亡；全变则强，小变亦亡。”这些语言集中地表述了民族迅速蕴聚的心声，康有为因此也就理所当然地充当了时代的号手。

时间问题已经突出地呈现出来，即是康有为所主张的“速变”。这当然是可以理解的，因为中国已经整整丢掉了半个世纪以上的时间，其中也就丢掉了若干可遇而不可求的机遇。洋务派那种慢条斯理、修修补补的变，事实上已经表明不能挽救祖国的危亡。所以康有为认为：“积习既深，时势大异，非尽弃旧习，再立堂构，无以涤除旧弊，维新气象。”变法建议连同其字里行间所流露的强烈紧迫感，不仅赢得了舆论的广泛呼应，而且赢得了皇帝和支持皇帝的一些高级官员的赞赏与采纳，于是便出现了中外瞩目的百日维新。

维新而只有百日，这足以说明它是一场悲剧，当然是一场伟大的意义深远的历史悲剧。历史给康、梁以机会，但他们未能妥善地、充分地利用这个千载难逢的机会。由于守旧势力的强大与维新力量的弱小，我们很难指望变法一举取得全面胜利。但是，如果举措得当，变法也并非命中注定要失败得如此迅速而又悲惨。我曾经说过：“维新派在变法期间不大注意斗争策略，动作太快，触动面太宽，这样就树敌过多，使自己更加陷于孤立。譬如，在短短二三个月内，既要裁撤詹事府、通政司、光禄寺、鸿胪寺、太仆寺、大理寺等京师衙门，又要裁撤湖北、广东、云南三省巡抚、东河总督及不办运务之粮道、仅管疏销之盐道暨佐贰之无地方责者，还要改革科举，大幅度变更各级考试内容，并且把各地书院改为兼学中学、西学的学校等等。在发布这些诏令时，只凭主观愿望强调必要性，却缺少周密调查论证其可行性，更没有考虑到各项较大改革的社会心理承受能力，以及由于民众缺乏理解而可能增加的反对。维新派包括他们的领袖康有为，大都是一群缺乏政治斗争经验的书生，他们没有完全弄清究竟依靠什么力量，联络什么力量，孤立什么力量，打击什么对象，而只是凭着一股热情不断发布诏令来‘除旧布新’。他们爱国心切，因而急于求成。”① 应该补充一句，其所以急于求成，正是由于受历史紧迫感的驱使。

为变法流血牺牲的康有溥，早在变法开始之际，即已看出康有为的急躁冒进：“伯兄规模太广，志气太锐，包揽太多，同志太孤，举行太大。当此排者、忌者、挤者、谤者盈衢塞巷，而上又无权，安能有成？弟私窃深忧之。”② 还有另一位为变法奉献生命的志士谭嗣同，早已作过预言式的自责：“嗣同之纷扰，殆坐欲新而不能新，其故由性急而又不乐小成。不乐小成是其所长，性急是其所短。性急则欲速，欲速则躐等，欲躐等则无所得。”③ 康、谭等维新领袖当然都有性格、志气乃至举止行为方面的弱点，但“欲速”与“躐等”则不完全是这些弱点所造成的，因为业已成为社会心态的历史紧迫感乃是潜在的驱动力量，而且改革确实需要对旧制度与旧势力有较大的冲击。不仅是主观上的“不乐小成”，而且在实际上也难以有所“小成”。在变法失败以后，梁启超痛定思痛，沉潜反思，曾将中国比作千年老屋，“非更新之不可复居”，只有先拆旧屋才能建成新屋。在旧屋已拆而新屋未成之际，往往是瓦砾狼藉，器物散乱，“其残破苍凉更有甚于旧屋尚在之日”④。因此，“寻常之人，观目前之小害，不察后此之大利，或出死力以尼其行；即一二稍有识者，或胆力不足，长虑却顾，而不敢轻于一发。此前古各国，所以进步少而退步多也。故必有大刀阔斧之力，乃能收筚路蓝缕之功；必有雷霆万钧之能，乃能造鸿鹄千里之势”⑤。如果说，康有溥、

① 参见拙著《离异与回归——传统文化与近代化关系试析》，湖南人民出版社，1988年，第169—170页。

② 康有溥：《致易一书》，《戊戌六君子选集》第6册，商务印书馆，1937年。

③ 谭嗣同：《报贝元征书》，《谭嗣同集》，生活·读书·新知三联书店，1954年，第388页。

④ 梁启超：《过渡时代论》，《清议论》第82期。

⑤ 梁启超：《过渡时代论》，《清议论》第82期。

谭嗣同侧重检讨主观弱点，梁启超则是从客观需要来寻求解释，而贯通于这两方面心态的正是历史紧迫感。

梁启超的立论当然是有充分根据的，作为宣传尤其容易深入人心，但问题在于并未涉及如何实行的具体设计，仍然停留于比较空泛的议论。因为，没有足够的力量蓄积而偏偏要大刀阔斧，没有充分的能量储备而一味追求什么雷霆万钧、鸿鹄千里之势，则从来没有不失败的。即以拆屋而论，在新屋的设计图纸、建筑材料与施工队伍尚不具备之时，最好暂不忙于先拆旧屋。因为，即令以后的新屋将会盖得如何宏伟壮丽，也代替不了亿万小民眼前蔽风雨御霜寒的急需，而对这种急需却不能都看成是小害。大概古今中外明智的政治家，在采取每一个大动作之前，都不会忽略涉及多数民众切身利害的现实权衡。

曾经同情变法，但又终于未能积极参与变法的张謇，比较客观地指出变法之缺失在于“躁进”，其结果则是“欲速则不达”。张謇趋向于稳健，他在1901年初起草的《变法平议》中，主张“行百里而阻于五十，何如日行二三十里之不至于阻而犹可达也”[①]。但是，在民族与社会双重危机空前严重，统治集团与人民群众之间的矛盾冲突日趋尖锐之际，这种稳健的富于理性的主张很难得到广泛的认可。人们是何等焦虑，何等急于改变现状，何等渴望立即采取大的行动。甚至与张謇同属稳健一派的何嗣焜，在为刘坤一起草建议书（《变法平议》一文的初步意见）时，竟因连续两天执笔未休，操劳过度，中风而死[②]。这些貌似从容不迫的儒者，内心深处又何尝没有历史紧迫感？

二

20世纪之初，已经有人认真回顾过鸦片战争以来60多年的艰苦历

① 张謇：《张季子九录·政闻录》，中华书局，1931年。
② 据《张謇日记》，光绪二十七年正月十二日。

程，比较清晰地梳理出晚清政局和社会思想急剧发展的轨迹。“经外界内界无穷之激刺，而吾国之政海亦累生种种变幻之风云：初坚持通商而不可者，继乃议及于制造；坚持制造而不可者，继乃议及于游学；坚持游学而不可者，继乃议及于变法；坚持变法而不可者，继乃议及于保皇；坚持保皇而不可者，继乃议及于立宪；坚持立宪而不可者，继乃议及于革命。夫至革命，以现象度之，则其抵死坚持不可者也。”① 由此可以看出，从议及制造到议及变法、保皇，整整花费了大约 60 年的时间；可是从议及变法、保皇到议及革命，则只不过用了两三年时间，到 1903 年以后，“革命排满”之声就渐渐传遍全国了。人们不难发现，从 20 世纪一开始，中国的历史行程，其变化之大，节奏之快，都是前所未有的，甚至也是举世罕见的。作为民族心态的历史紧迫感，至此更趋成熟。

在 19 世纪与 20 世纪交接之际，先进的中国人必然要回顾既往，瞻望未来。19 世纪对于中国来说，是一部屈辱与灾难的编年史，而义和团、八国联军和庚子条约仿佛是为这个世纪做了一个总结。这个总结给人们的印象极为深刻，它像心头的烙印，也像脑际的梦，成为一代又一代中国人的精神重荷。中国已经败得无可再败，中国人不再经得起新的失败，这不仅是指领土与金钱的损失，更是指精神与感情的创伤。

长夜漫漫的 19 世纪终究熬过来了。20 世纪翩然到来，这个世纪究竟将给中国人带来黎明的曙光，还是苦难更为深重的绵延岁月？先进的中国人理所当然地要预测这个世纪，预测中国在这个世纪的处境与命运。于是创办了《二十世纪之支那》杂志，报刊文字亦多以“二十世纪”为题，诸如《二十世纪之太平洋》《二十世纪之中国》《论帝国主义之发达及二十世纪世界之前途》等等，还翻译出版了幸德秋水所著《二十世纪之怪物帝国主义》。言人人殊，持论各异，但多数人的看法是相近的：来日大难然而不无希望。

① 《中国政界最近之现象》，《国民日日报汇编》第 1 集。

在书报杂志上充满这样一类语言："拔剑而起，环顾四空，横风暴雨，森气逼人。危乎！危乎！今日之时代，帝国主义最发达之时代也。"① "呜呼！今日之世界，非竞争风潮最激烈之世界哉？今日之中国，非世界竞争最剧烈之漩涡哉？呜呼！望中国之前途，如风前烛、水中泡耳，几何不随十九世纪之影以俱逝也。"② "二十世纪之支那，依然支那之支那乎？抑俄国之支那乎？英国之支那乎？德或法之支那乎？美与日之支那乎？吾人爱之，不能不决此疑问也。"③ 形势逼人，时不我待，由于近代国民意识的增长，越来越多的新式知识分子已经以国家主人翁自居，历史的使命感与紧迫感更形强烈。最具有代表性的，莫如孙中山的一段演说词："中国土地、人口为各国所不及，吾侪生在中国，实为幸福。各国贤豪，欲得如中国之舞台者利用之而不可得。吾侪既据此大舞台，而反谓无所藉乎，蹉跎岁月，寸功不展，使此绝好山河仍为异族所据，至今无有能光复之，而建一大共和国以表白于世界者，岂非可羞之极者乎？"④

"蹉跎岁月，寸功不展。"这自然是反激之词，中国人并没有完全无所作为地荒废19世纪这后60年。从"师夷长技"（制造）开始，经过游学、变法、保皇，直至立宪、革命，一个又一个方案，一个又一个运动，像走马灯一样地轮番出场，令人目不暇接。还没有来得及认真总结前一个方案，现有的方案却已戛然而止，而新的方案又仓促付诸实行。20世纪初年，本来有立宪与革命两个方案可供选择，可是两派势若水火的死战取代了冷静说理的辩难，人们匆匆忙忙就选定了革命，唾弃了立宪。"廿周新纪太平洋，墨（美）雨欧潮推亚强。军国民志正激昂，奔雷驰电孰敢当。"⑤ 革命潮流，势不可当，人们还来不及仔细思

---

① 《帝国》，《新世界学报》第10号（1903年）。
② 李书城：《学生之竞争》，《湖北学生界》第2期。
③ 卫种：《〈二十世纪之支那〉初言》，《二十世纪之支那》第1期。
④ 《孙中山全集》第1卷，中华书局，1981年，第282—283页。
⑤ 中央：《〈驳康书〉书后》，《江苏》第5期。"中央"即黄宗仰，信佛，别号乌目山僧。

考，它已经蔓延全国。

辛亥一代的热血青年对革命深信不疑，认为只有革命才能挽救祖国。他们的口气几乎与戊戌一代相同：立宪不可，必当革命；缓革不可，必当速革；小革不可，必当全革。能革则存，不革则亡；全革则强，小革亦亡。用邹容的话来说："吾于是沿万里长城，登昆仑，游扬子江上下，溯黄河，竖独立之旗，撞自由之钟，呼天吁地，破嗓裂喉，以鸣于我同胞前曰：呜呼！我中国今日不可不革命，我中国今日欲脱满洲人羁缚，不可不革命；我中国欲独立，不可不革命；我中国欲与世界列强并雄，不可不革命；我中国欲长存于二十世纪新世界上，不可不革命；我中国欲为地球上名国、地球上主人翁，不可不革命。"① 对于他们来说，革命是很简单的事情，无非是"掷尔头颅，暴尔肝脑，与尔之世仇满洲人，与尔之公敌爱新觉罗氏，相驰骋于枪林弹雨中。然后再扫荡干涉尔主权外来之恶魔，尔历史之污点可洗，尔祖国之名誉飞扬。尔之独立旗已高标于云霄，尔之自由钟已哄哄于禹域，尔之独立厅已雄镇于中央，尔之纪念碑已高耸于高风，尔之自由神已左手指天，右手指地，为尔而出现"②。这些气壮山河的豪言壮语，诚然可以迅速鼓动人们的反抗情绪，然而毕竟不能代替更为艰难的切切实实的思想启蒙、理性潜思与周密的组织策划。

这一代热血青年，大多曾在新式学堂读书，或者到海外留学，政治上非常敏感，容易接受新的思潮与学理。所谓"民约服卢梭，强权伟斯宾；潜心观天演，愿从达尔文"③。"娶妻当娶韦露碧，生儿当生玛志尼，得听雄鸡三唱晓，我侬身在法兰西"④ 就是他们心态活生生的写照。他们如饥似渴地寻求西方新知，但由于语言文字的阻隔，大多只能从日文译本那里接受"二手货"。梁启超以后曾用"学问饥荒"称呼这

---

① 邹容：《革命军》。
② 邹容：《革命军》。
③ 松岑：《今怀》，《江苏》第4期。
④ 载《江苏》第5期"文苑"。

个时期，饥不择食则难免生吞活剥。他们很快就唾弃了戊戌一代所提倡的英、日模式，转而一味向法国和美国效仿。他们还没有弄清楚霍布斯（1588—1679）、洛克（1632—1704）与卢梭（1712—1778）之间的传承与同异，就匆匆忙忙选定了他们并未真正理解的卢梭。他们要革命，要共和，因而便梦魂萦绕法兰西。把法国革命当作最为理想的样板，却不注意法国革命亦曾有残酷的党派斗争乃至暴虐的雅各宾专政，更不注意法国的共和制度曾经过大约100年的反复与曲折并付出沉重代价，才得以逐步稳固与完善。形势的急剧发展也不容许他们作从容的冷静的思考。历史之所以选择这一批人，可能也就是看中了他们的勇敢与笃行。

马克思曾经用“速成的方式”一语来描绘法国的1848革命，这种说法也未尝不可借用于辛亥革命，而“革命排满”的口号就是简易速成的象征。辛亥一代虽然以法国大革命的学生与继承者自居，但他们在宣传中则颇多效法旧式会党之处。孙中山在《有志竟成》中曾经总结洪门会党的宣传有两个特点：一是“以最合群众心理之事迹，而传民族国家之思想”；一是“以不平之心，复仇之事导之，盖此最易动群众之视听也”。简单明了的“革命排满”最合群众心理，也最易动群众视听，因此便成为响彻云霄、家喻户晓的时代最强音。至于孙中山融会中西并构成理论体系的三民主义，反而为投入革命的一般群众所不甚了了。当年的革命者并不认为这是多大的缺失，他们以“排满”为纲，放言“举一纲而众目张，惟排满为其先务”①。似乎只要努力排满，革命就一定成功。

革命的方式是武装起义，这是同盟会纲领的明确规定，必须“驱除鞑虏，恢复中华”，并且建立新的革命军政府。武装起义也带有简易速成色彩，没有武装骨干的培训（青山军事学校有名无实），没有革命军队的认真组建，更谈不上起义基地的切实建设。起义的主要方式是筹款

① 章太炎：《排满平议》，《章太炎全集》（四），上海人民出版社，1985年，第269—270页。

与联络会党，前期起义的发动带有很大的即兴色调，所以旋起旋灭，既无全盘规划，也无步骤与序列可言。以后重点转入在新军中策反，并且增强了某些组织因素，但从总体而言仍然缺乏有效的统一领导，大多仍为各行其是。同盟会的主要领导人孙中山、黄兴等一直集注于华南地区起义，因为他们习惯于以香港、南洋为依托，在境外临时招募兵勇作“输入式”的突袭。所以，武昌起义一旦爆发并且迅速引发各省连锁反应，他们反而有措手不及之感。

同盟会的组织建设也带有简易速成色彩。过去有些论者常以为同盟会是几个革命小团体之间的松懈联盟，其实它还有各省区之间联盟的另一层涵义。同盟会的正式英文译名是“China Federal Association”Federal 一词就是联邦，当然亦可译为联盟。东京中国留学生原有各省同乡会的组织，并且有以各自地区命名的革命刊物，如《江苏》《浙江潮》《洞庭波》等。同盟会成立以后，又有各省分会的设置，好些省的分会或多或少与原东京同乡会重合，至少关系相当密切。因此，凡遇同盟会本部重大动议，往往需要经过各省分会共同协商才能做出决定。加以孙中山一贯重视经营华南，南洋支部实际上成为总理行辕，同样可以发号施令，甚至享有更多的权威。1907 年东京本部发生分裂风潮以后，这一重心旁落趋势更为明显。所以，同盟会中部总会宣言说：“奉东京本会为主体，认南部分会为友邦，而以中部别之。”所谓“主体”无非是一种名分，“友邦”则是实话，它确实与孙、黄直接关注的南部分会分庭抗礼。这样，同盟会自然很难形成集中的强有力的领导，及至革命进入高潮，立宪派与旧官僚纷纷“咸与维新”，它自然就很难有效地控制局势的发展。

在民族危机、社会危机空前严重而政府又极端腐朽无能的情况下，简易速成的革命有可能取得短暂的胜利，但却难以巩固与发展胜利，更容易被野心家攫取革命果实。许多人参加了革命，但是并不怎么了解革命的意义，连有些革命党人的宣传也说“革命就是造反”。“革命排满”

的重要理由之一，便是直指清朝乃是异族（非汉族）入主中原，至少应该把他们赶回原来居住的满洲。但就连这么浅显的道理，也并非许多人都能懂得和接受。据赫德侧面观察："清朝这个异族政府，三百年来（原文如此）已经成为这个国家的组成部分，中国人对皇帝的仇恨，并不甚于英联邦臣民之仇恨英国女皇。"① 在这种情况下，自然很难指望有广大的群众奋勇维护新建立的共和制度，而革命党人为民主原则所作的斗争便常常陷于孤立无援的境地，他们以后只有求助于非主流派的地方军阀。

从 20 世纪最初 10 年的国内社会状况来判断，革命已是无可避免，正如孙中山早已看出的：星星之火即足以引发燎原之势。但是，革命毕竟是手段，是方法，革命所达成的结局仍然面临着抉择，不过革命党人已经不大容许理性地抉择。康、梁一派由于从根本上反对革命，因而他们所主张的君主立宪乃至虚君共和，都理所当然地被革命者嗤之以鼻。人们可以看出，当年革命派与立宪派的论战很多是意气之争，相互攻讦更甚于不同学理与政治方案之冷静驳难。当然，直至武昌起义爆发以后，也并非没有超然于党派意气之争的冷静思考者，但可惜他们难以影响业已被胜利冲昏头脑的革命党人。1911 年 11 月 7 日，严复在给莫理循的信中比较务实地指出："按目前情况，中国是不适宜于有一个像美利坚共和国那样完全不同的、新形式的政府的。中国人民的气质和环境将需要至少三十年的变异和同化，才能使他们适合于建立共和国。……因此，根据文明进化论的规律，最好的情况是建立一个比目前高一等的政府，即保留帝制，但受适当的宪法约束。应尽量使这种结构比过去更灵活，使之能适应环境，发展进步。"② 这些言论显然已不能再看做是反对革命，而只是期望革命能够导致一个比较切合实际的良性结局。严

① 转引自庄士敦：《紫禁城的黄昏》，（威尔明顿）1973 年，第 92 页。

② 骆惠敏：《清末民初政情内幕——〈泰晤士报〉驻北京记者袁世凯政治顾问乔·厄·莫理循书信集》中译本，上海知识出版社，1986 年，第 285 页。

复在晚清思想界享有很高的声望，而且又未曾介入康、梁等人对革命党的“死战”，所以他还不失为一个可以向革命方面进言的有识之士。但可惜这些貌似温和的言论的潜在价值，只有在数十年以后才能多少被世人所发现。

与严复持相同见解的，还有曾充当袁世凯密使与武昌起义领导人磋商过的蔡廷干。黎元洪是蔡的旧部属，是蔡任鱼雷艇正参领时的三副，因此双方谈话都比较直率。在莫理循档案中，保存着一份蔡廷干在湖北省谘议局与40多位革命方面代表座谈的记录。其中有一段话很值得注意：“蔡廷干回答说，像现在英国那样的君主立宪制，是最稳定的政体，是廉洁政府的最好的例证。他谈到法兰西共和国所显示出的极度的腐败，并援引巴拿马丑闻为例说明那里的情形。他提醒代表们，他曾在美国受教育，而后描述了在美国社会生活的各部门蔓延着极端腐败的状况。蔡廷干回答说：看看在墨西哥发生的事情吧。不要忘记自从南美洲建立共和制以来，各共和国中屡屡发生的自相残杀，每隔两三年就要来一次革命！”① 当然，蔡廷干不仅未能说服革命党人，反而“为代表们论争的力量和真诚所感动”。所以，当蔡廷干回到北京，与莫理循谈话近一小时后，给莫理循的印象是：“袁世凯的密使以这种态度讲话，还能想象有保留一个立宪君主的希望吗？”

中国就是这样一知半解地很快就接受了共和制度，而革命党人又不得不把共和国第一任大总统的桂冠奉送给曾是革命敌人的袁世凯。究竟是袁世凯归顺了共和，还是共和归顺了袁世凯？革命与反革命的界限逐渐模糊，孙中山已经满足于袁世凯永远忠于共和的誓言，并且转而热衷于推行民生主义，实际上主要是忙于实现他的庞大的铁路修建计划。以后成为蒋介石夫妇的顾问与密友的澳大利亚人威·亨·端纳，曾经在孙中山辞去临时大总统职务以后前往访问，在孙的寓所听这位伟人介绍铁

① 骆惠敏：《清末民初政情内幕——〈泰晤士报〉驻北京记者袁世凯政治顾问乔·厄·莫理循书信集》中译本，上海知识出版社，1986年，第794页。

路计划。端纳在1912年7月4日给莫理循的信中谈到自己的印象："这幅地图大约有六英尺见方，当孙把它铺在地板上的时候，我看到了最能够说明一个人的性格的证据，说明孙不仅是个疯子，而且比疯子还要疯。他丝毫不讲实际，缺乏普通常识，而且，他对于自己表示的现在倡议的事业缺乏最基本的概念。……孙手执毛笔和一块墨，不时随心所欲地在各省和各个属地的位置划满了许多线路。他用双线表示沿着海岸线从上海到广州的铁路干线，又从那里穿过丛山峻岭通往拉萨，再向西绕来绕去，伸到西部边界，进入新疆，再穿出去到达蒙古。……老天爷，从云南到拉萨的铁路造价该要多少钱！这条铁路究竟有什么用？除非是要举办到世界屋脊去的夏季旅行，或者是给达赖喇嘛在他想逃跑时使用。这幅图堪称孙逸仙之梦。"① 如果撇开其中许多大不敬的评语，则所述事实大体不误。因为在此以前孙中山已经公开发表了自己的铁路计划："以吾策之，沟通全国之真干路，则有三条：一、南路：起点于南海，由广东而广西、贵州，走云南、四川间，通入西藏，绕至天山之南。二、中路：起点于扬子江口，由江苏而安徽，而河南，而陕西、甘肃，超新疆，而迄于伊犁。三、北路：起点于秦皇岛，绕辽东，折入于蒙古，以达于乌梁海。"②

孙中山退处在野地位以后，首先从修建铁路入手，并非没有经过深思熟虑。因为，他认为"文通为实业之母，铁路又为交通之母"；"故今日欲谋富国之策，非扩充铁路不可"。如果说，革命前章太炎曾以"排满"为纲，那么现在孙中山则转而以铁路为纲，其思路都是"举一纲而众目张"。辛亥革命的迅速胜利，极大地增强了革命党人的自信。1912年第一个国庆日，孙中山说："余现拟进行之计划，规定于今后十年之内，敷设二十万里之铁路，此成巨大之企图，但余敢申言其必能实

① 骆惠敏：《清末民初政情内幕——〈泰晤士报〉驻北京记者袁世凯政治顾问乔·厄·莫理循书信集》中译本，上海知识出版社，1986年，第970—971页。

② 《民立报》，1912年6月25日。

现也。按此次革命事业之本身，即为一巨大之工作，在二十年以前，革命之发难与成功，似乎都不可能；但革命力量培植既深，吾人卒能奋臂而起，以敏捷之手段，于数月之间，竟即推翻专制，脱离桎梏。故今之计划虽大，乃确可实现者。因中华民族为一伟大之民族，必能完成伟大之事业也。"①

伟大民族必能完成伟大之事业。这句话虽然充满民族自信，可以鼓舞民心、激励士气，但毕竟是有问题的。因为，伟大的民族既能完成伟大的事业，也能铸成伟大的错误，关键在于是否有正确的导向与适合的方法。孙中山认为"救中国之贫弱必自扩充铁路始"，并且很快就发布了他的宏伟的筑路计划，但是却未能提出相应的办法。除了革命，他从来没有在中国内地办过任何事业、企业，因此也就不理解中国的事情是何等难办。1912 年 8 月 29 日，他在北京全国铁路协会欢迎会上的演讲中指出："愚见拟于十年筑二十万里铁路，在旁人乍听之，以为诧异。若以最浅近、最简单之法言之，则人人共晓。譬如以十人一年工作筑造路工一里，以此推之则二十万人一年可筑二万里，二百万人一年可筑二十万里矣。以中国人四万万计之，能当路工者，岂止二百万人乎？特一人驾驭二百万人或不易，或以小团分办，则规划自易。期以十年，则范围更宽，其成功可操券也。唯是此项预算必须六十万万元。以美国铁路每年收入七万万元计之，合中国币不下十五万万元。将收除支，大约盈余准在六七万万元，以十年计之，尽可还本。将来每年增加十数万万元，比现在中国每年收入三万万元算之，多出四倍。则民间负担之力，可以锐减，兴办各事，不必患贫矣。而鄙人尤以缩短时间为最要。……即如美国收入十五万万元，平均计之，每日四百万元，若迟筑十年，则四千万元矣。延误光阴，坐弃巨款，岂不可惜！"② 这种论证方法，除借以宣传鼓动而外，别无任何用处。因为建筑铁路不单需要简单劳动，

① 《国父全集》第 2 册，台北"中央文物供应社"，1973 年，第 89 页。
② 《国父全集》第 2 册，台北"中央文物供应社"，1973 年，第 248 页。

更需要技术力量与有经验的管理人员，所以并非有多少人就可以筑成多少里铁路。此外，他为 20 万里铁路所作的预算是 60 万万元，即每里铁路修建费用为 3 万元。但他并未估计物价、成本的上涨因素。詹天佑主持修建京张路时，每里费用是 16000 两，算是比较经济的了。及至修建沪宁铁路，每里已增加到 3 万余两（孙中山自己折算为 4 万多元）。而据高阳著《陈光甫外传》记述，粤汉路起自广东三水，筑路 15 里即费款 200 万元，即每里 13 万多元。当然，这里面必然存在着严重的贪污浪费与无谓的工程损失，但是又如何能确保民国初年就能一扫铁路系统的各种既存弊端呢？

没有必要对当年这一宏伟而又粗疏的筑路构想多作批评，因为它根本未能付诸实施，很快就被搁置一边。值得思考的，倒是孙中山在被迫匆匆交出政权以后，何以这样急切地谋求推行如此庞大的铁路修建划。原因当然是多方面的。由于缺乏经验，错误地认为推翻清朝与建立民国就是民族主义、民权主义的完成，剩下来的一件工作就是民生主义，主要是经济建设，而“交通为实业之母，铁路又为交通之母”。同时，又由于他过于轻信袁世凯，认为袁既已当上大总统，并已宣誓效忠民国，自己便不宜过多干预政府工作，莫如以在野之身全力推进经济建设，巩固共和制度的基础。此外，还有一个我们过去比较忽视的原因，即革命党人原来对人民的许诺太多太高，因而人民对共和的要求也就太急与太不切实际，并且容易由于失望而厌弃共和。早在 1912 年 4 月，孙中山即已敏感地察觉到这种群众情绪的变化。他说：“现在人民每谓共和不如专制，不知共和之结果，须在十年以后。譬如生子虽好，反哺必在廿年以后，若产下数月，即望食报可乎。”① 当全国欢庆民国第一个国庆的两天之后，民众心理的变化更为显著，孙中山曾坦率地说：“惟以仆观察社会之心理，多不免抱一种悲观，于报界尤甚。此悲观之由来，则因恐怖而起，以为民国今日外患之日逼，财政之艰困，各省秩序之不恢

① 《国父全集》第 2 册，台北“中央文物供应社”，1973 年，第 230 页。

复，在在陷民国于极危险地位，觉大祸之将至，瓜分之不免。此悲观心理，遂酿成全国悲惨之气象。”① 这种变化了的群众情绪蔓延全国各地，特别是那些轰轰烈烈革过命的地方。1913 年 4 月，一个外国人在成都发现：“我（商人自称）在路上和遇到的商人、旅馆老板、中国士绅等人闲聊，觉得对民国的一股热情正在衰退，老百姓已产生在目前情况下比他们过去更坏的感觉。”他还评论说：“从日本留学回来的鲁莽学生，看来正在成都当家做主。在一些俗气十足不堪入目的政府建筑物中，日本的影响到处可见。”②

革命者不是没有理由为自己辩护。革命能够为人民带来幸福，但幸福不会旋即而至，还得靠人民自己来奋斗与创造。特别是在革命以后一段时间，即新旧交替的社会改组期间，社会可能持续动荡不安，旧的腐败未曾除尽，新的腐败又可能产生，加以新的政府官员缺乏经验或不称职等，国民经济和人民的生活水平都有可能比革命前有所下降。因此，孙中山以养子图报为喻，劝人民须以 10 年时间等待革命甜美的果实。这些话当然不无道理，但问题是包括孙中山在内的革命者，在动员人民投身与支持革命的岁月里，确曾不断作出种种美好且不切实际的许诺，仿佛革命是万灵神药，一经胜利立刻便会结束所有的腐败与痛苦，带来无限的光明与幸福。现在既然已经推翻清朝，建立民国，人民就有理由要求革命者实现诺言，很快给予他们所曾殷切期待的革命美果。但到 1912 年 4 月以后，革命已是虚有其表，连到手的政权也大部失去，几乎是一无所有。所以，孙中山在辞职一年以后曾经慨叹：“但是一般不明不白的人，以为从前革命成功，即马上能享幸福，现在幸福未至，且内地有乱过之地方，人民谋生，比以前稍难。故不明不白之人，以为现在共和政体，不及从前专制政体之善，因满清时代尚不至此。此种不明

① 《国父全集》第 2 册，台北“中央文物供应社”，1973 年，第 301 页。

② 骆惠敏：《清末民初政情内幕——〈泰晤士报〉驻北京记者袁世凯政治顾问乔·厄·莫理循书信集》中译本，上海知识出版社，1986 年，第 140 页。

不白的人，内地尚属不少。此不但无国家思想之言，忘记了从前奴隶人格；即以人格而论，现在我四万万人恢复了主人之地位之人格，便可以算幸福矣。”① 革命的领导人振振有词，恢复主人翁地位之人格就是幸福，但一般升斗小民却不知人格与权利为何物，因而也就体会不到已经和将要享受到的幸福。他们大多目光短浅，只求温饱不至缺失，柴米油盐不要涨价，生命安全不受威胁，如此等等，琐细之至。革命者理应以无条件奉献自励与自律，但人民却有权利向革命索取切身利益。革命者不应为此大发感慨，因为革命的宗旨本来就是谋求人民的福祉。

何况，辛亥一代的革命者，除默默无闻流血牺牲的无名英雄以外，从个人而言大多已经颇有所得。民国肇建不久，就专门设立了稽勋局，广搜博求，论功行赏。革命先烈得到追封官爵，抚恤亲属，至少可以进入昭忠祠内永受后世纪念。革命先进则大多获得一官半职，甚至成为烜赫新贵，而无意从政者亦可出洋留学，且享有相当优厚的官费。这一切都是理所当然，受之无愧；而无非对生计艰难略有微言的升斗小民，却被一再责以“不明不白”，这说明革命者离开人民渐远。

中国的百姓，力量常现为无声。鲁迅深谙此理，所以有“于无声处听惊雷”的名句流传。先知先觉的孙中山，尽管批评只重眼前蝇头小利的百姓为“不明不白”，却必然会较早较多地感受到这股巨大的无形压力。他急于作出成绩，使中国早日臻于富强，让人民从切身利益感知共和优于专制，从而恢复革命与革命者的信誉。他已经把政权让给袁世凯，把议会委托宋教仁，而自己却与黄兴在新形势下维持新形式的“孙黄轴心”，并且把工作重点转向民生主义实即经济建设，“俨然商界闻人”②。他们都是大手笔，或则抓铁路协会，或则抓拓殖协会，用孙中山事后的话来说，就是集注合力谋求“从实业上改造起”。本文无意权衡这一决策的是非得失，只求说明当时包括领袖与人民两个层面的社会

① 《国父全集》第2册，台北“中央文物供应社”，1973年，第337—338页。
② 叶夏声：《国父民初革命纪略》，孙总理侍卫同志社，1948年，第84页。

心理变迁。

一大共和国已经建立，然而它究竟以什么“表白于世界”，问题存在如故。“蹉跎岁月，寸功不展”，仍然是许多忧国忧民的有识之志的共同遗憾。民国建立以后，一度被视为灾难祸患之源的清王朝已不再承担任何责任，而且民族的灾难祸患也没有与其偕亡。历史紧迫感愈益沉重，形成巨大的心理压力，既使人不断忧虑，不断发愤；又使人不断焦急，不断躁进。从害怕瓜分亡国，到羞于无所表白于世界，直到当今担心被“开除球籍”，都是这种民族心态的延续与发展。孙中山早在世纪初即已说过的名言“毕其功于一役”，尽管曾被批评为混淆历史发展阶段（与“躐等”“躁进”同义），但批评者又何尝未曾有此心态，甚至有过之而无不及？“多少事，从来急；天地转，光阴迫。”“迫”是客观，“急”是主观；而一个“快”字——“只争朝夕”，乃是我们民族难以解脱的情结。既有客观的需要，又有主观的追求，而难就难在调适合度以避免“欲速则不达”。

三

无论“急于求成”如何不断地使我们的民族遭到挫折、失败与严重损害，但历史紧迫感本身却是一种必要的、有益的社会心态。因为，“哀莫大于心死”，如果一个民族安于落后，麻木不仁，那就是自甘沦亡。而历史紧迫感乃是产生于落后民族的觉醒，体现人民奋发图强的永无休止的内心躁动。这种躁动是民族的生机与活力所在，是社会发展与繁荣不可缺少的驱动力之一。因此，应该永远珍惜与保持这种长期流传的有益社会心态。

但是，对这种心态需要正确地加以引导与调节，注意保持民族心理的平衡与稳定。因为，历史紧迫感这种民族心态已是年深日久，愈演愈烈。如果任其无限膨胀，甚至滥施利用，也有可能导致极大的民族灾难。因此，不仅应该重视历史紧迫感的正面效应，而且还要注意研究其可能带来的负面效应。

与它形影相随的负面效应之一，就是急于求成。从康有为一再倡言的“速变”，“变法三年，可以自立；此后则蒸蒸日上，富强可驾万国”，“三年而宏观成，五年而条理备，八年而成效举，十年而霸图定矣”，到孙中山所说的“突驾日本，无可疑也。……十年、二十年之后，不难举西人之文明而尽有之，即或胜之焉，亦非不可能之事也”，以及“有五年之功夫，可以全路（指 20 万里铁路）告成”之类的豪言壮语，到我们这代人更为熟悉、也更为狂热的 7 年超英、15 年超美，乃至“提前进入共产主义”等更为伟大的豪言壮语。我们都可以看到一脉相承的急于求成情绪。

先驱者对于变革速度的极端重视，往往是为形势所迫，应该给予理解与尊重。但是，他们对于速度所作判断的依据却大多是不够充分的，其论证尤其粗疏乃至错误。如康有为认为变速取决于“变力”，而“变力”又取决于皇帝的英武决断等，其缺失已由历史作出结论。本文对此不必作任何评判，只想就过去大家习以为常的两个论点稍加分析。

一个论点是先驱者经常挂在口头的“后来居上”。诚然，在西方有关现代化的众说纷纭的各种理论中，也有“落后的优势”或“后来者的优势”之类的说法。所谓“优势”，体现在两个方面：（1）心理方面，落后者有穷极思变、奋起直追的发愤之心，这往往为发达国家的民众所缺乏。（2）物质方面，落后者可以利用最新的设备、技术与先进国家的经验教训，因而不需要重复他们走过的漫长而又曲折的道路。过去所谓“一张白纸好画最新最美的图画”云云，无非也是这个意思。但是，落后又并非必然会转化为优势，更不是白纸上可以轻易拭去的痕迹。它是年深日久、层层累积的污垢，而其影响更渗入众多层面。落后转化为优势需要前提条件，首先就是需要超越自我，即战胜自己的心理，清除各种阻障革新的陈规陋矩，特别要解除那些长期束缚人民聪明才智的重重枷锁。如果没有大量艰苦、深入、扎实且富有成效的工作作为基础，所谓“后来居上”只能流于吹牛皮、说大话。

另一个论点是先驱者经常引以为自豪的地大人多。地大人多对于国家现代化而言，可以提供比较充分的资源，包括市场、原料、能源、劳力等，因而理应看做有利条件。然而，落后国家的这些资源大多是潜在的，有待于长期的、切实的、有步骤的开发，并非俯拾即可利用。对于广阔的国土，不仅需要勘察地下资源，而且需要调查地表植被乃至土壤构成等状况，取得大量比较准确的资料与数据，然后才能周密规划与充分利用，否则只能是为他人储宝，捧着金碗要饭。再就人口而言，也不能简单地认为越多越好。除了人口增长与生产增长需要合理协调以外，人口的素质与构成特别需要不断加以改进。如果听任大量文盲存在，特别是残障弱智者不断增多，则众多人口反而成为难以负荷的重压，成为民族前进的包袱。同时，在中国辽阔的大地上，还存在着民族之间与地区之间社会经济、文化发展不平衡等问题，如果民族关系、地区关系处理得不好，反而不如小国或较小地区的革新、建设易见成效。当年的先驱们却把问题想得过于简单，也过于乐观。如康有为向光绪皇帝进呈《日本变政考》时，一则曰：“泰西以五百年讲求之者，日本以二十余年成之，治效之速，盖地球所未有也。……然论其地，不过区区三岛，论其民不过三千余万，皆当吾十之一。”再则曰：“日本为其难，而我为其易；日本为其创，而我为其因；按迹临摹，使成图样，加以人民、土地、财产，皆十倍之，岂止事半而功倍哉！”10多年后，孙中山讲得比康有为更加自信：“我中华民国土地比日本大二十倍，人民比日本亦多二十倍，要照日本办法，亦采用开放主义，不到三、五年后，兄弟可决定，比日本富强十倍。”① 也许这些都是鼓舞士气之言，我们不必过于认真推敲。但将近一个世纪以来，诸如此类的豪言壮语实在太多，周而复始地充塞于神州大地，我们的民族已经与“急”字结下了不解

---

① 《国父全集》第2册，台北“中央文物供应社”，1973年，第315页。

之缘。

我们的先辈急急忙忙地推行过维新变法，急急忙忙地推行过立宪运动，紧接着又急急忙忙地推行过民主革命。“无量金钱无量血，可怜购得假共和。”辛亥革命失败的原因很多，但其中一个极为重要的教训就是缺乏足够的思想准备。在西方先进国家，从文艺复兴、启蒙运动到民主革命，一般都经两三百年以上的发展过程（康有为所谓“以五百年讲求”）。而近代中国却要在不到20年的时间“毕其功于一役”（包括连西方也未解决的“社会革命”），这样当然难免指导思想的浅薄与粗疏。作为领袖人物之一，梁启超在《清代学术概论》一书中对此检讨颇深，责己甚严：“晚清思想运动，最大不幸者一事焉，盖西洋留学生殆全体未尝参加于此运动。运动之原动力及其中坚，乃在不通西洋语言文字之人。坐此为能力所限，而稗贩、破碎、笼统、肤浅、错误诸弊，皆不能免。故运动垂二十年，卒不能得一健实之基础，旋起旋落，为社会所轻。”但我们不能苛求于前贤，即令有西洋留学生全体参加，以当时先进中国人的认识水平，恐怕也很难在20年内消化别人200年来的进步思想成果，而“稗贩、破碎、笼统、肤浅、错误诸弊”，恐怕仍然在所难免。

20世纪初年，形势瞬息万变，时机稍纵即逝，对行动的诉求远远多于冷静的思考。我们不难发现，在当年主要进步报刊的“论说”栏中，很少见到从容论道的严谨说理文章，大多是情盛于理的比较粗糙的急就章，而且还有不少草草亦未能终篇的“待续”长文。刊登最多而又流传最广的则是宣传鼓动性的文章与诗歌，其风格笔调与《革命军》《猛回头》《警世钟》大同小异。其所以如此，章太炎为《革命军》作序时已有所解释：“今容为是书，一以叫咷恣言，发其惭恚，虽嚚昧若罗、彭诸子，诵之犹当流汗祗悔；以是为义师失声，庶几民无异志，而才士亦知所返乎？若夫屠沽负贩之徒，利其径直易知，而能恢发智识，则其所化远矣。”在此4年以后，已经转向立宪派的杨度对这层道理说得更透。他对梁启超说："凡理由甚简单而办法甚复杂者，虽智者不易寻其条理。凡理由甚复杂而办法甚简单者，虽愚者亦能知之，能言之，能行之，范围反较为大，势力反较益增也。此'排满革命'四字，所以应于社会程度，而几成为无理由之宗教也。"①

杨度所说的"几成为无理由之宗教"，实即革命者充满献身热忱的信仰。理论需要转化为信仰，才能推动群众投身革命实践。但是，中国早期的革命理论是从国外引进的，正如早期的近代工业也是从国外引进的一样。由于引进得匆忙，更由于形势发展太快，穷极思变的群众急于行动，先驱者自己还没有弄清楚甚为复杂的理由，便需要提出甚为简单的办法，两者很难合成名实相符的整体。由于洋务、变法、立宪的相继失败，人们已极其不满于局部的枝节改革，因而也就不耐烦于探讨一个一个具体问题，而热衷于追求从根本解决一切问题的主义。当时最盛行的是民族主义，其次是民权主义，民生主义则由于陈义过高而未能被一般人理解，国粹主义与无政府主义的影响也相当有限。民族主义与民权主义"理由甚复杂"，包括一些领导人在内的革命者自身也未必了了。但他们毕竟找到了"应于社会程度"的简单办法，这就是"革命排满"，实现了"排满"也就同时实现了民族主义与民权主义，其风靡一时"几成为无理由之宗教"。

革命需要信仰，但信仰走向极端便成为武断与迷信，成为排他主义(Exclusionism)。当年革命者即曾把"排满"当作可以张全目的"纲"。好学深思且敢于怀疑进化、公理的章太炎，在其早年亦曾宣扬革命近于狂热。如他说："革命犹易，立宪尤难。""人心之智慧，自竞争而后发生。今日之民智，不必恃他事以开之，而但恃革命以开之。""公理之未明，即以革命明之；旧俗之俱在；即以革命去之。"革命不但是"天雄大黄之猛剂"，而且是"补泻兼备之良药也"②。但是，没有真正懂得

① 《梁启超年谱长编》，丁未年杨度致梁任公书。
② 章太炎：《驳康有为论革命书》。

的理论，虽然经过简单的办法转化为近乎宗教的信仰，却经不住时间与实践的考验。辛亥革命失败以后，人们很快就发现“革命排满”的成功，并不等于民族主义、民权主义的实现，而议会政治也未能使中国迅速臻于富强，甚至离开武力便阻止不了野心家的独裁以至复辟帝制。新文化运动虽然依旧高唱民主，但已悄悄地离开法美模式，转而师法俄国。

20年间的历史仿佛转了一个圆圈，师法的榜样起先是由东（俄、日）而西（法、美），继而又是由西而东。当然，这时的“以俄为师”已不再是效仿彼得大帝时代的俄国，而是学习十月革命以后的苏俄。孙中山即曾把十月革命称为“人类中的大希望”，认为列宁是“为世界上被压迫的人打抱不平”，苏维埃主义“即孔子所谓大同”。人们于是把目光转向苏俄，仿佛苏俄模式可以解决一切问题，使中国最后臻于更美满的富强。应该看到，社会主义确实是历史的选择；但是也应该看到，实现社会主义比选择它更难。这需要一个不断探索、不断创造的漫长而曲折的过程。如果同样是学理甚复杂，办法甚简单，领导许诺太多，群众期望太高，那么我们的民族则将会继续为此付出痛苦的代价。

本文无意触及时事，但历史毕竟可以借鉴。如果本文能引起人们对长期与历史紧迫感相伴随的急于求成心态的注意，加以研究，加以引导，加以化解，使之成为相对稳定而正常的现代化的驱动力，则笔者将感到极大的欣慰。

传统文化与现代化

一、继承与重建精神文明

我曾应邀到美国，继往日本，后又到台湾，从事研究与讲学，见闻颇多，感触极深。一般说来，东方文化讲究精神文明，中国精神文明更是源远流长；而现代西方人则偏重追求物质文明，至今已是弊端百出。但我回国后却产生了一种古怪的感觉，我们现在物质文明发展很快，某些方面对精神文明的重视还赶不上西方及日本和新加坡。当然，西方精神文明早已存在堕落趋势，很多海外有识之士呼吁用东方文明来补救西方文明，把中国传统文化中的优秀部分用于西方精神文明的重新构建。

重建中国适合时代潮流的人文主义，应是我国的当务之急，是关系民族命运的头等大事。我曾到沿海开发区去看过，坦率地讲，我们的文化氛围和品味并不比西方强，某些方面甚至更差。西方有基督教文明，这是传统文化，也源远流长，渗透在很多方面。有人把宗教等同于迷信，这是对中世纪宗教的传统看法。现在基督教已有了很大变化，美国很多人把它看作传统文化，宗教色彩已逐渐淡化。

武汉电视塔（曾是江城人民引以为荣的塔）上的洋烟广告让人看不顺眼。若这类广告出现在巴黎铁塔上，会引起民众公愤。其一，法国人有强烈的民族自尊心。其二，对香烟广告一般有限制，何况在这样代表民族精神象征之处。即使在香港，堂而皇之的香烟广告下面，也要注明香烟有害的文字。前不久，有关部门来检查，洋烟广告才撤了下来。

社会风气不好，主要是百姓水平低，还是政府导向出现偏差？我觉得是后者。某些地区有人说："革命时期靠红色娘子军，开放时期靠黄色娘子军吗？"某些地方甚至出现"无娼不盛"等等。用孔老夫子的话说："真是人欲横流。"我讲这些的目的是说新的人文主义重建刻不容缓。有人说这是经济发展必须付出的代价。将来社会发展了，"仓廪实而知礼节，衣食足而知荣辱"，总有一天，会改进精神文明的。香港曾被称为文化沙漠，后来经济繁荣了，对文化教育也非常重视。但我们不能采取顺其自然，无所作为的态度。我们应该大声疾呼，提醒社会与政府的注意，并尽自己的力量投入重建。

我在台北有两位朋友——张玉法和蒋永敬，都是著名的中国近代史学家。今年夏天到武汉访问，自己去参观了武昌起义博物馆，看了以后很难过，说红楼被小摊贩糟踏得不成样子。作为武昌起义纪念馆名誉馆长，我很难为情。有的管理人员传达了这个反映，并说今春我回来就提出文化遗址品味急待提高，对小摊贩要加强管理。管理人员却说："他们为什么不先打个电话？"这话耐人寻味。但他们也有说不出的苦衷，一是他们无权管理商贩，二是资金严重不足，不创收连日常工作都难以支付。听说西安和其他遗址也有类似情况，真让人担心。

二、谈谈应该正确对待现代化与传统文化的关系

社会上曾有种错觉，即把传统文化和现代化截然对立起来。现在情况明显变化了，提倡传统文化的呼声日益增强。但对两者关系的正确处理应作深入理解。

辛亥革命前，拿戊戌变法维新思想先驱来讲，批判得最深刻的人物之一是严复。当时老讲"中体西用"，严复就不同意，认为"体"和

“用”是联系在一起的，譬如牛体有牛用，马体有马用，决不能“牛体马用”。辛亥革命时期有人提倡革命是为了反抗精神权威，批判祖宗，甚至要革“天”的命。五四时期人们在政治革命迭遭挫折之际，又从文化寻找根源，这在当时的社会效应有正负两面。为了推翻旧的政治权威，必须从理性上批判，但批判的结果往往有两种。其一，健康地，批判地接受传统文化；其二：粗暴地、片面地否定传统文化。后者是一种“左”的思潮。发展到极致，就带来深重的文化灾难。它已给社会造成了不良影响，经常使人们产生一种错觉：只要现代化过程中出现一点问题，就马上归咎于传统文化。好比现今一个人患了艾滋病，却怪祖宗不正经，可笑又可怜。

传统文化和现代化之间并不存在不可逾越的鸿沟。任何一个国家在现代化建设过程中，对文化传统大部分是保留的。日本、新加坡发展了，但它们把传统文化保存得很好，中国文化也保存了很多，因为中国古代的传统文化已融合到他们的民族文化中。利用传统文化中的有用的东西来促进现代化，这是很聪明的做法。涤荡旧社会的污泥浊水，绝不意味着与传统文化彻底决裂。

北京本是历史名城，但现在已被钢筋水泥淹没了。巴黎、柏林的老建筑保存得很好。我应邀访法，被安置在古老的拉丁区，至今风貌依旧。而中国摧枯拉朽地拆毁了老建筑，这的确是一个民族文化素养、精神境界的问题。

现在重游西湖，很难认出旧貌。西湖周围违章建筑太多，把原有景观弄得元气大伤。我去过一些地方，经济更活了，更兴旺了，另一方面，各级政府管理失控现象也惊人。象庐山，牯岭已完全变了样，违章建筑把整个山谷都盖满了。牯岭公园看不到原有的湖光山色，只看到一片乱七八糟的房子。这个优美的风景区，单靠小小一个庐山管理局怎么行。它应该属国家级，像美国的国家公园一样严格管理，不容许任意破坏。

提倡精神文明重建，发扬中国固有的优良传统，包括新民主主义时期，社会主义建设时期，也要吸收西方人文主义的优秀成分，再加上今天新的创造，三点结合起来，以我为主，以今为主，就可以做得更好。长期以来由于对传统文化的偏见，使我们不能正确继承传统文化的精华部分。

三、传统文化的多元性、变迁性

前人说过，不要把传统文化看作绝对的好，或绝对的坏。不要看作简单纯粹的板块，要看到中华文化的多源头和多元性。因为，从地区上讲，中华文化虽有代表性的主流文化，也有非主流文化，如荆楚、巴蜀、吴越乃至兄弟民族等各种各样的文化。所以我们今天在继承传统文化的精粹时，绝不能把它单源化、单一化。

光从文化的源头来讲，中华文化有好多个。现在崇敬黄帝、炎帝，各省市互相争夺。我们常把它们作为中华民族的源起的象征，但绝不能过分夸大。谁也不知道他们到底是什么样子。近代，黄帝是被“炒”热的，辛亥时期不仅有黄帝纪元，还有黄帝肖像，纯粹是为了革命宣传。现在不宜再作情绪化的简单处理，应深层地理性思考，研究如何以更完善的历史文化源头处理，来增强整个中华民族的凝聚力，否则会出乱子。

中国是多民族国家，许多民族都有自己的文化源头，而且在中华民族和文化的发展过程中，相互渗透融合，都有自己的贡献。若一时狂热讴歌“炎黄”“华夏”，现在谈爱国主义，谈来谈去老是尊重你们的老祖宗，就会引起失落感。我们应在“炎黄”热，“华夏”热中保持清醒的头脑，看到某些简单片面的宣传中隐伏的负面效应。

如果强调文化的多元性，反过来设想，假如荆楚文化成为中华文化的主流，中国现在也有可能很强盛很活跃。荆楚文化与中原文化不同，它粗犷、奔放，充满浪漫色彩和丰富的想象力。当然里面有很多鬼神，鬼神不能看作迷信，它也是文化的一个重要源头，是人类与自然交往沟通中想象的产物。这种想法似乎荒诞不经，但目的是提倡中华文化的包容性，要有更广阔的胸怀，不能“定于一尊”。

我们一讲传统文化，就觉得似乎四书五经才是传统文化；不对。姑且不说远古文化的多源头，即从战国的百家争鸣，也可看到中华文化的多元性。到汉代的罢黜百家定于一尊，儒家文化才逐渐占统治地位。到魏晋南北朝及隋唐，外来佛教文化逐渐繁荣，中国文化又有大变化，非常丰富，更具生命力。其后宋明理学的兴起，从学术上讲有进步意义，但把它同君主专制主义结合起来，成了统治者的意识形态，其末流更是畸形发展，这才给民族的发展造成严重障碍。

今天再看传统文化，不能再用定于一尊的正统主义眼光，更不能用单一的价值观来评价。这样才能古为今用，推陈出新。

四、要用超越的心态来对待传统文化与外来文化

历史上曾有两种片面观点：一种是把传统文化当作现代文化的障碍，恨不得把传统文化彻底消灭，另一种就是对传统文化顶礼膜拜，把传统文化神奇化。

在当前对外开放，对外贸易中，有些地方领导人认识水平的低下简直惊人。譬如，公开宣称：“外资就是上帝。”与此相对应的，就是把传统文化庸俗化，这实际是帮倒忙。如磨山（武汉东湖）楚城景观的建设，充满楚文化情调，有较高文化品位。把毛泽东早年手书《离骚》刻在巨大的石壁上，有气魄。但也有败笔，如楚市的毛轿，非常浅薄粗俗。我们需要的是精品，而不是市伶。台湾对文化的传承，相对比较重视。但在商品大潮的冲击下，也有走向粗俗的倾向。表面上，连街道名称都是忠孝路、仁爱路，好像很尊重传统文化，讲究传统道德，其实有

些事很可笑。就说讲孝道吧，台湾我有个亲戚，我们相约为舅父扫坟。他太太问我大陆和美国祭墓有什么习惯，我说来束花和花圈就行了。但后来上坟时还是带了香烛、纸钱。妙的是纸钱不仅有新台币，还有美元。想得挺周到，但很好笑，据说还有烧信用卡的。在台湾，父母死后通常要大办丧事。有条件的还请和尚念经，有些听着热闹，其实是录音，据说日本还有机器人和尚念经。你看，科技发展竟使丧事也现代化起来了。

当然，这些情况大陆也有，但不如他们"讲究"。所谓"慎终追远"，到了这种地步就虚有其表。传统文化极端商业化、粗俗化，变成了市侩文化或伪劣的民族文化。在台湾有些地方，哭丧竟成为一种职业。有位职业哭丧小姐把死者弄错了，办丧事的人家死的是父亲，母亲还在，她却哭成"我的妈呀!"丧事成了吵架大会，这岂非对传统文化的亵渎。当然大陆也有类似的笑话，有家老太太死后，乐队竟吹奏起《妹妹你大胆地往前走》。也许我把消极的现象讲得太多，但目的是强调要正确对待文化，要在深刻理解的基础上加以继承，发扬优良部分，扬弃糟粕。千万不可盲目赶潮流。一提倡文化革命便横扫一切，把孔庙的碑统统打断；一提倡重视传统文化，又简单重复，而且用市侩的口味来重复。在建设精神文明的过程中，应具有健康、强壮的心态，积极发掘古今中外各种文化的精华，古为今用，洋为中用。我国是屹立于世界民族之林的大国，经济、文化、科技已有举世瞩目的发展，我们再也不是东亚病夫，一穷二白。因此，我们在文化上应该和经济上、政治、外交上一样，无需顾虑重重，怕这怕那，要有勇气实行"拿来主义"，把古代、近代、外国、中国的一切传统文化中的东西，凡对我们有用的都拿来，统统为我所用，加以吐纳、吸收，以重建世界上最优秀的精神文明。

现代化研究与中国近现代史研究
——寻求历史与现实的契合

中国大陆历史学者正式参与现代化研究，是从 20 世纪 80 年代中期开始的。当时首先承担国家社会科学“七五”规划此项课题的有两家：一是北京大学历史系，课题名称是“世界现代化进程研究”，由罗荣渠主持；一是华中师范大学历史研究所，课题名称是“中外近代化比较研究”，由章开沅主持。北大课题的主要参与者是世界近现代史学者，华中师大课题的主要参与者是中国近现代史学者；前者由世界看中国，后者由中国看世界，正好可以互相参照，互相补充。

经过将近十年的努力，两个课题组的工作都有明显的进展。北大课题组（以后正式建立世界现代化进程研究中心）编辑出版“世界现代化进程研究丛书”，已出《现代化新论——界与中国的现代化进程》（罗荣渠著）、《从西化到现代化——五四以来有关中国的文化趋向和发展道路论争文选》、《中国现代化历程的探索》、《现代化：理论与历史经验的再探讨》（亨廷顿等著）、《全球分裂——第三世界的兴起》（斯塔夫里阿诺斯著）等专著和译著，并且于 1994 年 11 月举办“东亚现代化历史经验国际学术讨论会”。他们在介绍、评论国外现代化各派理论的基础上，力图建立中国自己的马克思主义的现代化理论体系，《现代化新论》一书可以看作是这 10 年辛勤耕耘的总结。

华中师大课题组也编辑出版了“中外近代化比较研究丛书”，已出《离异与回归——传统文化与近代化关系试析》（章开沅著）、《国情、民性与近代化——以日中文化问题为中心》（罗福惠著）、《西学东渐与自由意识》（易升运著）、《东方的觉醒——近代中印民族运动定位观照》（唐文权著）、《东方的复兴——中印经济近代化对比观照》（范铁城著）、《西俗东渐记——中国近代社会风俗的演变》（严昌洪著）、《折断的杠杆——清末新政与明治维新比较研究》（赵军著）等书，而作为其阶段性的总结成果。则是章开沅、罗福惠主编的《比较中的审视：中国早期现代化研究》。他们的工作主要是用比较的方法，对中国早期现代化进程的各个层面重新给以探讨。华中师大也曾在 1987 年 5 月举办“对外经济关系与中国近代化国际学术讨论会”，并在会后出版了会议论文集。

除了上述两个课题组以外，还有许多历史学者，特别是中国近现代史学者，也从不同角度，不同程度地参与现代化研究，本文不拟一一胪列。

需要指出，台湾地区中国近现代史学者早在 1973 年即已开始了“中国现代化的区域研究（1860—1916）”的集体研究计划，由李国祁、张朋园主持。课题分工如下：1. 王萍：广东；2. 李国祁：闽、浙、台；3. 王树槐：江苏；4. 陈三井：上海；5. 张朋园：湖南；6. 苏云峰：湖北；7. 吕实强：四川；8. 张玉法；山东；9. 林明德：直隶；10. 赵中孚：奉、吉、黑。该计划已于 1977 年结束，有关专著大多早已出版，部分上述学者现正转向内陆或边远省区研究，如张朋园现正从事云贵地区现代化研究等。台湾学者亦曾举办过多次中国现代化研究学术讨论会，显示出在现代化区域研究方面所已取得的显著成绩。

凭心而论，历史学家并非是现代化研究的先行者，在这个领域他们曾是经济学家、政治学家和社会学家的后继者。但历史学家并非消极地追随与附和，他们以深邃的历史眼光和历史研究力法投入现代化研究，并且根据历史学自身的特点推进多学科的整合。因此，历史学家的参与，不仅拓展了现代化研究的广度与深度，加强了现代化研究中的科际整合，同时也对历史学（主要是中国近现代史）自身的发展提供了新的活力。从某种意义上来说，就是为历史学找到了一个很好的与现实的契合点。

从学科分工而言，历史学家虽然侧重研究过去，然而决不可以理解为冷漠现实。司马迁早就说过，史学家应该“究天人之际，通古今之变，成一家之言”。如果我的理解没有背离原意，那么这句话也可以改从反面讲，即不通古今之变则不能或至少难以成一家之言。关键是要在古今之间寻求一个通字。用现代语言来说，历史学家的责任就是实现历史与现实的对话，所谓“以史为鉴”“读史益智”云云都不能离开这个重要前提。我不太喜欢孟浩然《与诸子登岘山》那首诗，因为它未脱“发思古之幽情”的老套，但我却常引用其中两句：“人事有代谢，往来成古今。”因为这两句诗不仅具有深沉的历史感，而且还涵泳着对时空的某种超越。历史正是如此，过去、现在、未来，总是前后连续的，而且三者又都是相对而言的。基于这种认识，历史学家不仅应该积极参与现实生活，而且应该成为把现实与过去及未来连接起来的桥梁，应该用自己的研究成果丰富与影响现实生活，并且与人民一起追求光明的未来。

中国近现代史本来就是一部中国从传统的农业宗法社会逐步走向现代的历史，中国近现代史学者需要研究现代化问题可以说是责无旁贷。过去我国由于历史的原因，中国近现代史的研究曾经长期侧重革命史和反帝斗争史，研究视野与覆盖面均较狭窄。现代化研究开展以后，必然要为中国近现代史研究引进一套比较完整的社会发展指标体系，如非农业（特别是工业与服务行业）的相对迅速增长，商业化和国际市场联系的日益密切，经济的相对稳定而持续的增长，城市化及与此相应的人口流动，多层次化、教育的迅速发展，收入分配渐趋协调平衡，组织与技能的专业化与分衍；科层化（或称行政化）的发展，群众政治参与程度的增进，国民生活水平与生活素质的提升等等。其中有些问题，是我们过去不甚重视，甚至完全没有研究的。近十年来，与经济史、文化史研究迅速进展相伴随，还有城市史研究、商会与绅商研究、学堂学生群体史研究、教会大学史研究、留学运动史研究、大众传播媒体史研究、社会心态变迁史研究等等史学分支的崛起，这些都与历史学者对现代化研究的关注与投入有关，而这些专门领域的研究成果又为中国现代化研究增添了更为坚实的基础。

因此，现代化研究的深入，可以为历史与现实的对话提供宽阔的空间。这种对话，不仅限于中国的过去与今天的纵向对话，而且还有中国与外国的横向对话；也只有经过这种种对话，古与今、中与外才能实现内在的融通。我们常常感叹社会不重视历史学科，然而首先却应反躬自问历史学科是否重视社会。我们常常又苦恼于史学危机，殊不知危机之中未尝不蕴含着转机。历史本身当然不能现代化，但是历史科学从方法到格局却必须走向现代化。早在本世纪初，章太炎即曾主张，中国通史首先应“以发明社会政治进化衰微之原理为主”，“不必以褒贬人物、胪述事状为贵。所重专在典志，则心理、社会、宗教诸学，一切可以熔铸人之。”（《章太炎来简》，《新民丛报》第11号）史学只有通过革新才有新的转机，才有光辉的前途，我们现在在史学领域提倡并从事现代化研究，无非是继承与发展前贤未竟之业而已。我们相信，中国近现代史学者加强现代化的研究，不仅可以促进本学科的革新与发展，而且还可以为当前的现代化建设提供有益的历史借鉴。

由于现代化研究是一种多学科的协合研究，历史学家在此项研究过程中，必然要与发展经济学、发展政治学、发展社会学乃至文化人类学、社会心理学等学科的专家对话。这样又必然会把其他学科的某些新起的理论及其方法，引进中国近现代史研究，如柯克洛夫特、弗兰克等人的依附理论，霍浦金斯、沃沦斯坦的世界体系分析等。同时，由于中国是后起的发展中国家，在研究中国现代化进程时，必然要以其他国家的现代化进程为参照，既包括自发型的先进的西方资本主义国家，也包括外铄型的后进亚非拉国家，这样又促成中国史学者与世界史学者之间的对话。我早曾有过一种想法，如果中国史学者花点力气研究世界史，世界史学者花点力气研究中国史，而且双方加强交流，一定可以相互补益，使我国史学呈现新的风貌。如今，通过近十年的现代化研究，这一设想正在逐步成为现实，研究视野的开阔，研究角度的更新，研究方法的多样化，研究手段的现代化，都预示着中国近现代史研究有可能进入一个新的更高的阶段。

当然，这绝不意味着过去十年的现代化研究完美无缺。应该承认，由于客观的与主观的各种原因，我们对于此项研究起步较晚，基础较差，资讯较少，所以在很长一段时期坐让外国学者代替我们研究中国现代化。如吉尔柏特·罗兹曼主编的《中国现代化》一书，在中国就出了两种中文译本（上海人民出版社与江苏人民出版社），连他本人都曾对我说："受宠若惊。"我们理应欢迎外国学者研究中国现代化，他们在学术视野与理论、方法等方面具有自己的特点，特点是他们对国外资料、信息掌握较多，可以弥补我们这些的不足。但是他们毕竟是"局外人"，对中国的社会历史文化很难有完全真切的了解。即令博学如已故的比较史学家布莱克，其名著《现代化的动力》，率先提出并探讨了国际整合模式（Patterns of International Integration）、国际认同（International Consensus）、国际行动基础（The Bases of International Action）等等全人类都关心的整个世界现代化的前景诸问题，但却不分青红皂白地把中国与日本、斯里兰卡统统划为佛教国家，而且与阿拉伯伊斯兰教国家相提并论。由此可见，其他某些外国二三流学者研究中国现代化的速成理论框架，往往纰漏更多，也更加经不住推敲。可能是由于封闭已久，对国外史学状况了解不够，加上长期"唯上""唯书"的恶习窒碍着我国历史学者创造思维的挥洒，所以在近些年中国现代化研究过程中，理论探讨方面或多或少还存在着简单效仿西方的缺点。譬如一个时期有些人曾热衷于讨论中产阶级形成的重要性，一个时期有些人又热衷于讨论清末民初中国有无市民社会（Civil Society）和公共领域（Public Sphere）等等。据我所知，这些热点都是从西方，甚至就是经由西方学者引进中国的。我并非反对讨论这些问题，但认为不必过多地重复国外已经有过的争论。因为这些问题在西方的提出，无论是持肯定意见者还是持否定意见者，大多未能完全摆脱西方中心主义，即在不同程度上以英、法等西方国家的现代化历史模式为单一的原型。就是那些自认为是反对西方中心主义的西方学者，由于历史文化背景的不同，他们对中国现代化某些症结问题的议论，也难免有点隔靴搔痒。我丝毫无意于贬损西方学者，我一贯尊重他们研究中国历史的热诚与勤奋，但我认为我们自己毕竟不应该跟在别人屁股后面走。我们应该走自己的路，勇于探索自己在研究中碰到的问题，并且勇于自己作出创造性的理论回答。

比较研究的方法，是中国现代化研究中常用的方法，布莱克把自己的《现代化的动力》一书的副题叫作“比较史学的研究”就是这个缘故。他正是通过比较，把170多个人类社会归纳为七种模式，研究并力图说明世界现代化进程及其结局。中国有句老话——“殊途同归”，它恰好可以用于中外现代化比较研究。现代化的大目标与指标体系是相同的，至少是相近的；现代化的内容以及实现它的前提条件，确实也存在着许多共性。但是实现这个目标并为之创造前提条件的道路与方法，却又必然千差万别，具有各自特殊的个性。百余年来，我们的先辈和我们自己，老是在“以夏变夷”或是“以夷变夏”“中体西用”或是“西体中用”乃至“全盘西化”这些老问题中兜圈子，其实更为重要的问题倒是寻求更为深层的现代化进程中共性与个性的有机结合。现代化从来没有不可逾越的单一模式，因而便不应简单地用西欧或北美模式来衡量并套用于其他地区与国家。各个后起的而又迅速走向现代化（或可称之为准现代化）的国家和地区，例如所谓东亚“四小龙”，通常也能提供自己的新模式与新经验，但这些模式与经验，也并非其他发展中的国家和地区所能简单、机械地搬用。因为，世界上各个国家和地区都有自己特殊的情况，除了历史文化背景社会结构、机制不同以外，地理位置与自然环境的差异，乃至于起步早晚与市场机遇的差异，都决定了每个国家和地区必须走自己的路，必须依据自己的国（区）情与当前所面临的时空环境，来设计切合实际的现代化蓝图与实施方案。罗荣渠在其新著《现代化新论》一书中提出“一元多线历史发展观”已经更为全面、深入地说明了这层道理。

在20世纪80年代，前一段时间曾流行所谓“中外比较热”，而后来又曾被极少数人批评为“崇洋媚外”。其实，有些热衷比较与批评比较者，双方都未必理解比较研究的真谛，因而产生种种误导与随之而来的误解。因为，比较研究不同于简单的类比，最忌讳的是不合科学规范的随意性。比较研究的主要目的并非评判各国文明的优低高劣，而是通过比较来寻求世界各国（地区）现代化的共性与个性，或称共相与殊相（universality and particularity）。比较研究必须通过不同层次的共性与个性的发现，才能取得较有价值的成果。六年以前，我在《中外近代化比较研究丛书·总序》一文中曾经说过：“中外现代化比较研究是一个难度极大而又工程浩繁的科研项目。而说到底，难就难在知己知彼。”因为共性与个性并不是轻易所能取的，只有在深刻认知己（中）与彼（外）的基础上，经过严肃认真的科学比较才能发掘出来。我们在这方面还需要努力求得进一步的改进。

我们高兴地看到，中外现代化比较研究在20世纪90年代最初四年已有很大的进展，投入此项研究的学者愈来愈多，研究方法和研究条件已有明显的改善，质量较高的论著已经并正在不断问世。随着我国当代现代化建设的迅速进展，新的时代将对现代化研究提出更高的诉求，而现代化研究也必将在史学与现实两方面产生更为明显的积极影响。

论史魂

史学寻找自己

这些年，我在海内外各地，经常讲的一个题目就是：史学寻找自己。

史学之所以需要寻找自己，是因为史学在某种程度上已经自我迷失，而首先是因为许多历史学者在不同程度上已经自我迷失。

早在两千多年以前，屈原的《楚辞》招魂篇即已发出“魂兮归来，反故居些”的千古绝唱。直至本世纪30年代，偏僻的江南农村，由于缺医少药，还保持着“叫魂”的古老习俗。病者的亲属一人在自家门口反复呼唤：“××（病者小名）回来呀!”一人则在远处高声回应：“回来了!”其声摇曳凄惋，闻之令人心碎。特别是在严冬傍晚，这种悲切之声从远处传来，更增添天寒岁暮的几分苍凉。

如果不算夸张，我正是带有几分苍凉为史学招魂：“魂兮归来，反故居些!”

史魂即史德，用现代话语来表达，就是这个学科固有的独立品格。而与此相对应的，就是以史学为业者必须保持独立的学者人格。

这绝不是什么空穴来风！我们的祖师爷司马迁，早在两千多年以前即已给史学以很高的定位："究天人之际，通古今之变，成一家之言。"要究，要通，才能有所成；也只有抱持一家之独立品格，才能究有所明，通有所识，而不至于人云亦云地"炒现饭"。去年冬天辞世的匡亚明前辈，认为孔子思想的可贵之处，即在于"提出了有独立人格、独立个性和独立志气的人的自觉"，讲的也是同一意思。

唐代刘知幾也对史学与史学家提出很高要求："史才须有三长，世无其人，故史才少也。三长：谓才也、学也、识也。夫有学而无才，亦犹有良田百顷，黄金满籯，而使愚者营生，终不能致于货殖者矣。如有才而无学，亦犹思兼匠石，巧若公输，而家无楩楠斧斤，终不果成其宫室者矣。犹须好是正直，善恶必书，使骄主贼臣，所以知惧；此则为虎傅翼，善无可加，所向无敌者矣。脱苟非其才，不可叨居史任。"《旧唐书·刘子玄传》清代章学诚肯定刘氏"史才三长"之说，但认为"犹未足以尽其理也"。他更为强调的是"史德"，指出："能具史识者，必知史德。德者何？谓著书者之心术也。夫秽史者所以自秽，谤书者所以自谤，素行为人所羞，文辞何足取重？……而文史之儒，竞言才、学、识，而不知辨心术以议史德，乌乎可哉？"（《文史通义》卷三内篇三）以著书心术论史德，堪称一绝，实乃大彻大悟之言，至今犹足以警世醒俗。

章学诚既强调"笔削谨严"，又强调"别识心裁"，用现代语言来说就是独立思考。他本人就是这样，当时人"纷纷攻击"《通志》，"势若不共戴天"的时候，章氏却挺身而出，再三为郑樵辩诬，申言："郑樵生千载而后，慨然有见于古人著述之源，而知作者之旨，不徒以词采为文、考据为学也。于是遂欲匡正史迁，益以博雅；贬损班固，讥其因袭。而独取三千年来遗文故册，运以别识心裁，盖承通史家风，而自为经纬，成一家言者也。"（《文史通义》卷五内篇五）

把引文的注释（"自注"）提高到史德（心术）的层次，章学诚亦能言前人所未曾言："且人心日漓，风气日变，缺文之义不闻，而附会之习，且愈出而愈工焉。在官修书，唯冀塞责；私门著述，苟饰浮名。或剽窃成书，或因陋就简；使其术稍黠，皆可愚一时之耳目，而著作之道益衰。诚得自注以标所去取，则闻见之广狭，功力之疏密，心术之诚伪，灼然可见于开卷之顷，而风气可以渐复于质古，是又为益之尤大者也。”（《文史通义》卷三内篇三）

我们现在所缺少的，正是“辨心术以议史德”的高度自觉，所以敷衍塞责者有之，剽窃成书者有之，精品难出，赝著充塞，乃至在史学界也需要厉行打假扫劣。

半个世纪以前，法国年鉴学派的先驱布洛赫，在《历史学家的技艺》一书的导言中，用天真的小儿子的一句话作为开头：“告诉我，爸爸，历史有什么用?”而这正是至今仍使我们感到困惑的一个问题。布洛赫极为严肃地对待这个问题，他说：“无疑，有人会认为孩子的问题未免太幼稚了，可在我看来，这个质问切中了要害。……一位年迈的工匠（布洛赫自称——引者）扪心自问：花一生的精力来从事这行当值吗？这时，他心中难道不会忽然产生一阵疑惑吗？‘历史有什么用’?这个问题已远远超越了职业道德之类枝节问题，事实上，我们整个西方文明都与之有关。”（此处用张和声、程郁译文，下同）为此他写了这本书，不仅是回答孩子的问题，而更重要的是回答学术界和整个社会的质疑。

我也有类似的经验。1990年秋天，在弗吉利亚理工学院攻读博士学位的侄子到普林斯顿来探亲，经常开车陪我到远处旅行。年轻人性急，车速快而路又不熟，因此经常迷路。每逢这种情况，他必定问我：“我们在哪里?”于是我立即翻开地图，对照路标帮助他找出自己的位置，然后才能确定继续前进的方向。如此反复多次，我受到某种启示，也不禁反躬自问：“史学在哪里?”

长期以来，史学走过的并非全是康庄大道。过去是政治干扰太多，往往使史学受损害太多，甚至湮没自己的本真。80年代以后，政治对史学已渐宽容，但又遭到商品大潮更为猛烈的冲击。过去，史学尽管受到这样或那样的磨难，但史学工作者总算还有铁饭碗可端。现在的处境更为困难，简直是面临存亡绝续的严重关头。若干大学的历史系已经改办旅游系、旅游学院，有的考古专业则开珠宝古玩店，为数不少的年轻历史学者干脆下海或从政，真正专心致志坚持在漫无边际的史学海洋中执着远航的人，为数已经愈来愈少。加以现行学位制度与职称评定中存在着严重问题，学术领域的急功近利导致率尔操觚之作泛滥，而直接的或变相的抄袭之风愈演愈烈。

我决不认为史学现在已经是漆黑一团，史学仍然在困境中挣扎前进，优秀的人才与优秀的论著仍然在不断涌现，但消极的现象毕竟已经十分严重，我们怎能熟视无睹！最令人担忧的是，许多人已经不再注重史德或心术，而刻意追求的只是个人的眼前利益。“秽史者所以自秽，谤书者所以自谤”，正是这些人最好的写照。我郑重呼吁史学同行认真阅读布洛赫此书，他还没有来得及完成全部书稿，便为反法西斯伟大事业献出自己的生命。他为我们留下的是对民族与史学的无限忠诚，而这正是我们所最需要的史德或心术！

治学不为媚时语

顾炎武与友人书曾云：“尝谓今人纂辑之书，正如今人之铸钱。古人采铜于山，今日则买旧钱，名之曰废铜，以充铸而已。所铸之钱既已粗恶而又将古人传世之宝舂锉碎散，不存于后，岂不两失之者乎？承问《日知录》又成几卷，盖期之以废铜。而某别来一载，早夜诵读，反复寻究，仅得十余条。”（《亭林文集》卷四）以“采铜于山”与买旧钱以铸劣币相对照，与焦裕禄“别人嚼过的馍不香”寓意相通；就史学而言，则如同章学诚所云“笔削谨严”“别识心裁”，然后庶几能得佳作。以亭林之博学多才，早夜诵读，反复寻究，一年“仅得十余条”，此《日知录》所以历经三百余年而魅力仍不稍减。

真正的学者与真正的科学家、艺术家一样，都具有超越世俗的纯真与虔诚。工作对于他们来说，奉献更重于谋生，其终极目的则在于追求更高层次的真、善、美。唯有如此真诚，才能不趋附、不媚俗、不作违心之言。也只有这样的心术，才能获致“秽史自秽，谤书自谤”这样的觉悟。而现今专事剪刀糨糊、电脑拼接，剽窃之法日巧，附会之智愈工，以出书多而且快自炫之徒，对此能无愧怍？

对真善美的追求，不仅需要毅力，需要胆识，更需要大无畏的气概。孟子曰：“居天下之广居，立天下之正位，行天下之大道。得志与民由之，不得志独行其道。富贵不能淫，贫贱不能移，威武不能屈，此之谓大丈夫。”（《孟子·滕文公》）这是我国数千年来士大夫的优良传统，也是真正的学者区别于政客、市侩的根本特征。真实是史学的生命，求实存真是历史学家无可推卸的天职，因此也就更加需要孟子所提倡的大丈夫刚直的浩然之气。

楚图南前辈为戴震纪念馆题诗云：“治学不为媚时语，独寻真知启后人。”80年代以来，我常以此语自勉并勉励青年学者。我认为史学应该保持自己独立的科学品格，史学家应该保持独立的学者人格。史学不是政治的婢女，更不是金钱的奴仆。优秀的史学是民族的文化瑰宝，而且可以为全人类所共享，流传于千秋万载，这就是真诚的历史学者终生追求的学术永恒。尽管史学在社会暂时受到冷落，但历史学者千万不可妄自菲薄，必须保持学者的尊严与良知，以高品位的学术成果争取社会的理解与支持。我深信，除非是史学自己毁灭自己，只要还有一个真正的历史学家存在，史学就绝对不会灭亡。何况当今真正的史学家何止一个，有的是一批乃至一大批。勇敢地迎接权势与金钱的挑战吧，史学与史学家。

历史的公正

布洛赫在《历史学家的技艺》第四章“评判还是理解”一节中，

提出历史的公正这一重要命题。

他认为有两种形式的公正无私，一是学者的，一是法官的。两者的基本共同点是忠于事实，但学者只限于观察事实并作出解释，而法官则必须依照法律作出裁决。学者的公正表现为尊重“与其最偏爱的观点相悖的事实”；法官的公正则表现为尊重证据而不管其内心倾向于何方。

古往今来，实现历史的公正或公正无私的历史，无论在中国还是在外国都是很困难的。按照布洛赫的说法，史学家往往把自己的角色误认为是法官。“长期以来，史学家就像阎王殿里的判官，对已死的人物任情褒贬。”布洛赫不同意这种作法，指出：“将一个人、一个党派或一个时代的相对标准加以绝对化，并以此去非难苏拉统治时期的罗马和黎塞留任枢机主教时的法国的道德标准，这是多么荒唐啊！而且，这种评判极易受集体意向和反复无常的个人爱好的影响，就没有什么比它更容易变化了。加上人们重视汇编荣誉名册，轻视搜集随笔记录，种种因素使历史学天然地蒙上一层反复无常的外表。空洞的责难，然后又是空洞的翻案，亲罗伯斯庇尔派，反罗伯斯庇尔派，发发慈悲吧！仅仅告诉了我们罗伯斯庇尔是怎么一回事。”我相信，当今中国读者对此都会产生共鸣，因为我们对于这种空洞的责难与空洞的翻案的游戏，已经是太熟悉了。

布洛赫的感慨是深沉的：“我们对自己，对当今世界也未必有十分的把握，难道就这么有把握为先辈判定善恶是非吗？”这又使我想起清代学者崔东壁所说的一段话：“人之情好以己度人，以今度古，以不肖度圣贤。至于贫富贵贱，南北水陆，通都僻壤，亦莫不相度。往往径庭悬隔，而其人终不自知也。”（《考信录提要》卷上）可见，真诚的历史学者的心总是相通的，虽然他们生活在不同的时代与不同的国度。

东壁还为我们讲了两个“以己度人”的故事。其一：邯郸至武安六十里，大半为不能通车的山路。有个和尚急公好义，主动募捐修路，因布施者甚少，“乃倾其囊以成之”。这本来是损己利人的善举，但许多人却议论说：和尚原意是想借“多募以自肥”，只是由于捐款者少，才不得已而拿出自己的积蓄修路。其二：东壁本人在福建任内，“无名之征悉蠲之民，有余之税悉解之上”，其清廉为当地百姓与上官所深知。回故乡后，住在山村，每餐不过一盂饭、一盘菜，堪称清贫淡泊。但故乡之人反而认为是携有重赀而不愿露富。所以东壁慨叹：“故以己度人，虽耳目之前而必失之，况欲以度古人，更欲以度古之圣贤，岂有当乎？”

我也曾多次讲过一个故事。吴县沈寿是清末民初刺绣大师，但体弱多病，家庭处境亦不甚佳。南通张謇担心其艺失传，不仅借宅供她养病，而且亲自协助她整理出《绣谱》一书。沈寿死后，张謇挽联极为沉痛：“真美术专家，称寿于艺，寿不称于名，才士数奇，如是如是；亦学诗女弟，视余犹父，余得视犹子，夫人为恸，丧予丧予。”稍知张謇者都了解，此人不是庸俗的市井商贾，他不仅在实业与教育两方面都有很大的抱负与成就，而且对文学艺术也有较高的素养与执着的癖爱。他在南通女子师范学校设绣工科，随后又创办绣织局与女工传习所，目的都是推广与发展沈绣的技艺。他还在南通创办伶工学社与更俗剧场，聘请欧阳予倩主持戏剧改良，嗣后又在剧场建梅欧阁并刊印《梅欧阁诗录》，大力奖掖梅兰芳、欧阳予倩这样的年轻表演艺术家。所以，当时京沪两地许多著名演员或后起之秀，都以能得南通张四先生的品题与墨宝为殊荣。但是1986年某电视台为纪念张謇逝世60周年而制作的电视剧《杜鹃啼血》，却把张謇与沈寿的爱情作为此剧的主线，看后令人啼笑皆非。这可能是出于票房价值的考虑，但确实使稍知张謇者有“以今度古，以己度人”之感，仿佛男人与女人关系比较密切就必定会谈恋爱，而下海从商的大老板更必定会“包二奶”。

60年代初年，我曾就历史真实与艺术真实问题，与《林则徐》故事片导演郑君里多次通信讨论。我认为历史学家应对文学艺术持宽容态度，在必然性与可能性的前提下，文艺作者应能拥有想象驰骋的广阔空间。但文艺家亦应尊重历史，应该充分研究当时当地的情、境、人、事，不可毫无根据地主观臆测。特别是对历史人物，应该尽量贴近其本来的性格、情操、心态，否则就不宜自称是历史剧。文艺家常常抱怨史学家在史实情节上的挑剔，这是由于他们不了解史学家的职业规范。布洛赫说得好："历史是历史学家的暴君，它自觉或不自觉地严禁史学家了解任何它没有透露的东西。在文献上没有记载墨洛温王朝时期的物价，因此，我们永远无法列出当时的价格统计表。"史学家并非出于忌妒而是由于谨奉"暴君"的指令，严格得近乎苛刻地批评文艺家在史实描述方面的随心所欲。但是，文艺家也不必对史学家绝望，因为布洛赫在同一本书中又说过："历史学所要掌握的正是人类，做不到这一点，充其量只是博学的把戏而已。优秀的史学家犹如神话中的巨人，他善于捕捉人类的踪迹，人，才是他追寻的目标。"在对人的执着追寻方面，史学家与文艺家是否也有灵犀相通之处呢？

作为历史学家，布洛赫希望自己的同行不要扮演法官角色，但我们过去却长期习惯于用法官的眼光看待历史上的人和事。所谓"三七开"或"四六开"之类的功过区分，往往成为盖棺论定的套语。

这种传统来自古代史学的正统观。王夫之曾把它总结为："论人之衡有三：正邪也，是非也，功罪也。"划分正邪、是非、功罪的标准，当然是统治阶级的价值体系与道德规范。但船山不愧为颇具史识的大儒，他反对简单化的两极评判，强调历史本身的复杂性。指出："正邪存乎人，是非存乎言，功罪存乎事；三者相因，而抑不必于相值。正者其言恒是而亦有非，邪者其言恒非而亦有是，故人不可以废言。是者有功而不必如其所期，非者无功而功固已施于世；人不可以废言，而顾可以废功乎？论者不平其情，于其人之不正也，凡言皆谓之非，凡功皆谓之罪。乃至身受其庇，天下席其安，后世无能易，犹且谪之曰：此邪人之以乱天下者。此之谓不思其反，以责小人，小人恶得而服之？已庇其身，天下后世以安之而莫能易，然且任一往之怒，效人之诃诮而诃诮之，小人之不服非无其理也，而又恶能抑之？"（《宋论》卷六）这番议论堪称至理名言，所谓“平其情”与“思其反”，都是史家应该特别注意的要领，否则便只能“效人之诃诮而诃诮之”，难以形成自己的真知灼见，自然也就无从寻求历史的公正。

值得注意的是，被船山贬之为“论史者之奖权谋堕信义”，而且“益鼓其狂澜而惑民倍烈”的李贽，倒是船山平情思反的同调。他不满于班氏父子讥刺司马迁“是非颇谬于圣人”，反驳说：“若必其是非尽合于圣人，则圣人既已有是非矣，尚何待于吾也？夫按圣人以为是非，则其所言者，乃圣人之言也，非吾心之言也。言不出于吾心，词非由于不可遏，则无味矣。有言者不必有德，又何贵于言也？此迁之史所以为继麟经而作，后有作者，终不可追也已。《春秋》者，夫子之史也，笔则笔，削则削，初未尝案古圣人以为是非也。”（《藏书》卷四十）而且他还认为“迁、固之悬绝，正在于此”。所谓此，就是前者具有旷古只眼的“独见”，而后者则不过是按古圣人以为是非的“文儒”。

类似的语言，我们可以在培根《新工具》一书中发现。作者在解释困惑人们心灵的“洞穴”等假象之后指出：“人们之所以在科学方面停顿不前，还由于他们像中了蛊术一样被崇古的观念，被哲学中所谓伟大人物的权威，和被普遍同意这三点所禁制住了。”他把出于先入为主的判断和凭依他人权威而形成的同意，斥之为“苟从与附合”；并且强调：“真正的同意乃是各种自由的判断通过恰当的考验而归于一致”。培根还尖锐地批评了 16 至 17 世纪英国的各级学校与各种学术团体：“在学校中、学园中、大学中，以及类似的为集中学人和培植学术而设的各种团体中，一切习惯、制度都是与科学的进步背道而驰的。在那里，讲演和实习都排定得如此严整，致使任何人都难在这常经以外去思想或揣想什么事物。若有一二人竟有勇气来使用一点判断的自由，那他们须是全由自己独任其事，不能得到有人相伴之益。而如果他们对此也能忍受下去，他们又会觉到自己的这种努力和气魄对于自己的前程却是不小的障碍。因为在这些地方，一般人的研究只是局限于也可说是禁锢

于某些作家的著作，而任何人如对他们稍持异议，就会径直被指控为倡乱者和革新家。”（中译本，商务印书馆，1984 年）

不同国家、不同历史文化背景的三位思想家，在自主判断与学术自由方面的认识却如此契合，这除了都处于社会转型时期（从中世纪走向近代或前近代）以外，主要还是由于他们都具有高度的学术良知。用我的习惯语言来说，就是学者的独立人格与学科的独立品格。没有这个前提，就谈不上什么历史的公正。

求实存真是历史公正的基础，努力贴近并维护历史真实应是史学家的职业道德。因此，由于史学家不可能生活在真空，他所厕身于其中的社会有许多现实因素对其工作产生影响或干扰，诸如社会心态、文化趋向、意识形态、权势干预、金钱诱惑、人际关系等等，他们需要有极大的勇气与毅力才能维护史学的自主与尊严。在我国，史学与政治的关系至今仍然是比较敏感的话题。史学当然无从也不应脱离现实政治，但两者之间应是平等关系而非隶属关系。史学是在保持独立的前提下关注现实，其中也包括关注政治，而绝不是供政治任意驱使的臣仆。在布洛赫这样优秀的历史学家的身上，我们可以看到历史公正与社会正义的完美结合，捍卫史学尊严与捍卫民族尊严在他的生命中融为一体。因此，法西斯的子弹只能结束其肉体的生命，却无从阻遏其精神与学术通往永恒。

论史学与政治及其他

史学与政治

历史学不会同政治学争地位，政治学也不会同历史学比高低，它们之间是不同学科之间的平等关系。然而史学家与政治家之间的关系就比较复杂，特别是与那些有权有势的政治家之间的关系更为微妙。

我相信，史学家与政治家主观上都是想友好相处、互助合作的，因为一般说来，他们不仅有共同目标，而且还有许多共同利益，大家毕竟都是生活在同一国土上与社会中。史学家其实是最好管理的公民，他们多半老实巴交，既不想升官发财，又不爱惹是生非，充其量无非是想拥有一片可以独立研究与自由思考的空间。政治家当然比史学家伟大得多，他们不仅要忙于安邦治国，而且还要努力实现政党的和自己的宏伟目标，掌握政权的政治家的一言一行都关系着国计民生。不能说他们不重视史学，但他们更为重视的是史学家应该如何协助自己安邦治国，特别是为自己的政治方案及其实践寻求历史借鉴。史学家也许会受宠若惊，但随之而来的是对于独立研究空间缩小的担忧；他们希望保持史学本色，尽可能避免泛政治化。

史学家并非不想与政治家保持一致，但他们多半恪守培根的箴言：“真正的同意乃是各种自由的判断通过恰当的考验而归于一致。”学者在其学术领域应有自主权利，他们不希望有过多的政治干预与指令约束，并以“苟从与附合”为耻。即使是“自由的判断”，史学家也比其他一些学科专家麻烦更多，因为他们不仅需要掌握大量史料，而且还需要有较大的时间跨度以供宏观审视。法国年鉴学派是强调长时段研究的，哲学家保罗·利科认为这是由于受到经济学家的启发：“经济学家的趋势和周期概念启发了历史学家，使他们学到了长时段概念，而这种时间概念也是政治体制和政治态势的时间。”（《法国史学对史学理论的贡献》，中译本，上海社会科学院出版社，1995 年）有些历史的是非功过，并非短时间内所能判断，往往需要十几年、几十年或者数百年，才能作出比较合理的解释与判断。古人常说的“盖棺论定”，就是这个意思，而即使盖棺也难以论定的历史人物岂不是也大有人在！林则徐一百五十多年以前发出的“青史凭谁定是非”的喟叹，至今仍然感人至深，特别是容易引起我们历史学家的共鸣。

因此，历史学家常被讥刺为迂腐，不通人情世故，简直是呆头呆脑。在当今这个功利主义泛滥的世界，史学与史学家受到冷落是必然的。但史学家历来并不缺乏自信。司马迁早在两千多年以前即自称：“究天人之际，通古今之变，成一家之言。”这是何等气概，何等担当！西方史学家，特别是近世史学家，虽然没有什么载道、资治或惩恶劝善之类伟大传统，但也有不少情深意挚的自我期许。马鲁说：“我赋予历史的一项基本功能是：使往昔的文化价值历久常新，从而丰富我的内心世界。”（《论历史认识》，转引自利科《法国史学对史学理论的贡献》）把生命奉献给社会正义的布洛赫对史学更是一往情深。他说：“历史学以人类的活动为特定的对象，它思接千载，视通万里，千姿百态，令人销魂，因此它比其他学科更能激发人们的想象力。伟大的莱布尼兹对此深有同感，当他从抽象的数学和神学转向探究古代宪章和德意志的编年史时，和我们一样，亲身感受到探幽索奇后的喜悦。”（《历史学家的技艺》，中译本，上海社会科学院出版社，1995 年）

我毫无王婆卖瓜之心，因为史学的价值已是客观存在，且为古今通人所理解。我只想唤起政治家们的注意，史学是一门具有独立品格的科学，决不是一种可以任人随意摆布的小玩意儿。我们过去曾批评过胡适，说他不该把历史比作一串大钱或百依百顺的女孩子，但就在我们这些批评者中有些人比胡适走得更远，把历史看成单纯是一种编纂手艺，而不必考虑是否有充分的史实依据。所谓史学为政治服务，就是意在把史学变成宣传，变成为某一时期政治中心任务的舆论造势，或者是为某一政策的出台作“学术”注解。

我在评论《帝国主义侵华史》第二卷时曾经指出：“作为一个史学家，如果没有自己真诚的科学追求，没有维护历史真实与坚持科学真理的勇气，甚至随时要看某些有影响的人士（甚至是外国人）的脸色办事，那就是徒有其名而无其实。十年浩劫期间，由于极不正常的政治环境，许多人（包括我们史学界）或多或少说过一些违心的话，内心的痛苦自然难以言说；而科学的尊严也受到肆意践踏，其痛苦更有甚于自己在人格上所蒙受的羞辱。这样沉痛的教训，难道还不足以使我们警醒过来吗?”重提这段往事，并非为了重新挑起政治家与史学家之间的争吵，仅只为了敦促政治家进一步理解史学家的内心衷曲，更加尊重史学自主与史学家的独立人格。我相信，只要加强相互沟通，增进彼此理解，政治家与史学家之间一定能够建立良性的互动关系，而那将是我们民族很大的福气。

“头是X姓物”

张謇《啬翁自订年谱》记庚子五月“东南互保”策划事颇生动。当时，北京清廷已贸然对外宣战，张謇等东南绅商害怕战火延及长江流域，便到南京劝说两江总督刘坤一，联合湖广总督张之洞实行“东南互保”。这无异于公开违抗清廷宣战谕旨，其风险之大不言而喻；所以两江督署幕僚中颇有力持异议者，刘本人也犹豫不决。他问张謇：“两宫将幸西北，西北与东南孰重?”张回答说：“无西北不足以存东南，为其名不足以存也；无东南不足以存西北，为其实不足以存也。”于是“刘蹶然曰：‘吾决矣’。告其客曰：‘头是刘姓物’。”

甲午战败以后，刘坤一暮气日深，并非很有胆识的封疆大吏。但决定倡行“东南互保”，确实表现出很大勇气，“头是刘姓物”一语更是掷地有声。我常向年轻学者讲这个故事，“头是X姓物”！难道我们就不该扪心自问吗？头既然长在自己身上，理应属于自己。就史学家而言，这就意味着必须秉笔直书与独立思考，而不应总是“唯书唯上”（借用陈云语）。但是要做到这一点并不容易，因为政治家虽然经常以“创造性地发展”自炫，而给史学家留下的创造思维空间却很小很小。史学家大多是循规蹈矩的读书人，但政治家总有点不大放心，唯恐他们在史事陈述中塞进什么有违政治原则的“微言大义”。

写到这里，我忽然想起电视连续剧《刘罗锅》中的一个故事。和珅派人暗中审查刘墉新刻的诗集，那人翻来翻去却查不出任何问题。和珅倒是胸有成竹，贼眼一翻对那人说：“你不会鸡蛋里挑骨头吗?”纵观历史，史学家受“鸡蛋里挑骨头”之害难道还少了吗？远的不说，就是1949年以来，从《武训传》到《海瑞罢官》，从李秀成评价到《燕山夜话》，岂不都是政治家对史学家大张挞伐，岂不都是“鸡蛋里挑骨头”专业户们乘机大显身手。我无意重新揭开已经愈合的历史疮疤，只希望不要忘记沉痛的历史教训。

《新工具》的作者培根，毕竟是做过大官的学者，他既理解学者的秉性，也深知政治家的心术。他认为“由新运动而来的危险与由新见解而来的新危险根本不是一回事”，新运动可能搅动现存的社会秩序，而新见解则使人们从四面八方听到“新事功和新进步的喧声”。但是他也指出在理性上说来如此的事情，“在实践上做的却并非这样”，政治家更为信赖的还是阻遏科学进步的管制。

我奉送给史学家的话语是“无畏”，奉送给政治家的词汇是“宽容”，我仍然期待着这两种人通过对话以形成沟通与理解。

对话与理解

我很欢喜对话这个字眼，因为对话双方理应处于相互平等态势。国与国之间、党与党之间都需要对话，更何况同一社会中的不同职业族群之间。

但我现在已不想再谈政治家与史学家之间的对话，因为做比说更为重要。我在这里思考的问题是：在历史学范围内，研究者与研究对象之间是否也应对话？换言之，今天是否需要与往昔对话？

我历来对此持肯定态度。我注意到法国历史学家也曾有类似的思考。马鲁在《论历史认识》一书中强调指出：“文献在向我们呼唤，要我们‘像今天朋友了解朋友那样’去了解过去的人。”朋友了解朋友的最好方法是对话，只不过与死去的朋友的对话乃是潜在与无声，也就是法国历史学家所说的“潜在的共鸣”。布洛赫总是把理解看得重于评判。他语重心长地说：“千言万语，归根结底，‘理解’才是历史研究的指路明灯。……甚至在诉讼时，人们也往往轻易下结论，动辄指责他人，而从来不提倡充分的理解。任何与我们不同的人，如外国人，如政敌，几乎毫无疑问的是恶人。在双方不可避免的冲突中，有必要加深一些理解以便于疏导，如有时间进行充分的理解，就能防止冲突。只要历史学能抛弃它那假天使的架子，就能避免上述弱点。理解包括体验人类千变万化的差异，包括人们之间不断进行的交往。只要这种交往是善意的，就会对生活与科学有百利而无一弊。”（《历史学家的技艺》）

四百多年以前，明人李贽早就有过类似体会，而阐述更为深切。刘东星《藏书》序云：“予为左辖时，获交卓吾先生于楚。先生手不释卷，终日抄写，自批自点，自歌自赞，不肯出以示人。予因异而问焉，先生曰：‘吾镇日无事，只与千古人为友。彼其作用，多有妙处，其心多有不可知处。既已觑破，实不与旧时公案同，如何敢以语人也？以故特书而藏之，以俟夫千百世之后尔。’”（《藏书》卷首）李贽与焦弱侯书对此亦有所说明：“山中寂寞无侣，时时取史册披阅，得与其人会睹，亦自快乐，非谓有志于博学宏词科也。尝谓载籍所称，不但赫然可纪述于后者是大圣人；纵遗臭万年，绝无足录，其精神巧思亦能令人心羡。况真正圣贤，不免被人细谪；或以浮名传颂，而其实索然。自古至今多少冤屈，谁为辨雪！故读史时真如与百千万人作对敌，一经对垒，自然献俘授首，殊有绝致，未易告语。”（《续焚书》卷一）

用我自己习惯语言来说就是“设身处地”，而为此就必须通过潜在无声的对话与历史人物沟通以形成理解。这也就是马鲁所说的“像今天朋友了解朋友那样去了解过去的人”，布洛赫所说的“理解才是历史研究的指路明灯”，以及李贽所说的“与古人为友”“与其人会睹”。这与其说是一种方法，倒不如说是一种境界，一种进入融通的研究层次。保罗·利科认为：“理解虽不能构成一种方法，却是方法的灵魂。”说的也是这个意思。朋友了解朋友是平等对待关系，史学家在研究的初始阶段是求知者而不是裁判员，在相当程度上应持价值中立态度，这样才能作客观冷静的理性探索。我们常说“一切依时间、地点、条件为转移”，但在撰写论著时却往往先入为主，预设结论，并且脱离当时的特定历史环境来评判某些事件和人物。其实，这种情况也并非中国所独有，布洛赫就曾慨叹于法国史学与此相类似的毛病。他说：“不幸的是，由于习惯于判决，也使人们对解释失去兴趣。过去的偏爱和现在的成见合为一体，人类的现实生活就变成一张黑白分明的图画。”他还深刻地指出：“褒贬路德要比研究路德的思想容易多了，相信格里高利七世对国王亨利四世的看法，或赞同亨利四世对格里高利的看法是很容易的，而要揭示西方文明史上这场伟大活剧的内在原因就要难得多。”（《历史学家的技艺》，中译本，上海社会科学院出版社，1995 年）

我特别欢喜布洛赫的一句话："要窥见前人的思想，自己的思想就应当让位。"（同上书）所谓让位，即设身处地，把自己设想成处于当时的历史环境，根据确凿史料分析前人思想与行为的成因与后果，这样才有可能窥见其心灵深处的奥秘。为了进一步阐明自我思想"让位"的必要，布洛赫还以法国大革命时期没收土地问题为实例："在恐怖时期，政府废除了过去的法律，决定将土地分小块出售，而未进行竞争性的拍卖。此举的确严重损害了财政部的某些利益，为此，某些学者严厉抨击这一政策。要是他们敢在当时的国民议会中这样大声抗议，那才算得有勇气呢！在远离断头台的地方猛烈抨击当年的政策，这只能令人发笑，与其如此，还不如考察一下在共和三年人们的真实想法。当时的人希望小农能获得土地，首先考虑的是救济贫农，以确保他们对新政权的效忠，而不是考虑预算平衡。他们这样做是对还是错呢？谁会在乎历史学家自己的马后炮呢？我们应当提醒那些学者，不要沉迷于自己的观点便忘了当时的可能性。"（同上书）

对于当代中国读者，对布洛赫的陈述可以不作任何解释，因为在我们这里类似的情况太多。1964 年秋天，报刊忽然开展有关李秀成评价问题的讨论，我试图从 19 世纪中期中国旧式农民思想的内在矛盾，来分析李秀成自述中那些往往自相抵牾的话语及其临终表现。却不料立即被戴上"为叛徒辩护"的大帽子，并作为折中主义加以猛烈抨击。我不知道带头向我讨伐的这位作者现在处境如何，也很难想象在国家危难之际他是否会慷慨成仁。我对他倒丝毫没有个人恩怨可言，所遗憾的乃是这种"判决"完全脱离李秀成那个时代的特定历史环境。拜上帝会不同于中国共产党，太平军也并非人民解放军；他们既无科学理论作为行动指南，也很难形成坚定的信仰与铁的纪律。何况太平天国领导集团在其后期已经严重蜕化变质，忠王究竟应该忠于什么？忠于教义与纲领吗？他们曾经信奉的教义与纲领早已被几位最高权威人士解释得混乱不堪。忠于人民吗？当时农民似乎都是皇权主义者，而且忠王与其他诸王一样，早已远远脱离了平民百姓。唯一可忠的就是封他为忠王的洪秀全，而这个上帝之子早已变得荒诞不经乃至失去理智，何况他在城破之日即已见上帝去了。国破主亡，兵败被俘，李秀成还能做什么呢？他几乎已无从自我选择，因为他的命运掌握在曾国藩手中。摆在他面前的只有两条路：就义或是投降。他或许考虑过投降，但清军杀降之举已经很多，特别是对像他这样的太平军统帅。他并不怕死，十几岁便开始疆场厮杀的一条汉子，生死早已置之度外，何况即令投降亦未必免于一死。他在写自述时，除力图为后世留下太平军的可信史实外，似乎还思索着如何争取时间。他允诺投降，但并非全无条件。他要求招抚旧部，实即借此保全随同自己征战多年的袍泽，同时也让饱经战乱之苦的东南百姓早日得到一点休养生息。他的这些思想和行为诚然不足为训，但在当时当地却是有可能出现的。

我无意为李秀成辩护，出于职业习惯只是想寻求一种合理解释。我并不认为自己的解释必定正确，而无非是提出供大家商榷。但当时的形势已不再需要理解，唯有判决与声讨才是天经地义。我由于被认定是为叛徒辩护，因而也就失去了为自己辩护的权利。

历史的复杂性

历史是人类社会生活的记录，社会生活的错综复杂、千变万化决定了历史的复杂性。历史的复杂性给史学家的理解带来很大的困难，上述法国的和中国的两个事例，已足以说明。

历史的复杂性不仅是由于社会环境本身的复杂，而且还由于厕身且活动于这种复杂环境之中的人也非常复杂，特别是他们的思想与心理。无论古今中外，只要是认真研究而又较为严谨的史学家，一般都能正视历史的复杂性。王船山提出“论人之衡有三”，即正邪、是非、功罪。但他并没有把历史人物的评论简单化，却指出这三者相因而未必相值。

正者的话多半为是，但也难免有非；邪者的话多半为非，但也可能有是。是者有功而未必如预期的那么大，非者似无功德可言而世人可能久已受其惠。（《宋论》卷六）他指摘司马迁挟私成史，为李陵辩解系“背公死党之言”，我们现今未必都能认同。但他确实是始终注意到历史的复杂性，不愿为正者有所掩饰。

布洛赫没有读过王船山的书，但他在历史复杂性方面体会得似乎更深。他说：“人的内心世界往往是多重的，有些人表现得特别明显。居斯塔夫·勒诺特尔大为吃惊地发现，在大革命时期的恐怖主义者中间竟有不少慈父。有人把革命者描绘成凶神恶煞，以取悦中产阶级，即使我们伟大的革命家真的是嗜血恶魔，居斯塔夫·勒诺特尔的惊讶也无非暴露出自己思想的狭隘。有许多人愿意并成功地保持着多重人格。究竟有多少人过着这样的生活呢?”（《历史学家的技艺》，中译本，上海社会科学院出版社，1995 年）他还为我们举出若干事例：罗马皇帝弗罗里安曾经写过令人泣下的诗歌，但却时常鞭打自己的情妇。中世纪的商人白天公然违反教皇有关高利贷与物价的戒律，大发不义之财，晚上却跪在圣母像前故作虔诚的忏悔，或在晚年向社会捐赠巨额慈善金。布洛赫问道：他们这样做是为了逃避上帝惩罚，还是出于对上帝的真正虔诚?还是由于严酷的现实生活使其良心泯灭，借此略为缓解内心愧疚呢?（同上书）中国读者看到此处必定莞尔而笑，因为类似情况，无论是历史还是现实，我们已经见得太多。

恩格斯前不见王船山其人，后不见布洛赫其书，可是他却从哲学高度论析了历史的复杂性。他说：“在黑格尔那里，恶是历史发展的动力借以表现出来的形式。这里有双重的意思，一方面，每一种新的进步都必然表现为对某一神圣事物的亵渎，表现为对陈旧的、日渐衰亡的但为习惯所崇奉的秩序的叛逆；另一方面，自从阶级对立产生以来，正是人的恶劣的情欲——贪欲和权势欲成了历史发展的杠杆，关于这方面，例如封建制度和资产阶级的历史就是一个独立无二的持续不断的证明。”

(《路德维希·费尔巴哈和德国古典哲学的终结》)此前，他在《家庭、私有制和国家的起源》中也说过："卑劣的贪欲是文明时代从它存在的第一日起直至今日的动力。"而更早则在《不列颠在印度的统治》中具体指出，"英国在印度斯坦造成社会革命完全是被极卑鄙的利益驱使的"，因此英国"毕竟是充当了历史的不自觉的工具"。

比恩格斯早生近两百年的王船山，则是从反面来表达了类似见解："论者不平其情，于其人之不正也，凡言皆谓之非，凡功皆谓之罪。乃至身受其庇，天下席其安，后世无能易，犹且谪之曰：'此邪人之以乱天下者'。"(《宋论》卷六）比恩格斯迟生近半个世纪的章太炎，也敏锐地注意到历史的复杂性，并形成自己的"俱分进化论"。他认为人类历史并非单纯是一往直前地进化，而是"善恶兼进"，"乐之愈进，苦亦愈进"。以欧洲历史为例，从斯巴达、雅典时代到近世等级贵贱、上下尊卑的差别"日见铲削"，人人皆有平等观念，这诚然是社会的进步。但随着文明的发展，金钱又成为新的不平等的表征，于是见利忘义，惜命苟安，比比皆是。"风教陵迟，志节颓丧，其进于恶也，盖已甚矣。"(《俱分进化论》)

似乎无需再作更多的征引，历史复杂性早已成为众多中外学者的共识。问题是我国史学何以至今还存在着简单化的顽症？

一是由于传统史学的消极影响。我们拥有丰富的史学遗产，这是一笔宝贵的文化财富，但是也容易成为一种沉重的包袱。即以评判价值标准而言，正邪、是非、功罪的区分在过去曾有其合理性，但沿袭既久便难免走向僵化，终至无视历史的错综复杂、千变万化，产生如同船山早已指出的那些弊端。我们长期涵泳其间，濡染甚深，因而也容易在不同程度上把历史人物脸谱化、历史过程简单化，表现在革命与反革命、路线斗争、左中右划分等方面。还有根深蒂固的正统观与为尊者讳、为亲者讳等因素，也严重地妨碍历史复杂性的应有彰显。

二是由于史学的错误定位。千百年来，治史被看作一种政府行为，司马迁虽居史官之职，犹蒙“挟私以成”史之讥。历代统治者都把史书看成是“资治”和“教化”（惩恶劝善）的工具，应体现为君、为臣、为民的道德规范与行为准则。近世以来，虽然有识之士多次倡导史学革新，但几代政府对史学的定位并无根本变化。新中国成立以后，由于历史唯物主义的广泛运用，史学从理论、方法到实践都面目一新，而且确实有许多高水平的学术成果问世。但是，由于“史学必须为无产阶级政治服务”口号的误导，以及多次政治运动对史学的严重干扰，历史人物脸谱化和历史进程公式化的弊端仍然屡见不鲜。“四人帮”所惯用的“影射史学”，正是这一弊端淋漓尽致的恶性发作。

在一定时期内，史学实际上成为政治的仆从，成为为某一政治方案、某一政治中心或某一政治需要的注脚。很难断定，现今这种消极影响在某些政府官员乃至某些史学家心中是否已经荡然无存。而这正是我仍然极力强调史学家应保持独立的学者人格、历史学应保持独立的学科品格的原因之所在。

广义的对话

历史的复杂性决定了对话的必要，不仅是史学家与研究对象的潜在对话，而且还包括历史学者与其他各科学者之间的外在对话，我把它称作广义的对话。潜在对话常表现为无言。戴叔伦《题三闾大夫庙》：“沅湘流不尽，屈子怨何深！日暮秋风起，萧萧枫树林。”杜甫《蜀相》：“丞相祠堂何处寻？锦官城外柏森森。映阶碧草自春色，隔叶黄鹂空好音。三顾频烦天下计，两朝开济老臣心。出师未捷身先死，常使英雄泪满襟。”诗人与古人均形成超越时空的无声对话，亦即思想与感情的沟通，其贴近感正如“海内存知己，天涯若比邻”。史学家唯有如此贴近自己的研究对象，才能形成真正的沟通与理解。

古之学者颇重虚静，今之学者与历史人物对话也需要虚静。唯虚始能承受，始能容纳新知，用我们法国同行的话来说，就是要把自己的思维暂时从头脑中退出去，而把古人的思维让进来。静是一种心境，外在的环境可能匆迫烦扰，但学者的内心必须平静如水，超然物外而又沉潜于学，如此才可以有所悟解。李白诗云："众鸟高飞尽，孤云独去闲。相看两不厌，只有敬亭山。"（《独坐敬亭山》）刘长卿诗云："遇雨看松石，随山到水源。溪花与禅意，相对亦忘言。"（《寻南溪常道士》）这是诗人与山峦、溪水、松石、花草的无声对话，忘言正是有言，唯禅意玄妙难以言耳！

山水本无知觉，经诗人想象而人格化，而有灵性，关键仍在作者内在的虚静。古人本有生命与知觉，但因时空隔绝已多，治史者必须设想自己身临其境，历经其事，想其所想，然后始能与其形成对话、沟通、理解。布洛赫深知其中奥妙，所以才说："褒贬路德要比研究路德的思想容易多了。"旨哉斯言！

从学科分工而言，历史学家虽然侧重研究过去，但也并非沉溺于古而冷漠现实，况且我们往往是以现实社会生活经验为基础，逆行而走上通向往昔之路的。司马迁所说的"究天人之际，通古今之变，成一家之言"，早已把道理讲得很全面。必须强调，如果不能通古今之变，就不能或难以成一家之言。古与今都是客观存在，通的任务便落在历史学家的身上，也正因为如此，史学便成为把过去与现在及未来连接起来的桥梁。但现代社会生活更为错综复杂，而历史学家自身的实践经验与知识结构毕竟是非常有限的。因此，为了不断扩展对过去认知的广度与深度，历史学家便不得不经常向许多其他学科专家求助，如社会学、人类学、经济学、政治学乃至科技专家等等。我把这种求助也称之为对话，因为历史学家不是乞丐，并非零打碎敲地向其他学科索取若干急需的知识，而是学科与学科之间平等对待的交流与互补，在科际整合过程中历史学家并非消极的附和。我早就说过："史学不是静止地、消极地等待其他学科来渗透，它会主动走近、嫁接许多学科有用的理论与方法，而

这正是历史学蓬勃生机之所在。”（为乐正《近代上海人社会心态，1860—1910》所写序言）

现今已进入信息时代，社会生活节拍更趋急速，对学者工作亦产生深刻影响。加以出版社急于抢先求利，职称评定决定于是否出书，项目资助更限定进度与结项时间，功利主义遂弥漫于学术界，而拼凑、剽窃之作日多。在这种情况下还侈谈什么虚静、对话、沟通、理解，必然会被一些人讥刺为迂腐、落后于时代。但我仍然深信史学自有其内在规范，实系千百年若干代人心血与经验熔铸而成。顾炎武云：“尝谓今人纂辑之书，正如今人之铸钱。古人采铜于山，今人则买旧钱，名之曰废铜，以充铸而已。”将前人所铸精良之钱，舂锉碎散以成粗劣新钱，这一比喻对现代某些纂辑之书而言，仍然是惟妙惟肖，尽管方法已经从剪刀糨糊进化为电脑拼接。

强调职业道德与学术规范，诚然为当务之急。但更为重要的，还是主政者应该按照学术规律来领导学术，为学术健康发展营造宽松正常的环境。现今有关学术发展与学者成长各项政策的制定，都有可以商榷之处，诸如学术职称评定对成果重量而忽略质，遂使率尔操觚乃至剽窃拼接者得以节节高升，沉潜于学并严谨撰述者反而被埋没。就文科而言，各级科研项目资助投入极少而要求甚高，各种手续、报表又极繁琐。对项目承担者而言，不啻经常处于鞭策之中，徒增紧迫之感而难入沉潜之境。学者或有因此不愿申报项目者，但又往往不容于所在单位，因为单位的评估指标体系中又有共获项目资助若干个，共若干元之类。如若不作彻底反省，加以必要改进，长此以往势必会出现黄钟毁弃、瓦釜雷鸣的可悲局面。

王道与霸道——试论孙中山的大同理想

大同是中国古代源远流长的一种政治思想，也是一种最高层次的伦理设计。儒家所津津乐道的："大道之行也，天下为公，选贤与能，讲信修睦。故人不独亲其亲，不独子其子。使老有所终，壮有所用，幼有所长，矜寡孤独废疾者皆有所养，男有分，女有归。货恶其弃于地也，不必藏于己；力恶其不出于身也，不必为己。是故谋闭而不兴，盗窃乱贼而不作，故外户而不闭，是谓大同。"（《礼记·礼运篇》）这是把原始氏族社会理想化，以所谓"三代之治"的乌托邦作为推行礼义的依据。但这段著名文字所描绘的美好社会图景，则具有历久不衰的非凡魅力，成为后世许多仁人志士用以激励自己和群众谋求改造社会的远期目标。孙中山所接受的大同思想的影响是多层面的，既包括中国的社会根本改造，更包括国际格局的根本重建，本文着重研究其后者。

一

"天下为公"是孙中山经常题写的词句，而他对黄埔军官学校的训词则是："三民主义，吾党所宗，以建民国，以进大同。"由此可见，在孙中山的政治思想中，"天下为公"与"世界大同"是紧密联系的，有时甚至可以理解为同义词语。但是，孙中山对于“天下”的认识，与所有中国人一样，都有一个由近及远、由小到大、由浅转深的过程。

12岁以前，孙中山不仅对海外的世界一无所知，就是对翠亨村以外的中国也知之甚少。作为贫苦农家子弟，童年孙中山心目中的世界是狭小的，不过是以家族为轴心的方圆数里或十余里的小天地。尽管父亲曾在澳门谋生，叔父和哥哥也去美国做工，但由于信息媒介的匮乏，他很难对海外的广阔世界形成任何清晰的概念。

他的世界观念的重大变化发生在12岁以后。当他踏上前往夏威夷的旅途，“始见轮舟之奇，沧海之阔，自是有慕西学之心，穷天地之想”①。西方近代文明最初是通过海上传入中国的，所以在相当长一段时间里，在中国人的心目中，轮船不仅是西方近代文明的传播载体，而且其本身就是西方近代文明的象征。正是“轮舟之奇”，使这个乡村少年看到了远比伶仃洋更为辽阔的太平洋，并且被吸引到一个新的世界，尽管夏威夷不过是西方近代文明的边缘。

从1879年开始，孙中山先后就读于夏威夷意奥兰尼学（Iolani College，Honolulu）、香港中央书院（The Central School）、广州博济医院（Canton Hospital）、香港西医书院（The College of Medicine for Chinese，HongKong），学习勤奋，成绩优异。应该说，在当时的历史条件下，他是少数接受了比较完备的西方近代教育的先进中国人之一。正如他在《上李鸿章书》中所言：“曾于香港考授英国医士。幼尝游学外洋，于泰西之语言文字、政治礼俗，与夫天算地舆之学，格物化学之理，皆略有所窥；而尤留心于其富国强兵之道，化民成俗之规；至于时局变迁之故，睦邻交际之宜，辄能洞其阃奥。”②

至此，孙中山所了解的，已经不是中国古代那样狭小的“天下”，也不是清王朝那样以自我为中心的朝贡体系，而是一个比较完整的客观

① 《孙中山全集》第1卷，中华书局，1981年，第47页。
② 《孙中山全集》第1卷，中华书局，1981年，第8页。

存在的世界。这个世界不仅是地理的，而且是经济的、文化的、政治的，乃至是军事的。这个世界给孙中山留下的印象也是复杂的，貌似完整而实为分裂，各个地区之间与各个国家之间，既有文明程度的差异，又有国际地位的区别。正如那些走出国门了解世界的先驱一样，他发现号称文明古国的中国已经远远落后于西方的发达国家，甚至也落后于业已西化的日本，而且还处于被压迫的殖民地、半殖民地的悲惨地位。但是他与那些先驱（如郭嵩焘、薛福成等）又有所不同，既非儒学濡染甚深的传统士大夫，更与清朝的官僚体系毫无渊源。他不满足于“中体西用”，不满足于体制内的枝节改革，他要求全面学习西方的长处，谋求整体改革乃至摧毁旧的体制，以实现中国的解放与富强。他在 1896 年 10 月伦敦蒙难以后更加坚定了这个决心，所以对英国新闻界发表公开信说：“我对立宪政府和文明国民意义的认识和感受愈加坚定，促使我更积极地投身于我那可爱而受压迫之祖国的进步、教育和文明事业。”① 次年 3 月，他发表《中国的现在和未来》，进一步指出，“不完全打倒目前极其腐败的统治而建立一个贤良政府”，“实现任何改进就完全不可能”②。

但是，对于孙中山思想的发展变化而言，更为重要的还是他在伦敦蒙难获释后滞留英国期间的苦读、交游与对西方社会的实地观察。在大英博物院等机构的图书室，他如饥似渴地阅读了政治、经济、法律、军事、外交、工矿、农牧等方面的书籍，特别是对于亨利·乔治的著作产生浓厚兴趣。同时，他也曾多次参观访问宪政俱乐部、农业馆家禽展览会、工艺展览会等处，以求对这个资本主义最发达的国家的实际情况有较真切的了解。此外，他与流亡在伦敦的俄国民粹主义者、爱尔兰土地联盟的组织者、英国的社会主义者和费边社分子，以及美国的单一税论者，也有多方面的接触。

① 《孙中山全集》第 1 卷，中华书局，1981 年，第 36 页。
② 《孙中山全集》第 1 卷，中华书局，1981 年，第 88 页。

以上这些主客观因素的交互影响，使孙中山的思想产生了很大的变化，他不再局限于“排满”、反清和简单地效法西方的民主制度。他开始认识到，西方世界并非完美无缺的理想境界。工业革命与生产力的迅猛发展并未使资本主义世界臻于至善，却造成与日俱增的贫富悬殊与广大劳动人民的悲惨命运。社会矛盾的尖锐化必将导致社会革命的爆发，而社会主义运动则将成为新的世界潮流。在20年代初始，孙中山已经为我们勾勒出一幅简略而又生动的画面：“十八世纪之末，十九世纪之初，专制仆而立宪政体殖焉。世界开化，人智益蒸，物质发舒，百年锐于千载。经济问题继政治问题之后，则民生主义跃跃然动，二十世纪不得不为民生主义之擅场时代也。”① 为了纠正近代西方文明的缺失，孙中山在民族主义、民主主义之外，又揭橥出民生主义。以平均地权为依托的民生主义虽然不无空想成分，但其追求均富与共享社会福祉的理念，则颇与中国传统的大同思想有所相通。

但是，孙中山的革命理想与往昔的古朴的大同学说又存在着极大的差别，除了其构想内容建筑于对现代文明的深切体认以外，还在于他把传统“天下”的狭小范围扩大到真实的整体的世界。孙中山的大同思想已不仅限于中国国内，而是包括世界各国，特别是还包括各国之间平等和睦的相处关系。

1897年，孙中山离开英国，经由加拿大到达日本，与以宫崎滔天为代表的大亚细亚主义者结识并建立合作关系。宫崎在初次见面时就鼓吹：“中东合同，以为亚洲之盟主。兴灭国，继绝世，用其方新之力阻遏西势东渐之凶锋者，天理人心之所会也。”孙中山赞同中日联合，更赞同亚洲各被压迫国家联合，共同阻遏殖民主义的“西势东渐之凶锋”，但是却不赞成过分强调个别国家的特殊国家利益。他向宫崎坦率表明自己的志向是“为了中国苍生，为了亚洲中国人，更为了世界人类”，而兴起革命军②。这就与日本军国主义者宣扬的所谓大亚细亚主

① 《孙中山全集》第1卷，中华书局，1981年，第288页。

② 宫崎滔天：《三十三年之梦》，林启彦译注，广州花城出版社、香港三联书店，1981年，第123页。

义有着根本区别。

10年以后，1907年中印革命志士在东京发起成立亚洲和亲会，由章太炎执笔的《亚洲和亲会约章》在日本尚有收藏者，其封里印有英文“The Asiatic Humanitation Brotherhood”。Humanitation 可能系 Humanitarian 之误植，如此则亚洲和亲会亦有博爱兄弟会之含意。约章宣称：“先以印度、支那二国组织成会，亦谓东土旧邦，二国为大，幸得独立，则足以为亚洲屏蔽。……一切亚洲民族，有抱独立主义者，愿步玉趾，共结盟誓，则馨香祷祝之迎之也。”约章还规定：“亚洲诸国，若一国有革命事，余国同会者应互相协助，不论直接间接，总以功能所及为限。”这可以看作对于孙中山世界大同思想的某种响应和推广。

二

20世纪最初10年，由于连续而又频繁地组织武装起义，孙中山的大量精力用于筹款和策划，未能就世界大同思想作进一步的论述。但是，民国成立以后政权却落在并无共和思想的旧官僚袁世凯手中，其后讨袁、护法等战争的艰苦奋斗，也未能改变大小军阀把持中央和地方政权的黑暗局面。这一切都使孙中山不能不作深刻的反思，同时也使他对世情与国情的认识进入一个更为深刻的层次。可以这样认为，孙中山在其晚年把他的大同思想作了更明确的论析。

1924年1月27日，孙中山开始在广州国立高等学堂演讲三民主义，每周一次，至8月24日因对付商团叛乱及准备北伐而中辍，这是孙中山思想主体部分较为全面系统的表述。在《民族主义》第6讲的末尾，孙中山总结说：“我们要将来能够治国平天下，便先要恢复民族主义和民族地位。用固有的道德和平做基础，去统一世界，成一个大同之治，这便是我们四万万人的大责任。诸君都是四万万人的一分子，都应该担负这个责任，便是我们民族的精神。”①

① 《孙中山选集》，人民出版社，1981年，第691页。

孙中山所说的治国，是指中国的独立、自由和富强（包括均富）。而平天下，则是发扬“济弱扶倾”的传统理念，帮助其他被压迫民族谋求各自的独立、自由和富强。他说：“我们今日在没有发达之前，立定扶倾济弱的志愿，将来到了强盛时候，想到今日身受过了列强政治经济压迫的痛苦，将来弱小民族如果受这种痛苦，我们便要把那些帝国主义灭消，那才算是治国平天下。”

孙中山所说的“用固有的道德和平做基础”，包括两层意思：

一是把《大学》所标榜的“格物、致知、诚意、正心、修身、齐家、治国、平天下”，看作我国传统时“最有系统的政治哲学”。他把道德范围的东西放在知识范围中来探讨，认为应该先从个人的内省与自我完善做起，讲究自身的文明修养，然后才谈得上齐家、治国、平天下。孙中山沿袭中国的传统观念，认为家族是国家的基层团体，由家族而宗族而国族，合群图强然后才能讲民族主义，而且只有先恢复民族主义才能讲世界主义。他的最高理想是：“用固有的道德和平做基础，去统一世界，成一个大同之治，这便是我们四万万人的大责任。”①

二是力图以王道与霸道这两个古老词汇来区分东西方文化的本质差异。他曾经明确指出：“东方的文化是王道，西方的文化是霸道；讲王道是主张仁义道德，讲霸道是主张功利强权；讲仁义道德，是由正义公理来感化人，讲功利强权，是用洋枪大炮来压迫人。”② 古代的儒家历来主张行仁政，孟子曰：“以力假仁者霸，霸必有大国，以德行仁者王，王不待大，汤以七十里，文王以百里。以力服人者，非心服也，力不赡也。以德服人者，中心悦而诚服也，如七十子之服孔子也。诗云：自西自东，自南自北，无思不服，此之谓也。”（《孟子·公孙丑上》）这实际上也是正统儒家所服膺的一种政治哲学，认为道德的力量胜过军事的力量，民心的依违向背乃是施政者决策的根据与归宿。孙中山则把这种

① 《孙中山选集》，人民出版社，1981年，第691页。

② 《国父全集》第2册（8），（台北）“中央文物供应社”，1973年，第306页。

古老理念加以现代诠释，并且以此作为处理国与国之间关系的最高道德准则，力求在世界范围内形成和谐、平等、合作的新格局与新秩序。或许可以这样来概括：他要以王道来实现世界大同。

以这样的理想来作为奋斗目标诚然是值得尊敬的，而作为对于各国政治家的规劝更是非常必要的。但是，孙中山在自己的晚年却存在着两个思想上的误区：一是想把日本引为儒学大同理想的同道，二是误认苏维埃主义等同于“孔子之所谓大同也”。

1923年秋天，犬养毅出任内阁邮电大臣兼文部大臣，由于过去与之有较深的历史关系，孙中山对他寄予很高期望，所以闻此立即写信联络。此信一开头就说：“山田君来称，先生此次入阁，将大有为，可助吾人未竟之志，以解决东亚百年问题，闻之狂喜。”信中批评了日本既往的亚洲政策与对华政策是“以列强之马首是瞻”，并且诚挚地希望日本改弦更张，“倘日本以扶亚洲为志，而舍去步武欧洲帝国主义之后尘，则亚洲民族无不景仰推崇也”①。但日本自明治维新以后，“脱亚论”即愈演愈烈。所谓“脱亚论”即把欧美视为文明，亚洲视为野蛮，日本应脱离野蛮的亚洲并趋近文明的欧美，并且效仿西方列强的方式以征服亚洲并争霸世界。甲午战争以后，特别是日俄战争以后，日本坚定不移地走上军国主义道路。其后甚嚣尘上的大亚细亚主义与“脱亚论”一脉相承，所谓“共存共荣”“相互提携”之类美丽谎言，无非是蒙骗亚洲人民的毒药之糖衣而已。故只要它的经济基础与政治体制没有发生根本变化，劝说日本“以扶亚洲为志”，无异于与虎谋皮。

孙中山向犬养毅的献策有二：一是“日本政府此时当毅然决然以助支那之革命成功，俾对内可以统一，对外可以独立，一举而打破列强之束缚。从此日支亲善可期，而东亚之和平永保；否则列强必施其各种手段，以支制日，必使日支亲善永无可期，而日本经济必再难发展”。二是“日本当首先承认露（俄）国政府，宜立即实行之，切勿与列强一

① 《孙中山选集》，人民出版社，1981年，第532页。

致。……夫英米（美）海军各已强于日本者数倍，而露国在于今日实天下莫强焉，不可不知也。以孤立之日本而当此海陆之强邻，岂能有幸？故亲露者为日本自存之一道也”①。孙中山把“亲露”放在世界战略的高度来审视，他说：“夫再来之世界战争，说者多谓必为黄白之战争，或为欧亚之战争，吾敢断言其非也，其必为公理与强权之战也。而排强权者固以亚洲受屈之人民为多，但欧洲受屈人民亦复不少，是故受屈人民当联合受屈人民以排强暴者。如是，在欧洲则苏俄独为受屈者之中坚，英法为横暴者之主干；在亚洲则印度、中国为受屈者之中坚，而横暴者之主干亦同为英法，而美国或为横暴者之同盟，或为中立，而必不为受屈者之友朋，则可断言也。惟日本尚在不可知之数，其为受屈者之友乎？抑为受屈者之敌乎？吾将以先生之志能否行于山本之内阁而定之。”孙中山当时已经接受了列宁关于世界区分为压迫民族与被压迫民族，以及全世界无产阶级与被压迫民族联合起来等重要观点。在他所作的《三民主义·民族主义》系列演讲中，对此已有充分的表述。

争取日本联合苏俄，借以作为中国革命的主要外援，这在斗争策略上无疑是合理的，而当时的苏俄也确实是世界上独一无二的反对帝国主义的中心。但是，孙中山的善良愿望毕竟改变不了严酷的现实。在帝国主义时代，公理与强权之战时时刻刻都在进行，但公理并非一定都能战胜强权。各个国家的世界战略考虑都是从自己的国家利益出发，而国际斗争的胜负则主要取决于对立双方的国力。因此，代表公理的“受屈者”与代表强权的“横暴者”之间的斗争，便必然是长期、复杂而艰苦的，而国际无信义的丑恶现象则比比皆是。因此，孙中山把争取日本支持中国革命的希望寄托于犬养毅的入阁并得行其志，只能是不切实际的幻想。同时，孙中山对于苏俄也缺乏更为深切的了解。他认为：“夫苏维埃主义者，即孔子之所谓大同也。……苏俄立国之主义，不过如此而已，有何足畏！况日本为尊孔之国，而对此应先表欢迎以为列国倡，

---

① 《孙中山选集》，人民出版社，1981年，第534—535页。

方不失为东方文明之国也。”① 苏维埃主义与中国传统的大同思想可说是风马牛不相及，何况此后苏联随着国力的上升，沙皇时期的大俄罗斯主义遗毒渐行泛滥，在国外也曾在不同程度上推行霸权主义，而并非始终是中国最忠诚可靠的盟友。

但是，绝不能把孙中山看作空想家，他的上述话语很多是从斗争策略考虑的。享有“世界公民”美誉的孙中山并非一个世界主义者。他把世界主义当作一个崇高而又遥远的政治理想，然而认为当务之急还是实行民族主义，因为如果没有各民族的独立与平等地位，世界主义便是卑劣的欺骗。他明确指出有两种截然不同的世界主义：一种是帝国主义用以“煽惑”被压迫民族放弃民族防线的虚伪的世界主义；另一种是以苏俄与中国为代表的以民族的独立、平等为基础的真诚的世界主义。其结论是：“我们要发达世界主义，先要民族主义巩固才行。如果民族主义不能巩固，世界主义也就不能发达。”孙中山把反对帝国主义的斗争叫做民族主义，并且认为是不可逾越的历史阶段。

以中国人民作为亚洲世界主义的基础，然后扩而大之，才能实现整个人类的世界主义，也就是真正的世界大同——这就是孙中山的理想世界，也是他终生为之奋斗的伟大目标。

三

孙中山无疑是本世纪世界上最伟大的历史人物之一，他不仅属于中国，而且属于世界。他的思想和学说是中国也是世界的宝贵精神遗产，其合理内核在现今乃至未来都将具有重要的借鉴价值。

时至今日，世界格局已与本世纪初有很大区别。作为“横暴者”的西方列强，势力明显削弱，作为“受屈者”的亚洲国家和非洲、拉

① 《孙中山选集》，人民出版社，1981 年，第 535—536 页。

丁美洲国家则都已获得独立或至少半独立，被孙中山称为“受屈者之中坚”的中国，更是坚定不移地走上举世瞩目的富强之路。但是，冷战时期结束以后的世界并不太平。人们都说21世纪的主旋律是和平与发展，而眼前所看到的严酷现实却是作为“横暴者”的少数大国依然横行于世界，明争暗夺，纵横捭阖，局部战争连年不断，以高科技为基础的现代战争造成更为残酷的人类灾祸。世界政治、经济、文化格局本来已走向多元化和多极化，可是美国却想谋求一元化和单极化的独霸地位。美国和北约协同对南斯拉夫这样一个小国狂轰滥炸，便是在21世纪前夜发出的一个极为危险的信号。

本世纪的西方人曾断言：“再来之世界必为黄白之战争。”现今的某些欧美政治学家则预测：新的世纪东西文化冲突必将成为最大的危险。其实这些高谈阔论都有意无意地掩盖了问题的实质，即孙中山所早已明确提示的“公理与强权之战”。现代国际战争的挑起者，无论是打着人道或是什么国际新秩序维护者的美丽幌子，骨子里都是为着市场、资源与霸权。而亚洲某些国家领导人所标榜的所谓“亚洲价值观”，其实也并非本国多数民众所认同的本土文化真正的精粹，他们极力维持的乃是既得利益集团的极权统治。把广大“受屈者”联合起来对抗“横暴者”的欺凌，依然是孙中山遗嘱要求我们完成而仍然需要继续的艰苦工作。公理战胜强权，也仍然是一个现今还难以完全实现的伟大理想。

环顾全球，新的千禧年的到来并不能使人乐观。重物质轻精神，重科技轻人文，道德沦丧与社会（包括国际社会）失序，已经成为弥漫世界各地的“公害”。高科技的迅猛发展，固然给人类带来物质生活水平的提高，但金钱追逐与利己主义的泛滥，包括个人、集团、国家等不同层次的利己追逐，也将给人类带来无穷无尽的灾难，例如战争残杀、环境破坏、资源浪费、毒品流行、犯罪率攀升、贪污腐化成风等。在这样紧要的关头，重温孙中山有关以仁义道德治国与追求世界大同的遗训，使我们倍感其意义之深远。

参与的史学与史学的参与论纲

一

无论是在中国还是世界其他地方，史学已经、正在并将继续遭到冷落，这是有目共睹的不争事实。

史学的冷落有着长期的历史文化背景，其根源乃在于人类文明业已生病。

早在二十多年以前，英国历史学家汤因比即断言20世纪实现了全球的技术统一，并且期望人类在其历史发展的下一阶段，追求政治与精神方面的大同。

20世纪科学技术的迅猛发展，诚然创造了灿烂辉煌的现代物质文明，并且或多或少提高了许多人的生活水平；但就精神文明与伦理道德而言，人类付出的代价也是极为惨重的。我们经历了两次世界大战，局部战争则至今连绵不绝；由于高科技用于现代战争，造成人类生命财产的损失远远超过既往任何恐怖时代。在这一百年中，环境破坏、资源浪费、吸毒与犯罪率的剧增，在规模与危害程度两方面都是史无前例的。历史与现实都证实了中国学者章太炎在20世纪初呼唤的警世预言，“俱分进化”，意即善与恶同时并进！

汤因比痛感西方人长期片面追求以科技为主导的现代化，酿成自我中心、物欲横流与精神堕落的恶果，所以，他寄希望于东亚精神文明的复兴，借以弥补现代人类文明的缺失。但是，他却未曾料到，二战以后东亚各国或先或后也走上这条重物质而轻精神的现代化道路。

人类已经处于严重的灾难之中，并且面临着更为严重的灾难，甚至可能自己毁灭自己。人类不应该继续自相争斗、自相残杀，有良知的人们应该首先联合起来图谋自救。而当务之急就是如何纠正重科技轻人文的社会缺失与道德滑坡。不要相信那些诸如东西文化冲突之类的凶险预言，也不必沉溺于东西文化孰优孰劣的无止无休的争论。我们首先应该加强不同文化之间的平等对话，寻求相互沟通与相互理解；然后在人类文化总宝库发掘一切健康有益的精神资源，宏扬而又超越，熔铸以求创新，共同纠正现今人类文明的严重缺失。

我正是在这样的时代背景下，提出参与的史学与史学的参与。

二

无论中外古今，无论宫廷与民间，无论主流与非主流，史学大多具有参与意识。司马迁《报任安书》云："仆窃不逊，近自托于无能之辞，网罗天下放失旧闻，考之行事，稽其成败兴坏之理，成百三十篇，亦欲以究天人之际，通古今之变，成一家之言。"《史记》详近略远，很大部分写的是现、当代史，而且在"究"和"通"上下功夫。其用意在于"原始察终，见盛观衰"，志古所以自镜。

法国当代历史哲学家雷蒙·阿隆（Raymond Aron）更为明确地揭示史学的参与意识。他说："法语、英语、德语等都以同一个字眼用于历史真实和我们取之于历史真实的知识。histoir、history、geschichte 既指人类的变异，又指人们为他们的变异而努力建立的科学。"总之，"历史是由活着的人和为了活着的人而重建的死者的生活"（《历史意识的范围》）。

大约在此20多年以前，法国年鉴学派创始人马克·布洛赫（Marc Bioch）的小儿子向他提出一个问题："告诉我，爸爸，历史有什么用?"布洛赫认为："这个问题已远远超越职业道德之类的枝节问题，事实上我们的文明总是与它的过去密切相关。"为了认真地回答这个问题，他把题为《历史学家的技艺》的一部书稿遗留给人间。

布洛赫反对以狭隘功利主义的眼光看待历史的"用"。他说："经验告诉我们，不可能在事先确定一项极抽象的研究最终是否会带来惊人的实际效益。否认人们追求超物质利益的求知欲望，无疑会使人性发生不可思议的扭曲。即使历史学对手艺人和政治家永远不相关，它对提高人类生活仍是不可少的，仅这一点也足以证明历史学存在的合理性。""因为，史学的主题就是人类本身及其行为，历史研究的最终目的显然在于增进人类的利益。"他所说的利益主要是指超物质利益的精神层面，如求知欲的满足，探幽索奇后的喜悦，历史经验的汲取，良知与历史使命感的培育等等。他说："确实，尽管处在持续不断的生存危机中，每当西方社会对自身产生疑惑之时，我们都会反躬自问：西方社会曾否努力向历史学习?究竟我们学习得是否正确?请读一读战前所写的那些文字吧，同样，也请读一读可能在将来会形成文字的今天人们的见解吧!"

布洛赫认为历史之所以持续存在，就是因为它有"普遍永恒的魅力"。他说："历史学以人类的活动为特定的现象，它思接千载，视通万里，千姿百态，令人销魂，因此它比其他学科更能激发人们的想象力。"布洛赫选择了史学，并且为此奉献一生，他认为"这就是所谓'使命'和'天职'"。布洛赫自我认定的"天职"，有两层意思，一是对史学的奉献，一是对社会的奉献。在二战期间，他作为历史学家，既拿起笔也拿起枪，站在反法西斯斗争的第一线。他未能看到自己上述书稿的出版，也未能看到反法西斯战争的胜利，但他参与了历史的创造，并且以鲜血与生命谱写了一曲回荡千古的奉献之歌。吕西安·费弗尔（Lucien Febver）不仅是布洛赫史学的志同道合者，而且又是反法西斯斗争的亲密战友。他说："我们的任务是要创造历史，因为在动荡不安的当今世界，唯有历史能让我们面对生活而不感到胆战心惊。"这里说的是史学研究最高境界，布洛赫可以说是已经进入这个境界的光辉榜样之一。

在中国近百余年的社会转型过程中，也有一批历史学家参与了创造历史，郭沫若、范文澜、吕振羽、侯外庐、翦伯赞、吴晗、尹达、黎澍、刘大年……他们的一生同样体现出史学可贵的参与意识，并且在不同程度上促进了社会的演变。所以我好几年以前即曾有感而言："过去、现在、未来，总是前后连续的，而且三者又都是相对而言的。基于这种认识，历史学家不仅应该积极参与现实生活，而且应该成为把现实与过去及未来连接起来的桥梁，用自己的研究成果丰富与影响现实生活，并且与人民一起追求光明的未来。"（《现代化研究与中国近现代史研究——寻求历史与现实的契合》，《中国历史学年鉴》，1995年）

三

历史学家如要积极参与现实生活，首先必须积极参与历史生活，因为历史学家的最高天职就是研究人类的历史生活，不如此他就不成其为历史学家。但前后两种参与含义不尽相同，如果用相近的英语词汇来表达，前者或可用 participate，意即参加，亦即亲身实践；后者或可用 enter，意即进入，亦即感悟贴近。

陈寅恪对冯友兰《中国哲学史》的审查报告早就说过：学者必须"神游冥想，与立说之古人处于同一境界，而对于其持论所以不得不如是之苦心孤诣，表一种之同情，始能批评其学说之是非得失，而无隔阂肤廓之论"。

此前，清人崔东壁早已说过类似的话，但却是从反面阐明此义。他在《考信录提要》中指出："人之情好以己度人，以今度古，以不肖度圣贤。至于贫富贵贱，南北水陆，通都僻壤，亦莫不相度。往往径庭悬隔，而其人终不自知也。……故以己度人，虽耳目之前而必失之，况欲以度古人，更欲以度古之圣贤，岂有当乎？是以唐虞三代之事，见于经者皆纯粹无可议；至于战国、秦汉以后所述，则多杂以权术诈谋之习，与圣人不相类。无他，彼固以当日之风气度之也！”见于经者是否都那么“纯粹无可议”，这自然不可流于盲从；但不可以今日之己度往昔之人，却是无可动摇的真谛。

法国当代历史学家马鲁（Henri-Irenee Marrou）也有类似说法：“文献在向我们呼唤，要我们‘像今天朋友了解朋友那样’去了解过去的。最机敏的考证有一个最大的优点，那就是它能够唤起潜在的共鸣。因此，我们更应当感到担心的不是被愚弄，而是不理解。”（《论历史认识》）他所说的理解当然不是“以己度人”，而是通过历史文献，特别是通过文献的考证过程来达到这种理解。因此，理解虽不能构成一种方法，却是方法的灵魂。

年鉴学派布洛赫所见略同，强调理解重于评判。他认为历史学家不应该以法官自命，而“不幸的是，由于习惯于判决，也使人们对解释失去兴趣。过去的偏爱和现在的成见合为一体，人类的现实生活就变成一张黑白分明的图画”。

因此他明确指出：“褒贬路德要比研究路德的思想容易得多了，相信教皇格里高利七世对国王亨利四世的看法，或赞同亨利四世对格里高利的看法是很容易的，而要揭示西方文明史上这场伟大活剧的内在原因就要困难得多。”（《历史学家的技艺》）

我特别喜欢布洛赫的一句话：“要窥见前人的思想，自己的思想就应当让位。”按照我的理解，所谓让位，即为古人设身处地，把自己设想成处于当时的历史环境，借助确凿史料分析前人思想与行为的成因与后果，这样才有可能理解其心灵深处的奥秘。这与陈寅恪所说的“神游冥想，与立说之古人处于同一境界”，寓意大体相同。这与他的本国同行马鲁所主张的"理解'其它'（古人）即需要我们抛弃个人好恶，以便把其它作为其它"，也是一个意思，尽管他们并非同一学派。

理解的最好方法是与古人对话。其实早在400多年以前明人李贽早就有过这样的体会，而且阐述得比西方史学家更为深切。其《与焦弱侯书》云："山中寂寞无侣，时时取史册披阅，得与其人会睹，亦自快乐，非谓有志于博学宏词科也。尝谓载籍所称，不但赫然可记述于后者是大圣人；纵遗臭万年，绝无足录，其精神巧思亦能令人心羡。况真正圣贤，不免被人细摘；或以浮名传颂，而其实索然。自古至今，多少冤屈，谁为辩雪？故读史时真如与百千万人作对敌，一经对垒，自然献俘授首，殊有绝致，未易告语。"（《续焚书》）刘东星为《藏书》作序亦云："予为左辖时，获交卓吾先生于楚。先生手不释卷，终日抄写，自批自点，自歌自赞，不肯出以示人。予因异而问焉，先生曰：'吾镇日无事，只与千古人为友。彼其作用，多有妙处，其心多有不可知处。既已觑破，实不与旧时公案同，如何敢以语人也？以故特书而藏之，以俟夫千百世之后尔。'"

"与古人为友"，"与古人会睹"，以及我们现今常说的，"与古人对话"，与其说是一种方法，倒不如说是一种境界，一种进入融通领悟的研究层次。朋友与朋友的对话应是平等对待关系，史学家在研究初始阶段是求知者而不是裁判员，在相当程度上应持价值中立态势，这样才能作客观冷静的理性探索。真实性是历史的生命，正如马鲁所言："当历史具有真实性的时候，其真实性是双重的，既包括往事的真实性，又包括历史学家提供的证据的真实性。"（《论历史认识》）而只有让理解融汇于真实性之中，这样才能实现史学的客观性与主观性的统一。或许也可以借用保罗·利科（Paul Ricoeur）的话来表述："历史必须由历史学家加以重新体验和赋予生命才能成为真正的历史。"（《法国史学对史学理论的贡献》，上海社会科学院出版社，1992年）

四

历史学家不应单纯埋怨社会冷落历史，而首先要问自己是否真正理解历史的价值，自己是否已被历史的永恒魅力所吸引。

面对当代人类文明的严重缺失，历史学家不应该保持沉默，更不应该无所作为。我们必须和其他人文科学、社会科学乃至广大科技专家中的有识之士一起，共同纠正现今文明的缺失，并且用自己的学术精品，用自己的智慧与热情，营造健康向上的使人类免于继续沉沦的精神文明。

历史学家毕竟是历史学家，我们的主要“天职”乃是研究历史而非其他。我们参与现实社会生活，主要是以史学来参与而非其他。正因为如此，我们首先就需要参与历史，亦即走进历史，理解历史，把自己重新体验并赋予生命的真正历史奉献给人类！

张汤交谊与辛亥革命

关于张謇与汤寿潜之交谊，张謇晚年已有总结："予获交汤君，垂三十年，粗能详其志事。方是时，朝野汹汹，争欲致力革新之业，予与君亦各树议立事，国人每并称之曰'张汤'。"① 文中所谓树议立事，包括创办实业，革新教育，修建铁路，推动立宪，而终于顺应潮流，转向共和，参与建立民国。张謇和汤寿潜是倾动一时的东南大佬，在历次重大事变中携手前行，并且在辛亥前后一度对全国政局产生极大影响。因此，研究张汤交谊或许可以为进一步理解辛亥革命提供一个新的视角。

一、交谊基础

《啬翁自订年谱》光绪十五年己丑记云："九月病……始识山阴汤蛰潜与为友。"此为张汤结交之始，但在《柳西草堂日记》中并无具体记事，只可知当时张謇科场再次蹉跌，贫病交加，子女（娴儿、怀儿）夭折，正处于困厄悲痛之时。这一年，张謇 36 岁，寿潜 33 岁，都是风华正茂且多经历练的英才，他们的结交显然理性更多于感性。

是什么因缘把这两个素昧平生的有志之士撮合在一起，相知日深，

---

* 本文为提交 2001 年 10 月在武汉举行的辛亥革命九十周年国际学术讨论会之论文。

① 《汤蛰先先生家传》，《汤寿潜史料专辑》，政协浙江省萧山市委员会文史工作委员会，1993 年，第 125 页。

志同道合，荣辱与共，终生不渝？

他们有太多的相近之处：都是出身于比较贫穷家庭的农村知识分子，或多或少参加过农业劳动，并非不识稼穑的书呆子，而他们的家庭又或多或少与商业有某些联系。

他们早年都曾接受以应试为目的的制艺教育，但日益深重的民族危机与相应的社会变迁，促使他们从应试转向应用，即经世致用，把读书与匡时救世结合起来。

他们都曾有过或长或短的游幕生涯。张謇以协助庆军统帅吴长庆参与朝鲜“壬午之役”并起草《善后六策》而暴得大名，寿潜则以辅佐山东巡抚张曜而知名于世。

可能正是由于治学并非专注于应试，更不屑于揣摩时文风尚，所以他们都曾在科举道路上多遭蹉跌。张謇于光绪十一年应顺天乡试始中第二名举人（俗称南元），寿潜则在戊子科乡试始中第六名举人。他们都非少年得志、平地青云，而是步履维艰、大器晚成。

不过既然已经中举而且是高中，他们在结交时便已具有士林推重的乡绅地位。张謇已经在税制改革与农业改良方面小试身手，寿潜则以《危言》的撰写、刊行而名噪一时，在思想界的影响较张謇有过之而无不及。到甲午战前，他们所共同关心的已经不再是水利、盐务、赋税、吏治、邦交等局部改进，而是整个中国的革新，并且都认定实业与教育乃是重中之重。

他们还有许多共同的相知师友，如翁同龢、沈曾植、郑孝胥、何嗣焜、赵凤昌等。也许可以说他们都曾先后厕身于清流与帝党的行列，尽管这是一个成分复杂、意见分歧而且并不稳定的政治结集。

应该指出，在这些友人中，有些是经过张汤相互引见而彼此结交，并且成为亲密共事伙伴的。如出身于湖州巨商家庭的刘锦藻（光绪甲午科进士），就是经由张謇介绍与汤寿潜结识，以后与汤共同领导全浙铁路自办，并任上海大达轮步股份有限公司总办。而列名浙江铁路公司董事的蒋汝藻（光绪癸卯举人），其父蒋锡绅（书箴）则是张謇创办大生纱厂的早期功臣。共同的抱负、共同的事业，还有共同的经济利益，使张汤交谊及其密友圈具有更为深厚的基础。当然，这个密友圈由于存在政治见解的差异，随着时局的发展变幻，也曾产生疏离乃至分化。如在预备立宪公会期间和若干兴办实业活动中，郑孝胥堪称张汤最亲密的伙伴，然而由于对辛亥革命与共和政治态度的差异，他与这个密友圈最后分道扬镳。

正是在19世纪最后10年，两颗明星在东南同时冉冉升起，他们相互趋近、联结，有如居于巨蟹与金牛之间的双子座星（Gemini），尽管张汤并非如同霍鲁斯兄弟那样的双生人物。

二、东南人望

人生如戏，每个人都有自己的角色、自己的舞台。东南就是张汤的共同舞台。

东南就狭义而言指苏、浙、闽三省，广义而言则包括皖、赣乃至两湖、两广。

南宋以后，东南经济文化的发展，特别是商品经济的发展，越来越超过西北。鸦片战争以后，随着西方列强的侵入与沿江沿海通商口岸的开放，特别是太平天国起义后汉族地方实力派的崛起，中国经济、文化乃至政治的重心愈益向东南倾斜，而以上海为辐射中心的江浙诸省的地位益形重要。早在光绪九年因丝栈亏折而引发的倒账风潮中，浙江头号绅商胡光墉开设的阜康等银号、钱庄的倒闭，就曾直接造成上海、杭州、宁波、福州、汉口等地的金融恐慌①。据同年十一月初七日李慈铭《越缦堂日记》称："闻恭邸、文协揆（硕）等皆拆阅百余万……今日

① 秦翰才：《左宗棠与朋僚》，转引自《上海钱庄史料》，上海人民出版社，1978年，第49页。

闻内城钱铺曰四大恒者，京师货殖之总会也，以阜康故，亦被挤危甚。”① 江浙一家钱庄连锁店的倒闭，竟使京师为之震动，连亲王和大学士都蒙受巨额损失，可见江浙富豪巨商实力之强。

从1895年到1913年，全国历年设立厂矿共549家，资本共120288000元。其中上海83家，杭州13家，无锡12家，三地合共108家，占总数的1/5弱。如果从资本额考察，则上海为23879000元，杭州1552000元，无锡1422000元，三地合共26853000元，占资本总额的1/4强②。而这还没有把南通、苏州等地新设工厂与资本额计算进去。如果从对外贸易来看，江浙资本主义经济发展的优势则情况更为明显。1901—1903年，仅上海一港即占全国对外贸易总值的53.1%③。这还没有包括浙闽等省主要港口的进出口数额。

所以当庚子年计议东南互保时，两江总督刘坤一审时度势首要的问题便是：“两宫（慈禧与光绪）将幸西北，西北与东南孰重？”而张謇的回答非常明确：“无西北不足以存东南，为其名不足以存也；无东南不足以存西北，为其实不足以存也。”④ 高度中央集权的王朝，所能独具的无非是名，是神圣皇权垄断的名分。但时至世纪交接的年代，西北的实已不足以支撑这个名分，只有东南的实才能支撑。水能载舟，亦能覆舟；既能支撑，必能倾覆，这就是东南的实力。因而东南人心的趋向，将可决定中国的政局。

实力当然指的是社会综合实力。时至辛亥前后，它已不仅限于农、工、商、贸和一般的文化教育发展水平，还应包括可以制造舆论的新闻媒体等社会动员能力。

据不完全统计，仅以全国各种期刊而言，从1900年到1918年就有

---

① 李慈铭：《越缦堂日记》影印版，光绪九年十一月初七日，商务印书馆。

② 据汪敬虞《中国近代工业史资料》第2辑下册，科学出版社，1957年，第654页数字计算。

③ 严中平等：《中国近代经济史统计资料选辑》，科学出版社，1955年，第69页。

④ 张謇：《啬翁自订年谱》，光绪二十六年五月，中华书局，1931年。

七八百种之多，丁守和主编的《辛亥革命时期期刊介绍》收有 210 种。现截取其中 1911 年 12 月以前出版的 157 种加以考察，则海外出版者有 53 种，占总数的 34%；上海出版者 60 种，占 38%；国内其他城市（主要是东南地区）出版者 44 种，占 28%。由此可见，到 20 世纪初，以报刊为主体的大众传媒已有长足发展，而上海则是这种传播媒介的中心。不仅是上海出版的报刊种类、数量最多，社会影响力最大，而所谓外地出版者，也是以上海为中心的长江三角洲和与上海声息相通的长江流域大中城市居多数。甚至绝大多数出版于日本的海外报刊，也要以上海作为向内地扩散的枢纽。此外，上海出版的一些主要报刊还在各地设立分支机构或代理站，而外地出版的若干报刊为扩大销路与影响，也争相在上海设立办事处或代理点。这些机构的建立与运作，便在中国（主要是南方）不少城镇，形成了一个以上海为中心的具有相当规模的信息传播网络。

对于这一点，革命党人雷铁厓看得很清楚。他认为："上海者，中国最开通之第一埠也。全国之风气，由其转移；全国之思想，由其灌输。上海发一议，举国之人即随之风靡，曰上海得风气之先者也。吾侪僻居内地，疏陋寡闻，步趋其后，必不失于正轨。以故年来风潮率由上海开其端，是可见上海为举国之导师，关系全国之人心，即关系全国之存亡者也。"他还进一步论证上海为什么能够发挥这么重要的作用："夫上海之人，亦岂尽跻于文明？其所以造成舆论者，亦不过握言论机关之报纸耳。故上海为全国之导师，而上海报纸又为上海全埠之导师。"① 革命党人正是利用"东京—上海"这个轴心，利用已经初步形成的大众传媒网络，向全国各地开通革命之风气，灌输革命之思想，造成革命之舆论。

但是，上海的主流媒体并未掌握在革命派手中，而是在不同程度上成为东南上层绅商的喉舌。其原因不仅在于革命党的力量还比较幼弱，

① 唐文权：《雷铁厓集》，华中师范大学出版社，1986 年，第 277 页。

并处在非法地位，更重要的是由于上层绅商有钱有势，媒体主管不能不仰其鼻息，而以张汤为代表的立宪派对媒体的重视甚至更早于革命派。

早在维新变法之初始，他们就积极参与创立学会，兴办报刊，制造舆论，宣传鼓动。如光绪二十三年（1897 年）秋，张謇即曾致函《时务报》主要负责人汪康年："议论渐弱，不逮初时之精彩，宜设法振起而扩张之。"① 汤寿潜致函汪康年，也批评说："近阅贵报者，均以展卷无议论之文为憾！"② 他们并且热心为《时务报》筹划改进组稿、销售。到 1906 年预备立宪公会成立，上海几家影响较大的报刊，如《申报》《时报》《东方杂志》，都成为立宪运动的鼓吹者。其中以《时报》与张謇的因缘最深，其主笔狄葆贤实乃张氏在新闻界的主要助手。《时报》本来是康梁作为政闻社的国内舆论机关而加以支持的，不料竟如此迅速投入张謇一伙的怀抱。所以徐勤、汤觉顿气得大骂狄葆贤是"叛党（保皇党）之人"，并认为"《时报》最依附张謇、曾少卿（铸），外人皆云苏省（指江苏谘议局）之机关，非吾粤之报，更非吾党之报"③。此事不仅反映出君主立宪派内部存在着省籍情结与海外内地的纠葛，而且反映出张謇与预备立宪公会的号召力已经远远超过流亡在外的康梁与政闻社。

为张汤等宣传造势的还有《预备立宪公报》，以及各地商人及其从属团体创办的各种报刊、各地教育会与地方自治团体的机关刊物，所以已经具有较大的社会动员力量。而张汤由于这些报刊的热心炒作，也就成为知名度极高的公众人物。王毓祥为张謇所拟挽联即为："讴思淮海三千里，关系东南第一人。"汤寿潜早已在知识界享有盛名，但真正成为东南地区乃至全国性的公众人物，则是通过策划东南互保、浙路收回

① 《汪康年师友书札》，上海古籍出版社，1986 年，第 1804 页。

② 《汪穰卿先生师友书札》，《汤寿潜史料专辑》，政协浙江省萧山市委员会文史工作委员会，1993 年，第 731 页。

③ 参见《梁任公先生年谱长编》（中华书局藏油印征求意见本）丁未十二月二十三日《上夫子大人书》。

自建及其后日趋激烈的维护路权斗争。正如支南珏一郎所云："其一生之大事，人皆知其于浙江铁路事最尽心力，不知其尤有大于此者，而人不及闻也。厥事惟何？即拳匪事起，保障东南是已……当时汤寿潜见识，虽不独高于南中他人，而其任奔走、为说客，较他人为烈。"① 而按照张謇事后的追忆，汤寿潜实系东南互保的首先倡议者："及庚子拳乱，召八国之师，国之不亡者，仅君往说两江总督刘坤一、两湖总督张之洞，定东南互保之约，所全者甚大，其谋实发于君。"② 东南互保使张汤都在东南大大提高了声望，而修建浙路的实绩以及卫路斗争的白热化，再加上寿潜本人个性的刚烈躁急，更使之成为当时国内最耀眼的新闻人物之一。

20世纪初叶的中国，社会上还没有新闻炒作一词，但张汤都已深知大众传媒的重要。相较之下，汤则似乎更善于赢得传媒的关注，当时已有浙江人士看出这一微妙之处。周作人曾回忆说："有一个时候蒋观云批评他最妙，他说，蛰先的手段很高，他高谈阔论一顿，人家请他出来，便竭力推辞，说我不干；及至把他搁下了，他又来捞一下子；再请他来，仍说不干。但是下面仍是这样捞法，却把地位逐渐地提高了。"③ 所谓"捞"，颇有现今"炒"的意思。而作为其对立面，汪大燮说得更为露骨："蛰仙本是捧名教二字作招牌者，凡用此招牌之店，大约总是半真半假，半通不通。但招牌捧得牢，便算是'要好'，只得恭维他。"④ 应该指出，重视新闻媒体与社会舆论的作用，实乃东南精英集团的一大进步。如果说汤寿潜标榜主权与绅民利益打的是"名教牌"，那也比盛宣怀、汪大燮强调"干涉国际"，借列强以自重与自利，确实

① 《浙路风潮汤寿潜》，《汤寿潜史料专辑》，1993年，第175页。

② 《汤蛰先先生家传》，按此说实非谀墓之词，因《啬翁自订年谱》光绪二十六年庚子条亦云："（五月）蛰先至宁，议追说李秉衡以安危大计，勿为刚、赵所误，不及。至沪与眉孙、爱苍议，由江、鄂公推李相统兵入卫。与眉孙、爱苍、蛰先、伯严、施理卿（炳燮）议合刘、张二督保卫东南。"

③ 周作人：《知堂回想录》，香港三育图书文具公司，1980年，第263页。

④ 《汪康年师友书札》，上海古籍出版社，1986年，第909页。

要高尚得多。

也正因为如此，随着浙路斗争的日趋激烈，汤寿潜的社会声望更为迅速提升，终于成为关系浙路存亡的象征。对于这一点，作为其对立面的盛汪阵营亦有所认知。据当时某报所载京函云："盛侍郎自奉谴汤严旨，知东南舆论必将集矢于己，拟请调离部，以谢天下。嗣有湘中某京卿密告盛曰：东南民气，虽极嚣张，然不能持久，公若退避，彼益得志，不如静以待之；又谓东南人除开会集议电禀要求外，必无剧烈举动，公可勿惧。粤中某丞堂亦谓盛曰：公若退避，东南人必疑朝廷谴汤已有悔意，抗争益力，为公计，非但不可萌退志，且当运动升尚书，使东南人知公圣眷方隆，万难动摇，久之自然解散。盛深韪之。"① 但是，盛汪阵营对东南舆论与民气之强劲与持久却估计不足。1910 年 8 月 22 日汤寿潜为劝阻盛宣怀复任邮传部右侍郎而发的致军机处电已经广泛传播，在许多人心目中他已经成为一个为国为民不惜以身殉路的民族英雄。清廷谕旨的严词谴责与革职处分更是火上加油，把原本已经郁积怒火的浙路风潮推向激烈化。正如一位浙东地方自治会成员告全省父老书所云："自闻汤总理严谴之命，鄙人惊骇无已。由甬而绍而杭而嘉至沪，各处舆论，皆谓汤去路亡，非坚留总理，力争商办不可。"宁波是"万众共愤，有数万人拥至道署，要求电禀抚宪，代奏留汤，保全商办……声言若不收回成命，必暴动云"②。杭州是"人心异常愤激，茶寮酒肆，以及衢巷之间，所谈者无非路事。有三两成群窃窃私语者，有对众扬言大声疾呼者，甚且谓现在情形实算政府强迫我人民暴动，我人民亦不能再守秩序云。闻增中丞得此消息，忧形于色"③。增中丞即浙江巡抚增韫，当时处在朝廷严旨与民情激愤夹缝中间，扮演颇为尴尬的角色。他身为封疆大吏，必然要对朝廷显示极端的忠诚；但他毕竟又是东南舆论

① 《汤寿潜史料专辑》，政协浙江省萧山市委员会文史工作委员会，1993 年，第 167—168 页。

② 《汤寿潜史料专辑》，政协浙江省萧山市委员会文史工作委员会，1993 年，第 188 页。

③ 《汤寿潜史料专辑》，政协浙江省萧山市委员会文史工作委员会，1993 年，第 157 页。

与民气的直接感受者，不能不有所俯纳以避免矛盾激化导致社会动乱。

早在8月25日，浙路公司以全体董事名义通电抗议，指出浙路系奉旨商办，且公司律规定总协理之选举、罢免权在股东。如朝廷可以任意撤换，“恐中国商办公司将从此绝迹”。8月26日商办铁路公会也致电江苏等13家商办公司，指责“政府以强力侵夺商权”，要求“联我同盟”，据理力争。8月28日与9月5日，杭州商务总会两次召开大会，要求留汤办路。9月4日，浙路公司照会增韫，要求代为奏请销去“不准干预路事”字样。9月9日，全浙铁路维持会成立并声援汤寿潜。同日，范贤方率领旅沪浙江同乡3000余人，乘专列抵杭，冒雨至抚署请愿，要求清廷收回成命。经过反复计议并权衡利害，增韫终于在9月14日代为上奏，陈明不准汤寿潜干预路事与商律不符，且直接影响甬绍工程，应请“责令汤寿潜在路自效”。这本来是为清廷寻找一条可能化解风潮的出路，但颟顸的皇室集团却一意孤行，严词斥责：“汤寿潜业经降旨革职，不准干预路事，该抚复妄为比例，率请在路自效，殊属不合，增韫着传旨申饬。该省人民如有聚众纷扰情事，应由该抚妥为开导，严行禁止，倘或滋生事端，定惟该抚是问！”① 但浙路风潮并未终结，东南民气依然高昂，汤寿潜实际上仍是浙路灵魂，而增韫只能是首鼠两端。

浙路修建与浙路风潮的成功都是有目共睹的，而如果仅从个人新闻曝光率与形象塑造着眼，则汤寿潜等是最大的受益者。由滇籍留日学生创办且有革命倾向的《云南杂志》，早在第12期即发表《苏杭甬铁路与滇川铁路之比较》一文，指出：“丁未之岁，秋冬之交，我国人民与政府立于反对之地，有最平和最激烈之竞争，数月之久犹未了结，他日史官秉笔，必大书特书于简端者，则苏杭甬铁路问题是也。原竞争之所以起，政府强人民以借外债，人民保国权以拒外款，是非曲直，昭昭然若黑白分……我国民之激昂慷慨，捐财捐躯，无暴动，无妄为，团结力

① 《汤寿潜史料专辑》，政协浙江省萧山市委员会文史工作委员会，1993年，第676页。

之大且固，为数十年所未有。”① 此文把苏浙路权斗争奉为全国人民应当效仿的楷模，并且特别推重汤寿潜等人的正确领导：“自此问题之出已数月矣，最平和，最激烈，尽秩序之能事，有坚固之实力，无他法焉，有汤（寿潜）、刘（锦藻）、张（謇）君等为之代表也。讲重（力）学者，必定重心；熟驾驶者，必定方针。物理有然，人事之则也。”②

革命党人从一开始就支持浙路斗争，并且企图利用风潮推动革命斗争。但是，他们却未能看到，正是这些保护路矿权利风潮，迅速提升了许多立宪派头面人物的社会声望，以致在辛亥革命爆发后成为他们难以应付的竞争对手。

三、风气·潮流

研究辛亥前后历史，有两个名词不可不加注意，一曰风气，二曰潮流。“风气”或可解释为社会的风尚与习气。龚自珍诗云，“但开风气不为师”，即以开通风气为己任。“潮流”原意是海水受引潮力影响而产生的周期性流动，后被引申为时代或社会的发展趋势。所谓顺应潮流，就是顺应这种由旧趋新的趋势。张謇和汤寿潜都是甲午战后迅速崛起的顺应潮流的开风气者。汤寿潜 1910 年 8 月 22 日致军机王大臣电，即以经营浙路，“竭蹶四年，不能大开风气”为憾。张謇也是深憾于“通州风气未开”，而把“启民智”作为自己首要的职责。

张汤不同于龚自珍，他们不仅以文字与思想启迪民智，更主要的是用表率行动来开通风气；他们不仅是被动地顺应潮流，还在某种程度上主动地促进潮流。

---

① 张枬、王忍之：《辛亥革命前十年间时论选集》第 3 卷，生活·读书·新知三联书店，1977 年，第 106 页。

② 张枬、王忍之：《辛亥革命前十年间时论选集》第 3 卷，生活·读书·新知三联书店，1977 年，第 108 页。

张謇堪称近代私营企业的早期教父。到 1911 年，大生纱厂一厂已卓见成效，二厂业已建成并全部开工，两厂纯利累积共达 370 万两，资本总额增至将近 200 万两。张謇甚至在辛亥革命前夜，到汉口议租湖北纱、麻、布、丝四厂，意欲向华中地区拓展。同时，通海垦牧公司也历尽艰险终于完成围垦工程，并于 1910 年开始盈利。此外他还创办了大达内河轮船公司、资生铁厂、同仁泰盐业公司、阜生蚕桑染织公司、广生油厂、复新面粉公司、颐生酿造公司、翰墨林印书局、大生皂厂、懋生房地产公司、颐生罐洁公司、大昌纸厂等企业。大生企业系统已粗具规模。而在张謇兴办近代企业的过程中，汤寿潜亦曾热心参与或提供帮助。如荡棍肆意掠夺通海垦牧公司荡草，汤曾与张共同计议阻禁之策。汤还与张共同创办上海大达轮埠公司，并合力推动苏浙两省铁路的自建。而在此期间，汤自己也在浙江倡导建立浙江兴业银行，其三弟涤仙亦曾在杭州江干创办光华火柴厂，都对发展近代民族工商业表露出浓厚兴趣。也正因为如此，张汤便成为东南趋新绅商公认的领袖人物，并且先后在抵制美货与铁路风潮中发挥举足轻重的作用。

张汤又是民间发展新式教育的先驱。张謇于 1902 年创办通州师范学校，1904 年设立通州五属学务处，作为统筹推广新式教育的办事机构，并且在各地兴办一批中学和小学。此外他还陆续创办了吴淞商船学校、铁路学校，并参与筹划兴建工科大学、南洋大学，同时协助创办了复旦学院。汤寿潜是张謇志同道合的事业伙伴。他曾与张謇共同商议通州自立师范事宜，并把上海龙门书院改造成为龙门师范学校，还协助建立杭州初级师范学堂，以及创办浙江高等工业学堂（铁路学堂）等。张汤不仅有新派教育理念，而且有实际办学经验，因此成为当时公认的教育先进。张謇曾应两江总督刘坤一之邀请拟订初等高等两级小学、中学课程以及“兴学次第”，以后又出任江苏教育会会长，1911 年曾在北京主持中央教育会会议。清廷亦曾先后命汤寿潜出任京师大学堂总教习（未就）、学部咨议官、江西提学使（屡辞不就）。1911 年汤寿潜亦为学部接纳为中央教育会会员，并参加首届会议。他们显然已经站在教育革新潮流的前面。

张汤都是实业、教育救国的热诚信奉者。张曾对汤说：“天下将沦，惟实业、教育有可救亡图存之理。”他们都一贯标榜不愿做官、只愿做事①，但必要时教育、实业方面的官职还是可以接受的，如铁路公司总、协理，教育会会长之类。理由是：“舍实业官不为，设至陆沉之日，有相怨吾辈当日不一措手，则事已无及。”② 他们不愿做官，但并非不关心政治。他们不愿做官的主要原因就是愤于政治的黑暗与吏治的腐败。在官与民的对立中，他们常常自觉地站在民这一边；尽管难免要恳求政府的扶持，却不时泄露出对贪官污吏的强烈憎恶。他们渴望改变这个局面，当然改革只限于在传统体制以内，而以教育培养新式人才则是希望之所在。但经济与文化教育发展到一定程度，政治改革便必然呈现呼之欲出的态势，这是不以人的主观意志为转移的客观趋向。所以，张汤都曾支持过戊戌维新，至少是表现出较多的同情，尽管他们并不完全赞同变法推动者的某些激进举措。

翁同龢的罢黜使张汤失去进一步参与变法重大计议的机遇，但也正因为如此，再加上自身的稳健持重，他们在政变以后没有受到任何株连，并且继续拥有较大的活动空间。东南一带的督抚对他们更为器重，把他们视为可以信赖的智囊人物。庚子以后，他们参与过“东南互保”、策划新政、抵制美货、收回路权、地方自治等一系列重大事项的计议。他们实际上是无时无刻不过问政治，而且如同企业活动一样，扮演着“通官商之邮”之类中介角色。他们的业绩、声望和人格魅力，在民间与官府两方面都受到极大的尊敬。

20 世纪初年，民族危机和社会危机的空前严重，已经达到亡国的

① 1897 年春，张謇曾致函沈曾植云：“愿为小民尽稍有知见之心，不愿厕贵人受不值计较之气；愿成一分一毫有用之事，不愿居八命九命可耻之官，此謇之素志也。”汤寿潜也是“远于仕进”，“自治淡如”，多次坚辞朝廷命官不就。

② 《张謇日记》，光绪二十九年十二月八日，江苏人民出版社，1962 年。

边缘。正如张謇当年说过的伤心话："亟立宪非救亡，或者立宪国之亡，人民受祸轻于专制国之亡耳！"① 光靠实业、教育救不了国，因为腐败透顶的传统政治体制已经成为阻碍乃至破坏一切改革的桎梏。不打破这种桎梏，即便是温驯平和的实业救国论者和教育救国论者，也难以实现自己的抱负，说穿了，就是越来越多的人明白，在极端腐败陈旧的传统体制内寻求对于这种体制的根本改革是不可能的。这就是张謇所说的"立宪非救亡"，意为即使以立宪代替革命，也难以救大清帝国之亡，至多是可能减少若干新旧更替的社会剧烈动荡，以及因此产生的巨大阵痛而已。由于张汤等恪守纲常名教，仍然未能逾越根深蒂固的忠君情结。所以他们倡导立宪与国会请愿运动，便或多或少带有"知其不可为而为之"的悲凉。

还是人们常爱说的那句话："形势比人强。"在先秦诸子中，法家早就重视势的判断以及应对之术，而其后虽儒生亦知审时度势的必要。到20世纪初期，新派人物开始将"势"称为潮流，它是风气开通的结果，却比风气具有更为明确的发展趋向和更为强劲的驱动力。当年《国民日日报》曾发表过一篇题为《中国最近之现象》的时评，讲述的就是19世纪中叶至20世纪初中国社会的这种势或潮流："经外界内界无穷之激刺，而吾国之政海亦累生种种变幻之风云。初坚持通商而不可者，继乃议及于制造。坚持制造而不可者，继乃议及于游学。坚持游学而不可者，继乃议及于变法。坚持变法而不可者，继乃议及于保皇。坚持保皇而不可者，继乃议及于立宪。坚持立宪而不可者，继乃议及于革命。夫至革命，以现象度之，则其抵死坚持不可者也。"② 这是对于统治集团中的顽固派在新旧斗争中节节败退的绝妙速写。每当一种新主张出现时，都会遭到他们的反对；可是当另一种更新的主张出现时，他们却又被迫接受已经被自己否定过的前一种新主张。在短短七八十年间，

---

① 张謇：《啬翁自订年谱》，辛亥三年正月，中华书局，1931年。
② 《国民日日报汇编》第1集，东大陆图书译印局，1904年，第46页。

一种又一种新主张接踵而至，而且后一种往往又比前一种更为激进，顽固派则总是被动地接受一个又一个业已落后于时代的趋新主张，并且在这个循环往复的游戏中不断地否定着自己。这就是潜在的势或潮流的威力！

张謇等人曾经批评过维新派的急于求成，更加不满于革命派的鲁莽暴烈。可是，如果没有戊戌变法启动于前，就不可能有清末新政赓续于后，而张汤等正是在所谓新政中大显身手的。同时，如果没有革命党与民众起义威慑于前，就不可能有预备立宪许诺于后，而张汤等正是在立宪运动中俨然成为国内"民意"的政治大佬的。这里存在着一个政治动作的"时间差"问题。由于张汤等持重求稳，他们的行动落后于戊戌变法者的节拍，但他们也正好因此避免了如同康梁那样惨遭"封杀"的结局。而由于东南的区位优势和他们自己的思想进化，张汤等又成为国内立宪运动的领先者。与康梁相比，他们至少赢得了六七年的时间，从容展示自己推动政治革新的机敏与干练。最后虽然也遭到顽固派的"封杀"，但那不过是清王朝败局已定的先兆，而张汤等立宪派头面人物反而成为极大的赢家。

早在1903年，即已有人评述过东南一带风气开通的迅速："夫自甲午之创，庚子之变，大江以南，六七行省之士，翘然于旧政治、旧学术、旧思想之非，人人从事于新智识、新学术，迄今而自由民权之论飘沸宇内，莫能禁遏，固不得谓智育无进步矣。"① 在当时的历史条件下，立宪主张（包括君主立宪）也属于"新智识、新学术"范畴，而且与民权意识的增长紧密关联。汤寿潜早在1890年出版的《危言》一书中即已主张仿行"泰西设议院，集国人之议以为议"②。张謇则是1903年在日本做实地考察以后，才深切地认识到立宪与政党政治的优越性。回

① 杜士珍：《论德育与中国前途之关系》，《新世界学报》第14号（光绪二十九年三月十五日）。

② 《危言·议院第五》，《汤寿潜史料专辑》，1993年，第223页。

国后，当他从《中外日报》得知日俄战争爆发而日本已获两次小胜后，感叹道："日本全国略与两江总督辖地相等，若南洋则倍之矣。一则致力实业、教育，三十年而兴，遂抗大国而拒强国。一则昏若处瓮，瑟缩若被絷。非必生人知觉之异也，一行专制，一行宪法，立政之宗旨不同耳。而无人能举以为圣主告也，可痛可恨！"① 他在北海道考察期间，即已把"有权位而昏惰者"视为中国难以富强的"病根"；而现在则更为明确地认识到只有实行立宪才能挖掉这个"病根"。因此，他在给友人沈曾植的信中即已"论世界宪法"。

1904 年，"朝旨赏三品衔，为商部头等顾问官"，表现出对作为东南上层绅商代表人物张謇等人的倚重。张謇、汤寿潜、赵凤昌等则与两江总督魏光焘、湖广总督张之洞加强联络，为他们反复起草与修改请求清廷实行立宪的奏稿。由于魏张二督已呈现暮气，张謇又与业已绝交 20 年的袁世凯恢复联络，极力争取这个清末最大实力派的支持。同时，张汤等组织编译刊印《宪法义解》《日本宪法》《日本议会史》等书，分送各方面重要人士，甚至秘密送入宫中 12 本，希望能够对慈禧与光绪有所影响。随后，当奉旨出洋考察宪政的载泽、端方、戴鸿慈回到上海时，张謇等又专程赶来欢迎，与他们多所商谈并代为起草《为立宪致各省督抚电》。

当时风气已开，立宪主张早已不再是孤独的呐喊。正如影响极大的《东方杂志》一篇社论所言："今日立宪之声，洋洋遍全国矣。上自勋戚大臣，下逮校舍学子，靡不曰立宪立宪，一唱百和，异口同声。"②《南方日报》说得更为惟妙惟肖："昔者维新二字，为中国士夫之口头禅；今者立宪二字，又为中国士夫之口头禅。"③ 正是在全国的一片立宪声中，清朝政府不得不在 1906 年夏宣布预备立宪。东南地区的上层

① 《张謇日记》，光绪二十九年十二月三十日，江苏人民出版社，1962 年。
② 《中国未立宪以前当以法律遍教国民论》（社论），《东方杂志》第 2 年第 11 号。
③ 《论立宪当以地方自治为基础》，《南方日报》，1905 年 9 月 21 日。

绅商立即跟进，于同年12月在上海成立预备立宪公会，随后又在福建、北京等地设立分会，俨然成为全国立宪运动的神经中枢。

预备立宪公会推定郑孝胥为会长，张謇、汤寿潜为副会长。郑孝胥是福建闽侯人，举人出身，曾任中国驻神户领事，以后历任广西边防大臣，安徽、广东按察使，湖南布政使等职，亦属与张汤相知甚深的挚友。他之所以出任会长，除具有以上辉煌官衔外，更为重要的是与热心支持公会的云贵总督岑春煊渊源较深。公会的主要成员大多是江浙工商业者和具有开明倾向的东南精英人士。据《预备立宪公会会报》光绪三十四年第20期所载当选董事名单，除郑、汤、张三位会长外，还有许鼎霖、李平书、李云书、周廷弼、周金箴、王一亭、王清穆等，都是江浙地区颇为活跃的上层绅商。此外则是一些与他们关系密切的名流文士，如张元济、高梦旦、孟昭常、孟森、杨廷栋等。还有其他一些江浙资本家以及与工商界关系较深的知识界头面人物，如叶惠钧、王同愈、刘垣、刘树声、沈同芳、狄葆贤等，也是会中的活跃分子。

预备立宪公会成立以后，致力最多而影响也最大的当然是三次国会请愿，但同时他们也扎扎实实做了一些其他方面的相关工作。

首先是他们在不同程度上控制了各省谘议局。如江苏咨议局即由张謇一手操办，筹建期间除主持筹办处外，还相继成立谘议局调查会与咨议局研究会，参与其事者多为预备立宪公会会员和地方开明士绅。所以1909年谘议局正式开会，张謇便顺理成章当选为议长。汤寿潜虽然没有直接参加浙江省咨议局的筹建与运作，但与该谘议局负责人陈黻宸、沈钧儒、陈时夏等都是志同道合的知交，议员中之活跃者如褚辅成等对汤亦推重备至。所以当清廷撤免汤寿潜浙路总理职务并且“不准干预路事”时，浙江省谘议局立即以“停议待旨”的强劲姿态，要求政府收回成命。1910年，各省咨议局联合会在北京成立，张謇和江苏谘议局便成为全国性的龙头。预备立宪公会虽然活动能量很大，但毕竟只能定位为民间社团，而咨议局则是奉旨正式成立的民意机关，两者结合起来自然会产生更大的社会动员力量。

其次是他们在不同程度上参与了各地商会的创建，并且始终与商会保持密切的伙伴关系。如张汤与上海商务总会总理曾铸的交谊甚厚，遍及全国的抵制美货运动可以说是他们共同主导的。1907 年，张謇和预备立宪公会曾倡导调查商业习惯与拟定商法草稿。他们主动邀请各地商会派代表来沪开会讨论，随后正式派代表与会的共有 88 个商务总会、商会、商务分会、商务分所，其中包括海外新加坡、三宝垅、长崎等地华商总会，此外还有黑龙江等 30 余处商会以通信形式参加讨论。会议讨论的结果是“以预备立宪公会主讨论编纂之任”，就是把拟订商法草案的全权委托给该会，可见其号召力之大与公信程度之高，商会虽然是奉旨建立。但由于适合社会发展需要。也可以说是应运而生，它在全国许多大中城市乃至县、镇都建立了总会和各级分支机构。立宪派虽然还没有形成严格意义的近代政党，但却可以凭借庞大的商会网络把影响延伸到基层。而商会的势力实际上已经渗入各地市政机构（如工程局、自治公所等），以及其他各种社会团体，如教育会、体育会、商学会乃至医学会、书画研究会等，其影响已经辐射到社会生活的众多层面。

最后是他们已经控制了具有全国影响的主流媒体。当时的邸报与各省官报发行量与读者面都有很大的局限，而且也并非一般市民所喜爱。上海影响较大的报刊如《申报》《时报》《东方杂志》都站在立宪派这一边。英商创办的《申报》，自 1907 年被席子佩买下后，议论即为张謇等人所左右，政治倾向几乎是亦步亦趋。《时报》主人狄葆贤、主要撰稿人雷奋都是预备立宪公会的骨干，且已当选为江苏咨议局议员，自然与张謇步调更为一致。《东方杂志》的实际主持者张元济亦为预备立宪公会领导人之一，且与张謇共同筹办教育会。该刊主编孟森则为张謇极为倚重的助手，同时亦为江苏省咨议局的重要骨干。上述这些主流媒体又影响了一大批规模较小的报刊，因此俨然成为社会舆论的导向。这当然更加增强了立宪派的实力与影响。

正是由于以上三点，所以国会请愿运动才能不断蓬勃发展，给清末政局变化以深刻的影响。

国会请愿是预备立宪公会、各省咨议局和部分开明地方官员共同发起的。1909 年夏秋之交，张謇事先与江苏巡抚瑞澂以及许鼎霖、雷奋、杨廷栋、孟森等秘密计议，经过江苏省咨议局开会讨论决定，由瑞澂出面联络各省督抚，要求组织责任内阁。由张謇出面联络奉、黑、吉、直、鲁、浙、闽、粤、桂、湘、皖、赣、鄂等省咨议局，要求尽早召开国会①。汤寿潜除不断亲自到外省活动外，还把张謇邀到杭州，向浙抚增韫说明召开国会与组织责任内阁的必要性，增韫当即表示完全同意。江浙两省巡抚和咨议局在立宪问题上首先取得一致意见，因此很自然地在全国国会请愿运动中处于倡导与中心地位②。

1909 年底，江浙等 16 省咨议局代表在上海组成 33 人的请愿代表团，定名为“谘议局请愿联合会”。1910 年元月，张謇在该团出发前曾设宴饯行，并作《送十六省议员诣阙上书序》，以壮行色，还连夜为他们改定《请速开国会建设责任内阁以图补救意见书》。此次赴京请愿未能取得任何结果，但立宪派毫不气馁，紧接着又发动第二次请愿运动。1910 年 6 月，各省咨议局、商会、教育会等 10 个团体同时向都察院呈递请愿书，入京请愿代表有 150 余人，在请愿书上签名者则号称有 30 余万人。清廷再次拒绝提前召开国会，并严词告诫请愿代表：“惟兹事体大，宜有秩序，宣谕甚明，毋得再行渎请。”但立宪派仍未退缩，他们公开宣称：“请愿无效，决为三次准备，誓死不懈。”并预定在宣统三年年初举行第三次请愿，各省征集在请愿书上签名至少须百万以上，来京代表凡路近省份须百人以上，偏远省份至少须 50 人。他们决心以更大的声势和包括“不承认新租税”在内的更为切实的斗争，迫使清廷立即召开国会。清朝政府对请愿运动日益扩大的趋势深感恐慌，谕令

① 《张謇日记》，宣统元年八月三十日。

② 《张謇日记》，宣统元年九月二十一日。

民政部与各省督抚立即把国会请愿代表解散并遣送回籍，随即又命令直隶总督将倡议全国学界罢课请愿的温世霖逮捕并发配边疆。

国会请愿运动表面上好像徒劳无功，但它显示出立宪派不仅代表一种无可阻遏的时代潮流，而且具有一定的社会基础与较大的政治实力。他们企图在反动与革命之间寻找一条自上而下的政治改革道路，相当于后世人们所说的中间道路或第三条道路。这股政治势力原本指望清朝政府能够顺应世情民心，认真执行政体变革以实现某种程度上的民主与法治，从而谋求国家的独立与富强。可是顽固而且愚昧的皇室集团，却以一而再、再而三的冷酷排拒，把这个温和的派别逐步推到自己的对立方面。张謇早在《请速开国会建设责任内阁以图补救意见书》中即已警告："侧闻都察院新章，士民上书之限制甚严，是欲塞天下之口也。设请愿之来，竟格于院例而不达，至于再，至于三；或达而不获请，亦至于再，至于三，恐内外将有不美之观念。一二激烈之士，将以为国家负我，决然生掉头不顾之心；和平之士，将以为义务既尽，泊然入袖手旁观之派。"对于清廷来说，这段话真是不幸而言中。

当然，张謇和汤寿潜即令在"至于三"之后也没有马上成为袖手旁观派，皇室集团对他们颇有笼络之举措，他们也曾做最后的忠告，但余剩的一点幻想终于因为辛亥革命的迅速爆发而完全破灭。

四、合力·结局

历史的结局往往形成于合力。恩格斯曾经说过，在一般历史进程中，"人们所预期的东西很少如愿以偿，许多预期的目的在大多数场合都互相干扰，彼此冲突，或者是这些目的本身一开始就是实现不了的，或者是缺乏实现的手段的。这样，无数的单个愿望和单个行动的冲突，在历史领域内造成了一种同没有意识的自然界中占统治地位的状况完全相似的状况。行动的目的是预期的，但是行动实际产生的结果并不是预期的，或者这种结果起初似乎还和预期的目的相符合，而到了最后却完全不是预期的结果。这样，历史事件似乎总的说来同样是由偶然性支配着的。但是，在表面上是偶然性在起作用的地方，这种偶然性始终是受内部的隐蔽着的规律支配的，而问题只是在于发现这些规律”①。这段话对于我们重新解读辛亥革命及其结局颇有帮助。

当时中国存在着三个营垒，或许也可以说是三种政治力量。一是以清朝皇室集团为核心的顽固守旧势力，他们是最大的既得利益集团，因此反对任何剧烈的政治变革及其可能导致的权利再分配。二是以立宪派为代表的新兴绅商阶层，他们虽已获得部分既得利益，但却期望通过温和的政治体制变革获取更多的权利，因为旧体制已经严重妨碍他们所从事的各项近代企业、事业的发展。三是以革命派为代表的社会中等以下阶层，或可称之为非既得利益集团。如果进一步区分，其中又包括以进步知识分子为主体的革命党人与广大自发反抗的劳苦群众两个部分。

正如孙中山所言，革命党人是社会变革中的先知先觉者，他们最早接受、服膺、传播民主共和思想，并且不断举行武装起义，以期最终摧毁君主专制制度与建立民主共和国。但他们人数很少，为了向强大的反动政府挑战，必须向社会寻找其他可以合作的力量。当时还没有可能进行科学的中国社会各阶级的分析，革命党人只能做比较模糊的社会阶层区分。杨毓麟把革命党人定位为“实下等社会之所托命而上等社会之替人也”。而革命党人的职责有二：一是“提携下等社会以矫正上等社会”，二是“破坏上等社会以卵翼下等社会”，最终是取代现存上等社会的统治②。孙中山领导的革命大体上就是这样进行的，先是着重联络会党，然后转向争取学生与新军，并且以各地群众自发反抗作为依托。

革命党人认为自己处于上等社会与下等社会之间，这是就社会地位

① 《马克思恩格斯选集》第4卷，人民出版社，1995年，第247页。

② 湖南之湖南人：《新湖南》，《辛亥革命前十年间时论选集》第1卷下册，三联书店，1960年，第615页。

与政治角色而言。但是他们似乎并未认识到，至少是没有明确认识到，在革命与反动两大营垒之间，还存在着一个颇具实力与影响的中间营垒。革命派对立宪派怀有本能的憎恶，因为立宪派从一开始就企图以温和的改良来化解革命，何况还与反动营垒存在着许多相互依存关系。但是，他们虽然与海外以康梁为代表的立宪派（保皇党）的敌对情绪与日俱增，而与国内以张汤为代表的立宪派尚无深仇大恨。因为梁启超等曾经利用过他们的旗帜来与其争夺海外阵地，在某种程度上也可以说是一场生死斗争，必须如黑白之不可混淆、冰炭之不可相容，彻底划清界限。国内立宪派与革命派之间虽然存在着原则性的政治分歧，但是却谈不上什么严格意义的激烈论战。这并非由于国内立宪派缺少能言善辩之文士（如孟森、雷奋、杨廷栋的口才文笔均为一时之选），而是由于他们在国内享有比较广阔的活动空间，不必像海外立宪派那样与革命派争夺有限的群众基础与安身立命之所。因此，革命派不仅支持并参与立宪派主导的某些大规模群众斗争，甚至期望通过这些斗争推进革命形势并扩张自己的力量。

国内立宪派也把自己确定为中间的地位，不过他们所说的“通官商之邮”，或政府与民众之间的协调者，并未把商人和民众看作真正的社会下层。同时，他们虽然害怕和反对革命，但并未把当时力量与影响都比较有限的革命党当做对手。他们渲染革命暴烈的恐怖，当然也泄露若干内心的隐忧，但主要还是借此威胁与逼迫清廷分出若干权力。他们抗争的主要对手是清政府中的顽固派，而不是羽翼尚未丰满的革命党。张謇等人起初对革命派了解甚少，以为无非是幼稚少年过分惑于自由平等之说，或是由于种族成见太深因而趋向愤激。他们更多地是以贤良长者姿态出现，侧重于对倾向革命的学生进行开导和劝说。甚至当同盟会成立后，大批留日学生为反对日本政府取缔规则而纷纷归国之际，张謇虽然认为学生“浮嚣”，但还与赵凤昌积极筹划接待与安置。当时由于两任驻日公使蔡钧、杨枢夸大事态，盛传回国留学生多为革命党，名为爱国实则革命，形势颇为紧张。张謇却不以为然。经过向留日学生调查，他在日记上表明自己的看法：“知杨使所传革命事不尽确，盖一二浮动少年激于鄂督之奏疏、政府之意向，持论过激而孙党乘而煽之，亦数十人而已。而杨使畏葸，乃故张而大之也。”① 正是由于这种情况，辛亥革命爆发以后，革命派强烈排拒梁启超等回国，但却很快向以张汤为代表的国内立宪派寻求合作。

20 世纪初，中国社会存在着两大进步思潮：一为民主革命思潮，一为君主立宪思潮。后者之所以堪称进步，不仅是与君主专制相较而言，而且是由于其政治主张也包含民主与法制的内容，尽管并非十分明确与完整。这两种思潮都是经由上海而辐射到东南，乃至全国多数省区，在不同程度上都产生了明显的社会动员力量。平心而论，革命派对于上海这个新兴城市的重视并不下于立宪派，特别是具有革命倾向的报刊之多，与宣传鼓动议论之强劲，业已为时人所认知。但是从革命党的总体战略部署而言，其对上海与东南的重视却又落后于形势的发展，因而他们在这个地区的实力与影响便不如立宪派。客观上，革命派当然不像立宪派那样具有合法地位，同时也缺乏立宪派那样充足的可以动用的各种资源。但不容忽视的是，同盟会的主要领导核心，长期以来都是习惯于以海外为基地，侧重于在华南沿海策动武装起义。这些旋起旋灭的小型起义，尽管表现出不屈不挠的英勇精神，并且不断扩大革命影响，但对人力物力有限资源的无谓消耗也是很多的。直到 1911 年 7 月，一部分两湖、江浙籍的同盟会会员才主动在上海成立同盟会中部总会，明确提出“革命地点应居中”，决定集中力量首先在长江流域发动革命。但由于革命形势急速发展，还来不及作从容部署，武昌起义即已突然爆发，而革命的主要领袖尚滞留在遥远的海外。

---

① 《张謇日记》，光绪三十一年（1905 年）十一月二十日。此前，上海发生“《苏报》案”，蔡元培遭通缉。案发前，汤寿潜已通过元培之兄元鈖劝其逃避。辛亥革命爆发后，汤被推举为浙江省首任都督，并非完全出于偶然。

革命的胜利理应看作是革命派的胜利。清王朝的覆灭与民国的肇建，“这种结果起初似乎还和预期的目的相符合”。但是，由于革命党本身的力量不足和领导落后于形势，他们就很难有效地控制时局的发展。为了对抗北洋军队的猛烈进攻，他们不得不与立宪派以及某些旧官僚携手合作，并在夺取局部政权后借重后者的行政经验与某些专业素养。这样当然壮大了革命声势，也加快了革命前进的步伐；但同时也必然难以避免地受到这些同床异梦、貌合神离的伙伴们的负面影响乃至发生权利争夺的分崩。这样，起初似乎符合革命预期目的的结果便逐渐异化，直至最后完全“不是预期的结果”。“无量金钱无量血，可怜换得假共和。”当有些真诚的革命派从狂热幻想转变为冷静思考时，才发觉自己竟然已经在政治角逐中提前“下课”。

革命与废除君主也不是立宪派的预期结果。企图保持君主而又推行宪政的立宪派，没有想到自己的宣传与实践不仅未能消融革命，反而在客观上促进了人民的觉醒与革命的步伐。再接再厉的大规模国会请愿运动的失败，不仅使立宪派对于清王朝的幻想陷于破灭，而且进一步表明体制内的改革道路不通。形势总是比人强，立宪派最害怕的是革命，可是革命的星星之火偏偏已成燎原之势，而他们自己却成了革命盛情邀约的嘉宾。包括张汤在内的许多立宪派头面人物参加革命后的新政府，与其说是投机倒不如说是一种无奈，一种并非心甘情愿的暂时合作。革命派需要借重他们的声望与经验，而他们也未尝没有施加影响以制约乃至消弭革命的企图。废除君主制还是保持君主制，已经不再是争论的焦点；革命还是改良，事实已经做出了明确的回答。现在的问题是由谁和用何种方式来收拾清王朝覆灭后的残局，并且营建一个什么样的新中国。

武昌起义爆发，各省纷纷响应，并未使立宪派完全陷于被动。他们毕竟已有多年的政治斗争经验，包括刚刚获取的议会斗争经验。他们眼见清廷武力扑灭革命无望，便转而顺应革命潮流，赞同民主共和，并且在被动中逐步争取主动。1911 年 11 月初的上海独立，革命派（特别是同盟会中部总会）当然是主要驱动力，但上海立宪派李平书等也积极参与，并且在实际上控制了新建的军政府的全部民政事务。紧接着是杭州的新军起义与苏州的“和平光复”。张謇最亲密的伙伴汤寿潜被推举为浙江军政府第一任都督，而相知甚深的原江苏巡抚程德全也成为军政府首任都督。此后，张謇本人的政治转向也更趋明确而积极，他和其他立宪派人士全力支持江浙联军攻克南京①。

南京的光复使全国政治态势发生微妙变化。原本以革命中枢之地自居的武昌，由于汉口、汉阳相继失守而渐失首义优势，而南京则成为可能取而代之的民国首都。这不仅是立宪派和东南绅商的愿望，而且是湖北集团以外的大多数革命党人的一致主张。这时，袁世凯已经实际上控制了北京政府的军政大权，并且成为革命派在战场上和谈判中的主要对手。革命派当然希望通过北伐建立一个完整的民主共和国，袁世凯也未尝不想以武力统一全国，彻底消灭革命武装及其影响，但当时的具体情势却是谁也吃不了谁。南北对峙已成定势，而这就为处于中间地位且一向主张调和的立宪派提供了较大的活动空间。也正因为如此，赵凤昌的私宅惜阴堂便成为北方和谈代表唐绍仪经常与张謇、汤寿潜、程德全、黄兴、汪精卫等密商的最佳处所②。

及至 1911 年 12 月 25 日孙中山回到上海，革命势力表面上虽已“三分天下有其二”，而实际上惜阴堂内南北妥协的方案也初步拟定。说穿了，就是只要袁世凯敦促宣统皇帝退位，南方就一定让袁登上正式大总统宝座。当然，民国的建立毕竟是革命多年浴血奋战的结果，而且

① 1911 年 11 月 7 日，张謇致函许鼎霖称：“总之，现在时机紧迫，生灵涂炭，非速筹和平解决之计，必至于俱伤。欲和平解决，非共和无善策，此南中万派一致之公论，非下走一人之私言。下走何力，岂能扼扬子之水，使之逆流。”电文还强调指出：“东南各省，皆财赋所自出。以海关税项言之，十之八九，已归民军；以盐斤税厘言之，亦得十之七八。其他丁漕各款，又独重于东南。”（《张謇全集》第 1 卷，江苏古籍出版社，1994 年，第 188 页。）

② 冯耿光：《荫昌督师南下与南北议和》，《辛亥革命回忆录》第 6 集，中华书局，1963 年，第 362 页。

也只有如同孙中山这样具有崇高声望者才有可能把各自为政的南北独立各省暂时联结（很难说是统一）起来，所以 1912 年元旦孙中山便经各省代表一致推举出任中华民国临时大总统。南京政府业已被定位是临时政府，即很快便会过渡到一个正式政府。至于这个正式政府的首脑位置到底归属于谁，则有待于南北双方力量与智谋的较量。南方可以出的牌只有两张：一为定都南京，一为尊重临时约法；而根本弱点则是兵力不足与经费短缺。因为真正可以制服（至少是威慑）袁世凯的杀手锏惟有北伐，没有北伐的胜利就不会有袁世凯的真正就范。孙中山的让权当然并非本意，但也很难说是什么决策的错误，主要是由于真正可以依靠的革命武装极其有限，何况临时政府财政困难，也实在难以为继。

立宪派和东南上层绅商从来缺乏自立门户的勇气，他们总是把革新的愿望寄托于某种既存的强势集团。因此，在清王朝覆灭以后，他们便很自然地期望袁世凯能够统一中国，并且实现他们在稳定中求得革新与发展的梦想。他们在孙袁之间弃孙而就袁，除了政治理念的悬隔以外还有人际关系的考虑，因为孙为新交而袁毕竟是多年旧友，何况他们与袁都是出身于同一旧的营垒。当时革命派的领导人虽然还没有什么统战政策，但孙中山、黄兴、胡汉民、汪精卫等对张謇确实相当尊重，不仅经常虚心求教并且愿意真诚合作。而张謇当时虽已转向共和，但对革命派却始终缺乏信心。与他以后在袁世凯政府担任农商总长期间的殚精竭虑相比较，张謇在南京临时政府实业总长任内只能说是消极应付。他所真正关心的，乃是如何尽快把中央政权和平转移到袁世凯手中。

袁世凯在北京就任正式大总统，这种结果起初似乎与立宪派“预期的目的”相符合，“而到了最后却完全不是（他们）预期的结果”。因为袁世凯只是表面上承诺拥护共和，而实际上却是醉心于以武力统一实现个人的高度集权与独裁，甚至还想确保自己家族的世世代代尊荣。这与张謇的在稳定中求革新与发展的愿望当然是风马牛不相及。总长任内的殚精竭虑可谓徒劳无功，而当他发觉袁有称帝野心时便只有弃之而去。从袁世凯本人来说，登上皇帝宝座似乎已经达到“预期的目的”，而很快却又因此在全国声讨、众叛亲离中凄然死去。在得到袁世凯病死消息的那天晚上，张謇感慨万分地在日记中写道：“三十年更事之才，三千年未有之会，可以成第一流人，而卒败于群小之手，谓天之训迪吾民乎？抑人之自为而已。”袁的错误决策导致败亡，其原因是多方面的，不能仅仅归咎“败于群小之手”，而归根到底还是由于其逆潮流而动，所以这个号称“最强的人”才落得个如此悲惨的结局。

对于袁世凯，张謇与汤寿潜的态度并非完全一致。起初，两人都对袁世凯怀有戒心，认为他是反复无常、背信弃义的小人，张謇甚至与他公开绝交达 20 年之久。1904 年为推动立宪，汤寿潜虽然也劝张謇与时任北洋大臣的袁世凯恢复联络，但仍对袁世凯憎恶如故，且曾一再建议清廷罢黜袁世凯，袁罢黜后又请“清廷勿再用袁世凯”。辛亥革命爆发后，清廷不得不重新起用袁世凯，并授予军政全权以镇压革命。汤寿潜在浙江都督任内和卸任以后，都极力主张并支持北伐，鲜明地表现出坚决的反袁立场。即使在袁世凯就任正式大总统以后，汤亦拒绝袁敦促其出任公职的延揽，这与张謇欣然出任北京政府工商总长恰好成为鲜明的对比。此外，在铁路国有问题上，他仍然保持一贯主张，虽经张謇、熊希龄劝解而不再公开反对，但内心并未改变初衷。但是，到袁世凯称帝阴谋暴露后，张謇与汤寿潜对袁的态度又复归于一致，都明确与袁划清界限并坚决表示反对。在大的政治原则上保持一致，而在某些具体问题上互相包容歧见，给张汤交谊增添了和而不同的特色，这种包容也未尝不可以看作是具有若干民主作风。同时，他们在转向共和以后，对于以前交往好多年的帝党旧友也是有原则的，如对坚持帝制复辟的郑孝胥、沈曾植等，或绝交，或疏远，而“汤大、张四”也就成为这些复辟派诗文中嘲讽的对象。

清末国内立宪派是一个很大的新兴群体，鱼龙混杂，泥沙俱下，救国图强者有之，锐意革新者有之，而投机取巧追名逐利者亦有之。但张汤等人的人生态度与政治追求则始终都是真诚的，他们可能瞻前顾后、步履蹒跚，并非经常都能跟得上社会转型的急速节奏，但他们每接受一种新的政治理念都经过深思熟虑，因而每一步前进都是扎扎实实的。他们推动立宪与转向共和，虽然没有实现自己原来预期的结果，但并不等于他们的劳绩没有在历史上留下任何印痕。我在近著中曾对张謇有所评论："甲午战前，也就是他40岁以前，基本上是一个具有强烈爱国心的士大夫，完全属于旧营垒。甲午战争以后，也就是他在40岁以后，外来侵略的强烈刺激与西方文化的浸润潜移，促使其经世致用的传统学问增添了'实业救国''教育救国'等新内容。他经由官绅队伍跨过企业家群体的门槛，也就是从旧营垒游离出来并且趋向于归属新营垒。由于已经具有'大魁天下'的显赫声名，又经由翁同龢而接近新旧党派斗争的核心，所以真正是'崛起于新旧两界线之中心'，使他的转化产生一般人难与比拟的社会效应，其辐射作用绝非仅限于'倾倒东南'，而实际上是波及全国。不过这又是一种藕断丝连式的转化，也可以说是新旧相互包容式的转化，在转化过程中缺乏具有足够力度的冲突与决裂。没有刀光剑影的惊险，没有叱咤风云的雄武，然而却是脚踏实地改变着中国社会的根基，其影响甚至在百年以后也可以看见。"① 这一评论大体上也适用于汤寿潜，尽管他在晚年比老友更趋于消极。

革命派在胜利后失去政权，这当然也不是他们原来预期的结果，而由于历史的结局总是经由合力形成的，所以革命原来预期的结果从来都不是一蹴可就，都需要经过不屈不挠、再接再厉、迂回曲折的顽强斗争。辛亥革命是一次早熟速成式的革命，同盟会成立不过6年，武昌起义的爆发便引起多米诺骨牌效应，许多省区的相继独立终于导致清王朝土崩瓦解。胜利来得太快，革命党还没有做好应有的准备，何况同盟会原本是一个松懈的而且已经有所分裂的政团联盟。他们多年以来都是忙于策动小型分散的武装起义，连大规模的阵地战或运动战都未能一试身

① 章开沅：《张謇传·引言》，中华工商联合出版社，2000年，第3页。

手，更谈不上什么议会政治与安邦治国的实际经验。历史学家应该学会设身处地，力求“与立说之古人处于同一境界”（陈寅恪语），脱离前人时空环境的无根苛求，从来都是不可取的。革命派并没有完全失败，他们领导民众推翻了延续两千多年的君主专制制度，建立了亚洲第一个共和国，这难道不就是英雄盖世的大手笔？尽管政权易手，共和变质，但民主富强之途毕竟已开通，后人无非是仍然走他们没走完的路而已，而这就称得上是伟大的先驱。张謇当年有一段话说得很好：“若孙中山者，我总认为在历史上确有可以纪念之价值。其个人不贪财聚蓄，不自讳短处，亦确可以矜式人民。今中山死矣，其功其过，我国人以地方感受观念之别，大抵绝不能同。然能举非常大事人，苟非圣贤而贤哲为之左右，必有功过互见之处。鄙人愿我国人以公平之心理、远大之眼光对孙中山，勿爱其长而因护其短，勿恨其过而并没其功，为天才惜人才，为万世存正论！”①

世界潮流，浩浩荡荡；顺之者昌，逆之者亡。不管有多少风云变幻，不管有多少迂回曲折，历史的发展总是有内在规律的，而前进的方向总是无可逆转的！这就是辛亥革命留下来的最深刻教训。

① 张謇：《追悼孙中山演说》，《张季子九录·文录》，中华书局，1931年。

商会档案的原生态与商会史研究的发展

商会在中国近代史上发挥过重要的历史作用，但是，真正的商会史学术研究恐怕只有二十多年。在这二十多年时间里，能够取得那么多很有分量的成果，还有一支可观的研究队伍，这是令人欣喜的。这在很大程度上得益于苏州商会档案资料的发掘。我记得，在1992年芝加哥会议上初次提到苏州商会档案的时候，曾有人质疑它的历史价值。但真正的历史学家，不管当时在意识形态上存有多大的分歧，政治背景上有多大的差异，都是非常重视这种档案的。档案对史学研究的重要性是难以用语言来表达的，只要是长期、严肃地从事具体研究的人都会知道，档案是具体研究课题的生命。这一认识，现在也许不需要再作任何解释了。天津、苏州、上海等地的商会档案以及其他各种各样的珍贵档案，它们的重要性对很多很多的学者来讲都是学术的生命。从这个角度看，我认为商会史研究仍将作为史学研究的一个新生长点继续深入发展下去。

一

近二十余年的商会史研究，之所以还能够取得一些为国内外同行所认可的成果，与“原生态”的商会档案的发掘和利用分不开。如果说商会史的研究是近二十余年来中国近代史研究领域中的一个亮点的话，那么这在相当程度上应该归功于“原生态”的商会资料。我将时下流行的“原生态”一词借用到历史研究中来，无非是强调历史资料的原始性、完整性对历史研究的重要。现在艺术工作者提倡艺术的原生态，他们深入少数民族地区，发掘、整理少数民族的歌舞，原汁原味的民歌、民曲和民间舞蹈，为艺术的发展和创新注入了新的活力。房地产开发商甚至将居住环境的原生态作为卖点，因为原生态满足了消费者崇尚自然、回归自然、追求天人合一的心理。我们国家现在非常重视非物质文化遗产的保护，这是一件非常富有远见的宏伟事业，以原生态的形式保存下来的非物质文化遗产将使民族文化更好地得以传承、创新。

我从中产生一些联想。“原生态”的提法切中时下学术界某些论著不重视发掘史料、不重视运用原始资料的浮躁之风。现在我们用史料最大的缺陷当然也是最方便的就是用电脑。电脑储存、电脑检索，确实很方便，但不一定容易消化。由于没有弄清楚史料在整个历史资料中的位置，往往不了解上文和下文，它的来龙去脉没有弄清楚，就凭这个按自己的框架、自己的思路去拼凑，结果使得写出来的论著与真实的历史相去甚远。史学的价值及其品格首先就表现为要认真看原始材料，仅仅依靠或主要靠别人利用过的“二手货”，是难以获致真正有价值的学术成果的。现在学术界弥漫着急功近利之风，有些人写文章根本就不注意收集原始资料，往往自己先有了结论，再去找材料印证，有的甚至不是自己掌握一套完整的材料，而是从别人那里将材料转引过来。先有观点，后找材料，不仅忽视了史料的原生态，而且颠倒了史学研究中论点与史料之间的逻辑关系。我们学术界有些人总是急于创新，但是手头的资料很可怜，穷得像上海过去的“瘪三”一样，但是还在写一些豪言壮语，堆砌一些空洞无物的词语。有些学者研究海外华工，原始的资料都没有看到，就胆气冲天地写华工。我们提倡对于一些重要的史料必须读原文、读原本，文本是必不可少的，尤其要考虑文本的完整性，必须知道这些材料是从哪儿来的、背景是什么。我给地质大学的学生作报告，说我们是同行，他们不理解。其实，我不仅在大学选修过地质学课程，而且我现在从事的历史学研究和地质学研究有很多相近的地方。史料的发掘如同矿藏勘探，不是你知道这个地方有铁矿就行了，对于铁矿的位置，处于哪个矿层，矿脉怎么样，周围的环境怎么样，古生物遗存情况如何，包括当时的水陆情况都要弄清楚。只有这样，才能开展有价值的勘探。

只有充分运用了原生态的史料，史学著作才能经得起时间的检验，保持它的生命力。顾炎武曾用“采铜于山”形象地比附对资料的考订与排比。他在致其友人信中说：“尝谓今人纂辑之书，正如今人之铸钱。古人采铜于山，今日则买旧钱，名之曰废铜，以充铸而已。所铸之钱既已粗恶，而又将古人传世之宝舂挫碎散，不存于后，岂不两失之者乎？承问《日知录》又成几卷，盖期之以废铜。而某别来一载，早夜诵读，反复寻究，仅得十余条。”以顾炎武之博学多才，早夜诵读，反复寻究，一年辛苦才“仅得十余条”，可见考据工作之艰辛。但慢工出细活，此为《日知录》之所以历经三百余年而魅力仍在的根本原因。

我们要继承并发扬古人“采铜于山”的精神，搜集应有尽有的相关原始资料，虽不可能“竭泽而渔”，但要尽量确保重要的史料不漏网。苏州档案馆做了一件功德无量的事，把三千五百卷商会档案全部扫描，既快又好，好就好在它保持了商会史料的原生态，这比出史料选编好得多。当然，史料选辑、汇编在历史研究中起了很大作用，新中国建立初期出版《中国近代史资料丛刊》对推动近代史研究的发展发挥了极大的作用；苏州商会档案尽管还没有出完，却已经在学术界起了很大的作用。但是，作为一个对自己有更高要求的史学家来讲，对诸如此类的史料汇编应有一种不满足的感觉。因为，任何史料选集、汇编都在不同程度上破坏了史料的原生态。史料编纂的本身都有一个框架，一种导引，编辑本身就有一个思路，选什么，不选什么，都是建立在这个思路基础上的，你一看就知道里面的内容。很清楚，编辑者是根据他自己的判断，但是，编者的判断不能代替研究者的判断；否则，研究者便只能跟着那位史料编辑者，根据他导引的路来走。

二

我们一方面要重视史料，尽量利用原生态的史料；另一方面，也要重视解释，追寻研究对象的原生态。我不是史料至上的学者，我也经常做一些解释，做一点宏观的判断，也做一点评判的工作。但是不管怎么样，历史研究的本身首先必须求真求实，历史的真实就是历史对象的原生态，尽可能地不作不着边际的评论，不带任何偏见，保持价值中立。任何人都有主观，但是要做主观因素少一点的人。过去我常想，历史究竟应该研究什么？简单地讲，就是要探索历史的原生态。历史事件、历史人物的原生态，就是其本来面貌，就是它们的真实面相。

但是，时下有些学者似乎偏离了历史研究的求实存真的学科品格，将方法、模式、范式之类的东西置于首位。当然，对学术史的总结有助于我们了解已经走过的路，避免重复，使现有的研究在已有的基础上取得新的突破。新中国成立以来，我们史学研究的方法在不断更新，有人从范式的角度总结出新中国成立以后尤其是改革开放以来，历史研究从革命史范式，到现代化范式、市民社会范式的转换。一方面，我们要允许这种探讨，新的范式不一定就是对已有范式的颠覆；另一方面，又要警惕它的泛滥，动辄某某范式、某某模式，好像只有某种范式处于最高位置。其实，你自己就可以创造某种范式，在研究的中间自然就会形成自己的模式，而且很多范式就是在研究中间成就的。见识不多的年轻学者容易轻信外来的东西，以为只要是西方的都是好的。实际上，西方的东西也不一定就是新的，有些是很老旧的。比如，汤因比的东西就是很老旧的。汤因比的世界文明的分类，现在觉得很新鲜，其实我在读大学的时候，我们的老师就在使用；解放战争后期，金陵大学的历史系主任就开设了汤因比的讲座，现在已不算什么新的东西。即使是新的东西，里面也有不同的层次，有些层次比较高，有些层次比较低，也还要有所区分。要看是不是好货，好货我们就借鉴。就是借鉴，也不能当作“拐杖”，像过去那样，离开了经典作家的话语就不能写作，那叫作“拐杖”。我们现在对很多西方书籍进行译介，西方的学术思潮大量涌进中国，这对促进中西学术交流本是一件好事，但交流是双向的，不能认为凡是西方的就是好的、就是新的，我们只有接受的命，这只能使中国学术界永远跟在西方的后面，甚至完全用西方的范式来指导中国历史的研究，用中国的历史来证实据之于西方的所谓模式的普适性。我们不要有中国过去半殖民地那种民族自卑感，要有自己的分辨力，首要的一条就是把自己的东西保存、利用好。我曾经大声呼吁，走自己的路！

孙中山的亚洲梦

孙中山出身于落后而又封闭的农业宗法社会，因此在12岁以前对国境以外的世界所知甚少。直至12岁前往夏威夷，“始见轮舟之奇，沧海之阔，自是有慕西学之心，穷天地之想”①。他这才知道中国之外还有这么一个无比广阔的世界，特别是近代文明已经高度发达的西方世界。

由于地域和亲缘关系，孙中山直接接受的是美国教育，所以早期很自然地比较敬仰西方。他努力学习西方，以美、法为榜样规划中国革命的前途，并且把革命的运营主要寄托于欧美，特别是当地侨界人士的帮助。辛亥革命爆发以前，孙中山亲自领导的起义之所以局限于华南沿海，正是这种历史背景使然。

但是，西方离中国较远，中国毕竟是亚洲的一部分，孙中山的眼光与思维终究不能不回归于亚洲。

回归亚洲

1896年是关键的一年。这年10月，孙中山在伦敦被清朝公使馆诱捕获释以后，旅居英国半年以上。通过广泛阅读政治、经济、法律、军事、外交等各类书籍，结合参观访问调查研究，并且与流亡伦敦的欧洲

① 《孙中山全集》第1卷，中华书局，1981年，第47页。

各国社会主义或民粹主义人士多方交流，他对西方世界有了更为深切的认识，并且产生明显变化。他不再把西方世界看做完美无缺的理想天地，对欧美资本主义发展的弊端及其严重社会危机具有清醒的理解。特别是由于他先后在美国与欧洲的宣传鼓吹，并未取得预期的切实援助，使其必然要把眼光逐渐转向与中国关系更为密切、处境更为相近、文化更为互通的亚洲，而首先就是明治维新已经取得成功的近邻日本。

1897 年 8 月，孙中山经由加拿大前往日本。孙中山在日本的最大收获是结识宫崎兄弟与平山周等友人，并经过他们获得犬养毅等重要政界人士的初步理解与协助。宫崎滔天鼓吹大亚洲主义："中东合同，以为亚洲之盟主。兴灭国，继绝世，用其方新之力遏西势东渐之凶锋者，天理人心之所会也。"① 孙中山赞成中日联合，赞成亚洲各被压迫国家联合，共同阻遏殖民主义"西势东渐之凶锋"，但他明确表述自己的革命志向是"为了亚洲黄种人，更为了世界人类"②，这又与日本军国主义者宣扬利用的大亚洲主义存在着根本区别。1899 年孙中山与宫崎等日本友人，协助菲律宾革命者购买并运送枪械，这可以看做孙中山亚洲主义的首次演习，尽管由于"布引丸"的沉没而未能成功。

孙中山回归亚洲，落脚日本，还有一个最大的收获就是结识了数以千计的大批从中国各省前来留学的爱国进步青年，特别是与为数甚多的革命精英肝胆相照，共同推动若干主要革命小团体的联合，建立了最早的全国性的革命政团——同盟会。涓涓细流，汇成江河，各地零散的起义策划，从此开始形成蓬勃发展的全国革命运动。正如孙中山后来回忆所云："及乙巳之秋，集合全国之英俊而成立革命同盟会于东京之日，吾始信革命大业可及身而成矣。"③ 同盟会的成立，宫崎滔天等日本友人从多方面赞助乃至参与，末永节致贺词说："建三色之旗，击自由之

---

① 《孙中山全集》第 1 卷，中华书局，1981 年，第 181 页。

② 宫崎滔天：《三十三年之梦》，林启彦译注，广州花城出版社、香港三联书店，1981 年，第 123 页。

③ 《孙中山全集》第 6 卷，中华书局，1985 年，第 237 页。

钟，端于孙君与诸君是望。异日者，亚东大联盟，其起点于今日之会乎?”① 似乎是在提醒，同盟会的创立乃是大亚洲主义的发端。

当然，这并非是少数日本人的自作多情，而确实已见诸若干亚洲国家先进人士的共识。1907 年 4 月，中、印两国部分革命先驱在东京发起成立亚洲和亲会，据当事人回忆亦可称为东亚亡国同盟会。由章太炎撰写的《亚洲和亲会约章》宣称：“先以印度、支那二国组织成会，亦谓东土旧邦，二国为大，幸得独立，则是以为亚洲屏蔽……一切亚洲民族，有抱独立主义者，愿步玉趾，共结盟誓，则馨香祷祝以迎之也。”② 除印度外，在此前后还有菲律宾彭西、越南潘佩珠等爱国志士，都曾拜访孙中山寻求教益与援助。孙中山亦曾向潘佩珠表示：“中国革命党成功之时，则举全力援助亚洲诸被保护国同时独立，而首先着手于越南。”③

同盟会的成立，不仅初步奠定了孙中山全国革命领袖的地位，而且使他成为亚洲其他被压迫国家爱国志士景仰的先驱。

亚洲梦想

孙中山是近代中国政治领袖中堪称世界公民的第一人，无论是在多次策划武装起义期间，还是在民国肇建以后，他始终密切关注世界潮流，并且赋予“天下为公”“世界大同”以新的时代寓意。他不仅终身抱持以三民主义为蓝图的中国梦，而且怀有区别于霸权主义的王道世界梦与亚洲梦。

特别是在晚年，十月革命与五四运动的影响，促使孙中山对于世界

① 《纪东京留学生欢迎孙君逸仙等》，《民报》1905 年 11 月 25 日，第 1 号。

② 汤志钧：《亚洲和亲会约章》，《辛亥革命史丛刊》第 1 辑，中华书局，1980 年，第 83 页。

③ 《潘佩珠年表》，转引自陈锡祺主编：《孙中山年谱长编》上，中华书局，1991 年，第 357 页。

与亚洲的认识出现新的飞跃。他不仅继续谋求本民族的独立、平等与富强，而且还更为热诚地呼吁建立一个和平、公道、合理的世界新秩序。他不再是简单地以地区与肤色划分世界，而是把整个世界区分为压迫民族与被压迫民族两大阵线。前者是帝国主义列强，后者是包括中国在内的殖民地与半殖民地国家与地区，是所谓“受屈人民”。而且，他认为压迫民族中的多数劳动民众也属于“受屈人民”。俄国本来是压迫民族，但由于经过了十月革命，废除帝国主义，实行社会主义，因此也站在世界“受屈人民”一边。孙中山认为帝国主义是世界上民族压迫与民族歧视的总根源，被压迫民族应该与压迫民族中的“受屈人民”联合起来，特别是与专为“受屈人民”打抱不平的苏俄合作，共同反对帝国主义。孙中山把这种反帝斗争称为民族主义，是不可逾越的一个历史阶段。但民族主义并非终极目标，它只是走向世界主义的基础。世界主义的真精神就是反对强权，就是“不讲打”的好道德。最好是以俄国人民作为欧洲世界主义的基础，以中国人民作为亚洲世界主义的基础，然后扩而大之，这样才能实现整个人类的世界主义。可见，世界大同才是孙中山的理想世界也是他终生为之奋斗的终极目标。

孙中山晚年的世界主义，不仅是一种政治设计，而且是一种道德诉求，或许也可以说是向东方传统文化的回归。1923 年他在《致犬养毅书》中建议日本应该“联苏以为与国”，认为“夫苏维埃主义者，即孔子之所谓大同也”，并且引征《礼记·大同篇》那一整段经典话语作为印证。他借用传统的语言描写未来的理想世界，力图以古老的王道与霸道词汇来区分东方文化与西方文化的本质差异：“东方的文化是王道，西方的文化是霸道；讲王道是主张仁义道德，讲霸道是主张功利强权。讲仁义道德，是用正义公理来感化人；讲功利强权，是用洋枪大炮来压迫人。”①

孙中山向东方传统文化回归，反映了 19 世纪末 20 世纪初先进人士

① 《孙中山全集》第 11 卷，中华书局，1986 年，第 407 页。

对于西方工业革命以来历史进程的深刻反思。第一次世界大战以后，人们痛定思痛。施本格勒在《西方的没落》中明确指出，西方已经处于机器控制之下，金钱主义与享乐主义成为时代特征，因此将无可避免地走向堕落。所以有些中外思想家就主张以东方的道德来弥补西方文明的缺失。孙中山也是这样，越来越觉得西方世界的长处无非是科学技术与物质文明的发达，“但是说到他们的新文化，还不如我们政治哲学的完全”。他所推崇的“最有系统的政治哲学”，就是《大学》早就说过的“格物、致知、诚意、正心、修身、齐家、治国、平天下”。他把道德范畴与知识范畴联结起来，认为应该先从个人的求知、内省、自律做起，完善自我修养与文明素质，然后才谈得上齐家、治国。而其最终理想是：“用固有的道德和平做基础，去统一世界，成一个大同之治，这便是四万万人的大责任。”① 或许也可以说，这就是“平天下”新的时代诠释。

当然，孙中山并非认为，这一伟大理想单凭中国四万万人便可化为现实。必须要有更多的外来援助，而他首先寄予殷切期望的便是苏俄。对于已经跨进“列强”门槛的亚洲近邻日本，尽管它已经不再属于“受屈”人民，但是孙中山仍然进行苦口婆心的争取与规劝：“你们日本民族既得到了欧美的霸道文化，又有亚洲王道文化的本质，从今以后对于世界文化的前途，究竟是做西方霸道的鹰犬，或是做东方王道的干城，就在你们日本国民去评审慎择。”②

路在何方？

孙中山的亚洲梦诚然真挚而又美好，然而毕竟与现实相距甚远。

他不幸过早病逝，没能看见自己一手促成的国共联合大好局面迅速

① 《孙中山全集》第 9 卷，中华书局，1986 年，第 253 页。
② 《孙中山全集》第 11 卷，中华书局，1986 年，第 409 页。

破灭，更没能看见其后苏联的异化并逐步成为争取世界霸权的一极。

他对日本的期望，主要寄托于日本国民的觉醒与“评审慎择”，但是孙中山逝世后的日本却在霸道的歧途上越走越远。1931年9月18日，日本关东军悍然侵占中国东三省，1932年更炮制所谓“满洲国”。而“5·15”事件的爆发，连比较温和的犬养毅首相都被军部狂热分子杀害。政党政治完全终结，“举国政治”以军部统驭全部国家机器，作为弱势群体的日本国民哪有任何“评审慎择”的自由？1937年日本发动全面侵华战争，并且与德、意法西斯相勾结，掀起第二次世界大战，可以说是把“霸道文化”演绎得淋漓尽致。

第二次世界大战结束以后，人类并未享受真正的和平与安宁。世界仍然是分裂的，从两个阵营到美苏争霸，冷战长期延续而局部战争更是烽火连绵。作为战败国的日本，处于美国占领之下，外交政策唯美是从。特别是在1950年朝鲜战争爆发以后，日本完全沦为美国反对新中国的亚洲基地，并且两相勾结长期支持台湾同大陆的分裂。即使是在1972年中日两国恢复正常邦交以后，由于某些反华势力的恶意操纵，从历史到现实依然是风波迭起，争论与对抗从来未曾停息。

孙中山早年曾经寄予无限期望的中日共同推动亚洲走向民族解放与和平民主，难道竟是无从实现的幻想？

笔者不这样认为。历史毕竟在不断前进。尽管第二次世界大战与其后连绵不绝的局部战争，给亚洲人民带来极大苦难，然而亚洲各国人民终于经过英勇抗战赢得独立与进步，同时在所谓“四小龙”经济起飞以后，相继进入经济发展与社会转型的快车道。今日之亚洲再也不是过去那种任人欺凌的“病夫”，而多是充满青春活力、欣欣向荣的新兴国家。

世界早已进入全球化时代，区域整合乃至全球合作已经成为不可阻挡的总趋势。还是孙中山先生那句话说得经典：“世界潮流，浩浩荡荡，顺之者昌，逆之者亡。”顺逆之间，何去何从？明智之士，一眼可知。

其实，孙中山对理想与现实之间的距离看得很清楚，他认为被压迫民族只有首先恢复民族的自由平等，然后“才配得上讲世界主义”。“所以我们以后要讲世界主义，一定要先讲民族主义，所谓欲平天下者先治其国。把从前失去了的民族主义重新恢复起来，更要从而发扬光大之，然后再去谈世界主义，乃有实际。”①

更为可贵的是他的高瞻远瞩，其天才预见已经提供了解决当前世界和亚洲一切国家之间重大纷争的可行思路。路在何方？路在脚下。简而言之，就是要正确处理世界主义与民族主义之间的关系。不过时至今日，恢复从前失去的民族主义，从多数国家与地区来说已经不再是头等大事，倒是民族主义的过度“发扬光大”，加深了世界与亚洲各国的冲突与纷争。而少数发达大国假借世界主义之名推行霸权主义之实，任意侵犯弱小国家的主权和领土，造成数以千万计的人民生命财产的严重损害。这种“发扬光大”当然与孙先生的原意背道而驰。孙先生认为一个民族只有摆脱外国殖民主义的压迫，恢复固有的独立与主权，然后才有可能与他国平等相待，共商世界主义之大计。过去有些人攻击孙先生是空想主义，其实他何尝空想，他当年有关世界主义与民族主义之间关系的阐述，非常务实而又缜密，可以说是现今所谓“全球地方关系”（Global Glocal Relationships）或“全球地方化”（Glocalization）类似思考的发端。

物极必反，否极泰来。现今人类的文明危机已经空前深重，正如当代有识之士所言，经济增长、政治对抗与人性施恶三方面都已达到极限，而三者纠结所产生的恶果已经遍及全球各地和社会生活各个方面。人类正在毁灭自己生存的环境，从而也有可能最终毁灭自己。但是，我们不应悲观，更没有理由绝望。正如《国际歌》所反复咏唱的：“从来就没有什么救世主，也不靠神仙皇帝，要创造人类幸福，全靠我们自己。”人类自己造成的罪过，只有靠人类自己的觉醒，靠自己来救赎。

① 《孙中山全集》第9卷，中华书局，1986年，第231页。

我与池田大作先生对话时曾说过，我不仅看到黑暗，更看到光明：

看到世界上反对霸权主义与反对战争的人越来越多；

看到要求社会正义与公平的人越来越多；

看到不畏艰险，在世界各地扶贫的人越来越多；

看到热心环保的人越来越多，“保护环境、节约资源”已经成为全人类最大的共识，成为越来越多的有识之士的终身奉献；

看到以人类公益为宗旨的NGO越来越多，越来越走向成熟，并且逐步超越国界。这是社会进步与人类文明最终希望之所在。

其所以有这么多光明，就是因为人类文明在恶化的同时也正在进化，而进化正是出于对恶化的清醒认识。就现今世界的严酷现实而言，环境的破坏与资源的浪费已经成为全球一体化的最大公害，任何一个国家与地区都不能置身其外，而且也只有通过全球一体化的共同努力，才能逐步求得改进与化解。笔者把这些人类共同利害关系比喻为“最大公约数”，它们是人类最好的老师，也是人类最大的凝聚力。越来越多的有识之士正在认真考虑如何正确处理人类整体利益与国家利益之间的关系。长期被视为神圣的国家主义与民族主义，必须经受全球一体化的人类公理的重新评判，才能有助于人类公害的去除与人类公利的谋求。

无可讳言，现今全球化占支配地位的仍然是资本主义市场经济和市场经济的原始动力，无论从个人、集体乃至国家而言，都离不开利益的追求。因此，至少在市场与资源两方面都避免不了利益争执，而国家之间的利益冲突激化便会引发战争。经过20世纪两次世界大战的惨痛教训，现今多数国家领导人主观上也许并非愿意诉诸战争，但所谓国家利益往往容易淹没政府甚至民众的理智。所以人类战争未曾有一日停息。国家利益诚然是客观存在，正当的合法的国家利益理应受到必要的尊重与维护，但国家利益的排他性也是客观存在，许多国家利益之争乃是历史的负面遗产，“剪不断，理还乱”，很难在一二代人之间化解。然而，超越国界的严重人类公害，却等不及一二代人的拖延，必须各个国家政府和人民迅速联合起来自我救赎。也许中国公民社会尚未发育成熟，然而世界公民社会已在形成之中。不管个人主观上是否自觉，我们已经置身于这个新兴社会之中。只有这个包容最广的社会，才能最终决定21世纪乃至22世纪的人类文明走向。

一部人类文明史，就是人类不断改造环境并且在改造中完善自己的历史。如果说人的第一次觉醒，在发现世界的过程中首先发现了自己，使人类走出中世纪的黑暗，进入近代工业文明，那么当前这个绚丽多姿而又病入膏肓的现代社会，又必然会导致人的第二次觉醒，重新认识世界并认识自己。也许在不久的未来，全球公害激发人性复苏，在共同防治公害的奋斗中产生新的自我觉醒，促成世界公民新的“公德”诞生，那才是全球之幸，人类之幸。我们这代人虽不能至，心向往之。

孙中山设计的走向世界大同之路，过分强调了以中国“固有的道德和平做基础”，显然有失偏颇。然而他把问题的症结归结到人的自我完善，特别是建立共同的核心价值观，这个思想至今似仍可以沿用。需要修改的是，应该把中国的固有道德，扩大到世界各国道德的优良成分，作为新的世界公民道德构建的基础。但新的人类共同核心价值观的形成，必须立足于当前的世情与国情，而最主要的则是对于整个人类命运的关心与责任。

也许这依然是梦，但笔者以为，梦想成为现实并非遥遥无期。

反思与纪念：辛亥要谈三个一百年

《同舟共进》：在辛亥80周年、90周年时，您曾一再提出反对“嘉年华式”的纪念。2011年是辛亥100周年，您觉得这种现象有改观么？我们该如何纪念100年前的那场革命？

章开沅：继承辛亥革命遗产，能对辛亥百年进行真正的反思，就是最好的纪念。民主共和的思想、节制资本、平均地权，这些思想我们都需要继承。2010年以来我就在不断参加各种有关辛亥的纪念活动，就我所了解的情况看，还是比较踏实的。但也不排除打着辛亥百年的旗号搞其他活动的现象，这是不可避免的。有些地方为了发展，不得不利用文化这张“虎皮”。我一直强调，纪念不要一阵风、一阵热。很多官员的做法是，博物馆盖起来了，纪念碑立起来了，政绩已经记上了，过了这阵儿也就不管不问了。庆典不可避免，但通过庆典，我们应该反思：怎么改进自己的工作，已经过去100年了，还有未来100年呢？这条路该怎么走呢？

对于辛亥百年的反思，通常有两层含意：一是反思辛亥革命百年以来的历史，二是反思百年以来的辛亥革命研究。总的来说，辛亥革命研究这些年出现了过分细化甚至碎片化的趋向。历史是一个整体，所以我提出，应该将辛亥革命研究扩充到“上下三百年”，除了回望辛亥之前一百年，辛亥以来一百年，下一个一百年也要纳入视野。辛亥革命是人类历史长河中的一个部分——如果没有从大历史里观察辛亥的气度和境界，写出的历史是有局限的，也必然不能完整地认识辛亥的意义和价值。

《同舟共进》：能否详细谈一下您所说的三个一百年？

章开沅：我特别强调历史的延续性与复杂性。为什么不能忽视辛亥之前的100年？因为它是孙中山先生思想形成、革命纲领形成的基础，是辛亥革命的土壤。没有它，就没有辛亥革命。反过来，前面有了这样的100年，接下来即使没有辛亥革命，也会有其他革命。

辛亥以前的100年，就是19世纪，是工业革命以后最重要的100年。工业的发展此时已到规范时期了。这100年，生产力的解放、人类文明的更新、全球化的浪潮，都以惊人的速度进行着。在《民报发刊词》里，孙中山用精警的语言表达自己的感受："百年锐于千载。"这个"锐"实际上是指100年等于1000年。在这样的全球大背景、国内小背景下，孙先生认为革命是不可避免的。所以他从革命一开始，就立足高远，看到了西方文明的利与弊，并结合中国实际，形成三民主义的政治纲领。那时并没有谁来委托他思考这些问题，他只是出于一种历史使命感来学习、思考、观察，最后形成政治纲领，这很了不起。我认为辛亥革命提出的纲领，包括三民主义，到现在都有实在的意义。

第二个100年就是辛亥革命到现在的100年。从时间上讲，100年要作为一个整体来研究；从空间讲，应把两岸四地作为一个整体来研究。这样才可以真正看出，辛亥革命有哪些遗产，哪些发扬了，哪些是好的，哪些是负面的；以及如何让辛亥革命的一些好理念、好经验，继续影响今日社会、今日中国。例如台湾，它当然有很多问题，但它的民权程度、民主探索是否值得两岸思考？再比如香港，它的法治，是否值得两岸四地借鉴？

辛亥革命是达成共识的结果，今日世界、今日中国也需要共识。我认为，文化就是中国两岸的最大共识。孙中山的革命历史遗产还存不存在，他所遗留的事业有没有人继续下去，他在辛亥革命前后的思想理念是否还有影响？这些都需要实事求是地研究，不要用党派的观点来左右研究，应该更客观、更超越，把中华文明浓缩为一个整体。

前两个100年，都是前人做的事业，但未来的100年是我们的事情、年青一代的事情。环境污染，资源浪费，战争绵延不绝，人类在自我毁灭。如果不惊醒的话，未来100年有什么样的前景，很难说。所以我们不需要一般的纪念、庆祝，需要的是反思、思考：世界往何处去？人类往何处去？中国往何处去？

完整地看这三个100年，更感到孙中山的伟大——他在百年以前思考的问题，百年后我们仍在思考。

《同舟共进》：您刚才提到“三民主义”的现实意义，民族主义、民权主义、民生主义对今日有何启示？

章开沅：当代最困扰的，就是民族主义、爱国主义问题，甚至就是国家主义问题。我们应该做一些新的思考。举个很简单的例子，南海问题，背后当然有霸权主义，但也有民族主义与国际主义、人类整体利益、国际整体利益的关系问题。孙中山对此已有很好的表述，那就是把民族主义和国际主义放在一起来考虑。一个民族必须保持自己的主权与领土完整，但民族主义不能发展过度，过度膨胀的民族主义必然侵犯其他国家民族的利益。所以孙中山认为民族主义是世界主义的基础；世界主义是民族主义的目标，而且是一个更大的前提。孙先生关于世界主义和民族主义的结合、融合、处理，很有政治智慧，到现在还是有影响的。

民权主义当然更重要。民权主义实现了吗？没有，但是在前进。把两岸的政治情况看一看，是否仍在遵循当年孙先生的这种追求，是否还在继续往民主共和的道路上发展？我认为是的。孙先生不是完人，他在当时不可能提出一个完美无缺的架构来。大陆的问题很复杂，台湾的情况更复杂，但台湾正在探索中。当然，大陆通过改革开放也在不断探索，各种空间比以前大多了，但从整个国家的民主发展程度讲，恐怕还有很多工作要做，有很多障碍要突破。

我只相信一条：民主从来都不是施舍的，都是靠争取得到的。我相信三民主义的核心是民权主义，民权主义即 of the people、by the people、for the people，这 of、by、for 三个连结词非常重要，我认为这是普适性的。我们的执政者和老百姓，脑袋里面有没有这三个连结词呢？不能说没有，但并不普遍。

民生问题如今已成为世界问题了，在中国也越来越摆上议事日程。如何解决贫富差距带来的尖锐矛盾，孙中山尽管没有具体方案，但有思路：一是节制资本，一是平均地权。我们现在解决问题的思路需要反思。比如为了应对金融危机，砸入 4 万亿元刺激经济——这其中有多少浪费？多少贪污？有时该花的钱不花，不该花的乱花，结果是满城开挖，四面“开花”。所以我说，我们现在还没有资格把百年辛亥办成一个“嘉年华”。

这 100 年来，成绩大，问题也很多。民主法治还有很长的路要走，这一关必须过。我们要做公民，不仅做中国公民，还要做世界公民。孙中山就是世界公民。没有人民的自觉，没有广大人民的参与、监督，便不能从根本上、制度上解决腐败问题。发展的路上潜藏着很多危机，这不用慧眼就可以看出来。能不能过这道坎儿，就要看政府和老百姓的大智大勇。现在强调“求稳”，但真正的“求稳”也需要政治智慧——不要只盯着眼前一点利益，今日中国需要的不是个别官员的位子稳，需要的是“求大稳”，国家、社会、民心之稳。我很珍惜我的晚年，我要呐喊到底。

《同舟共进》：辛亥革命建立了民国。近年来的一个趋势是大家似乎跳过辛亥，热衷于“民国风”“民国范儿”。您曾亲身经历民国中晚期，能否谈谈您所体会的民国？

章开沅：辛亥不应该被忽略。如果没有辛亥革命，还有五四运动吗？还有后来的北大吗？现在对民国有美化倾向，这可能是对现实不满的一种发泄。我经历过民国，民国时代有些官员甚至知识分子也有腐败，有很多问题并不美好，最大的问题就是国民党的一党专政。但那时的知识分子远没有到卑躬屈膝的地步。那时有一部分知识分子能够保住自己的骨气，保住自己相对的独立性，在很严酷的政治环境里面争取民主，争取自由。

《同舟共进》：您提到那时知识分子的风骨和独立性，本刊正在出一套精华作品系列，其中一册收录几年来《同舟共进》刊出的有关民国知识分子的文章，书名就叫《文人的骨气和底气》，近日将寄赠您一册，请指教。

章开沅：谢谢，我很期待这本书。辛亥时期，在追求民主共和的路上，有很多报刊勇于发声。现在，《同舟共进》《南方周末》、新华网等媒体也能够发出真实的声音，这是我们继续民主共和之路必需的声音。

重视细节，拒绝“碎片化”

历史研究原本就存在客观、微观（或许还可加上两者之间的中观）的区别，相辅相成，缺一不可。

宏观研究也可以叫作系统研究或整体研究，着重对史事的全面陈述与把握，微观研究或可称为个案研究乃至细节研究，着重史事的细节钩沉与精审考订。但宏观与微观都是相对而言，对于中国史来说，区域研究为微观；而对于某一省区来说，县以下的乡镇村落又属微观。再则宏观中有微观，微观中亦有宏观，相互交织，实际上很难截然区分。

学海无涯，史海更加无涯。作为个人的史学家，穷毕生之力，再勤奋也很难把握人类历史的整体，即使是从总体上把握一个国家历史（特别是像中国、印度、埃及这样的古老大国）也有很大难度。所以随着时代的进展与社会文明的繁复，便出现了断代史与区域史的分工合作。就学者个人而言，堪言宏观把握的大家越来越少，而精密于某一地区、某一断代、某一领域的专家则日渐增多。

史学离不开实证，实证必须以史料为基础。随着社会文明的进展，仅以文字记载的史料数量急增而言，所谓“车载斗量”已不足以形容其万一。特别是近现代史，公私档案、报刊书籍乃至各类未刊文献之繁多，简直难以想像。这些客观条件，极其有利于个案研究，有利于从细节上再现历史情境，然而却大大增加了宏观把握的困难。同时，由于学术理念的进步，人们愈来愈重视社会史与群众史的研究，特别是下层群众的研究，而许多此类研究又属于起始阶段，这样也不免增加了研究视角“细化”的权重。

历史研究如果涵盖自然史研究，其研究对象几乎可以说是无所不包。学术分工与社会分工一样，只有分工合作才能更有效地推动史学研究的整体进步，因为任何个人都不可能做到无所不知、无所不晓。对于细节研究的重视，或所谓“细化”的提倡，自有其合理性，丝毫不必为此而感到忧虑。重要的是，学术研究的领军人物必须要有综览全局的战略思想，根据学术自身的发展规律，以及人力、物力资源的客观配置，合理地调整布局并顺其自然地给以正确诱导。

从学术评价角度来看，宏观研究与微观研究并无高下之分、优劣之别，关键是研究者自身的治学态度、功力与境界有所差异。过往的史学大家有些侧重于融通，如吕思勉的中国通史既有纵向的断代联贯，又有横向的归类阐析，对二十四史的基本史又滚瓜烂熟，然后成就其圆融顺畅。陈寅恪学贯中西，博古通今，举世无双，然而其研究每多属于专题，或一个人，或某现象，因小见大，考订精翔，论析自见高明，堪称寓宏观于微观的典范。何炳棣 1979 年冬与我初识即彻夜长谈清华学风，虽强调实证精审，但更重视“大归纳”的境界①，盖考证虽然入其深，“归纳”始可出其大。前辈学者以毕生经验传授后学，又有其成功业绩作为佐证，使我们这代学人受益匪浅而又自惭形秽。

历史研究的对象是整个社会运动，是前后连续的过程，然而无论是整体或过程，都是由成千上万细节组成的。或许可以说无细节即无历史；然而组成历史的细节毕竟有主次与层次之分，随意摭拾罗列的细节仍然难以重现真实的历史情景。宏观研究容许在他人研究成果基础上的

---

① 何炳棣所说的“大归纳”，根据我的理解，应是在大量实证研究基础上形成的前后联贯且左右横通的宏观通识，并非专指某项专题研究。他反对预设结论或理论先行，特别是鄙薄那些不肯下死功夫的简单演绎推理。他从世界史转向研究中国史，而且在中国古代思想史方面也颇具功底，因此其学术博大气象在北美独树一帜，敢于向哈佛抗衡。

概括，细节研究则必须以自己的实证工作为基础，而且要能进能出，因小见大，这才能形成真知灼见。

“碎片”一词，易生误解。或许可以说，我们所已知者无非是历史的一鳞半爪，往往都是组成历史的碎片，然而却不能认为历史本身就是一堆杂乱无章的碎片。我认为，后现代主义是对于日趋穷途末路的现代主义的反弹，其成绩在于深刻的批判，然而其偏激者又流于消极的破坏，即走向极端的所谓“解构”。而袭其皮毛者又大多没有什么高见卓识，无非是当作“时髦”即兴仿效，把原本已清晰完整的历史撕裂成为碎片，然后又给以随心所欲的所谓“解构”，借以哗众取宠，自鸣得意。这是在市场经济大潮冲击下，学术工作也流于商业化与娱乐化的可悲结果。

重视细节研究，同时拒绝“碎片化”。这就是我的一贯主张。

2010年冬，我曾参加中山市举办的纪念辛亥革命100周年的学术论坛，会上确有学者提出辛亥革命研究日益“碎片化”之类问题，但似乎并未展开讨论。会后个别媒体对此有所报道，但是报道话语又过于简单，未能把严肃的“细节研究”与刻意追求的“碎片化”区别开来。这就很容易引起读者误解，好像这次会议是在反对“细节研究”，所以我借《近代史研究》的笔谈，比较明确地说明自己的看法，供大家讨论时参考。

益新面粉公司创办人章维藩事略钩沉

芜湖金马门外，清弋江边，至今还屹立着一座古老厂房。这就是益新面粉公司遗留的历史纪念，而其创建者章维藩就是我的曾祖父。

有关益新面粉公司的历史，上海电视台已有《章维藩》电视纪录片详尽介绍。但是，益新面粉公司并非维藩公毕生事业的全部，有关他本人事略最完整的记述，应是我祖父兄弟三人（兆奎、兆彬、兆森）撰述的《赣岑府君行略》，已收录于《荻溪章氏家乘》民国十三年的增修本。现将此文转引如下：

“府君讳维藩，字幹臣，一字赣岑。生而岐嶷，读书目十行下。幼侍我王父宦游齐鲁晋陇，间习韬钤，好驰马。弱冠从明公镜泉于新疆，时天山南北路尚未肃清，回汉孱杂，动生龃龉。明公倚府君如左右手，事无洪纤，悉以咨之。府君亦殚智竭虑，于剿抚事宜，洞悉无隐。哈蜜等城设屯垦等善后，府君综其大纲，为百年宏远之计。左文襄公督师出关，谂府君贤，委以转运军实，往来冰天雪窖之中，飞挽储胥，士马腾饱，其坚忍勤劬有人所不能胜者。光绪初元，文襄凯旋，叙府君劳，以知州上荐，拣发安徽。我王父亦归自西北，改官江宁，一江上下，府君岁时觐省。九年，王父奉差津沽，积劳遽卒。府君奔丧，扶柩旋里，茹哀毁瘠，倍蓰常人。服阕补无为州知州。光绪中叶，民教隔阂，微嫌构衅，率酿成巨案。教民恃外人庇护，欺虐平民，官吏之选懦者，心知其非而无以救正之。府君于民教讼事秉公决谳，据理力争，其黠者诡词以诉于领事，府君不为动。刘忠诚公督两江，派员覆按，悉如府君所拟，士绅横被罗织者，保全无算。忠诚尝判牍尾，谓视事如家事，非溢美也。前州牧因公亏帑，实则吏胥因缘欠缴灾费。府君严饬呈缴，不稍宽假，乃请革除灾费，永著于令，而地方岁入增收巨万。治无为三载，如兴学校，除蠹役，固江隄，捕蝗蝻，百废俱举，为皖南北循良之最。先后调权怀宁、宣城，莅官一载，皆如治无为。时我王母迎养官舍，府君于治事之余，温凊无阙。年方三十有九，即毅然陈情乞养，时论高之。府君于任内保奖，得江苏遇缺题奏道，赏戴花翎，加盐运使衔。嗣遭王母丧，昕夕哀慕，益无意仕进。府君目击海通后舶来品物充塞我国，每岁输出金钱无虑数千万，而民生饮食之需亦仰给于他国，于是创设益新面粉公司于芜湖。芜湖绾毂长江，产麦既富，转运便捷，经营数年获利丰厚。时朝廷未设商部，海内号称公司者偻指可数，府君首先倡导实业，正为开风气助民生也。乃焜于祝融，拆阅几尽，有劝以破产停办者。府君奔走号召，锐意恢复，绵历十载，卒底于成。农工商部尚书某雅重府君，奏任员外郎，婉谢不出。政变后，府君复于安徽当涂县勘得铁矿，创设宝兴公司，鸠工开采，规模宏大。举凡兴厂宇，聘矿师，筹运销，百端填委，一身肩之。寅而起，戌而息，削治函牍，延接宾友，无旷事，无倦容。欧美诸国来参观者咸叹服。又以运砂出口不便，特请开辟采石矶为输运矿砂专埠，设电报，筑铁路，惨淡经营，不遗余力。居皖四十余年，赒恤族姻，赀无匮困，遇人之急，见义勇为，人尤称道之。辛酉七月微疾卒，年六十有四，授资政大夫。我母氏沈，先十二年而卒，封夫人，合葬于钱塘西溪章家园。”

此外，我还保存维藩公亲笔书写履历一纸，亦可与上述行略对照参考，全录如下：

盐运同衔调署安庆府怀宁县事无为州知州章维藩谨禀呈：今开卑职

现年三十六岁，浙江归安县人，由监生报捐州同分发安徽试用。光绪二年投效西征大营，于新疆南北路一举荡平案内，蒙前陕甘爵阁督部左保奏。光绪六年正月三十日奉上谕，著以知州仍留安徽补用，钦此。复因办理哈密屯防，蒙保随带加二级。六年六月请咨引见，十一月十八日到省，期满考验，以繁缺留省补用。七年接奉前陕甘爵阁督部左札知，前在甘肃剿办番匪出力，奉旨赏戴蓝翎，钦此。嗣于江皖赈捐案内，捐换花翎，并加盐运同衔，奉给部照。历蒙委办抚署、藩署文案。九年四月丁父忧，十一年服满起复回省，十二年正月奉委省城牙厘局提调。十五年十一月蒙抚宪沈保荐，奉旨嘉奖，十六年七月题补无为州知州，十月二十三日接印。十九年二月接奉行知调署怀宁县知县，遂于五月二十一日交卸无为州印务，七月十二日接署怀宁县事。现供今职，须至履历者。

维藩公在安徽任地方官多年，政绩如何，已难于查考，只有最后离任前地方人士赠送的“万民伞”，直至抗日战争爆发还完好保存在楼上储藏室内，曾给我童年记忆留下深刻印象。最近，偶然在网上检索到《季群心专栏·无为网》，载有作者从《濡湞笔记》中摘录的若干与维藩公相关的楹联文字。

其一是清代方澍撰联赠予新任知州章维藩：“地重米襄阳，至今绣水清冷，如见冰心映秋月。”（上联）“家邻包孝肃，共此巢湖灌注，须教铁面带春风。”（下联）此联似可看作当地士民对他就任知州的殷切期望。

其二是维藩公自撰联：“且莫论，官事输赢，但为来跪公堂，应知有耻辱。”（上联）“愿力诫，吾民争讼，纵令不倾家产，也费些功夫。”（下联）此联似可看作维藩公对当地士民期望的回应，表明爱民息讼的意愿。

以上二联据说都悬挂在无为州城隍庙，现在恐怕已难以追寻。此外，维藩公还自书前任州牧所撰联悬于知州衙署：“袍笏呼来先拜石。

管弦麾去独听松。”这不仅表明对前任劳绩与政风的尊重，而且还显示两任知州共同具有的风雅与清高。当然，如此情趣自难长期厕身于当时业已极端腐败的官场，这已经透露出作者即将弃仕从商的信息。

作为维藩公的后人，我们深深感谢《季群心专栏 · 无为网》，因为他们的细密钩沉，居然在《梅缘梦记》肥西篇（17）一文中，发现晚清抗法、抗日名将刘铭传故居“大潜山房”中亦悬有维藩公书赠对联。原文是：“正厅后有章维藩为刘铭传退隐而撰赠之悬联：‘提英雄三尺剑，横扫中原，撑南天柱，掌北门管，钕东国斯，挥西土矛，更欣万里留题，处处新纱笼妙句。’（上联）‘披居士六朝衣，来寻旧宇，策韩王蹇，睹谢傅棋，吟梁父辞，顾周郎曲，尤幸九重眷宠，年年优诏问元戎。’（下联）”

此联充分显示作者对爱国将领的尊重与期望。维藩如何与刘铭传相识与结交，现在尚未发现任何文字记载可供稽考，但“吟梁父辞，顾周郎曲”一语却引发我的一丝半缕回忆。因为在芜湖老宅客厅里，曾经常年悬挂一幅楷书中堂，那是林则徐赠送给节文公（维藩的祖父）的纪念品，其中就有“顾曲周郎”之类词语。这件条幅于 1949 年以后又由家父送交给我保存，却不料“文革”初期惨遭焚毁。维藩公大概从幼年开始就在书房中反复观赏这幅珍品，濡染既久遂铭刻于心，他既仰慕先贤的忠贞之气，更怀念则徐与节文宾主之间的深厚情谊，而尤其重视人与人之间的相互理解。至于节文公与林公之间从亲密共事到生离死别，简直可以编写一部传奇，非本文所可缕述。

维藩公虽然历经征战，以后又长期经商，但终生雅好诗文，曾辑录《铁髯诗草》，可惜现今已无法查寻。幸好荻溪章氏族人文风颇盛，民国初年间族人乃炜公多方搜集，选录荻溪章氏历代诗作，“凡百有十人，诗都一千六百五十首”，精心刻版印行，书名《荻溪章氏诗存》，其中与我家（清芬堂一支）关系较密切的有实庵（节文，维藩之祖父）六首，怡棠（棣，维藩之父）四首，赣岑十五首，叔振（世恩，维藩堂弟，手足之情最深）三十八首，多少可以反映家世源流及几代人的人生轨迹。维藩与世恩自幼随怡棠公宦游陕、甘乃至新疆，在军营中长大又服役于军旅，所以诗作颇堪视为少年纪实。其中以世恩早年诗作最佳，兹录一首如下：

《题嘉峪关城楼》：“跨马按吴钩，闲为出塞游，河分中外险，日照古今愁。男儿须努力，几辈此封侯。”此诗未注写作时间，但可断定是在1873年左军收复肃州（今酒泉）以后，因为1874年10月左宗棠奉旨督办西征粮饷转运事宜，并将粮台移至肃州。怡棠公本来常驻兰州，具体筹措粮饷事务，必然会随粮台与西征军大本营同时推进。维藩、世恩因此随父进驻肃州，嘉峪关位于城西，相距不过10余里，军营少年习惯于骑马佩剑，登雄关而眺望，指点江山，意气方猷，颇有建功立业之想。

《荻溪章氏诗存》所收维藩诗，多为随左宗棠南归之后所作，其中《自题娱亲课子弄孙图》可视为晚年家庭生活的自我写照。诗云：“抽簪归隐一身闲，俸有余钱且买山。莫谓辞官时太早，愿留岁月侍慈颜。版舆曾到濡须城，为访官声询庶氓。常说和丸酬素志，箕裘尚不堕清名。两儿鲁钝实堪嗔，诗礼时劳训诫频。差喜一般天性好，也知温情学双亲。平生那有仓山福，况与文章少夙缘。一事应教袁老羡，抱孙甫届四旬年。”“两儿”指兆奎、兆彬，“鲁钝”实为谦语，其实兄弟两人文化底蕴都较深厚，兆奎（我的祖父）诗文书法甚佳，虽然厕身实业，仍经常吟咏自娱。“抱孙”指我父亲学海的出生，由于是长房长孙，而且聪明伶俐，是维藩公的至爱。父亲四岁时即逢生母病逝之丧，维藩公亲自抚养教育，甚至长途出差京、津乃至山东等地，都携带同行。这些旅行虽然使少年学海增长社会阅历，眼界为之大开，但却耽误了应有的正规教育。他的几个堂弟（兆彬有四子）都上过新式大学乃至出国留学，只有他没有任何正式学历，直至娶妻生子多年以后，才在上海立信会计学校接受函授教育，总算有了自己的新式专长。记得我上小学三年级时，晚上我做作业，他也埋头从事自己的功课。

维藩公豁达大度，心胸开阔。有诗《示奎儿》为证："闻儿抱恙倍添愁，握管丁宁语未休。危局支持原不易，常怀得失亦徒忧。事终有济唯迟早，人到危难莫怨尤。涤虑洗心兼养气，自然诸疾立时瘳。炎凉世态静中看，荣辱无惊随遇安。岂有榛芜能碍路。且将藜藿免加餐。艰辛历遍心愈壮，横逆来时量要宽。白发天涯劳怅望，迅驰尺简当承欢。"此诗大约写于1909年益新面粉厂严重火灾之后，亦即《赣岑府君行略》所云："乃焜于祝融，拆阅几尽，有劝以破产停办者。府君奔走号召，锐意恢复，绵历十载，卒底于成。"当厂房设备全部焚毁之际，全家老小惶惶不可终日，作为长子的兆奎更是焦虑生病，但维藩公仍然不屈不挠，除动员家人提供金银首饰典当贷款外，并且到上海、京、津各地筹集资金，终于得到原两江总督且已退休的周馥等知交的解囊相助，就在原址重建新厂，扩大厂房并且从英国购回新式制面机器。经过10年苦心经营，益新公司不仅获得新生而且还成为芜湖乃至皖南的龙头产业。

周馥（1837—1921），安徽建德人，号玉山，在维藩公来往函件中被称为玉帅。曾经襄佐李鸿章办理洋务达30年之久。李鸿章死后奉命署理直隶总督兼北洋大臣，嗣后曾历任两江、闽浙、两广总督。1907年曾与湖广总督张之洞、直隶总督袁世凯联名奏请预备立宪，但也就在这一年以年迈乞退归隐。维藩不知何时与周馥结识，很可能是在这位原顶头上司两江总督退休以后。我只记得他曾在清弋江边筑小型别墅一座，离我家大门不远，家人通常称之为周公馆。周馥死后这座房屋已转让（或赠给）我家，遂改称"小公馆"，抗战前我的外婆曾经住过一段时间。

周馥不仅帮助益新面粉厂重建，还成为通家之好。周公馆经常是委托维藩公照管，而且他的儿子周学熙还曾与维藩公联手谋求开滦煤矿公司与宝兴铁矿公司合作，就近在秦皇岛设立现代化的开平钢铁冶炼厂。维藩公雄心勃勃，1919年正好我的大哥出生，是为四世同堂，遂取名开平，而“开”字便成为荻溪章氏清芬堂第17世的班辈共称，可见他对于采矿转向冶炼的抱负。可惜由于开滦的毁约，这一雄伟计划未能实现，维藩公于1921年怀憾病逝，而周馥也是在这一年去世。

维藩公的另一极大遗憾是未能叶落归根终老于故乡，有《北固山人寄赠西湖图帐簷赋此以谢》诗为证：“一幅吴绫远寄将，龙眠妙笔胜倪黄。知余时作思乡梦，为画湖山旧草堂。相约蒹葭白露天，六桥三竺共留连。何修结得犹龙侣，杖履追随亦是仙。同官同志早悬车，更得同骑湖上驴。四世同堂同叙乐，两家佳话有谁如？我家昔住圣湖东，烽火频惊草阁空。愿构孤山三架屋，四时常作主人翁。”北固山人似为过去浙籍同寅，出处身世志趣颇相类似。维藩公孤山构屋的梦想虽然未能实现，但他生前在杭州马家坞预先买好墓地，首先将客死天津的父亲（怡棠出差殉职）迎葬于此，是为章家园，在现今杭州第二制药厂背后。同时又在保俶塔下湖滨建立上善家庵，以供家人春秋祭扫之用。维藩自己也归葬于此，其妾（我们称大老师太）即出家主持此庵，以示永相伺守。世恩公病逝于其兄维藩之前，却归葬于太原郊区剪子湾祖坟，与其生父章楠为伴。但世恩之子兆春（我们称五爷爷）仍归葬于章家园。可见荻溪章氏虽然富有“随地占籍”的移民传统，但世世代代仍然保持“落叶归根”的深挚情怀。

余生也晚，未能见过维藩公，但客厅中每日可见维藩公长髯拂胸的绣像，我的卧室中也悬挂着维藩公饰关公，而童年学海饰关平持大刀随侍的放大戏装照片。因为他幼年在山西生活多年，又酷爱京戏三国剧目，所以特别尊崇关公。他终生爱骑马，所以公司大门边钉有拴马的铁环。据说经常有人携骏马远道来访，与维藩公品评比较各自的爱骑，可见老人直至晚年仍然保持着大西北征战的气概与风貌。听父辈讲，他最后常骑的是一匹剽悍的高大白马，在主人死后不久也绝食而亡。直至20世纪末，80多岁的叔父学澄还回忆其童年曾在梦中见到维藩公骑着大白马归来。可见维藩公的传奇故事在我们后辈子孙中留下多么深远的影响。

我办研究所的经历

一、两度易名

1984年，我们创办了华中师范大学历史研究所。其前身是辛亥革命史研究室。该研究室是在“文革”结束后，由我牵头，在历史系建立起来的。开始的时候，辛亥革命史研究室只有我、陈辉、孙玉华3个讲师，外加刘望龄，他那时还是助教。后来，工农兵大学生里留了1位李子林，也曾担任助教，但不久就离开了。另外，中南民族学院的朱秀武、彭英明也在这个研究室干过一段时间，小彭特别活跃，文笔不错，参与撰写过《辛亥革命史》的初稿。“文革”期间中南民院等校与华师合并，“文革”以后民院又分开独立，他就回民院去了。

1983年，华师的近代史研究方向获得博士学位授予权。以此为契机，教育部要求我们成立一个研究所。于是，辛亥革命史研究室更名为历史研究所了。虽然更名了，但实际上还是以辛亥革命为主，偏重于中国近代史。不过，有一段时间，历史研究所的人员中，除了有研究中国近代史的，尚有研究印度史的。

实际上，华师研究印度史的力量是很强的。骨干是涂厚善，1943年毕业于西南联合大学历史系，1949年考入中原大学，后留校任教，被分在历史组。由于他英语好，于是让他专攻世界史。后来，他又有机会到东北，跟苏联专家学习，长进很快，深受史学大家日知（林志纯）先生好评。陶军也很棒，燕京大学毕业，解放前就在新华广播电台当过英语播音员。另有一位刘继兴，也是科班出身，解放前毕业于武汉大学历史系。在“文革”后期，中央感到有加强南亚研究的必要，于是由商务印书馆主持翻译有关印度的著作，涂厚善等人参与其中，做了不少很有意义的工作。

那时的高校里，在南亚领域，真正做历史学研究的，只此一家，很有特色。因此，就连季羡林都很关心我们的南亚史研究。他的一个学生李继晟，还被分到我们这里教印地语。那时能教印地语的机构很少。我也利用出境访学的机会，为我校印度史研究同行牵线搭桥，建立外界联系，并尽量搜集一些资料。美国和日本的印度史研究重镇，我都去访问过。加州大学伯克利分校、芝加哥大学都和我们建立了长期的联系，伯克利图书馆为我们寄来几大箱印度史书籍，芝加哥大学则同意我们每年免费送 1 名研究生去它那里学习梵文。

然而，好景不常。80 年代，学校研究生处的处长就提出撤销印度史研究。原因很简单，印度史研究无法“创收”。对此，我是反对的。但在我出国期间，也没有人征求我的意见，说撤销就撤销了。

历史所的中国近代史研究发展还不错，在 1988 年被评为全国高等学校重点学科。到了 20 世纪 90 年代，有一股建设“人文社会科学重点研究基地”的热潮。凭借丰硕的研究成果，我们的近代史研究成为第一批“重点研究基地”。以此为契机，“历史研究所”更名为“中国近代史研究所”，并沿用至今。虽然更名，但人们还是习惯称我们为“历史研究所”，或者简称为“历史所”。

二、一个头、一副肩、一双腿

我是这个研究所的创始人，第一任所长。年老之后，还曾长期担任名誉所长，风雨阳光，均所亲历。我认为，培育、办好一个研究所，必须有一个头、一副肩、一双腿。

有一个头，意味着有思想，有理念，有战略眼光。脑中要有全局视野，对于从事本专业研究的各个单位，甚至是个人，什么做得好，什么做得不够，要有一个把握。在此基础上，对本研究所在这个大棋局中究竟处于什么位置，才能准确定位，并进而思考如何做眼，如何借势，以便做大做强。

要做大做强，须在学科建设和队伍建设两个方面下功夫。学科建设和队伍建设实际上是合为一体的，但内容又不完全一样。队伍建设偏重于人才素质的提升和团队精神的培植，学科建设中，布点最为重要。中国近代史作为一个学科，如何建设？对于一个高等院校的研究所而言，不可能全面铺开，只能根据自己的优势，在某些重要问题上重点突破。如此，才能做出自己的特色。找准本研究所的研究重点，此之谓“布点”。

大凡成立一个研究所，肯定前期已在某一领域有一定积累。这一领域，乃是研究所的起点，甚至可以说是据点。对于本研究所而言，起点乃是辛亥革命史研究。起点很重要。若无起点，就没有特色，就没有起跑线，但不能满足于此。有了一个据点之后，必须考虑开创别的点。有主点，有次点，然后才能形成一个面。形成了面，才会有多样化的可持续发展。国内有一些高校，本来在某些点上有很好的基础，但因长期固守这一点，因此未能做大。本研究所的好处，就是虽然立足于辛亥革命史研究，但没有满足于此，在辛亥革命史之外，又开创出商会、教会大学、社会史、现代化、文化史等研究点，引领潮流，积极开展研究，故能一路走来，形成今日局面。

在队伍建设方面，要有一个合理的梯队，并要在人员培养方面下功夫。作为学科带头人，不能只顾自己，不顾团队，必须有团队意识。当然，人才的成长，主要是靠自己。历史学人才的成长，资质固然重要，但起决定作用的还是勤奋。勤能补拙，在历史学科体现得尤为明显。但这并不是说，学科带头人可以不管人才的成长。因为再勤苦的人，也有一个上路的问题。在年轻人苦苦寻觅，不得其门而入的时候，学科带头人若能稍微点拨一下，指示正路，能使年轻人免去很多彷徨。学术带头人愿意把金针度人，坦诚相待，队伍自然团结奋发。本研究所向来注重人才的梯队建设，并且，学科带头人和老辈学者都愿意为年轻人的成长付出辛劳，因此结构还算合理，内部尤为团结，这是我们最大的一笔财富。

有一副肩，意味着有担当。一个研究机构，若不能在学术研究上有一些领导潮流的举措，是很难做好的。领导潮流，在很多时候意味着风险。没有一副铁肩，不能勇于担当，害怕冒风险，如何能领导潮流？在学科布点上，只跟着学界的风尚转固然不对，只跟着政府的方针转同样没有出息。跟风能获得生存，但同时会失去自我。保持独立性难免孤独，但惟其如此，才有可能走出一条属于自己的路来，甚至领导潮流。本研究所的学科布点，商会研究、教会大学研究等都不是跟风的结果，而是我们自己的选择。开始的时候难免有些艰难甚至严重挫折，但后来都成为本研究所的特色。

担当的另一个侧面，是要为研究所的同仁创造一个宽松的能独立进行学术研究的环境。见解有高下，学术无禁区。为了鼓励本研究所的年轻学人独立思考，我常常对他们说："政治上我负责，学术上你负责。"当然，宽松的环境，并不意味着对研究所同仁毫无督责。王汎森主持台湾"中央研究院"历史语言研究所，对于同仁的研究，非常宽松，但他也会时不时提醒一下，问一问研究的进度。问得多了，有的人都害怕了，躲着不愿见他。这种督责，我认为也是学术带头人应该有的一种担当。

有一双腿，意味着勤于走动。现在的钻营家有一秘诀："跑步（部）前（钱）进。"他们也有一双腿，他们的腿也很勤。但我心目中的腿要勤快，不是指此。学术带头人的腿，应该走一线，走基层。走一线就是冲锋陷阵，自己带头干。本研究所每布一个点，都会大力进行资料建设。很多资料，都是学术带头人亲自从档案馆爬梳出来的。我一直记得刚接触苏州商会档案时的情形：档案积满灰尘，堆放在苏州市档案馆的地下仓库里。天气颇冷，工作人员唯一的取暖工具是一个打点滴用的玻璃瓶子，里面注满开水，用手捂着，驱除寒意。我连那种瓶子都没有。后来，他们送给我一个玻璃瓶，但我又不能用，因为抱着玻璃瓶就没有办法去看档案，做记录。勤于查阅资料，这对于一个学者而言，是必备的基本素质，与是不是学术带头人没有关系。但学术带头人更应有一种宽广的胸襟，搜集历史文献，不仅仅是供自己研究，同时要服务于本研究所的学科建设。

腿勤的另一方面，是要勤于发现人才，求贤若渴。我总记得我和唐文权之间的交往。文权出身苏州唐家，是唐伯虎的后代。他在“文革”前毕业于苏州师专文史科（两年制），一直在苏州的中学任教。但他有心向学，“文革”期间在汤志钧先生指点下系统研读章太炎的文献，颇有心得。大概是1975年左右，他开始和我有书信交往，探讨章太炎研究。通过书信往来，我发现他真是一个读书的种子，假以时日，必能大成。1980年元旦前后，为了研究江浙资产阶级，我到江浙一带查阅文献。其间，特意与文权联系，一则请他导引我去苏州市档案馆，一则见一见这位已经通信多年的朋友，好好了解了解他。经近距离接触，我更进一步认识了他向学的决心和学养的深厚。

次年，在纪念辛亥革命70周年学术研讨会期间，他明确表示愿意从我治学。于是，我立即向学校打报告，发商调函。学校很支持，苏州市教育局也很支持，但华师的顶头上司湖北省教育厅不答应，原因是唐文权只读了两年制的大学，没有正规大学本科毕业文凭。我们多次说明唐文权的学术水平完全能够胜任大学教职，而且前程必定看好，但毫无效果。

幸好教育部高教司司长到我校考察工作，并专门到历史系看望张舜徽先生与我，临别时诚心诚意地问我们有什么难题需要他帮助解决。我就乘机汇报调动唐文权受阻一事，舜徽先生立刻拍案而起，大声说："我连中学文凭都没有，解放前还能成为教育部的部聘教授呢！"司长颇为感动，安慰我们说："我同意你们的看法，但调动手续还必须经过湖北省教育厅办理，我这就与他们商量。"

果然，他在回北京以前与教育厅负责人深谈过一次，教育厅终于正式发出商调函。就这样，1983 年，唐文权正式进入本研究所工作。

当然，作为学科带头人，最为重要的，是自身的学问必须做好。自己学问做不好，就缺乏说服力。而自己学问做好了，它本身就是一个无声的教育，大家会跟着你学的。

三、危机与出路

有人问我："您所创办的这个研究所发展到今天，有没有什么危机？"我认为，今日最大的危机，是围着项目转。当然，这不仅仅是本研究所的危机，也是整个学术界的危机。

学术是一项追求真理的事业。但在今日，很多研究机构，很多学者，似乎忘记了这一点。做什么事情，都是从项目入手。有项目就做，没有项目就不做。殊不知，如此这般，做的是项目，不是学问。项目的背后是基金，跟着项目跑的本质，其实就是围着金钱转。今日很多人所做的学问，追求的是金钱，而不是真理，完全远离学问之道。

从项目入手未必完全不能做学问，但现今很多高校的评价机制是只要拿到了项目就好，能否结项不问，结项的成果是否有学术价值不问。在这种评价机制的引导下，项目和学问简直就是南辕北辙。但很多人却乐此不疲，我很痛心。

这种以项目为中心的学术机制，必然从整体上损害学术发展，损害一批学人，损害一些研究机构。但在今日，学者个人也好，研究机构也好，高校也好，都有些“人在江湖，身不由己”。尤其是研究机构的领导人，如果不去争取项目，就会使本研究所无法生存下去。研究人员，尤其是年轻人的压力也很大，工资低，考核要求高。我在网上看到题为《青年教师的悲哀》的文章，为之心恸。从根本上说，不是学者和研究机构愿意跟着项目跑，而是有一根指挥棒，引导着，甚至是驱迫着大家这么干。因此，从顶层设计入手，改革工资制度，改革学术评价机制，才是解决今日学术危机的最终途径。我常想，如果高校教师的工资能够提高，让大家衣食无忧，活得有尊严，有谁愿意去围着课题转？

在今日环境下，研究者的出路何在？

复旦大学中文系教授王安忆 2012 年在该校研究生毕业典礼上说：“我希望你们有足够的自信，与主流体系保持理性的距离，在相对孤立当中来完善自己。”不怕孤独，与主流体系保持理性的距离，不仅对才毕业的研究生，对所有的学者，都是适合的，这正是学问的正途所在。

有勇气与主流保持理性的距离，才能独立思考，不阿世媚俗，寻觅真知。我一直非常欣赏清代大儒戴震的如下名言，并将其作为自己的座右铭（“治学不为媚时语，独寻真知启后人。”）。

在与主流保持理性的距离之后，才有可能进入做学问的最佳精神状态。做学问的最佳精神状态是什么？简单地讲，就两个字，一个是“虚”，一个是“静”。虚即是虚空，脑中没有丝毫杂念，没有柴米油盐酱醋茶的羁绊，没有项目，没有考核，甚至于没有自己以前的一切理论知识，将自己完全放空。静即是宁静，不生活在热闹场中，才能宁静，心不为外界诱惑所动，才能宁静。能虚能静，便能神游万古，心神专一，思虑清明。“虚”“静”的学者，在旁人看来，可能是“发疯了，痴呆了，入迷了”。但这确实是做学问的最佳精神状态。虚静的学者，是纯真的学者。越虚越静，纯真度越高。一个学者最终能达到什么样的境界，开创什么样的局面，和他的纯真度是大有关系的。

古今中外都不乏疯狂痴迷之士，就是在举世滔滔围着项目转的今天，也有很多学者对项目不予理会，至少是保持理性的距离，坚持走自己的路。因此，对于本研究所也好，对于整个学术界也好，我虽然感到有危机，但并不悲观。只要有大量纯真的学者，中国的学术就有希望。

研究与践行陶行知要与时俱进

我和陶行知同为金陵大学的校友，陶行知 1910 年就读于金陵大学，我是 1946 年进校的，相差了 30 多年。我从幼年时代就很崇拜陶行知，我和陶行知都在安徽生长，从小就听说过很多关于他办学实践的事迹，如创办晓庄师范、新安旅行团、山海工学团、育才学校等。陶行知无私奉献的办学精神和开拓创新的教育理念，一直激励着我毕生从事教育工作，为我国的教育事业做点贡献。

一、开展陶行知研究，传承陶行知精神

陶行知的一生比较坎坷，少年家贫，1930 年又被国民党通缉而流亡日本。1951 年从批判《武训传》开始，由于对胡适的批判，对杜威的批判，进而波及了陶行知，他的思想遭到批判。改革开放以来，他的思想和实践逐渐得到了社会的认可和高度的赞扬。因此，在很长的一段时期里，由陶行知的门生和故人所组成的陶行知研究会，就带有他们那一代学者的共同特点。

从陶行知研究来讲，华中师范大学应该是全国最早起步的。当时的老院长、老领导、老教育家们在参加革命的过程中，认识到了陶行知研究的重要性，并接受了前辈老师的意见，共同发起了陶行知研究。在这种情况下，我担任校长后，就组织出版了第一套湘教版《陶行知全集》。后来在政府的支持下，特别是李鹏担任总理主管文教事业以后，

对陶行知的研究得到了提倡并逐渐扩大化了。但是，陶行知研究不是光靠政府和政策经费的支持，更多的是依靠无数的研究者们呕心沥血的辛勤工作，才使现在的陶行知研究绽放出夺目的光辉。如今，与我一同工作的许多中国陶研会的前辈、师友都已经不在了。他们中很多都是陶行知的弟子，像方明、胡晓风等等，都是把研究工作一直坚持到生命的最后。胡晓风晚年健康问题很大，但仍雄心勃勃，丝毫没有放弃，耗尽毕生之力致力于陶行知研究。在这些人身上都能够看到陶行知的影响。正是因为陶行知伟大的教育思想和高尚的人格魅力，才使得陶行知的教育理念与精神更有魅力。

二、用行知精神去学习、研究与践行陶行知

一晃这么多年过去，我更想从人生的感悟方面去谈陶行知。我的一生都在学陶行知，我参加了陶研，就更进一步地理解了陶行知。陶行知为什么叫行知呢？就是因为他认为“行”更重要，教育本身就是一种“行”，教育如果不履行“行”就是一句废话，于是我把这种研究方式运用到了张謇的研究上去。后来我在南通，他们让我讲一讲张謇研究怎样深入，我就说，要用张謇精神去研究张謇。这是对陶行知精神具有时代意义的运用。来自偏远地区的中小学教师中有不少是用陶行知精神来研究陶行知的，他们是用求知若渴的态度来理解、研究陶行知，运用陶行知的教育理念和精神解决现实中的教育问题，这体现出陶行知的教育思想，在今天，依旧焕发着勃勃的生机。所以我就得出了一个结论：晓庄就是中国现代教育的学校，每一个教师在取得职称前，都应该去晓庄朝拜一下，来祭奠一下陶行知的伟大精神。

三、研究陶行知思想要全方位、多元化

我的家庭是一个现代的工业主家庭，虽然技术比较先进，但是教育

非常落后。后来安徽省芜湖市建立博物馆，把我们留下的工厂连同我们的住宅区用大墙保护了起来。我从小就想离开大墙，是抗日战争引导我离开了这堵大墙，成为社会的一员。后来又恰好进入了金陵大学，使我得以进一步接触和学习到了陶行知的思想。我曾为陶行知鸣过不平，当年我在金陵大学读书的时候，有个电化中心，是当时全国唯一的电化教育中心，他们做了一部片子，叫作《武训》，我在报纸上面批评了他们，我说："为什么不做陶行知呢，陶行知不是更好吗?"他研究的就是教育，他的"生活即教育""社会即学校""生命即教育""教育即生命"都被人们所熟悉，他就是这样一个只研究教育问题的人。我们现在对陶行知的研究事业，取得了丰硕的成果。政府提供了非常好的资源，研究者们也付出了非常多的努力，使得陶行知研究会取得了这么大的影响，现在没有哪一个研究会或者学术团体能够像陶研会一样，从中央一直到省市到学校，有这么大的覆盖面，这都是无数陶行知研究者们努力的结果，我们要在陶行知研究资源的发掘和保护的基础上，全方位地研究陶行知，并且将研究成果和教育发展现状相结合，解决现实中的教育问题。

四、理性运用陶行知思想与精神改造社会

虽然我已经到了晚年，但总觉得生命好像又重新开始了。在我的研究过程中，陶行知始终在鞭策着我，我常常跟陶行知做一些比较，陶行知做了什么，我做了什么。在这种情况下，陶行知应该怎么办，设身处地地去领悟陶行知的精神。但是我们也不能老是抱着陶行知的大腿不放，好像他就是一副灵丹妙药，一讲陶行知似乎什么问题都解决了。我们现在有幸生活在这个文化多元化的现代社会，虽然这个现代社会还有很多问题没有解决，不管是资本主义社会也好还是社会主义初级阶段也好，都有很多问题没有解决。现在有很多问题要靠我们自己来研究。在

陶行知思想的基础上来面对新问题、思考新问题、解决新问题，这样中国的教育才有希望，特别是在当今教育改革艰难起步的时候，就更加要认识到陶行知的可贵。对于陶行知思想的践行，不能只是做简单的搬运，陶行知自己也没有简单搬运杜威的内容，而是进行了中国化，在中国生根了，通过自己的实践，产生新的思想，这才是他的伟大之处。

我们不要拜倒在陶行知的脚下，而是要用陶行知精神来迎接不同的挑战。这是解决整个人类文明危机、摆脱人类基本价值流失、恢复教育本真的重要途径。时至今日，很多教育课题需要重新研究，技术革命、教育信息化、国际化的确带来了很多好处，但有一点，它代替不了教化，代替不了老师与学生之间的这种交流，心灵的感应。

不要过分迷信工业化与信息化，把人当成生产流程来培养，现在人类文明危机的最大问题，就是把科技看成是教育，是科技牵着人走而不是人拉着科技走，人可以变成一部手机的奴隶，被手机控制，这是很可怕的。人就是人，在道德引导上要恢复人性，我提倡人性需要沟通，提倡再次的启蒙运动，再次的伦理发现。谢谢大家。